Hospital 4.0

Henner Gimpel · Jürgen Schröder
(Hrsg.)

Hospital 4.0

Schlanke, digital-unterstützte Logistikprozesse in Krankenhäusern

Hrsg.
Henner Gimpel
Projektgruppe Wirtschaftsinformatik
des Fraunhofer-Instituts für
Angewandte Informationstechnik
FIT und Universität Hohenheim
Augsburg/Stuttgart, Deutschland

Jürgen Schröder
Zentrum für angewandte Forschung
Technische Hochschule Ingolstadt
Ingolstadt, Deutschland

ISBN 978-3-658-33063-7   ISBN 978-3-658-33064-4 (eBook)
https://doi.org/10.1007/978-3-658-33064-4

Die Deutsche Nationalbibliothek verzeichnet diese Publikation in der Deutschen Nationalbibliografie; detaillierte bibliografische Daten sind im Internet über http://dnb.d-nb.de abrufbar.

© Springer Fachmedien Wiesbaden GmbH, ein Teil von Springer Nature 2021
Das Werk einschließlich aller seiner Teile ist urheberrechtlich geschützt. Jede Verwertung, die nicht ausdrücklich vom Urheberrechtsgesetz zugelassen ist, bedarf der vorherigen Zustimmung des Verlags. Das gilt insbesondere für Vervielfältigungen, Bearbeitungen, Übersetzungen, Mikroverfilmungen und die Einspeicherung und Verarbeitung in elektronischen Systemen.
Die Wiedergabe von allgemein beschreibenden Bezeichnungen, Marken, Unternehmensnamen etc. in diesem Werk bedeutet nicht, dass diese frei durch jedermann benutzt werden dürfen. Die Berechtigung zur Benutzung unterliegt, auch ohne gesonderten Hinweis hierzu, den Regeln des Markenrechts. Die Rechte des jeweiligen Zeicheninhabers sind zu beachten.
Der Verlag, die Autoren und die Herausgeber gehen davon aus, dass die Angaben und Informationen in diesem Werk zum Zeitpunkt der Veröffentlichung vollständig und korrekt sind. Weder der Verlag noch die Autoren oder die Herausgeber übernehmen, ausdrücklich oder implizit, Gewähr für den Inhalt des Werkes, etwaige Fehler oder Äußerungen. Der Verlag bleibt im Hinblick auf geografische Zuordnungen und Gebietsbezeichnungen in veröffentlichten Karten und Institutionsadressen neutral.

Planung/Lektorat: Margit Schlomski
Springer Gabler ist ein Imprint der eingetragenen Gesellschaft Springer Fachmedien Wiesbaden GmbH und ist ein Teil von Springer Nature.
Die Anschrift der Gesellschaft ist: Abraham-Lincoln-Str. 46, 65189 Wiesbaden, Germany

Vorwort

Deutschland besitzt eines der besten Gesundheitssysteme weltweit. Kein Grund zur Sorge möchte man meinen. Es könnte schlimmer sein. Doch so glorreich wie es scheint, ist es nicht in jedem Bereich. Das deutsche Gesundheitswesen steht zahlreichen Herausforderungen gegenüber, die die Aufrechterhaltung einer qualitativ hochwertigen medizinischen Versorgung der Bevölkerung erschweren. Dazu zählen der demografische Wandel, Fachkräftemangel, Investitionsstau und der anhaltende Kostendruck, um nur ein paar zu nennen. Um diese Herausforderungen bewältigen zu können, muss sich das Gesundheitssystem und somit auch Krankenhäuser neu aufstellen.

Die Digitalisierung kann vor diesem Hintergrund eine echte Chance bieten. Mithilfe digitaler Technologien können die Behandlung und Pflege von Patienten nicht nur qualitativ hochwertiger, sondern zeitgleich auch wirtschaftlicher gestaltet werden. Dennoch arbeiten trotz dieser Potenziale schätzungsweise nur zwei aus fünf Krankenhäuser intensiv an Digitalisierungskonzepten. Dabei treffen die Häuser auf viele Hürden. Starre Strukturen und abgegrenzte Aufgabenbereiche haben sich über die Jahrzehnte – häufig aus gutem Grund – etabliert. Dennoch sind sie als Rahmenbedingungen für Veränderungen schwierig. Die digitale Transformation stößt schnell an Organisations- und Verantwortungsgrenzen. Es fehlt nicht selten an Akteuren, die bereichsübergreifend agieren können und dürfen. Zudem ist es alles andere als trivial, digitale Technologien zielgerichtet, wirtschaftlich und prozessübergreifend zum Einsatz zu bringen. Nicht zuletzt scheitert die Realisierung der Konzepte an einem Mangel an geschulten Mitarbeiterinnen und Mitarbeitern, die die digitale Transformation angehen und umsetzen können, sowie an starren und zugleich komplexen IT-Systemen.

Ein wesentlicher Bereich in Krankenhäusern mit hohem Digitalisierungspotenzial ist die Logistik. Die Logistikprozesse sind elementar, um die eigentlichen Kernprozesse – die Behandlung und Pflege der Patienten – zu unterstützen und zu ermöglichen. Diese Unterstützungsprozesse umfassen den Umschlag von Patientenbetten, die Versorgung von Personal und Patienten mit Essen und frischer Wäsche, die Entsorgung von Abfällen, sowie die Beschaffung und Bereitstellung von Medikalprodukten und Sterilgütern. Dies ist nur eine Auswahl der vielfältigen Aufgaben. Ohne Logistik läuft in einem Krankenhaus fast nichts. Trotzdem trifft man häufig auf Verschwendungen von wichtigen Ressourcen, wie Material, Fläche oder Mitarbeiterkapazitäten. Schlanke Logistikprozesse sind eher selten. Ein Potenzial, das durch die Digitalisierung gehoben werden kann.

Doch der Stand der Digitalisierung in diesem Bereich ist oftmals mangelhaft und bietet eine Vielzahl von Potenzialen. Zwar sind vereinzelte Pilotprojekte in Arbeit oder umgesetzt, aber in der Breite fehlt es an Konzepten, Methoden und Instrumenten auf dem Weg zu einer schlanken, digital-unterstützten Krankenhauslogistik. Aus diesem Grund haben wir entsprechende Methoden und Konzepte entwickelt und evaluiert, welche in diesem Buch zusammengefasst werden.

Kap. 1 greift die aktuelle Situation im deutschen Gesundheitswesen und der Krankenhauslandschaft auf und skizziert zudem die Herausforderungen für die Krankenhauslogistik während der COVID-19 Pandemie. Darüber hinaus werden die bestehenden Forschungslücken aufgezeigt, welche die Beiträge in diesem Buch adressieren.

Kap. 2 stellt das Lernkonzept vor, welches diesem Buch zu Grunde liegt. Das Lernkonzept vermittelt mithilfe verschiedener Medien sowohl die Konzepte als auch die Methoden zur Digitalisierung der Krankenhauslogistik.

Kap. 3 vermittelt das theoretische Grundwissen sowie die unterschiedlichen Methodiken, welche in der Erarbeitung der Inhalte dieses Buches zum Einsatz kamen. Die beschriebenen Methoden umfassen etablierte Ansätze aus dem Bereich der Logistik: die Wertstrommethode, die Value Added Heat Map und die Digitalisierungslandkarte. Zudem beschreibt das Kapitel Ansätze aus dem Bereich der Wirtschaftsinformatik: Business Process Model and Notation, das Work System Framework und das IS Success Model. Abschließend stellt Kap. 3 die Modellierungssprache „Value Stream Model and Notation" vor, welche eigens für die Digitalisierung von sog. Wertströmen entwickelt wurde.

Kap. 4 beschreibt eine Vision für die Krankenhauslogistik im Jahr 2030. Diese Vision basiert auf einer Reihe von Annahmen, welche zum heutigen Zeitpunkt für das kommende Jahrzehnt als realistisch betrachtet werden können. Auf Basis dieser Annahmen entsteht die Vision eines „Multi-User-Service-Zentrums" sowie das Konzept einer integrierten und vernetzten Prozesslandschaft in Krankenhäusern.

Kap. 5 entwickelt ein Referenzmodell für die Materiallogistik in Krankenhäusern. Dazu gibt das Kapitel zunächst detaillierte Einblicke in die Ergebnisse der Prozessanalyse in den beteiligten Kliniken und leitet entsprechende Handlungsfelder und Gestaltungsmöglichkeiten her. Auf Basis dieser Erkenntnisse entsteht das Referenzmodell, welches die Prozesse der Warenannahme und der Stationslager und weiteren dezentralen Lagerorten umfasst. Anschließend vermittelt das Kapitel Ergebnisse und Einblicke in die Evaluation, welche die Pilotierung an einem Krankenhaus umfasst.

Kap. 6 entwickelt ein Referenzmodell für die Bettenlogistik in Krankenhäusern. Analog zum vorherigen Kapitel werden zuerst detaillierte Einblicke in die Ergebnisse der Prozessanalyse gewährt. Auch in diesem logistischen Bereich ergeben sich Handlungsfelder und Gestaltungsmöglichkeiten, welche anschließend in einem Referenzmodell zusammengefasst werden. Das Modell umfasst die Prozesse der Bettenbereitstellung und der Bettenabholung. Abschließend beschreibt das Kapitel die Umsetzung eines Funktionsdemonstrators sowie die Ergebnisse von Experteninterviews in verschiedenen Krankenhäusern.

Abschließend fasst Kap. 7 die Kernergebnisse des Buches zusammen. Zudem diskutiert das Kapitel verschiedene technologische, prozessuale und strukturelle Entwicklungen, welche in den kommenden Jahren absehbar sind. Auf dieser Basis beschreibt das Kapitel verschiedene Szenarien, wie die weitere Durchdringung digitaler Technologien die Krankenhauslogistik über das Jahr 2030 hinaus verändern könnte und stellt eine Fragestellung für zukünftige Forschung vor.

Das Buch basiert auf den Ergebnissen des Verbundprojekts „Hospital 4.0 – schlanke, digital-unterstützte Logistikprozesse in Krankenhäusern", welches im Zeitraum von 01.09.2017 bis 31.12.2020 durch das Bundesministerium für Bildung und Forschung (BMBF) im Rahmen des Förderbereichs „Technikbasierte Dienstleistungssysteme" gefördert wurde. Wir danken dem BMBF für die finanzielle Förderung und unseren Ansprechpartnerinnen und Ansprechpartnern des Projektträgers Karlsruhe PTKA, für die stets offene und vertrauensvolle Zusammenarbeit.

Der Verbund des Forschungsprojektes Hospital 4.0 setzte sich aus der Projektgruppe Wirtschaftsinformatik des Fraunhofer FIT, dem Zentrum für angewandte Forschung an der Technischen Hochschule Ingolstadt, dem Universitätsklinikum Augsburg, dem Klinikum Bayreuth, sowie der POLAVIS GmbH zusammen. Die Herausgeber möchten sich an dieser Stelle bei allen beteiligten Projektpartner bedanken. Ein besonderer Dank gilt auch der Klinik Sankt Elisabeth in Neuburg an der Donau sowie der Workaround GmbH für ihre tatkräftige Unterstützung als assoziierte Partner des Projekts.

Die Herausgeber bedanken sich schließlich und vor allem bei allen Autoren, die als wissenschaftliche Projektmitarbeiter das Projekt unermüdlich vorangetrieben haben. Wir hoffen, dass ihr zukünftiges Wirken in Wissenschaft und Praxis den Funken unserer Erkenntnisse weiterträgt und zur Umsetzung beiträgt.

Prof. Dr. Henner Gimpel
Prof. Dr. Jürgen Schröder

Inhaltsverzeichnis

1 Das Krankenhaus im Wandel – Herausforderungen und Chancen in der Krankenhauslogistik 1
Henner Gimpel, Jürgen Schröder, Marie-Sophie Baier, Sebastian Heger, Christine Hufnagl, Hildegard Kriner und Moritz Wöhl
    1.1 Entwicklungen im Gesundheitswesen 2
    1.2 Krankenhauslogistik – Herausforderung und Chance 3
    1.3 Sondersituation COVID-19-Pandemie 9
    1.4 Forschungslücke 13
    1.5 Ziel des Buches 14
    1.6 Anwendungsorientierte Konsortialforschung 15
    1.7 Aufbau des Buches 16
    Literatur 17

2 Lernkonzept zur erfolgreichen Prozessumgestaltung 21
Anna Lina Kauffmann
    2.1 Motivation 21
    2.2 Grundlagen zu Blended Learning und Lernzielen 23
    2.3 Umsetzung des Lernkonzepts 24
    Literatur 27

3 Grundlagen, Methoden und Vorgehen zur Analyse und Gestaltung von Logistikprozessen 29
Henner Gimpel, Sebastian Heger, Jürgen Schröder, Hildegard Kriner und Moritz Wöhl
    3.1 Grundlagen der Logistik und Digitalisierung und deren Bedeutung für das Gesundheitswesen 31
        3.1.1 Krankenhauslogistik 31
        3.1.2 Theoretische Grundlagen der Digitalisierung 33
        3.1.3 Referenzmodelle und Referenzmodellierung 37

	3.2	Methodische Grundlagen		38
		3.2.1	Ausgewählte Grundlagen aus dem Bereich der Wirtschaftsinformatik	38
		3.2.2	Ausgewählte Grundlagen aus dem Bereich der Logistik	47
		3.2.3	Die Modellierungssprache „Value Stream Model and Notation"	55
	3.3	Vorgehen im Rahmen des Forschungsprojektes		61
		3.3.1	Arbeitsschwerpunkt: Ist-Erhebung und Potenzialanalyse der Referenzlogistikprozesse	61
		3.3.2	Arbeitsschwerpunkt: Demonstration und Pilotierung	64
		3.3.3	Arbeitsschwerpunkt: Ableitung eines Referenzmodells und Lernkonzepts	65
	Literatur			68
4	**Übergreifende Vision der Krankenhauslogistik im Jahr 2030**			**71**
	Jürgen Schröder, Henner Gimpel, Sebastian Heger, Hildegard Kriner und Moritz Wöhl			
	4.1	Grundlegende Rahmenbedingungen und Annahmen zur Krankenhauslogistik im Jahr 2030		72
		4.1.1	Krankenhauslandschaft	73
		4.1.2	Personalsituation	75
		4.1.3	Digitale Transformation in Krankenhäusern	78
	4.2	Wertversprechen der Krankenhauslogistik		79
	4.3	Wertschöpfungskonzentration als wesentliches Element der Krankenhauslogistik		81
	4.4	Digitale Transparenz und Mensch-Maschine-Arbeitsteilung als wesentliches Element der Krankenhauslogistik		84
	4.5	Innovative Dienstleistungskonzentration		88
		4.5.1	Multi-User Dienstleistungs- und Servicezentren zur Unterstützung der Wertschöpfung	88
		4.5.2	Umsatzsteuerrecht als Wettbewerbsnachteil	90
	4.6	Bedarfsgerechte, schlanke und vernetzte Krankenhauslogistik 4.0		91
	Literatur			96
5	**Referenzmodell schlanke, digital-unterstützte Materiallogistik in Krankenhäusern**			**99**
	Hildegard Kriner und Sebastian Heger			
	5.1	Motivation, Abgrenzung und Grundlagen		100
	5.2	IST-Analyse und Handlungsfelder der Materiallogistik		106
		5.2.1	Ausgangssituation	106
		5.2.2	Prozesse der Materiallogistik	107
		5.2.3	Zusammenfassung	133

	5.3	Das Referenzmodell „Materiallogistik".	137
		5.3.1 Work System in der Materiallogistik	138
		5.3.2 Referenzprozess „Warenannahme"	140
		5.3.3 Referenzprozess „Stationslager und weitere dezentrale Lagerorte".	145
	5.4	Ergebnisse der Pilotierung	148
	5.5	Zusammenfassung und Ausblick	156
	Literatur.	161

6 Referenzmodell schlanke, digital-unterstützte Bettenlogistik in Krankenhäusern 163
Marie-Sophie Baier, Jasmin Hennrich, Katrin Huff, Christine Hufnagl, Carolin Jung, Franka Metz und Hildegard Kriner

	6.1	Motivation, Abgrenzung und Grundlagen	164
		6.1.1 Übergreifende Prozessbeschreibung der Bettenlogistik.	166
	6.2	IST-Analyse und Handlungsfelder der Bettenlogistik	173
		6.2.1 Allgemeine Ausgangssituation.	173
		6.2.2 Prozesse des Bettgestell-Managements	174
		6.2.3 Zusammenfassung	191
	6.3	Das Referenzmodell „Bettenlogistik"	195
		6.3.1 Work System in der Bettenlogistik	196
		6.3.2 Referenzprozess „Bereitstellung Bettgestell" (Bringauftrag).	199
		6.3.3 Referenzprozess „Abholung und Aufbereitung Bettgestell" (Abholauftrag)	202
	6.4	Evaluation des Referenzmodells	205
	6.5	Zusammenfassung und Ausblick	210
	Literatur.	213

7 Krankenhauslogistik – Zusammenfassung und Ausblick 215
Henner Gimpel, Sebastian Heger, Jasmin Hennrich, Jürgen Schröder und Hildegard Kriner

	7.1	Zusammenfassung der Ergebnisse.	216
	7.2	Ausblick auf die strukturelle, prozessuale und technische Entwicklung.	218
		7.2.1 Strukturelle und prozessuale Entwicklungen.	218
		7.2.2 Technologische Entwicklungen	223
	Literatur.	229

Glossar 231

Stichwortverzeichnis 239

Herausgeber- und Autorenverzeichnis

Über die Herausgeber

Prof. Dr. Henner Gimpel ist Inhaber des Lehrstuhls für Digitales Management an der Universität Hohenheim und Mitglied des Kernkompetenzzentrums Finanz- und Informationsmanagement (FIM) sowie der Projektgruppe Wirtschaftsinformatik des Fraunhofer-Instituts für Angewandte Informationstechnik FIT. Der inhaltliche Schwerpunkt seiner Arbeit liegt auf der Analyse und Gestaltung der Digitalisierung. Er befasst sich mit sozio-technischen Informationssystemen, in denen Menschen, Informationen und digitale Technologien miteinander interagieren. Ziele sind hier einerseits die menschengerechte und wirtschaftlich zielführende Entwicklung und Nutzung von Informationssystemen und andererseits die Analyse der individuellen Akzeptanz und des Umgangs mit digitalen Technologien in der Finanzwirtschaft, dem Gesundheitswesen oder der High-Tech-Industrie. Im Fokus sind dabei oftmals individuelle Menschen in ihren Rollen als Konsument:innen, Kund:innen, Patient:innen, Mitarbeiter:innen und/ oder Nutzer:innen, die mit Informationssystemen interagieren.

Prof. Dr. Jürgen Schröder ist Professor für Logistik und Produktionsorganisation an der Technischen Hochschule Ingolstadt und Projektleiter am Zentrum für Angewandte Forschung. Der Schwerpunkt seiner Lehr- und Forschungstätigkeit liegt neben Logistik selbst insbesondere auf den Produktionssystemen nach dem Vorbild des Toyota Produktionssystems, innovativen Steuerungskonzeptionen, Supply Chain Management und Krankenhauslogistik. Bereits seit 2008 forscht er im Rahmen verschiedener Projekte in der Krankenhauslogistik. Aktuelle Forschungsprojekte beinhandeln u. a. Themen wie Wertschöpfungskonzentration, Value Added Heat Map sowie die digitale Transformation von logistischen Prozessen.

Autorenverzeichnis

Dr. Marie Sophie Baier war wissenschaftliche Mitarbeiterin an der Projektgruppe Wirtschaftsinformatik des Fraunhofer FIT und dem angegliederten Kernkompetenzzentrum Finanz- & Informationsmanagement (2016–2020). Sie studierte Gesundheitsökonomie an der Universität Bayreuth und beschäftigte sich im Rahmen ihrer Promotion mit Themen rund um die Digitalisierung von Geschäftsprozessen.

Dr. Sebastian Heger war wissenschaftlicher Mitarbeiter an der Projektgruppe Wirtschaftsinformatik des Fraunhofer FIT und dem angegliederten Kernkompetenzzentrum Finanz- & Informationsmanagement (2016–2020). Er studierte Wirtschaftsinformatik an der Universität Augsburg und promovierte anschließend zur Gestaltung soziotechnischer Informationssysteme und Nachhaltigkeit.

Jasmin Hennrich ist wissenschaftliche Mitarbeiterin an der Projektgruppe Wirtschaftsinformatik des Fraunhofer FIT und dem angegliederten Kernkompetenzzentrum Finanz- & Informationsmanagement. Sie studierte Gesundheitsökonomie an der Hochschule RheinMain, Wiesbaden und an der Universität Bayreuth. Ihr Forschungsschwerpunkt liegt auf der digitalen Transformation des Gesundheitswesens, mit Fokus auf Emerging Technologies.

Katrin Huff ist studentische Mitarbeiterin am Kernkompetenzzentrum für Finanz- & Informationsmanagement. Sie studiert Betriebswirtschaftslehre an der Universität Bayreuth mit Vertiefung in Wirtschaftsinformatik und Gesundheitsökonomie.

Christine Hufnagl war wissenschaftliche Mitarbeiterin am Zentrum für Angewandte Forschung der Technischen Hochschule Ingolstadt (2015–2020). Sie studierte Wirtschaftsinformatik an der Technischen Hochschule Ingolstadt. Sie ist Doktorandin an der Rechts- und Wirtschaftswissenschaftlichen Fakultät der Universität Bayreuth. Das Thema ihrer Dissertation lautet: Ermittlung des Potenzials der Wertschöpfungsoptimierung durch den Einsatz der Digitalisierung, Vernetzung und digitalen Transformation in Krankenhäusern entlang des Patientenpfades.

Carolin Jung ist studentische Mitarbeiterin am Kernkompetenzzentrum für Finanz- & Informationsmanagement. Sie studiert Betriebswirtschafslehre an der Universität Augsburg.

Anna Lina Kauffmann ist wissenschaftliche Mitarbeiterin an der Projektgruppe Wirtschaftsinformatik des Fraunhofer FIT und dem angegliederten Kernkompetenzzentrum Finanz- & Informationsmanagement. Nach ihrer mehrjährigen Beschäftigung bei der DAK-Gesundheit, hat sie Gesundheitsökonomie an der Hochschule RheinMain in Wiesbaden und an der Universität Bayreuth studiert. Im Rahmen ihrer Forschungsaktivitäten beschäftigt sie sich vorwiegend mit dem Themenfeld Digitalisierung des Gesundheitswesens.

Franka Metz ist studentische Mitarbeiterin am Kernkompetenzzentrum für Finanz- & Informationsmanagement. Sie studiert Gesundheitsökonomie an der Universität Bayreuth mit Fokus auf die Digitalisierung im Gesundheitswesen.

Hildegard Kriner ist wissenschaftliche Mitarbeiterin am Zentrum für Angewandte Forschung der Technischen Hochschule Ingolstadt. Sie studierte Betriebswirtschaftslehre mit Schwerpunkt Logistik an der Technischen Hochschule Ingolstadt und Logistik & Supply Chain Management an der Hochschule für Ökonomie & Management in München. Im Rahmen einer Verbundpromotion forscht sie zur Digitalisierung intralogistischer Prozesse in Krankenhäusern am Lehrstuhl für Fördertechnik, Materialfluss und Logistik der Technischen Universität München.

Moritz Wöhl ist wissenschaftlicher Mitarbeiter an der Projektgruppe Wirtschaftsinformatik des Fraunhofer FIT und dem angegliederten Kernkompetenzzentrum Finanz- & Informationsmanagement. Er studierte Wirtschaftsinformatik und Finanz- und Informationsmanagement an der Universität Augsburg. Sein Forschungsschwerpunkt liegt im Bereich der Digitalisierung des Privat- und Geschäftslebens.

Abkürzungsverzeichnis

AR	Augmented reality
AWT	Automatisierter Warentransport
BMBF	Bundesministerium für Bildung und Forschung
BPMN	Business Process Model and Notation 2.0
DIVI	Deutsche Interdisziplinäre Vereinigung für Intensiv- und Notfallmedizin
DARQ	Distributed-Ledger-Technologien, Artificial Intelligence, Extended Reality, Quantencomputing
ePAs	Elektronische Patientenakten
ERP	Enterprise Resource Planning
FIFO	First-in-first-out
FIT-PGWI	Projektgruppe Wirtschaftsinformatik des Fraunhofer FIT
FTS	Fahrerlose Transportsysteme
GTIN	Global Trade Identification Number
IoT	Internet of Things
IS	Informationssystem
ISO	Internationale Organisation für Normung
KI	Künstliche Intelligenz
KIS	Krankenhausinformationssystem
KVP	Kontinuierlicher Verbesserungsprozess
LFS	Lieferschein
MB-Monitor	Marburger Bund–Monitor
MaWi/MaWi-System	Materialwirtschaftssystem
MUZ	Multi-User Service und Dienstleistungszentren
OPs	Operationen
OCR	Optical character recognition
PDCA-Zyklen	Plan-, do-, check-, act-Zyklen
RFID	Radio Frequency Identification
SMACIT-Ansatz	Sozial-, mobil-, analytisch-, cloud-, und Internet der Dinge-Ansatz

THI-ZAF	Technische Hochschule Ingolstadt-Zentrum für Angewandte Forschung
UDI	Unique device identifiers
VAHM	Value Added Heat Map
VSMN	Value Stream Model and Notation
WAL	Warenausgangslieferschein
WEL	Wareneingangslieferschein

Das Krankenhaus im Wandel – Herausforderungen und Chancen in der Krankenhauslogistik

Henner Gimpel, Jürgen Schröder, Marie-Sophie Baier, Sebastian Heger, Christine Hufnagl, Hildegard Kriner und Moritz Wöhl

---

H. Gimpel (✉) · S. Heger · M. Wöhl
Projektgruppe Wirtschaftsinformatik des Fraunhofer FIT, Augsburg, Deutschland
E-Mail: henner.gimpel@fim-rc.de

S. Heger
E-Mail: sebastian.b.heger@gmail.com

M. Wöhl
E-Mail: moritz.woehl@fim-rc.de

J. Schröder · C. Hufnagl · H. Kriner
Zentrum für Angewandte Forschung der Technischen Hochschule Ingolstadt, Ingolstadt, Deutschland
E-Mail: Juergen.Schroeder@thi.de

C. Hufnagl
E-Mail: christine.hufnagl@thi.de

H. Kriner
E-Mail: hildegard.kriner@thi.de

H. Gimpel · S. Heger · M. Wöhl
Kernkompetenzzentrum Finanz- und Informationsmanagement, Universität Augsburg, Augsburg, Deutschland

H. Gimpel
Lehrstuhl für Digitales Management, Universität Hohenheim, Stuttgart, Deutschland

M.-S. Baier
Kernkompetenzzentrum Finanz- und Informationsmanagement, Universität Bayreuth, Bayreuth, Deutschland

M.-S. Baier
Projektgruppe Wirtschaftsinformatik des Fraunhofer FIT, Bayreuth, Deutschland
E-Mail: m.s.denner@web.de

© Springer Fachmedien Wiesbaden GmbH, ein Teil von Springer Nature 2021
H. Gimpel und J. Schröder (Hrsg.), *Hospital 4.0*,
https://doi.org/10.1007/978-3-658-33064-4_1

> In diesem Kap. 1 werden die Ausgangssituation und das Forschungsziel beschrieben. In Kap. 2 wird das zugrunde liegende Lernkonzept skizziert und in Kap. 3 die theoretischen Grundlagen und Methoden erklärt. Kap. 4 schildert die Vision der Krankenhauslogistik im Jahr 2030 und schildert dabei den Ansatz der Multi-User Service und Dienstleistungszentren. Anschließend wird in Kap. 5 das Referenzmodell „Materiallogistik" und in Kap. 6 das Referenzmodell „Bettenlogistik" dargestellt sowie die Erkenntnisse aus der Ist- und Potenzialanalyse vermittelt. Abschließend gibt Kap. 7 einen Ausblick auf die strukturellen, prozessualen und technologischen Entwicklungen in der Krankenhauslogistik.

1.1 Entwicklungen im Gesundheitswesen

Zum heutigen Zeitpunkt zählt das deutsche Gesundheitswesen zu den besten Gesundheitssystemen der Welt, wie auch die COVID-19-Pandemie unterstrichen hat (Michael et al. 2019). Dabei sind es vor allem der niederschwellige Zugang zu medizinischen Leistungen, das vom Solidarsystem getragene Versicherungssystem (Porter und Guth 2012), sowie die Qualität der erbrachten Leistungen, welche Deutschland im internationalen Vergleich sehr gut abschneiden lassen (Simon 2019). Dennoch steht das deutsche Gesundheitssystem, unabhängig von der COVID-19-Pandemie, einer Reihe von Herausforderungen und Entwicklungen gegenüber, welche erheblichen Einfluss auf die adäquate und bedarfsgerechte Versorgung der Bevölkerung haben.

Neben dem demografischen Wandel erschweren auch der Mangel an ausgebildeten Fachkräften, sowie der zunehmende Kostendruck den Alltag deutscher Krankenhäuser. Die Auswirkungen des **demografischen Wandels** zeigen sich nicht nur in einer alternden Bevölkerungsstruktur, sondern auch in einem veränderten Krankheitsbild, der so genannten Multimorbidität (Bredehorn et al. 2017). Darüber hinaus verstärkt der weitere Rückgang der erwerbstätigen Bevölkerung den bereits heute bestehenden **Fachkräftemangel** deutlich (Augurzky und Kolodziej 2018). Viele Berufe im Gesundheitswesen haben an Attraktivität verloren (z. B. Kranken- oder Altenpflege), was auf eine zu geringe (finanzielle) Wertschätzung, aber auch eine hohe Arbeitsbelastung zurückzuführen ist (Deutsches Ärzteblatt 2019). Im Krankenhaus gefährden unterbesetzte Dienste und daraus resultierende Überstunden nicht nur die Qualität der Behandlung, sondern insbesondere die Sicherheit der Patienten[1] (Bredehorn et al. 2017). Verstärkt wird die Problematik der Personalknappheit durch den **Kostendruck**, welcher zunehmend auf

---

[1] Zur besseren Lesbarkeit werden in diesem Buch und diesem Kapitel personenbezogene Bezeichnungen, die sich zugleich auf Frauen, Männer und andere Personen beziehen, generell nur in der im Deutschen üblichen männlichen Form angeführt, also z. B. „Ärzte" statt „Ärztinnen und Ärzte", „ÄrztInnen" oder „Ärzt_innen". Dies soll jedoch keine Geschlechterdiskriminierung oder eine Verletzung des Gleichheitsgrundsatzes zum Ausdruck bringen.

den Krankenhäusern lastet und insbesondere im Zusammenhang mit der Einführung der Fallpauschalen (Diagnosis Related Groups, DRGs) im Jahr 2003 entstanden ist (Simon 2019). Intensiviert wird der Kostendruck vom anhaltenden Investitionsstau (Augurzky et al. 2018). Bundesweit fehlten – vor der COVID-19-Pandemie – ca. 28 Mrd. € Investitionsmittel, sodass Krankenhäuser viele Investitionen aus eigener Hand, also über die eigenen Betriebskosten, finanzieren müssen (Augurzky et al. 2016) (Details zu den einzelnen Herausforderungen in Abschn. 4.1).

Um den genannten Entwicklungen entgegen zu wirken, bieten v. a. die **Digitalisierung** und der damit verbundene **Einsatz neuer Technologien** großes Potenzial (Augurzky et al. 2018). So kann z. B. der Einsatz von (Pflege-)Robotern das medizinische Personal entlasten, indem nicht-medizinische Tätigkeiten übernommen und die eigentlichen Kernprozesse bzw. deren Versorgungsqualität verbessert werden. Eine weitere Anwendungsmöglichkeit bietet die sog. **künstliche Intelligenz,** mit deren Hilfe z. B. in der Bilderkennung nicht nur bessere Diagnoseergebnisse erzielt, sondern auch wertvolle Zeiten eingespart werden können (Topol 2019). Der Einsatz neuer Technologien kann auch die allgemeine Arbeitsbelastung reduzieren, da wichtige Informationen niederschwellig zugänglich gemacht und der massive Dokumentationsaufwand (bis zu 3 h pro Arzt und Arbeitstag) reduziert werden können (Müller und Blum 2003). Weitere Lösungsansätze, die schon heute großes Einsparpotenzial für Krankenhäuser bieten, sind die Automatisierung von Arbeitsabläufen (v. a. in der Logistik), Radio Frequency Identification (RFID), sowie barcodebasierte Verabreichung von Medikamenten (McKinsey & Company 2018). Das oberste Ziel muss jedoch stets sein, dass der Patient weiterhin im Fokus steht und die eingesetzten Technologien darauf abzielen, die Versorgungsqualität sowie die Patientensicherheit sicherzustellen.

Aktuellen Schätzungen zufolge, könnte Digitalisierung die jährlichen Gesamtausgaben des Gesundheitswesens um ca. 34 Mrd. € reduzieren (das entspricht ca. 12 % der Gesundheits- und Versorgungskosten in Deutschland), wobei die elektronische Patientenakte mit ca. 9 Mrd. € den größten Anteil ausmacht (McKinsey & Company 2018). Doch trotz dieser enormen **(Kosten-)Einsparpotenziale**, ist der Grad der Digitalisierung in deutschen Krankenhäusern derzeit noch wenig fortgeschritten, was sich u. a. darin zeigt, dass im Schnitt nur zwei von fünf Krankenhäusern eine spezifische Digitalisierungsstrategie verfolgen (McKinsey & Company 2018). Hinzu kommt, dass sich Digitalisierungsinitiativen derzeit hauptsächlich auf Pilotprojekte einzelner Standorte beschränken. Gründe dafür sind insbesondere unzureichende Finanzierung, Datenschutzbedenken, fehlende Standardisierung, sowie Interoperabilitäten bestehender IT-Lösungen (McKinsey & Company 2018).

1.2 Krankenhauslogistik – Herausforderung und Chance

Im Allgemeinen umfasst die **Logistik** die „marktorientierte, integrierte Planung, Gestaltung, Abwicklung und Kontrolle des gesamten Material- und dazugehörigen Informationsflusses zwischen einem Unternehmen und seinen Lieferanten, innerhalb eines Unternehmens sowie zwischen einem Unternehmen und seinen Kunden." (Schulte 2017, S. 3). Als Objekte der Logistik werden sämtliche Materialien und Waren angesehen, wodurch eine klare Abgrenzung zu anderen bereitzustellenden Faktoren erfolgt (z. B. Anlagen, Personal oder Kapital). Betrachtet man die Funktionen, die grundsätzlich dem Versorgungsbereich eines Unternehmens zuzuordnen sind, so lassen sich anführen: Einkauf bzw. Beschaffung, Lagerhaltung, Transport, Produktionsplanung und -steuerung, sowie Auftragsabwicklung. Das Ziel einer jeden logistischen Aktivität ist die Optimierung des Logistikerfolges mit ihren Komponenten Logistikleistung und -kosten. Da hierbei oftmals konkurrierende Ziele vereint und bereichsübergreifende Entscheidungen zur Erfüllung von Umsatz- und Kostenzielen getroffen werden müssen, durchdringt die Logistik alle Abschnitte der Wertschöpfungskette (Schulte 2017). Die klassische Wertschöpfungskette (Porter 1985) umfasst fünf Primäraktivitäten, die den eigentlichen Wertschöpfungsprozess beschreiben: interne Logistik, Produktion, externe Logistik, Marketing und Verkauf, Service. Außerdem gibt es vier Unterstützungs- oder Sekundäraktivitäten, die den Wertschöpfungsprozess ergänzen: Unternehmens-Infrastruktur, Personalwirtschaft, Technologie-Entwicklung und Beschaffung. In diesem Zusammenhang unterscheidet man auch wertschöpfende Tätigkeiten (für die der Kunde auch direkt bereit ist, Geld zu zahlen), nicht-wertschöpfende Tätigkeiten (die zwar zur Verrichtung der realen Arbeit getan werden müssen, jedoch nicht direkt einen Wertzuwachs im Unternehmen bringen) und kostensteigernde Tätigkeiten (pure Verschwendung von Zeit und Ressourcen, die im Rahmen von Lean Management aufgedeckt und korrigiert werden sollten). Neben der Wertschöpfungskette nach Porter gibt es auch zwei weitere Wertelogiken, nämlich die des Wertshops und des Wertnetzes (Details siehe Abschn. 4.3).

Die **Krankenhauslogistik** im Speziellen ist der Grundbaustein, um medizinische Dienstleistungen für den Patienten erbringen zu können. Oberste Prämisse und gleichzeitig wertschöpfendes Kerngeschäft der Krankenhäuser ist die Gewährleistung der medizinischen Versorgung – also Diagnostik, Behandlung und Pflege – der Patienten. Aufgrund des besonderen Dienstleistungscharakters medizinischer Leistungen, basiert der Behandlungserfolg jedoch auf einem gezielten Zusammenspiel zwischen den primär wertschöpfenden Akteuren (Patient, Arzt, Pflegepersonal) und den sie unterstützenden Dienstleistungs- und Logistikprozessen (Kriegel et al. 2016). Die Krankenhauslogistik umfasst somit die Planung, Lagerung und Bereitstellung von physischen Gütern, die für die Behandlung von Patienten notwendig sind (z. B. Betten, Verpflegung/Mahlzeiten, Medikamente oder sterile Behandlungsinstrumente) (Volland et al. 2017). Das Ziel der Krankenhauslogistik ist es, dass die richtige Person (Patient, Arzt oder Pfleger) zur richtigen Zeit am richtigen Ort ist und die richtigen Medizinprodukte und notwendigen Verbrauchsgüter in der richtigen Qualität und Menge zu den richtigen Kosten verfügbar sind (Abb. 1.1). Krankenhauslogistik ist ein Portfolio aus Transport-, Lager-, Kommissionierungs- und Informationsservices. Dabei gibt es zahlreiche Logistikprozesse, die sich insbesondere hinsichtlich ihres Patientenbezugs, ihres Grads der Individualisierung auf den Patienten und ihrer Warengruppe unterscheiden (Abb. 1.2) (in Anlehnung an Dobrzanska et al. 2013).

Aufgrund hoher Qualitätsanforderungen, Patientenindividualität und der Notwendigkeit zu kurzfristiger Reaktion, ergeben sich besondere **Herausforderungen** an

1 Das Krankenhaus im Wandel – Herausforderungen und Chancen …

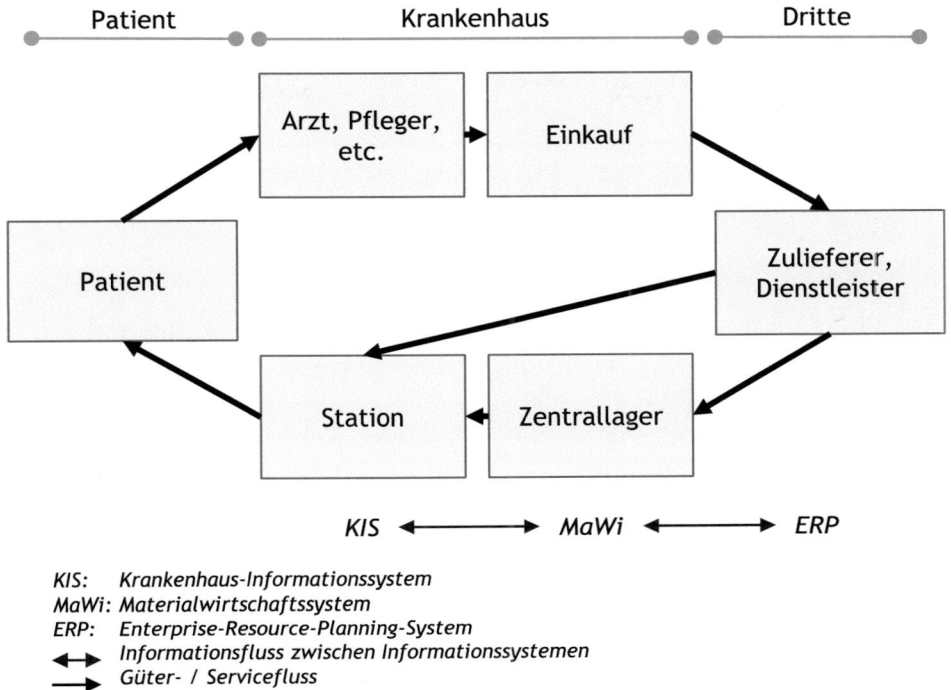

Abb. 1.1 Der „Logistikkreislauf" unterstützender Logistikdienstleistungen im Krankenhaus

die Krankenhauslogistik, wie folgende Beispiele zeigen: In der *Medikamentenlogistik* muss jeder Patient mit den für ihn richtigen und optimal gelagerten Medikamenten versorgt werden. Ein Fehler in der Medikamentenverblisterung oder eine Verwechslung des Patienten kann zu massiven gesundheitlichen Gefährdungen führen. Bestandslücken von medizinischen Verbrauchsgütern können ein Gesundheitsrisiko für Patienten darstellen. Die *Patienten(transport)logistik* muss bei Notfällen kurzfristig auf die Belegung von medizinischen Geräten/ Räumen oder die notwendige Personalverfügbarkeit reagieren. Hinzu kommen zahlreiche Prozessvarianten aufgrund von Patientencharakteristika oder Präferenzen des behandelnden Personals, welche die Behandlung außerdem beeinflussen. Alle Verantwortlichen müssen jederzeit flexibel auf neue Umstände reagieren können. Die *Materiallogistik* muss – je nach Produkt – den richtigen Grad zwischen Zentralität und Dezentralität finden, um die Wiederauffindbarkeit im Dienstleistungssystem des Krankenhauses sicherzustellen, wo Patienten, Festangestellte und externe Fachkräfte diverser Berufsgruppen rund um die Uhr in kooperative Wertschöpfungsprozesse eingebunden sind. Kosteneffizienz ist ein wichtiger Faktor, den es zu beachten gilt.

Neben den genannten Beispielen muss die Krankenhauslogistik eine Vielzahl weiter fachlicher, kultureller und finanzieller **Herausforderungen** meistern, um

Abb. 1.2 Systematisierung der Logistikprozesse und Warengruppen in der Krankenhauslogistik in Anlehnung an Dobrzanska et al. (2013)

das medizinische Kerngeschäft zu unterstützen. Diese werden im Folgenden kurz beschrieben und in Abschn. 4.1 spezifiziert.

1. Für konsistente Prozessabläufe ist die **Qualität der vorliegenden Informationen** von großer Bedeutung. Neben typischen Qualitäts-Dimensionen wie Genauigkeit, Aktualität, oder Vollständigkeit, sind vor allem die **Verfügbarkeit und Transparenz von Informationen** über alle am Prozess beteiligten Personen, Materialien und Geräte entscheidend. Dabei ist nicht zu vernachlässigen, dass Informationen vor unbefugtem Zugriff geschützt werden müssen und Daten – bei Personenbezug oder anderem besonderen Schutzbedarf – ausschließlich in der festgelegten und vereinbarten Art und Weise verarbeitet werden dürfen.
2. Eine weitere Herausforderung der Krankenhauslogistik liegt in oftmals starren Strukturen, welche **durchgängige Prozessabläufe** über Stationen/Abteilungen hinweg erschweren. Das beeinflusst nicht nur die Koordination von Personal-, Informations- und Materialströmen, sondern erhöht auch die Komplexität bei der Erreichung von Produktivitätsoptimierungen.

3. Oft führen die komplexen Prozesse eines Krankenhauses sowie fehlende Informationen zu Wartezeiten bei Patienten und Personal, unnötigen Bewegungsabläufen oder überflüssigen (Transport-)Wegen. Eine **Reduktion der Verschwendung** kann sich unmittelbar positiv auf die Qualität und Effizienz der Logistikprozesse und mittelbar positiv auf die medizinischen Kernprozesse des Dienstleistungssystems auswirken. Zudem gilt es, trotz einer erheblichen Lieferanten- und Produktvielfalt die Bereitstellungsprozesse möglichst effizient und effektiv zu gestalten (Kriegel 2012).
4. Betrachtet man die **Innovationskultur** deutscher Krankenhäuser, so zeigt sich ein ambivalentes Bild. Während Innovationen in der Medizintechnik graduell Eingang in die medizinische Versorgung finden, profitieren die Logistikprozesse bislang nur rudimentär von neuen technologischen Entwicklungen. Um ganzheitliche Lösungen zu konzipieren und zu implementieren, bedarf es hoher Fach- und Methodenkompetenz sowie intensivem Change-Management mit beträchtlichen Vorlaufzeiten.
5. Der besondere Charakter der Krankenhauslogistik erschwert die adäquate Erfassung des Wertbeitrages zu den primären Wertschöpfungsprozessen, sodass sich die Identifikation von Verschwendung und Optimierungsmöglichkeiten schwierig gestaltet. Das durch das produzierende Gewerbe geprägte **Produktions- und Wertschöpfungsverständnis** sowie der Weg zur Industrie 4.0 haben in diesem Umfeld – insbesondere bei unterstützenden Dienstleistungen des medizinischen Behandlungsprozesses – große Akzeptanzprobleme.
6. Da die Krankenhauslogistik einen substantiellen Teil der Krankenhauskosten darstellt, rückt sie zunehmend in den Fokus von **Kosteneinsparungen** (König und Bade 2009; Volland et al. 2017; Nachtmann und Pohl 2009). Neben Prozessineffizienzen sind auch Überkapazitäten an Lagervorräten ein großes Problem, welches sich durch fehlendes Wissen über optimale Materialbestände und -puffer ergibt. Ein Beispiel, welches das Dilemma zwischen Überkapazitäten und Fehlmengen unterstreicht, findet sich in Belgien, wo 2019 rund sechs Mio. Schutzmasken vom Typ FFP2 vernichtet wurden, weil das Verfallsdatum abgelaufen war. Dass aus Kostengründen kein Ersatz beschafft wurde, rächte sich im Frühjahr 2020, als im Zuge der COVID-19-Pandemie Schutzmasken in großen Mengen fehlten (Redaktionsnetzwerk Deutschland 2020).

Vor dem Hintergrund der geschilderten Herausforderungen nehmen logistikbezogene Aufgaben heute einen signifikanten Anteil der Arbeitszeit des medizinischen Personals ein. Damit dieses sich vollständig auf den eigentlichen Kernprozess – die Behandlung und Pflege der Patienten – konzentrieren kann, sollten nicht-wertschöpfende Tätigkeiten auf ein Minimum reduziert werden und schlanke Prozessinstanzen entstehen. An dieser Stelle bietet v. a. der Einsatz neuer Technologien erhebliche **Chancen und Potenziale** zur Umsetzung ganzheitlicher und krankenhausweiter Lösungen. Wie auch die Herausforderungen werden die Chancen und Potenziale im Folgenden kurz beschrieben.

1. **Schlanke Logistikprozesse** können dazu beitragen, dass die Versorgungsqualität zunimmt, wenn der Anteil nicht-wertschöpfender Arbeit abnimmt. Beispielsweise ermöglicht die automatisierte Erfassung von Verbrauchsmaterialien die kontinuierliche Überwachung des Lagerbestandes und spart somit Zeit im Vergleich zur manuellen Erfassung. Hinzu kommt, dass Nachbestellungen von Materialien automatisiert ausgelöst werden können und somit auch an dieser Stelle weniger Personalaufwand notwendig ist. Eingesparte Zeit des Pflegepersonals, die aktuell für Dokumentation und Verwaltung benötigt wird, ist zukünftig gewonnene Zeit, die das Personal beim Patienten verbringen kann.
2. Das **Tracking** von mobilem, medizinischem Inventar ermöglicht es im Bedarfsfall, benötigte Gerätschaften in Echtzeit zu lokalisieren und flexibler zu allokieren – speziell in Notfallsituationen ist hier jede Sekunde kostbar. Die Geschehnisse im Rahmen der COVID-19-Pandemie haben eindrucksvoll unterstrichen, wie wichtig der aktuelle Status und die Lokalisation von kritischen medizinischen Gerätschaften, beispielsweise von Beatmungsgeräten, ist.
3. **Digital erfasste Prozessschritte** eröffnen darüber hinaus die Möglichkeit, Prozess-Logs zu analysieren, aus welchen sich die tatsächlichen Prozessabläufe rekonstruieren, nachvollziehen und analysieren lassen (sog. Process Mining). Das hilft dabei, den Status Quo zu erfassen und Prozessverbesserungen konsequent und kontinuierlich voranzutreiben. Je ganzheitlicher die Prozesse und je detaillierter die Prozessschritte erfasst sind, umso bedeutender sind die aus Process Mining gewonnenen Erkenntnisse.
4. **Digitalisierte/optimierte Logistikprozesse** und damit verbundene Effizienzgewinne sind ein attraktiver Hebel für Kosteneinsparungen, da die Logistik einen wesentlichen Anteil an den Ausgaben der Krankenhäuser hat und dafür relativ viel Zeit verwendet wird. An dieser Stelle eröffnet sich signifikantes Einsparpotenzial ohne, dass die Versorgung der Patienten betroffen wäre, da die Kosten gesenkt werden könnten und der Anteil nicht-wertschöpfender Tätigkeiten reduziert würde (Volland et al. 2017).

Einige der folgenden Beispiele unterstreichen eindrucksvoll, welch große **Chancen und Potenziale** in der digitalen Unterstützung der Krankenhauslogistik stecken.

- Die Cleveland Kliniken (u. a. Ohio USA) nutzen RFID für das Tracking diverser Gegenstände. So sind beispielsweise Bettlaken, Arbeitskleidung, Patientenakten oder Beatmungsgeräte mit RFID-Chips getaggt, um diese lokalisieren oder deren Status prüfen zu können. Untersuchungen zeigen, dass die Klinik unter anderem die Dauer, um ein freies Beatmungsgerät zu lokalisieren und an den benötigten Ort zu verlegen, von 18 auf drei Minuten senken konnte (Stoller et al. 2013).
- Ähnliche Konzepte finden sich in Dänemark, wo der Staat für die Finanzierung und Durchführung der medizinischen Versorgung verantwortlich ist. Im Universitätsklinikum Aarhus ist eine Echtzeit-Ortung von Personen im Krankenhaus, die es ermöglicht, im Notfall das passende Personal schnellstmöglich zu lokalisieren und zu

benachrichtigen. Im Gegensatz zu den Cleveland Kliniken sind Patientenakten nicht mit einem RFID-Chip versehen, sondern vollständig elektronisch erfasst, sodass ein Transport von physischen Dokumenten nicht mehr notwendig ist (Henriksen 2019).
- Eine weitere Studie zeigt, dass auch Pharmazeuten rund 75 min täglich einsparen können, wenn sie ein RFID-basiertes System einsetzen, welches die Echtzeitortung und Bestandsaufnahme von Notfallmedikationssets ermöglicht (Hamm et al. 2018).

Zusammenfassend lässt sich feststellen, dass – aufgrund des sensiblen Umfelds – Innovationen in der Krankenhauslogistik nur langsam umgesetzt werden, auch wenn der medizinische Versorgungsprozess nur peripher betroffen ist. Dennoch steckt gerade darin großes Potenzial, denn nicht-wertschöpfende Tätigkeiten in der heutigen Krankenhauslandschaft kosten unverhältnismäßig viel Zeit und damit Ressourcen. Durch den Einsatz digitaler Technologien können nicht-wertschöpfende Tätigkeiten spürbar beschleunigt und vereinfacht werden.

1.3 Sondersituation COVID-19-Pandemie

Im Frühjahr 2020 versetzte die COVID-19-Pandemie die Welt und deren Gesundheitsversorgung in eine absolute Ausnahmesituation. Einzelne Regionen in Italien, Spanien, China oder den USA sorgten für dramatische Bilder aus Krankenhäusern und von provisorischen Leichenhäusern. Auch in Deutschland hatte die Pandemie massive Auswirkungen auf das Zusammenleben, obwohl das Gesundheitssystem glücklicherweise zu keinem Zeitpunkt seine Kapazitätsgrenze erreicht hatte. Der Alltag der gesamten Gesellschaft hatte sich in noch nie da gewesenem Ausmaß und mit enormer Geschwindigkeit verändert. Die Bundesregierung hat am 22. März 2020 in Abstimmung mit den Regierungen der Länder die Menschen zur „Beschränkung sozialer Kontakte" auch bekannt als „social distancing" aufgefordert. Einzelne Bundesländer hatten über die Kontaktbeschränkungen hinaus, Ausgangsbeschränkungen erlassen. Ziel der Maßnahmen war die Einhaltung eines physischen Mindestabstands, um die Zahl der Neuinfektionen unter Kontrolle zu bekommen. In diesem Kapitel werden die Auswirkungen der Pandemie[2] auf das deutsche Gesundheitssystem, dessen Krankenhäuser und v. a. die Krankenhauslogistik beleuchtet, um die Relevanz der vorgestellten Konzepte zu unterstreichen, welche auch im Falle zukünftiger Krisen eine entscheidende Rolle bei deren Bewältigung spielen könnten.

Insbesondere in der Anfangsphase der Pandemie standen vor allem die Gesundheitsämter im Fokus. Zu deren Hauptaufgaben zählten u. a. die Nachverfolgung von Kontaktpersonen, um Infektionsketten zu unterbrechen, sowie die Koordination von

---

[2]Redaktionsschluss dieses Kapitel war im Dezember 2020. Auf diesen Zeitpunkt beziehen sich die Darstellungen.

wichtigen Diagnostik-Tests (RT-PCR), wobei der benötigte Bedarf mit dem vorhandenen Personal nur schwer zu decken war und Gesundheitsminister Spahn umfassende Aufstockungen versprach. Explizit sprach er von einem personellen und auch digitalen Upgrade (Sueddeutsche Zeitung 2020a). Insbesondere die Digitalisierung kann eine entscheidende Rolle dabei spielen, die Gesundheitsämter auch zukünftig vor einer Überlastung zu schützen. Ein Lösungsansatz sind sogenannte „Tracking-Apps" (in Deutschland bekannt als Corona-Warn-App), welche die gezielte Nachverfolgung von potenziell Infizierten vereinfachen und effizienter gestalten. Kritischer Erfolgsfaktor einer solchen Lösung ist die Akzeptanz in der Bevölkerung und damit verbunden ist der größte Streitpunkt, das Thema Datenschutz und (de)zentrale Datenspeicherung. Unabhängig ob und wie Infektionsketten nachvollzogen werden, sind Gesellschaft und Politik gefordert, das Gesundheitssystem für mögliche weitere Infektionswellen von COVID-19 oder zukünftige Pandemien vorzubereiten. Die Langzeitfolgen der Krise sind zum Zeitpunkt der Veröffentlichung dieses Buches noch nicht bekannt, wobei aber davon auszugehen ist, dass der wochenlange Aufenthalt in der eigenen Wohnung – auch im Home-Office mit möglicherweise unzureichender und unergonomischer Büroausstattung – zu psychischen und körperlichen Langzeitfolgen führen wird (Röhr et al. 2020). Mit zunehmender Dauer der Ausgangsbeschränkungen wurden die Stimmen nach Lockerungen immer lauter. Unter ihnen Bundestagspräsident Wolfgang Schäuble, der deutlich gemacht hat, dass eine rein epidemiologische Betrachtung nicht richtig sei, sondern die massiven wirtschaftlichen, sozialen und psychologischen Folgen ebenfalls Beachtung finden müssen (Tagesspiegel 2020). Es besteht daher Bedarf, tragfähige Konzepte für das Gesundheitssystem zu entwickeln, welche eine Überlastung ebendessen in zukünftigen Krisenfällen verhindert.

Von der COVID-19-Pandemie waren auch **Krankenhäuser** stark betroffen, welche ständig neue Aufgaben meistern mussten. Einerseits waren sie gefordert, die kurzfristig notwendigen Zusatzkapazitäten an Intensivbetten und Beatmungsplätzen bereitzustellen und dafür notwendiges Ge- und Verbrauchsmaterial zu beschaffen. In einzelnen Hotspots der Pandemie (z. B. Bergamo oder Straßburg) konnten die notwendigen Kapazitäten nicht rechtzeitig zur Verfügung gestellt werden und eine Verlegung von Patienten in andere Länder, insbesondere Deutschland war notwendig. Andererseits wurden elektive Eingriffe zurückgestellt, womit sich in manchen Krankenhäusern ein paradoxes Bild abgezeichnete: Intensivstationen mit COVID-19-Infizierten kämpften um jeden einzelnen Patienten, während manche Krankhäuser, insbesondere von privaten Trägern, zunehmend in die Verlegenheit kamen, Kurzarbeit anmelden zu müssen, weil planbare Operationen, in Erwartung eines möglichen Ansturmes, nicht erfolgten und die Auslastung der Nicht-Intensivbetten gering blieb (Tagesschau 2020). Den Ausnahme-Charakter der COVID-19-Pandemie zeigte der beobachtbare Rückgang des Patientenaufkommens in Notaufnahmen. Trotz akuter Beschwerden vermieden viele Menschen den Weg in das Krankenhaus, vermutlich aus Angst einer Ansteckung mit COVID-19 (Augsburger Allgemeine 2020). Das Risiko einer Infektion ist in einem Krankenhaus ernst zu nehmen. Der gesamte Personalstab und die Patienten sind einem erhöhten Risiko ausgesetzt. Im Ernstfall benötigen Krankenhäuser ein Konzept, um die Neuinfektionen unter Kontrolle zu halten und zu verhindern, dass einzelne Stationen oder das gesamte Haus unter Quarantäne gestellt werden müssen. Zu jedem Zeitpunkt muss ausreichend gesundes Personal verfügbar sein, um die medizinische Versorgung sicherstellen zu können. An dieser Stelle sei erneut darauf hingewiesen, dass nicht-medizinische Tätigkeiten, die durch ausgebildetes Pflegepersonal ausgeführt werden müssen, die Situation zusätzlich verschärfen. Die Realität hat gezeigt, dass sich der Worst-Case nicht immer verhindern lässt, wie die zeitweisen Schließungen in Hamburg-Eppendorf (Spiegel 2020), München-Pasing (Sueddeutsche Zeitung 2020d) oder Dachau (Sueddeutsche Zeitung 2020c) zeigten. Neben Konzepten, welche die Aufrechterhaltung des Betriebes durch ausreichend gesunde Belegschaft sicherstellen, sind auch neue Konzepte, wie z. B. zur Errichtung und (logistischen) Versorgung sog. Behelfskrankenhäuser, von Relevanz. Umfassende Referenzmodelle, wie in den Kap. 5 bzw. 6 vorgestellt, könnten dabei einen wertvollen Beitrag zum allgemeinen Verständnis bestimmter Prozesse und übergreifender Zusammenhänge leisten.

Neben all den Herausforderungen zeigten sich auch positive Aspekte in dieser ungewöhnlichen Situation. Beispielsweise ist die **Vernetzung zwischen den Krankenhäusern** massiv verbessert worden, weil diese innerhalb kürzester Zeit dem Intensivregister der Deutschen Interdisziplinären Vereinigung für Intensiv- und Notfallmedizin (DIVI) beigetreten sind[3]. Das Register ist öffentlich einsehbar und darin sind tagesaktuell die verfügbaren Kapazitäten von Intensivbetten (inkl. Möglichkeiten zur Beatmung) aus über 1.000 Krankenhäusern in Deutschland erfasst. Dieses Register ermöglicht somit, dass bei drohender Überlastung der Intensivstationen eines Krankenhauses, kurzfristig alternative Behandlungsorte identifiziert und Patienten ggf. verlegt werden können. Obwohl das Intensivregister ein wichtiger Schritt in die richtige Richtung war, ist die Vernetzung der Krankenhäuser bei weitem noch nicht optimal. Der plötzliche und akute Mehrbedarf an bspw. Atemschutzmasken, Brillen oder Schutzkitteln hat gezeigt, dass jedes Krankenhaus für sich selbst Bedarfe kalkuliert und Waren ordert – was unter normalen Bedingungen kein Problem darstellt. Die gesteigerte Nachfrage und das nur langsam steigende Angebot haben jedoch zu teils extremen Preissteigerungen, Lieferunsicherheiten und Lieferverzögerungen geführt und stellten die Krankenhauslogistik bzw. den Einkauf vor große Herausforderungen. Eine bundesweite **Transparenz über aktuelle Bestände** oder Bestellungen von Schutzausrüstung bestand nicht. Erschwerend kam hinzu, dass Bund und Länder als zusätzliche Akteure am Markt aufgetreten sind, wodurch zusätzlicher Koordinationsaufwand notwendig wurde und auch Konkurrenzsituationen und damit ein Wettbieten nicht zu vermeiden waren (Sueddeutsche Zeitung 2020b). Ein kontrolliertes Vorgehen bei dem alle Marktteilnehmer an einem Strang ziehen (bestenfalls europaweit) und aktuelle Bestände transparent sind, könnte zur Deeskalation und effizienterem Mitteleinsatz führen. In einem

---

[3] www.intensivregister.de

weiteren Schritt würde Transparenz über die gesamten Supply Chain hinweg, insbesondere für Produktionsstätten außerhalb Europas, zur Deeskalation beitragen, da früher absehbar wäre wann mit dem Wareneingang in welcher Höhe zu rechnen wäre.

Um Transparenz über Bestände auf Bundesebene zu schaffen, ist eine Grundvoraussetzung, dass die **Materiallogistik** jedes einzelnen Krankenhauses die entsprechenden Voraussetzungen erfüllt. Dazu ist zunächst eine digitale Bestandserfassung und -verwaltung notwendig, wodurch Informationen in Echtzeit verfügbar werden. Eine automatisierte Erfassung der Artikelstammdaten spart zudem Zeit des Personals. In Hinblick auf die Ausnahmesituation rund um COVID-19 sollte klar sein, dass Anpassungen gegenüber dem Normalzustand notwendig sind. Im Umkehrschluss bedeutet dies jedoch nicht, dass State-of-the-Art Logistik-Konzepte in der Krankenhauslogistik keine Anwendung finden sollten, sondern vielmehr, dass intelligente Logistikkonzepte im Bedarfsfall durch menschliche Intuition, Expertenwissen und Kontexteinschätzungen ergänzt werden, bspw. die Bedarfsprognose. Somit sollten Sicherheitsbestände nicht unnötig umfangreich sein, sofern dafür kein objektiver Grund besteht. In Ausnahmesituationen kann es aber sinnvoll sein, zusätzliche Lagerräume für die benötigten Artikel bereitzustellen, um die notwendige Reichweite der Bestände sicherzustellen, auch wenn das im Normalbetrieb nicht notwendig ist.

In der **Bettenlogistik** ist die Einrichtung des Intensivregisters ein (erster) richtiger und wichtiger Schritt gewesen. Um auch in Krisensituationen reaktionsschnell agieren zu können, ist Transparenz ein Erfolgsfaktor. Zwar ist der Status von Intensivbetten – dank des Intensivregisters – bekannt, der Status von regulären Betten ist jedoch bis heute oft noch nicht (in digitaler Form) erfasst, obwohl umfassende Dokumentations- und Reinigungspflichten insbesondere für infektiöse Betten gelten. Falls sich die Auslastung eines Krankenhauses seiner Kapazitätsobergrenze nähert, wie in Italien oder Spanien geschehen, dann müssen in der gesamten Bettenlogistik außerordentlich schnell Entscheidungen getroffen werden und die knappen Ressourcen sinnstiftend verplant werden. Um diese Entscheidungen zu unterstützen, sollte der Status eines Bettes jederzeit in Echtzeit verfügbar sein. Sollte der Fall eintreten, dass in einem Krankenhaus eine sog. „Corona"-Station eingerichtet werden muss, womit eine nennenswerte Bewegung von Patienten und Betten notwendig sein könnte, ist es ebenfalls essenziell, dass der Status aller Betten und Bettplätze im gesamten Krankenhaus bekannt ist. Auch in Hinblick auf die Zeit, nachdem sich der Krankenhausbetrieb wieder normalisiert hatte, dass also auch Elektiv-Patienten wieder behandelt wurden, war mit einem erhöhten Koordinierungsaufwand in der Bettenlogistik zu rechnen, weshalb ein digitales und damit transparentes System von großer Bedeutung ist.

Die COVID-19-Pandemie hat Gesundheitssysteme weltweit an ihre Grenzen gebracht. Das deutsche Gesundheitssystem, die Politik und das Verhalten der Bürger konnten zwar eine Überlastung bis auf Weiteres verhindern, jedoch hat die Pandemie gezeigt, dass auch das Deutsche Gesundheitssystem Herausforderung zu meistern hat, um für zukünftige Pandemien gerüstet zu sein. Die in diesem Buch vorgestellte Vision (Kap. 4) und die Referenzmodelle (Kap. 5 und 6) zur Krankenhauslogistik sollen aufzeigen, wie die Krankenhauslogistik zukünftig aussehen kann, damit sich medizinisches Personal weitgehend oder gar ausschließlich auf die gesundheitliche Versorgung von Patienten fokussieren kann.

1.4 Forschungslücke

Auf Basis der genannten Herausforderungen und Potenziale (in Zeiten vor der COVID-19-Pandemie, während der Pandemie und vermeintlich auch nach ihr) zeichnet sich ein klares Ziel ab. Mittelfristig müssen die Logistikprozesse in Krankenhäusern schlanker gestaltet und Verschwendungen vermieden werden. Jedoch reicht es nicht aus, einfach digitale Technologien einzuführen. Vielmehr müssen die bestehenden Logistikprozesse auf existierende Verschwendungen hin untersucht und sofern nötig unter Einsatz von digitalen Technologien neugestaltet werden. In schlanken Zielprozessen erscheint ein zielgerichteter Einsatz digitaler Technologien und der damit verbundenen Potenziale beispielsweise hinsichtlich höherer Informationsverfügbarkeit (am richtigen Ort zur richtigen Zeit) und Bereitstellung in der benötigten Qualität durch neuartige Informationsflüsse möglich. Um solche entsprechend schlanke, digital-unterstützte Krankenhauslogistikprozesse zu erreichen, müssen jedoch zuvor einige Forschungsfragen beantwortet werden.

Zuerst muss geklärt werden, in welchem Ausmaß sich Handlungsbedarfe aufgrund von Verschwendungen, welche durch die Unterstützung von digitalen Technologien vermieden werden können, innerhalb der Krankenhauslogistik ergeben. Dabei stellt sich insbesondere die Frage, welche Probleme, Ineffizienzen und Handlungsfelder in den heute bestehenden Krankenhauslogistikprozessen existieren. Die Beantwortung der Frage erlaubt zum einen die Priorisierung der Handlungsbedarfe und somit einen lösungsorientierten Ansatz. Zudem erlaubt die Beantwortung auch die Ableitung von Handlungsoptionen und die Gestaltung eines entsprechenden Zielbildes.

Aufbauend auf den Erkenntnissen muss anschließend beantwortet werden, wie Krankenhauslogistikprozesse hinsichtlich ihrer Qualität und Wirtschaftlichkeit verbessert werden können. Die Frage ist dabei, wie die Logistikprozesse gestaltet sein müssen, um die zuvor identifizierten Handlungsbedarfe zu adressieren. Zudem muss beantwortet werden, wie der Einsatz digitaler Technologien zur Erreichung der idealtypischen Logistikprozesse beitragen kann.

Abschließend muss die Frage beantwortet werden, wie die gewonnenen Antworten in generischer Form zur Verfügung gestellt werden können. Die Antwort erlaubt die Ableitung von Referenzprozessen sowie die Beschreibung eines visionären Endzustandes der Krankenhauslogistik auf Basis der wachsenden Herausforderungen durch veränderte Bedarfe (z. B. wachsendes Patientenaufkommen) und den Möglichkeiten der zunehmenden Durchdringung digitaler Technologien.

1.5 Ziel des Buches

Das vorliegende Werk basiert auf dem Projekt „Hospital 4.0 – schlanke, digital-unterstützte Logistikprozesse in Krankenhäusern", welches im Zeitraum von 2017 bis 2020 durch das Bundesministerium für Bildung und Forschung (BMBF) gefördert wurde. Mit diesem Buch möchten die Herausgeber und Autoren zum einen die Projektergebnisse vermitteln und das erarbeitete Wissen, sowie die entstandenen Konzepte dokumentieren. Darüber hinaus soll dieses Buch aber auch die Grundlage eines umfassenden Lernkonzepts mit dem Ziel darstellen, Transformationsprozesse und Digitalisierungsprojekte in der Krankenhauslogistik zu befähigen und auf den Weg zu bringen. Dazu bietet dieses Buch neben methodischen Grundlagen, Einblicke in die Problemfelder und Handlungsbedarfe heutiger Logistikprozesse, konkrete Referenzprozesse am Beispiel der Materiallogistik und Bettenlogistik, sowie die visionäre Idee der Autoren von einer digitalen Krankenhauslogistik 2030.

Die methodischen Grundlagen vermitteln ein interdisziplinäres Skillset. Zum einen werden logistisches Know-how und ein entsprechendes Methodenset benötigt, um die bestehenden Logistikprozesse analysieren, bewerten und zielorientierte Endzustände gestalten zu können. Zum anderen ist für die erfolgreiche Durchführung eines Projektes zur digitalen Transformation der Logistikprozesse aber auch Know-how und ein Methodenset aus der Wirtschaftsinformatik notwendig. Dieses Buch bietet dazu einen interdisziplinären Überblick und eine Einführung in beide Disziplinen.

Darüber hinaus entwickelt das Buch zwei Referenzmodelle am Beispiel der Material- und Bettenlogistik. Diese können als Sollprozess verstanden werden und sollen dabei helfen, die Erkenntnisse auf zahlreiche Krankenhäuser zu übertragen. Im vorliegenden Fall bilden die Prozesse für die Warenannahme, die Lagerhaltung und die Bettenlogistik in den beteiligten Partnerkliniken den Ausgangspunkt, von welchem aus die Prozesse verallgemeinert und abstrahiert wurden, um die Referenzmodelle zu definieren (Fettke und vom Brocke 2019). Die beiden Referenzmodelle stellen ein modulares Gesamtkonzept für digital-unterstützte, verschwendungsarme Logistikprozesse in Krankenhäusern dar. Durch unterschiedliche Konfigurationen von technologischen sowie ablauf- und aufbauorganisatorischen Lösungsbausteinen wird eine Anpassung an spezifische Anforderungen einzelner Krankenhäuser ermöglicht, beispielsweise hinsichtlich Größe und fachlicher Spezialisierung.

Übergreifend wird im Rahmen des Buches zudem der visionäre Endzustand der Krankenhauslogistik im Jahr 2030 vorgestellt. Auf Basis der Erkenntnisse aus dem Projektverlauf, einer Good Practice Studie, sowie wissenschaftlichen Vorarbeiten skizzieren die Autoren, wie schlanke und digital-unterstützte Krankenhauslogistik funktionieren kann.

Die Zielgruppe dieses Buches sind Praktiker in Krankenhäusern, die die digitale Transformation der Krankenhauslogistikprozesse voranbringen möchten. In ein solches Transformationsprojekt sollten alle relevanten Stakeholder einbezogen werden. Das betrifft vor allem aber nicht nur die Logistik, sondern auch den Einkauf, die IT und den kaufmännischen Bereich.

1.6 Anwendungsorientierte Konsortialforschung

Der Ansatz der Konsortialforschung fokussiert die multilaterale Zusammenarbeit zwischen Forschung und Praxis. Der interdisziplinäre Ansatz ermöglicht u. a. die gemeinschaftliche Definition von Forschungszielen, sowie Bewertung und Evaluation der Ergebnisse. Die Unternehmenspartner bringen dabei insbesondere ihre fachliche Expertise und den Zugang zu Wissen ein. Durch die praxisnahe Entwicklung und Erprobung im Unternehmensumfeld entstehen letztlich wissenschaftliche Artefakte, die zur Lösung praktischer Probleme beitragen können (Österle und Otto 2010).

Im Rahmen des Projekts „Hospital 4.0" bestand das Projektteam aus zwei wissenschaftlichen und drei Unternehmenspartnern. Die Projektgruppe Wirtschaftsinformatik des Fraunhofer FIT (FIT-PGWI) vereinigt fachliche und technische Kompetenzen unter einem Dach. Durch die interdisziplinäre Ausrichtung und die personelle sowie institutionelle Verflechtung mit dem Kernkompetenzzentrum Finanz- und Informationsmanagement besitzt FIT-PGWI Kenntnisse in der Umsetzung der digitalen Transformation von Unternehmen. Hierzu zählen unter anderem die Themenfelder wertorientiertes Prozessmanagement, strategisches IT-Management, IT-Sicherheit und Datenschutz, Kommunikation und IT-gestützte Zusammenarbeit, Innovationsmanagement, sowie Customer Relationship Management. FIT-PGWI verfügt über eine umfangreiche Kompetenz in der techno-ökonomischen Konzeption, Gestaltung und Bewertung von nutzer- und unternehmensorientierten Informationssystemen. Seit vielen Jahren arbeitet FIT-PGWI mit verschiedenen Krankenhäusern und anderen Unternehmen der Gesundheitswirtschaft zu Themen der Digitalisierung. Sowohl die ausgewiesene Expertise als auch die Fähigkeit, Methoden-Know-how auf höchstem wissenschaftlichen Niveau mit einer kunden-, ziel- und lösungsorientierten Arbeitsweise zu verbinden, zeichnen FIT-PGWI aus.

Das Zentrum für Angewandte Forschung an der Technischen Hochschule Ingolstadt (THI-ZAF) steuert seine langjährige Expertise hinsichtlich Logistik und Vermeidung von Verschwendung in Logistikprozessen bei und hat umfangreiche Kompetenzen in der angewandten Forschung zu Prozessoptimierung durch wertschöpfungsorientierte Gestaltung in den Branchen Automobil, Logistikdienstleistungen und Gesundheitswesen. Seit 2008 wurden insgesamt vier Projekte im Bereich des Krankenhausmanagements mit mehreren Krankenhäusern durchgeführt, die sich mit der Optimierung der Material- und Informationsflüsse unterstützender logistischer Dienstleistungen beschäftigten. Dabei wurden unter anderem Prozesse im Rahmen einer geriatrischen Anschlussheilbehandlung untersucht, wobei die Schnittstellen zwischen Krankenhäusern, Krankenkassen und Medizinischem Dienst analysiert wurden.

Neben den beiden wissenschaftlichen Partner trat die Firma POLAVIS GmbH als Technologiepartner für die Konzeption und Entwicklungsarbeiten auf. POLAVIS entwickelt und implementiert innovative digitale Lösungen für Krankenhäuser. Das Unternehmen steht als Spezialist für eine dauerhafte, aktive Vernetzung der Akteure im Gesundheitswesen und die konsequente Integration der Patienten. Mit fachlicher und technologischer Expertise werden die Krankenhäuser unterstützt, die Vorteile der Digitalisierung für sich greifbar zu machen und individuelle Wege zu deren Anwendung zu finden. Die POLAVIS Produkte sind bereits heute Grundlage regionaler Kommunikationswege.

Als Anwendungspartner waren zudem das Universitätsklinikum Augsburg und das Klinikum Bayreuth in das Projekt involviert. Als Maximalversorger mit 1741 Betten und einem Umsatz von 400 Mio. € bei einer Mitarbeiterzahl von 5350 beteiligte sich das Universitätsklinikum Augsburg im Projekt im Zuge der Ist-Analysen, Pilotierungen und durch Experteninterviews. Das Klinikum Bayreuth ist ebenfalls Maximalversorger mit 1086 Betten und einem Umsatz von 200 Mio. € bei einer Mitarbeiterzahl von 3300. Das Klinikum Bayreuth beteiligte sich im Projekt ebenfalls im Zuge der Ist-Analysen, Pilotierungen und durch Experteninterviews.

An dieser Stelle möchten wir dem Bundesministerium für Bildung und Forschung danken für die Förderung des Forschungsprojektes Hospital 4.0, dessen Ergebnisse als Grundlage für die in diesem Buch vorgestellten Erkenntnisse dienen. Ebenso möchten wir unseren Konsortialpartnern, dem Universitätsklinikum Augsburg, dem Klinikum Bayreuth und POLAVIS für Ihre tatkräftige Unterstützung und die Bereitstellung ihrer Ressourcen im Rahmen von Hospital 4.0 herzlich danken.

1.7 Aufbau des Buches

Dieses Buch besteht aus sieben Kapiteln. Dieses Kapitel – Kapitel 1 – gibt einen Einblick in die aktuelle Situation im Gesundheitswesen und zeigt auf, welche Herausforderungen in der Krankenhauslogistik zu meistern sind und an welcher Stelle Potenziale schlummern, die dazu beitragen, die medizinische Versorgung eines Krankenhauses und die damit verbundenen logistischen Abläufe zu verbessern.

Kap. 2 stellt das integrierte Lernkonzept vor, welches dazu dienen soll, die gewonnenen Erkenntnisse einer Vielzahl von Krankenhäusern zugänglich zu machen und Hilfestellung zu leisten, wie ähnliche Potenziale in anderen Krankenhäusern gehoben werden können.

In Kap. 3 werden theoretische Grundlagen vorgestellt, welche den Grundstein legen, dass die in dem Buch folgenden Ausführungen korrekt eingeordnet und Zusammenhänge erkennbar werden. Inhaltlich stehen sowohl die Grundlagen der Logistik als auch der Wirtschaftsinformatik im Fokus. Darauf aufbauend folgen ausführliche Erläuterungen, wie die Methoden zum Einsatz gebracht werden können und wie aus dem generierten Wissen die Referenzprozesse abgeleitet wurden.

Das Buch beschreibt eine übergreifende Vision, die die Krankenhauslogistik aus heutiger Sicht im Jahr 2030 skizziert. Kap. 4 gibt dazu einen ausführlichen Einblick in die Vision und beschreibt dabei, welche zentralen Annahmen hinter dieser Vision stehen und welche Entwicklungen im Gesundheitswesen und der Krankenhauslogistik im Speziellen zu erwarten sind.

Die Kap. 5 und 6 diskutieren ausführlich die Referenzmodelle für die Materiallogistik und die Bettenlogistik. Beide Kapitel folgen einem ähnlichen Aufbau. Zunächst werden notwendige Grundlagen ausgeführt und eine umfangreiche Ist-Analyse vorgestellt.

Kap. 7 fasst die Kernergebnisse des Buches zusammen und gibt einen breiten Ausblick, wie die Zukunft der Krankenhauslogistik aus einer strukturellen, prozessualen und technologischen gestaltet sein kann.

Literatur

Augsburger Allgemeine (Hrsg) (2020) Notaufnahme an der Uniklinik: Weniger Patienten wegen Corona? https://www.augsburger-allgemeine.de/augsburg/Notaufnahme-an-der-Uniklinik-Weniger-Patienten-wegen-Corona-id57280716.html. Zugegriffen: 5. Mai 2020

Augurzky B, Kolodziej I (2018) Fachkräftebedarf im Gesundheits- und Sozialwesen 2030; Gutachten im Auftrag des Sachverständigenrates zur Begutachtung der gesamtwirtschaftlichen Entwicklung

Augurzky B, Krolop S, Pilny A, Schmidt CM, Wuckel C (2016) Mit Rückenwind in die Zukunft? medhochzwei-Verlag GmbH. Heidelberg

Augurzky B, Krolop S, Mensen A, Pilny A, Schmidt CM, Wuckel C (2018) Personal. Krankenhäuser zwischen Wunsch und Wirklichkeit. medhochzwei Verlag GmbH, Heidelberg

Bredehorn T, Deiters PDW, Dragon D, Hintze M, Kaffka-Cevani V, Meister DS, Moll B, Raida A, Wibbeling D-IS (2017) Das Krankenhaus der Zukunft. Von der Gegenwart in die Zukunft, Fraunhofer IML

Deutscher Ärzteverlag GmbH, Redaktion Deutsches Ärzteblatt (2019) Pflege hat in der Politik zu geringen Stellenwert. https://www.aerzteblatt.de/nachrichten/100401/Pflege-hat-in-der-Politik-zu-geringen-Stellenwert. Zugegriffen: 6. Mai 2020

Dobrzanska M, Dobrzánski P, Smieszek M (2013) Modern logistics in health service. Mod Manag-Rev 18:53–64. https://doi.org/10.7862/rz.2013.mmr.28

Fettke P, vom Brocke J (2019) Referenzmodell. In: Gronau N, Becker J, Kliewer N, Leimeister JM, Overhage S (Hrsg) Enzyklopädie der Wirtschaftsinformatik. Online-Lexikon. GITO, Berlin

Hamm MW, Calabrese SV, Knoer SJ, Duty AM (2018) Developing an electronic system to manage and track emergency medications. Am J Health Syst Pharm: Official J Am Soc Health Sys Pharm 75:304–308. https://doi.org/10.2146/ajhp160956

Henriksen HE (2019) Digitalisierung in der Neuordnung des dänischen Krankenhausmarktes. In: Klauber, Kraemer (Hrsg) Krankenhaus-Report 2019. Springer Berlin Heidelberg, [Place of publication not identified], S 91–100

König A, Bade T (2009) Strategien zur Kostensenkung und Qualitätssteigerung in der Krankenhauslogistik. In: Behrendt I, König H-J, Krystek U (Hrsg) Zukunftsorientierter Wandel im Krankenhausmanagement. Outsourcing, IT-Nutzenpotenziale, Kooperationsformen, Changemanagement. Springer-Verlag Berlin Heidelberg, Berlin, Heidelberg, S 113–125

Kriegel J (2012) Krankenhauslogistik. Gabler, Wiesbaden

Kriegel J, Jehle F, Moser H, Tuttle-Weidinger L (2016) Patient Logistics Management of Patient Flows in Hospitals: A Comparison of Bavarian and Austrian Hospitals. Int J Healthc Manag 9:257–268. https://doi.org/10.1080/20479700.2015.1119370

McKinsey & Company (Hrsg) (2018) Digitalisierung in deutschen Krankenhäusern; Eine Chance mit Milliardenpotenzial für das Gesundheitssystem. https://www.mckinsey.de/publikationen/digitalisierung-chance-mit-milliardenpotenzial. Zugegriffen: 1. Dez. 2020

Michael B, Sevilay H-K, Natalie Marita E, Michael L (2019) Das deutsche Gesundheitssystem auf dem Prüfstand; Entwicklung eines Therapieplans

Müller K, Blum U (2003) Krankenhausärzte: Enormer Dokumentationsaufwand. Deutsches Ärzteblatt 100:1581

Nachtmann H, Pohl EA (2009) The state of healthcare logistics: Cost and quality improvement opportunities. Center for Innovation in Healthcare Logistics, University of Arkansas

Österle H, Otto B (2010) Konsortialforschung. Wirtschaftsinformatik 52:273–285. https://doi.org/10.1007/s11576-010-0238-y

Porter ME (1985) Competitive Advantage: Creating and Sustaining Superior Performance. The Free Press, New York

Porter ME, Guth C (2012) Chancen für das deutsche Gesundheitssystem. Von Partikularinteressen zu mehr Patientennutzen. Springer, Berlin

Redaktionsnetzwerk Deutschland (Hrsg) (2020) Belgien zerstörte 2019 sechs Millionen Schutzmasken. https://www.rnd.de/gesundheit/belgien-zerstorte-2019-sechs-millionen-schutzmasken-KSLD55B3BA4SIJPAONNLY2AD4Y.html. Zugegriffen: 8. Apr. 2020

Röhr S, Müller F, Jung F, Apfelbacher C, Seidler A, Riedel-Heller SG (2020) Psychosoziale Folgen von Quarantänemaßnahmen bei schwerwiegenden Coronavirus-Ausbrüchen: ein Rapid Review. Psychiatr Prax 47:179–189. https://doi.org/10.1055/a-1159-5562

Schulte C (2017) Logistik. Wege zur Optimierung der Supply Chain. Vahlen, München

Simon M (2019) Die Bedeutung des DRG-Systems für Stellenabbau und Unterbesetzung im Pflegedienst der Krankenhäuser. In: Dieterich A, Braun B, Gerlinger T (Hrsg) Geld im Krankenhaus. Eine kritische Bestandsaufnahme des DRG-Systems. Springer Fachmedien, Wiesbaden, S 219–251

Spiegel (Hrsg) (2020) Infektionswelle auf Krebs-Stationen; Coronavirus in Hamburg – Universitätsklinikum Eppendorf. https://www.spiegel.de/panorama/coronavirus-hamburg-universitaetsklinikum-eppendorf-infektionswelle-auf-krebs-stationen-a-6754218c-39c0-4206-ac52-60bf387b0feb. Zugegriffen: 6. Mai 2020

Stoller JK, Roberts V, Matt D, Chom L, Sasidhar M, Chatburn RL (2013) Radio-frequency tracking of respiratory equipment: rationale and early experience at the Cleveland Clinic. Respir Care 58:2069–2075. https://doi.org/10.4187/respcare.02545

Sueddeutsche Zeitung (Hrsg) (2020a) 150 000 Euro pro Gesundheitsamt. https://www.sueddeutsche.de/politik/kampf-gegen-corona-150-000-euro-pro-gesundheitsamt-1.4882352. Zugegriffen: 5. Mai 2020

Sueddeutsche Zeitung (Hrsg) (2020b) Bund und Länder liefern sich Wettlauf um Schutzmasken. https://www.sueddeutsche.de/politik/schutz-masken-kittel-coronavirus-1.4864851. Zugegriffen: 6. Mai 2020

Sueddeutsche Zeitung (Hrsg) (2020c) Dachauer Krankenhaus wegen Corona gesperrt. https://www.sueddeutsche.de/muenchen/dachau/coronavirus-dachau-klinik-sperrung-helios-amperklinikum-1.4867570. Zugegriffen: 6. Mai 2020

Sueddeutsche Zeitung (Hrsg) (2020d) München-Pasing: Helios-Klinik stoppt Alltagsbetrieb. https://www.sueddeutsche.de/muenchen/muenchen-corona-krankenhaus-betrieb-stopp-1.4865683. Zugegriffen: 6. Mai 2020

Tagesschau (Hrsg) (2020) Trotz Rettungsschirm: Kliniken melden Kurzarbeit an. https://www.tagesschau.de/investigativ/ndr/krankenhaeuser-kurzarbeit-101.html. Zugegriffen: 5. Mai 2020

Tagesspiegel (Hrsg) (2020) Bundestagspräsident zur Corona-Krise; Schäuble will dem Schutz des Lebens nicht alles unterordnen. https://www.tagesspiegel.de/politik/bundestagspraesident-zur-corona-krise-schaeuble-will-dem-schutz-des-lebens-nicht-alles-unterordnen/25770466.html. Zugegriffen: 4. Mai 2020

Topol EJ (2019) High-performance medicine: the convergence of human and artificial intelligence. Nat Med 25:44–56. https://doi.org/10.1038/s41591-018-0300-7

Volland J, Fügener A, Schoenfelder J, Brunner JO (2017) Material logistics in hospitals: A literature review. Omega 69:82–101. https://doi.org/10.1016/j.omega.2016.08.004

Lernkonzept zur erfolgreichen Prozessumgestaltung

Anna Lina Kauffmann

> **Übersicht**
>
> Im vorangegangenen Kapitel werden die Ausgangssituation und das Forschungsziel beschrieben (Kap. 1). In diesem Kap. 2 wird das zugrunde liegende Lernkonzept skizziert.
>
> In dem nachfolgenden Kap. 3 werden die theoretischen Grundlagen und Methoden erklärt. Kap. 4 schildert die Vision der Krankenhauslogistik im Jahr 2030 und schildert dabei den Ansatz der Multi-User Service und Dienstleistungszentren. In Kap. 5 wird das Referenzmodell „Materiallogistik" dargestellt sowie die Erkenntnisse aus der Ist- und Potenzialanalyse vermittelt. Kap. 6 stellt das Referenzmodell „Bettenlogistik" dar und Kap. 7 gibt einen Ausblick auf die strukturellen, prozessualen und technologischen Entwicklungen in der Krankenhauslogistik.

2.1 Motivation

Von besonderem Belang im Rahmen des Projektes Hospital 4.0 ist die Konsolidierung der gewonnenen Erkenntnisse und Ergebnisse, um Krankenhäuser auf dem Weg zum Hospital der Zukunft zu begleiten. Mit dem Lernkonzept wird eine Wissensbasis geschaffen, die darauf zielt, Krankenhäuser zu befähigen, die Potenziale der Digitalisierung zu verstehen, in eigenen Prozessen zu erkennen und digitale Technologien in der Krankenhauslogistik zu implementieren.

A. L. Kauffmann (✉)
Projektgruppe Wirtschaftsinformatik des Fraunhofer FIT, Bayreuth, Deutschland
E-Mail: Anna.kauffmann@fim-rc.de

Damit möglichst viele Krankenhäuser von dem entwickelten Lernkonzept profitieren, muss die Heterogenität der Krankenhäuser und der Krankenhausmitarbeiter in einem Lernkonzept Beachtung finden. Aus diesem Grund bietet das entwickelte Lernkonzept Individualisierungsmöglichkeiten. Das bedeutet, dass verschiedene gegenwärtige Ausgangslagen in den Prozessen und bei den Ressourcen, sowie bei den Mitarbeitern[1] berücksichtigt werden.

Mit dem Ziel Prozessineffizienzen und Verschwendung in Krankenhauslogistikprozessen durch den Einsatz digitaler Technologien zu reduzieren und dadurch die Wertschöpfung der Krankenhauslogistik nachhaltig zu steigern, wurde dieses Lernkonzept entwickelt. Im Mittelpunkt von organisationalen Veränderungen stehen die Mitarbeiter eines Unternehmens. Damit diese bereit sind neue Ideen in ihrem Alltag umzusetzen, ist ein adäquater Wissenstransfer notwendig. Das Lernkonzept soll Praktikern in einem ersten Schritt ein Verständnis über die Möglichkeiten von digitalen Unterstützungstools vermitteln und sie fortlaufend auf dem Weg zu einer möglichst verschwendungsfreien Krankenhauslogistik begleiten.

Die logistischen Prozesse besitzen in jedem Krankenhaus einen unterschiedlichen Digitalisierungsgrad. Dabei ist zu berücksichtigen, dass die betroffenen Mitarbeiter über unterschiedliches Vorwissen zur Umsetzung von Digitalisierungsprojekten verfügen. Um eine Lernumgebung zu schaffen, die sich auf die unterschiedlichen Bedürfnisse und Grundvoraussetzungen der Mitarbeiter einstellt, ist ein umfassendes Lernkonzept notwendig. Es sollte das systematische Aneignen von Wissen ermöglichen und damit zu einem hohen Lernerfolg beitragen. Die Mitarbeiter werden dabei aktiv in den Veränderungsprozess einbezogen und dazu motiviert, das erlernte Wissen in die Praxis umzusetzen. Um eine optimale Lernumgebung zu gewährleisten, wurde ein umfassendes Lernkonzept entwickelt, das sich an der Lernmethodologie des Blended Learning orientiert.

Das Lernkonzept bietet sich für Mitarbeiter eines Krankenhauses besonders an, da es zum einen im Kontext des Blended Learnings die Möglichkeit bietet, das Lernen zu personalisieren. Zum anderen führt die Orientierung an der Lernzieltaxonomie nach Anderson und Bloom (2001) dazu, dass unterschiedliche Komplexitätsniveaus fokussiert werden können. Die Inhalte sind räumlich und zeitlich flexibel nutzbar, sodass sich die Mitarbeiter in ihrem eigenen Tempo und in gewünschter Intensität mit den Lehrinhalten auseinandersetzen können. Die Ergänzung von Online- und Printangeboten um Präsenzworkshops ermöglicht zudem den Einbezug des krankenhausindividuellen Settings und den direkten persönlichen Austausch mit Experten.

---

[1]Zur besseren Lesbarkeit werden in diesem Buch und diesem Kapitel personenbezogene Bezeichnungen, die sich zugleich auf Frauen, Männer und andere Personen beziehen, generell nur in der im Deutschen üblichen männlichen Form angeführt, also z. B. „Ärzte" statt „Ärztinnen und Ärzte", „ÄrztInnen" oder „Ärzt_innen". Dies soll jedoch keine Geschlechterdiskriminierung oder eine Verletzung des Gleichheitsgrundsatzes zum Ausdruck bringen.

2.2 Grundlagen zu Blended Learning und Lernzielen

Blended Learning kombiniert verschiedene Unterrichtsformen und schafft eine interaktive Lernumgebung. Im Kontext des Blended Learnings werden Online- und Präsenzaktivitäten miteinander verbunden, um die Lernergebnisse durch personalisiertes Lernen zu verbessern und die zur Verfügung stehenden Ressourcen bestmöglich einzusetzen (Garrison und Kanuka 2004). Zudem können eine Vielzahl an Medien, wie klassische Printmedien, Lehrbücher, Poster oder digitale Medien, wie Videos oder Online-Magazine, miteinander kombiniert werden (Myrach und Montandon 2007).

Durch den Einsatz unterschiedlicher Lehrformen und Medien werden verschiedene Lerntypen angesprochen, mit dem Vorteil, dass die Lernenden ihr präferiertes Medium auswählen können. Durch den Abwechslungsreichtum werden Aufmerksamkeit und Neugierde geweckt, was zu einer positiven und motivierenden Lernatmosphäre führt und dadurch zu einer langfristigen Verankerung von neuem Wissen beiträgt. Es ergibt sich zudem der Vorteil, dass sich Lernende eigenverantwortlich und individuell in ihrem Lernrhythmus mit den unterschiedlichen Themen befassen. Je nach Vorwissen können Themen kurz oder ausführlich behandelt und individuelle Schwerpunkte gesetzt werden. Die Möglichkeit, den Lernprozess über die zeitliche Gestaltung und Auswahl der Lernmaterialien selbst zu steuern, verspricht einen langfristigen Lernerfolg (Clark und Mayer 2016).

Abb. 2.1 veranschaulicht die verschiedenen Lernziele, die zu einem langfristigen Lernerfolg führen. Das erste Lernziel umfasst die Stufe des **Erinnerns.** In dieser Stufe sollte der Lernende in der Lage sein, Fakten und einfache Konzepte wiedergeben zu können. Die zweite Stufe bezieht sich auf das **Verstehen** von Sachverhalten, sodass Ideen oder Konzepte vom Lernenden erklärt werden können und dieser damit ein tieferes Verständnis hat als in der ersten Lernstufe. Die dritte Stufe stellt eine höhere Stufe des Begreifens dar. Der Lernende sollte in der Lage sein, das Erlernte in neuen Situationen **anzuwenden.** In der vierten Lernstufe, dem **Analysieren,** soll der Lernende befähigt werden, Verbindungen zwischen Ideen herzustellen und entsprechend differenzierend und organisierend mit den Lehrinhalten umzugehen. In der Stufe des **Evaluierens** sollte der Lernende die Lehrinhalte begründet beurteilen können. In der sechsten Stufe, dem **Erschaffen,** sollte der Lernende in der Lage sein, selbst Elemente zu kreieren. Die nächsthöhere Stufe beinhaltet dabei nicht automatisch die darunterliegende Stufe. Allerdings sind die Stufen nach ihrem Komplexitätsniveau hierarchisch geordnet.

Die Lernziele, die mit dem vorliegenden Lernkonzept verfolgt werden, sind an der Lernzieltaxonomie von Bloom (1956) und Anderson und Bloom (2001) ausgerichtet, welche die Konzeption von Lernkonzepten unterstützt.

Die Lernzieltaxonomie lässt sich auf das Blended Learning Konzept übertragen. Dazu werden spezifische Lernziele an den Einsatz unterschiedlicher Medien und Lehrformate formuliert. Beispielsweise werden in dem vorliegenden Buch zunächst Fakten und Fachbegriffe vermittelt (Stufe 1), dessen Verstehen (Stufe 2) der Lernende am Ende

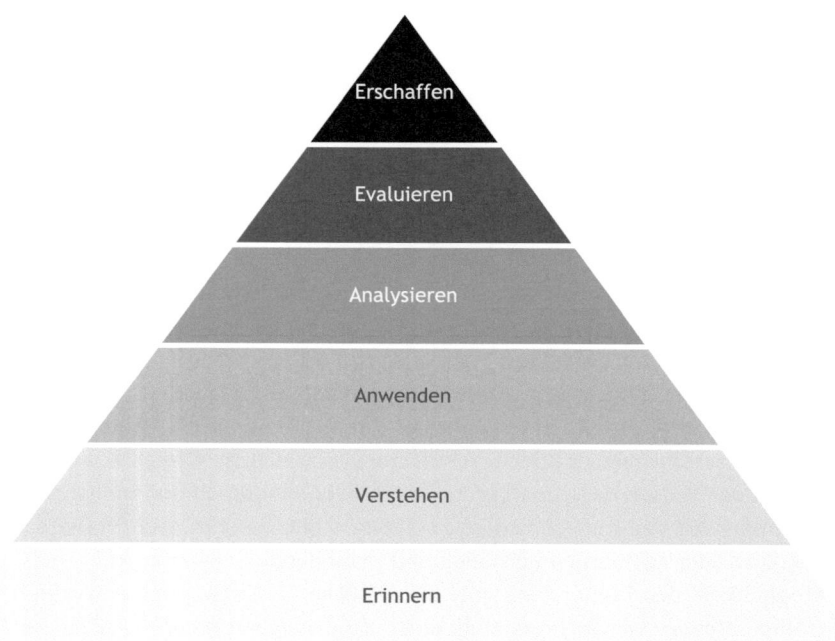

Abb. 2.1 Lernzielpyramide. Quelle: In Anlehnung an die Bloomsche Lerntaxonomie nach Anderson und Bloom 2001

der jeweiligen Kapitel mittels Kontrollfragen üben und überprüfen kann. In Abschn. 2.3 wird aufgezeigt, welche Medien eingesetzt werden, damit der Lernende jedes Lernziel beziehungsweise jede Stufe der Taxonomie erreichen kann.

2.3 Umsetzung des Lernkonzepts

Krankenhäuser müssen heutzutage mit vielen Herausforderungen umgehen (vgl. Abschn. 1.2). Die Digitalisierung bietet Potenziale, um sicher zu stellen, dass der Fokus auf eine ausgezeichnete Gesundheitsversorgung der Patienten gelegt werden kann (vgl. Abschn. 1.4). Unser Ziel besteht darin, Praktiker zu befähigen, das Konzept einer schlanken, digital-unterstützten Krankenhauslogistik zu verstehen und gezielt umzusetzen. Unser Lernkonzept unterstützt die Mitarbeiter von Krankenhäusern dabei neue Denk- und Bewertungsmuster zu entwickeln und durch technologische und organisatorische Instrumente die Wertschöpfung in den Logistikprozessen im Krankenhaus zu steigern. Dazu wird das Wissen aus mehrjähriger interdisziplinärer Projektarbeit zur Verfügung gestellt und schafft damit eine Grundlage für den erfolgreichen Einsatz digitaler Technologien zur Reduktion von Prozessineffizienzen und Verschwendungen in der Krankenhauslogistik.

Das Lernkonzept setzt sich aus vier Bausteinen zusammen: Dem vorliegenden Buch, einer Homepage (https://hospital40.net/) mit weiterführenden und ergänzenden Inhalten sowie Workshops und Projekten. Damit stellen wir Werkzeuge und Wissen zur Verfügung, um die Logistikprozesse in Krankenhäusern zu analysieren, ein Zielbild zu gestalten und die digitale Transformation auf den Weg zu bringen. Tab. 2.1 veranschaulicht die Bausteine unseres Lernkonzepts und zeigt, welche Lernziele mit den unterschiedlichen Lösungen erreicht werden können.

Das **Buch** stellt den Grundbaustein des Lernkonzepts dar und hat zum Ziel, die wesentlichen Inhalte zu vermitteln. Der Lernende soll ein Verständnis über die Relevanz schlanker, digital-unterstützter Logistikprozesse im Krankenhaus entwickeln und grundlegende Ideen und Konzepte aus der Logistik und Wirtschaftsinformatik kennen lernen (vgl. Kap. 3). Das Aufzeigen von praxiserprobten Lösungskonzepten zur Digitalisierung von Prozessen der Material- (vgl. Kap. 5) und Bettenlogistik (vgl. Kap. 6) ermöglicht dem Leser die Reflexion von Prozessen im eigenen Arbeitsumfeld. Der Leser kann die dort gezeigten Ist-Prozesse und Lösungsansätze (Referenzmodelle und -prozesse) gedanklich auf sein eigenes Arbeitsumfeld beziehen sowie die Abläufe im eigenen Krankenhaus hinterfragen und bewerten. Das Lernen aus Lösungskonzepten wird insbesondere zu Beginn des Wissenserwerbs als besonders motivierend, zielgerichtet und effizient wahrgenommen (Salle 2015).

Zur Selbstreflektion und als Lernzielkontrolle, finden sich am Ende der Buchkapitel Kontrollfragen. Die Kontrollfragen dienen der selbstständigen Überprüfung des bereits Gelernten. Mögliche Antworten auf die Kontrollfragen finden Sie in den jeweiligen Buchkapiteln.

Auf unserer **Homepage** stellen wir vertiefende Informationen in Form von weiteren Texten, Erklärvideos und downloadfähigen Materialien zur Verfügung. Verweise zu weiterführenden Inhalten finden sich an den entsprechenden Stellen im Buch über URL-Links. Auf der Homepage werden die Themen aus dem Buch aufgegriffen und vertieft. Die Videos umfassen Erklärungen zu digitalen Lösungskonzepten für die Material- und Bettenlogistik, die Vorstellung von möglichen technologischen Anwendungen sowie

Tab. 2.1 Bausteine und Ziele des Lernkonzepts

	Buch	Homepage	Workshops	Projekte
Erschaffen		(X)	(X)	X
Evaluieren	(X)	(X)	X	X
Analysieren	(X)	(X)	X	X
Anwenden	(X)	X	X	X
Verstehen	X	X	(X)	
Erinnern	X		(X)	
X = voll erfüllt, (X) = teilweise erfüllt				

Interviews mit Projektpartnern zu Herausforderungen und Erkenntnissen aus der Projektzeit. Außerdem stellen wir Leitfäden zur Verfügung, die zur Prozessanalyse genutzt werden können. Die Homepage ist unter der Adresse www.hospital40.net zu erreichen.

Mit dem Buch und der Homepage geben wir Einblicke in unsere Projektarbeit und vermitteln Wissen über die Gestaltung digitaler logistischer Prozesse im Krankenhaus, welches auf unterschiedliche Logistikbereiche übertragen werden kann.

Darüber hinaus bieten wir über **Workshops** die Möglichkeit ein höheres Lernniveau zu erreichen. Hier setzen sich Lernende gemeinsam mit uns Herausgebern und Autoren dieses Buches aktiv mit vorliegenden Logistikprozessen auseinander und analysieren diese, um Handlungsfelder und Potenziale herauszuarbeiten. Dazu definieren wir gemeinsam mit den Mitarbeitern Maßnahmen zur optimalen Zielerreichung, wobei ein besonderes Augenmerk darauf liegt, Prozessabläufe während des Workshops nicht negativ zu beeinträchtigen, sodass die Patientenversorgung zu jeder Zeit reibungslos verläuft. Die Workshops gestalten wir nach den individuellen Bedürfnissen und Interessen der jeweiligen Logistikabteilung und ihrer Mitarbeiter. Dabei werden in der Regel die Lernziele Verstehen, Analysieren, Evaluieren und Erschaffen (vgl. Abb. 2.2) fokussiert. Abb. 2.2 zeigt exemplarisch, wie ein Workshop gestaltet werden kann. Weitere Informationen finden Sie auf unserer Homepage. Ein Angebot können Sie bei uns erfragen.

Die Durchführung von längerfristigen **Projekten** bietet die Möglichkeit das höchste Lernniveau, das Erschaffen, zu erreichen und gleichzeitig nicht nur zu Lernen, sondern konkrete Verbesserungen im eigenen Krankenhaus umzusetzen. Hospital 4.0 zählt beispielsweise zu Projekten im Sinne der Tab. 2.1. Eine detaillierte Beschreibung möglicher Abläufe, Inhalte und Konditionen ist hochgradig individuell und wird spezifisch auf jedes Krankenhaus zugeschnitten. Weitere Informationen können gerne bei uns angefragt werden oder sind auf unserer Homepage zu finden. Ein Angebot können Sie bei uns erfragen.

Alle Inhalte werden Ihnen von der Projektgruppe Wirtschaftsinformatik des Fraunhofer FIT und der Technischen Hochschule Ingolstadt bereitgestellt.

Weitere Informationen hierzu, sowie Kontaktdaten finden Sie auf unserer Homepage, die Sie unter www.hospital40.net oder dem untenstehenden QR-Code erreichen können.

Unabhängig von unseren bereitgestellten Ressourcen haben Sie jederzeit die Möglichkeit, uns als Ansprechpartner bei Fragen zu kontaktieren.

2 Lernkonzept zur erfolgreichen Prozessumgestaltung

	½ Tag Verstehen	½ Tag Analysieren	1 Tag Evaluieren & Erschaffen
Teilnehmer	▪ Führungspersonen ▪ Projektleitende/-mitarbeitende ▪ Prozessbeteiligte (z. B. Mitarbeitende aus der Logistik, IT, Wirtschaft oder Pflege)	▪ Prozessbeteiligte (z. B. Mitarbeitende aus der Logistik, IT, Wirtschaft oder Pflege)	▪ Führungspersonen ▪ Projektleitende/-mitarbeitende ▪ Prozessbeteiligte (z. B. Mitarbeitende aus der Logistik, IT, Wirtschaft oder Pflege)
Inhalt	▪ Vorstellung und Diskussion der Vision ▪ Diskussion der Implikationen für die individuellen Prozesse ▪ Identifikation von Rahmenbedingungen	▪ Analyse des Logistikprozesses - Visuelle Erfassung der Prozesse - Auflistung der Prozess-Herausforderungen - Definition benötigter Daten	▪ Reflektion der Analyseergebnisse ▪ Priorisierung der Handlungsfelder/ Potentiale ▪ Skizzierung einer Vision der betrachteten Prozesse
Ergebnis	▪ Gemeinsames Verständnis der Vision, Implikationen und Rahmenbedingungen	▪ Prozessbeschreibung ▪ Handlungsfelder/ Potenziale für Digitalisierungsmaßnahmen	▪ Zielbeschreibung des betrachteten Prozesses ▪ Ableitung einer Transformationsroadmap
Hausaufgabe	▪ Definition, welche(r) Prozess(e) betrachtet werden sollen	▪ Beschaffung der Daten ▪ Auswertung der Daten und Validierung der Handlungsfelder	▪ Detaillierung der nächsten Schritte ▪ Validierung vor Ort/ Prüfung der Skalierbarkeit ▪ Start der Umsetzung

Abb. 2.2 Workshopformat

Literatur

Anderson LW, Bloom BS (2001) A taxonomy for learning, teaching, and assessing: A revision of Bloom's taxonomy of educational objectives. Longman, New York

Bloom BS (1956) Taxonomy of educational objectives. The classification of educational goals. McKay; Longman, New York

Clark RC, Mayer RE (2016) E-learning and the science of instruction. Proven guidelines for consumers and designers of multimedia learning, Wiley, Hoboken

Garrison DR, Kanuka H (2004) Blended learning: Uncovering its transformative potential in higher education. Internet and High Edu 7:95–105. https://doi.org/10.1016/j.iheduc.2004.02.001

Myrach T, Montandon C (2007) Blended Learning. In: Thom N, Zaugg RJ (Hrsg) Moderne Personalentwicklung. Mitarbeiterpotenziale erkennen, entwickeln und fördern. Betriebswirtschaftlicher Verlag Dr. Th. Gabler, Wiesbaden, GWV Fachverlage, Wiesbaden, S 189–204

Salle A (2015) Theoretischer Rahmen. In: Salle A (Hrsg) Selbstgesteuertes Lernen mit neuen Medien. Arbeitsverhalten und Argumentationsprozesse beim Lernen mit interaktiven und animierten Lösungsbeispielen. Springer Spektrum, Wiesbaden, S 7–101

Grundlagen, Methoden und Vorgehen zur Analyse und Gestaltung von Logistikprozessen

3

Henner Gimpel, Sebastian Heger, Jürgen Schröder, Hildegard Kriner und Moritz Wöhl

> **Übersicht**
>
> In den vorgegangenen Kapiteln dieses Buches wird die Ausgangssituation und das Forschungsziel beschrieben (Kap. 1) und in Kap. 2 das zugrunde liegende Lernkonzept skizziert.
>
> In diesem Kap. 3 werden die theoretischen Grundlagen und Methoden erklärt, welche zu den Forschungsergebnissen geführt haben und in den folgenden Kapiteln verwendet werden.

H. Gimpel (✉) · S. Heger · M. Wöhl
Projektgruppe Wirtschaftsinformatik des Fraunhofer FIT, Augsburg, Deutschland
E-Mail: henner.gimpel@fim-rc.de

M. Wöhl
E-Mail: moritz.woehl@fim-rc.de

J. Schröder · H. Kriner
Zentrum für Angewandte Forschung der Technischen Hochschule Ingolstadt, Ingolstadt, Deutschland
E-Mail: Juergen.Schroeder@thi.de

H. Kriner
E-Mail: hildegard.kriner@thi.de

H. Gimpel · S. Heger · M. Wöhl
Kernkompetenzzentrum Finanz- und Informationsmanagement, Universität Augsburg, Augsburg, Deutschland

H. Gimpel
Lehrstuhl für Digitales Management, Universität Hohenheim, Stuttgart, Deutschland

© Springer Fachmedien Wiesbaden GmbH, ein Teil von Springer Nature 2021
H. Gimpel und J. Schröder (Hrsg.), *Hospital 4.0*,
https://doi.org/10.1007/978-3-658-33064-4_3

> Das nachfolgende Kap. 4 beschreibt die Vision der Krankenhauslogistik im Jahr 2030 und schildert dabei den Ansatz der Multi-User Service und Dienstleistungszentren. Kap. 5 stellt das Referenzmodell „Materiallogistik" dar und vermittelt die Erkenntnisse aus der Ist- und Potenzialanalyse. Anschließend wird das Referenzmodell „Bettenlogistik" dargestellt (Kap. 6) und ein Ausblick auf die strukturellen, prozessualen und technologischen Entwicklungen in der Krankenhauslogistik gegeben (Kap. 7).

Die Krankenhauslogistik ist ein essenzieller Grundbaustein, um medizinisch-pflegerische Dienstleistungen erbringen zu können. Deshalb werden an die logistische Leistungserbringung hohe Erwartungen hinsichtlich deren Qualität gerichtet. Andererseits zwingen der herrschende Kostendruck und die rechtlichen Anforderungen die Krankenhäuser, ihre logistischen Prozesse wirtschaftlich-effizient und nachvollziehbar zu gestalten. Zusätzlich streben die Krankenhäuser eine Entlastung des Pflegepersonals[1] von logistischen Tätigkeiten an.

Derzeit ist die Krankenhauslogistik jedoch häufig intransparent, komplex und daraus resultierend kostenintensiv. Aus diesen Gründen werden im Rahmen dieses Buches zwei Logistikbereiche – die Materiallogistik[2] (Kap. 5) und die Bettenlogistik[3] (Kap. 6) – analysiert, Potenziale ermittelt und ein daraus resultierendes Zielbild entwickelt. Dabei wird untersucht, inwiefern bestehende Verschwendungen[4] in den logistischen Prozessen zweier Krankenhäuser der Vollversorgungsstufe mit Hilfe von digitalen Technologien vermieden, bzw. minimiert werden können. Dazu werden die bestehenden Prozesse in der Material- und in der Bettenlogistik erhoben, bewertet und eine Vision der Krankenhauslogistik im Jahr 2030 erstellt. Das Kernergebnis bilden zwei Referenzmodelle[5] für die genannten Logistikbereiche, welche als Ausgangsbasis für die Analyse und Gestaltung schlanker, digital-unterstützter Logistikprozesse in weiteren Krankenhäusern genutzt werden können.

In diesem Kapitel werden die theoretischen Grundlagen, Methoden und Vorgehensweisen vorgestellt und aufgezeigt, wie diese im Rahmen der Forschungsarbeit zum Einsatz gebracht wurden.

---

[1] Siehe Glossar Begriff „Pflegepersonal".
[2] Siehe Glossar Begriff „Materiallogistik".
[3] Siehe Glossar Begriff „Bettenlogistik".
[4] Verschwendung: Der logistische Begriff der Verschwendung basiert auf dem japanischen Wort „Muda" aus dem Lean Management. Darunter fallen alle Tätigkeiten, welche nicht unmittelbar der Wertschöpfung dienen und somit Kosten verursachen, die keinem Mehrwert gegenüberstehen (Bertagnolli 2018) Siehe auch Glossar Begriff "Verschwendung".
[5] Siehe Glossar Begriff „Referenzmodell".

3 Grundlagen, Methoden und Vorgehen zur Analyse ...

Fragen

Nach diesem Kapitel sollten Sie die folgenden Fragen beantworten können:

- Was versteht man unter dem Begriff „Digitalisierung" und welche Auswirkungen hat diese auf die Logistik und das Gesundheitswesen?
- Welchen Zweck erfüllen Referenzmodelle und wie werden sie im Rahmen des Buches genutzt?
- Warum ist ein breit gefächertes Methodenspektrum wichtig, um komplexe Prozesse wie die Krankenhauslogistik zu analysieren und ein adäquates Zielbild zu entwickeln bzw. zu implementieren?
- Wie können Abhängigkeiten des Informationsflusses zum Materialfluss erkannt, visualisiert und in Hinblick auf die Durchlaufzeit gestaltet werden?

3.1 Grundlagen der Logistik und Digitalisierung und deren Bedeutung für das Gesundheitswesen

3.1.1 Krankenhauslogistik

Die Krankenhauslogistik stellt eine spezielle Form der Logistik dar, welche wie folgt definiert ist:

▶ **Logistik** umfasst die „marktorientierte, integrierte Planung, Gestaltung, Abwicklung und Kontrolle des gesamten Material- und dazugehörigen Informationsflusses zwischen einem Unternehmen und seinen Lieferanten, innerhalb eines Unternehmens sowie zwischen einem Unternehmen und seinen Kunden" (Schulte 2017, S. 3).

Als Objekte der Logistik werden sämtliche Materialien und Waren[6] angesehen, wodurch eine klare Abgrenzung zu anderen bereitzustellenden Faktoren erfolgt (z. B. Anlagen, Personal oder Kapital). Betrachtet man die Funktionen, die grundsätzlich dem Versorgungsbereich eines Unternehmens zuzuordnen sind, so lassen sich anführen: Einkauf bzw. Beschaffung, Lagerhaltung, Transport, Produktionsplanung und -steuerung sowie Auftragsabwicklung. Das Ziel einer jeden logistischen Aktivität ist die Optimierung des Logistikerfolges mit ihren Komponenten Logistikleistung und -kosten. Da hierbei oftmals konkurrierende Ziele vereint und bereichsübergreifende Entscheidungen zur Erfüllung von Umsatz- und Kostenzielen getroffen werden müssen, durchdringt die Logistik alle Abschnitte der Wertschöpfungskette (Schulte 2017). Die klassische Wertschöpfungskette (Porter 1985) umfasst fünf Primäraktivitäten, die den eigentlichen

---

[6]Siehe Glossar Begriff „Ware".

Wertschöpfungsprozess beschreiben: Interne Logistik, Produktion, externe Logistik, Marketing und Verkauf, Service. Außerdem gibt es vier Unterstützungs- oder Sekundäraktivitäten, die den Wertschöpfungsprozess ergänzen: Unternehmens-Infrastruktur, Personalwirtschaft, Technologie-Entwicklung und Beschaffung. In diesem Zusammenhang unterscheidet man auch wertschöpfende Tätigkeiten (für die der Kunde auch direkt bereit ist, Geld zu zahlen), nicht-wertschöpfende Tätigkeiten (die zwar zur Verrichtung der realen Arbeit getan werden müssen, jedoch nicht direkt einen Wertzuwachs im Unternehmen bringen) und kostensteigernde Tätigkeiten (pure Verschwendung von Zeit und Ressourcen, die im Rahmen von Lean Management aufgedeckt und korrigiert werden sollten). Neben der Wertschöpfungskette nach Porter gibt es auch zwei weitere Wertelogiken, nämlich die des Wertshops und des Wertnetzes (Details siehe Abschn. 4.3).

Die Krankenhauslogistik stellt die Basis dar, um medizinische Dienstleistungen für den Patienten zu erbringen (Abb. 3.1). Oberste Prämisse und gleichzeitig wertschöpfendes Kerngeschäft der Krankenhäuser ist die Gewährleistung der medizinischen Versorgung – also Diagnostik, Behandlung und Pflege – der Patienten. Aufgrund des besonderen Dienstleistungscharakters medizinischer Leistungen, basiert der Behandlungserfolg jedoch auf einem gezielten Zusammenspiel zwischen den primär

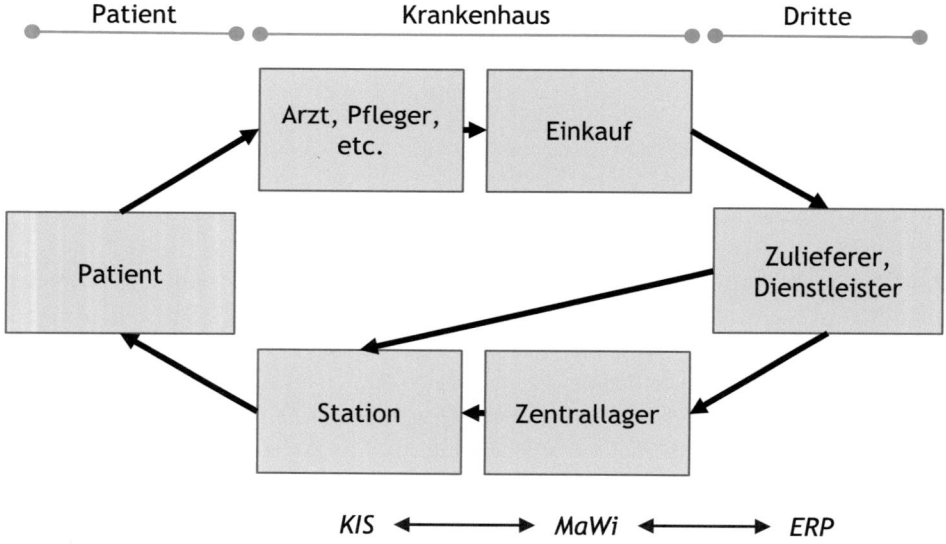

Abb. 3.1 Der „Logistikkreislauf" unterstützender Logistikdienstleistungen im Krankenhaus

wertschöpfenden Akteuren (Patient, Arzt, Pflegepersonal) und den sie unterstützenden Dienstleistungs- und Logistikprozessen (Kriegel et al. 2016). Somit kann Krankenhauslogistik wie folgt definiert werden:

▶ Die **Krankenhauslogistik** umfasst die „unterschiedlichsten Strukturen und Ausführungen der einzelnen physischen und informativen Prozesse eines oder mehrerer Krankenhäuser. Unter die physischen Prozesse fallen die einzelnen Logistikfunktionen eines Krankenhauses, wie z. B. Patiententransporte (extern und intern), Wäschelogistik, Labortransporte, Sterilgutversorgung, Speisenversorgung, Postdienste und Medical- und Pharmalogistik. Die informativen Prozesse bilden den Informationsfluss z. B. mit Hilfe von IT-Systemen" (Kraus et al. 2017).

Das Ziel der Krankenhauslogistik ist es, dass die richtige Person (Patient, Arzt oder Pfleger) zur richtigen Zeit am richtigen Ort ist und die richtigen Medizinprodukte[7] und notwendigen Verbrauchsgüter in der richtigen Qualität und Menge zu den richtigen Kosten verfügbar sind. Krankenhauslogistik ist ein Portfolio aus Transport-, Lager-, Kommissionierungs- und Informationsservices. Dabei gibt es zahlreiche Logistikprozesse, die sich insbesondere hinsichtlich ihres Patientenbezugs, ihres Grads der Individualisierung auf den Patienten und ihrer Warengruppe unterscheiden (Abb. 3.2).

Individualisierung erfordert dabei in besonderem Maße die Planung und Steuerung der Logistikprozesse. Dazu werden hohe Anforderungen an die Verfügbarkeit und Qualität von Informationen gestellt. Die Digitalisierung[8] bietet dabei vielfältige Chancen und Möglichkeiten.

3.1.2 Theoretische Grundlagen der Digitalisierung

Über die letzten Jahrzehnte nahm die Digitalisierung Einzug in die Wirtschaft und Gesellschaft (Legner et al. 2017). Dies umfasste die Einführung von Technologien wie Computern, um analoge Informationsträger zu ersetzen und eine Automatisierung von Arbeitsabläufen zu ermöglichen. Darauf aufbauend fand die Vernetzung der Technologien und die Einführung des Internets statt. Dies veränderte die weltweite Kommunikation und ermöglichte neue Wege der Wertschöpfung[9]. In den letzten Jahren durchdrangen digitale Technologien weite Bereiche des Lebens (Legner

---

[7]Siehe Glossar Begriff „Medizinprodukt".
[8]Siehe auch Glossar Begriff „Digitalisierung".
[9]Wertschöpfung: Die Wertschöpfung ist definiert als die Differenz der Transformation von Input zu Output bei Produktions- oder Dienstleistungsprozessen. Diese Differenz entspricht dem vom Kunden gewünschten Ergebnis bzw. dem Nutzen, für den das entstandene Gut oder die Dienstleistung bezahlt wird Siehe auch Glossar Begriff „Wertschöpfung".

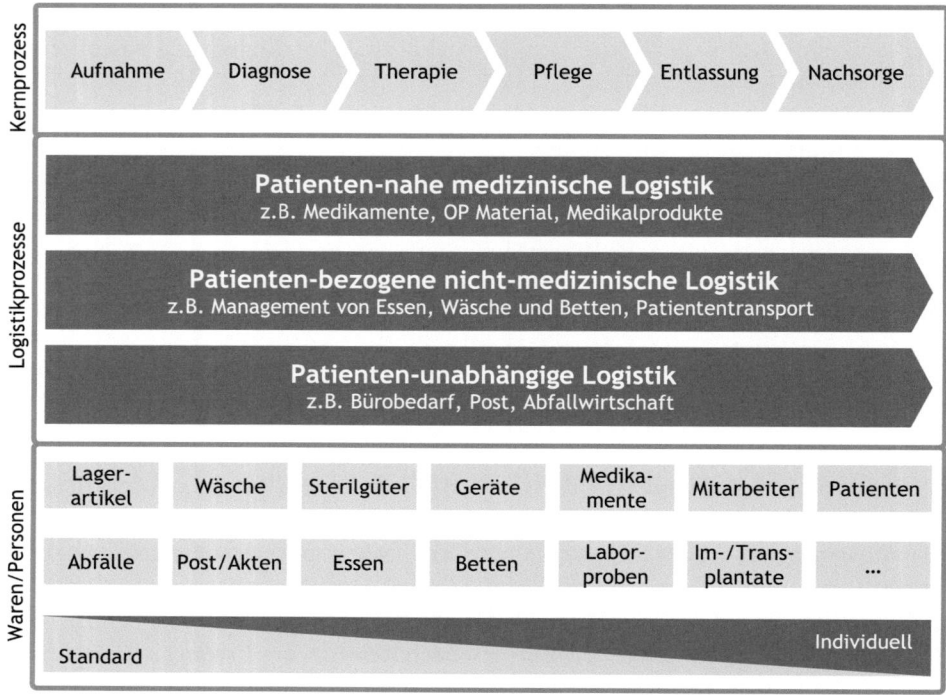

Abb. 3.2 Systematisierung der Logistikprozesse und Warengruppen in der Krankenhauslogistik in Anlehnung an Dobrzanska et al. (2013)

et al. 2017). Diese disruptiven digitalen Technologien[10] können im SMACIT-Ansatz zusammengefasst werden: sozial (soziale Medien), mobil (tragbare Informations- und Kommunikationstechnologie), analytisch (Big Data), Cloud und das Internet-der-Dinge (Sebastian et al. 2017). Die SMACIT-Technologien sind heute alltäglich geworden.

Disruptive Technologien[11] sind heutzutage bspw. Distributed-Ledger-Technologien (gemeinhin bekannt als Blockchain), Artificial Intelligence (oder auch künstliche Intelligenz), erweiterte Realität kurz AR (oder auch virtuelle Realitäten, kurz VR) sowie Quantencomputing, die als DARQ zusammengefasst werden (Accenture Technology Vision 2019).

▶ Die **Digitalisierung** „beschreibt die vielfältigen soziotechnischen Phänomene und Prozesse rund um die Übernahme und Nutzung digitaler Technologien in individuellen, organisatorischen und gesellschaftlichen Kontexten" (Legner et al. 2017, S. 301).

---

[10]Disruptive Technologien verdrängen etablierte Technologien und ermöglichen damit neue, konkurrenzfähige Geschäftsmodelle (Danneels 2004).
[11]Siehe auch Glossar Begriff „Disruptive Technologien".

In Organisationen führt die zunehmende Durchdringung mit digitalen Technologien zu einer digitalen Transformation[12] im Sinne eines gesteuerten Wandels, um Geschäftsmodelle zu ändern, bestehende Arbeitsabläufe zu verbessern, neue Wertströme zu erschließen und Wertschöpfung zu gewährleisten (Gimpel et al. 2018). Vial (2019) beschreibt die digitale Transformation als einen Prozess, bei dem digitale Technologien eine zentrale Rolle sowohl bei der Entstehung als auch bei der Verstärkung von Disruptionen spielen, die auf gesellschaftlicher und industrieller Ebene stattfinden. Diese Disruptionen lösen strategische Reaktionen vonseiten der Organisationen aus. Organisationen nutzen digitale Technologien, um die bisher genutzten Wertschöpfungspfade zu verändern und somit wettbewerbsfähig zu bleiben. Zu diesem Zweck müssen sie strukturelle Veränderungen durchführen und Barrieren überwinden, die ihre Transformationsbemühungen behindern. Diese Veränderungen führen zu positiven Auswirkungen für Organisationen sowie in einigen Fällen auch für den Einzelnen und die Gesellschaft. Jedoch können sie auch mit unerwünschten Ergebnissen verbunden sein (Vial 2019).

▶ „Die digitale Transformation ist ein Prozess, bei dem digitale Technologien eine zentrale Rolle sowohl bei der Schaffung als auch bei der Verstärkung von Disruptionen spielen, die auf gesellschaftlicher und industrieller Ebene stattfinden. Diese Disruptionen lösen strategische Reaktionen seitens der Organisationen aus, die (…) eine zentrale Stellung einnehmen. Organisationen nutzen digitale Technologien, um die Wertschöpfungspfade zu verändern, auf die sie bisher angewiesen waren, um wettbewerbsfähig zu bleiben. Zu diesem Zweck müssen sie strukturelle Veränderungen durchführen und Barrieren überwinden, die ihre Transformationsbemühungen behindern. Diese Veränderungen führen zu positiven Auswirkungen für Organisationen sowie in einigen Fällen auch für den Einzelnen und die Gesellschaft, obwohl sie auch mit unerwünschten Ergebnissen verbunden sein können" (Vial 2019, S. 5).

Auch speziell im Bereich der Logistik kommt der Digitalisierung ein hohes Maß an Bedeutung zu. Nach einer Studie im Auftrag der Bitkom Research 2019 sehen 79 % aller befragter Logistikunternehmen die Digitalisierung als eine der größten Herausforderungen, denen sie gegenüberstehen (Rohleder 2019). Die befragten Unternehmen sehen jedoch vor allem Vorteile im Einsatz digitaler Technologien durch eine Beschleunigung der Transporte (z. B. mithilfe von Tracking und Tracing Systemen), eine langfristige Senkung der Logistikkosten sowie eine geringere Fehleranfälligkeit (Rohleder 2019). Generell sind in der Intralogistik bereits fortgeschrittene Ansätze zur Digitalisierung vorhanden, wie der Einsatz digitaler Technologien in der Produktionslogistik der Automobilbranche zeigt. Allerdings hat auch die COVID-19-Pandemie offengelegt, dass im Bereich der Logistik Intransparenz, Informationsdefizite und

---

[12]Siehe auch Glossar Begriff „Digitale Transformation".

fragmentierte Transportketten vorliegen (Abschn. 1.3). Mit Fokus auf die Logistik wird unter Digitalisierung die Veränderung der Wertschöpfung der Supply Chain verstanden, welche durch Kommunikation in Echtzeit[13] und hochauflösende Prozessdaten erreicht wird (Kersten et al. 2017). Die digitale Transformation in der Logistik wird nach Kersten et al. (2017, S. 51) als „Veränderung von Wertschöpfungsprozessen durch die Weiterentwicklung bestehender und Implementierung neuer digitaler Technologien, Anpassung der Unternehmensstrategien auf Basis neuer, digitalisierter Geschäftsmodelle sowie den Erwerb der dafür erforderlichen Kompetenzen bzw. Qualifikationen" (Kersten et al. 2017) verstanden. Essenziell für die Digitalisierung der Logistik sind dabei die in Echtzeit verfügbaren Informationen, welche dazu führen, dass starre Produktionssysteme durch selbstorganisierende Produktionseinheiten abgelöst werden (Kersten et al. 2017). Die Digitalisierung beinhaltet in der Logistik sowohl die Optimierung bestehender als auch die Schaffung neuer Prozesse durch die zum Einsatz gebrachten digitalen Technologien (Groß und Pfennig 2019).

In Bezug auf die Digitalisierung im Gesundheitswesen und der Digitalisierung in Krankenhäusern, stehen zwei Handlungsfelder im Vordergrund: Zum einen findet die Digitalisierung Einzug in die medizinische Leistungserbringung. So wird beispielsweise der Datenaustausch zwischen unterschiedlichen Akteuren, wie unter anderem zwischen dem einweisenden Arzt[14] und dem Krankenhaus, forciert. So wird eine höhere, funktionsübergreifende Datenverfügbarkeit erreicht. Weitere Beispiele sind die digitale Erfassung von Befunden (z. B. Radiologie) und eine automatisierte Archivierung, wodurch Potenziale zur Entlastung der Mitarbeiter realisiert werden können. Auch bei der Befundung selbst können Algorithmen entscheidungsunterstützend wirken (Deiters et al. 2018).

Zum anderen gewinnt die Digitalisierung auch für die Sekundärprozesse der Krankenhäuser an Bedeutung. Diese Prozesse sind für einen reibungslosen Ablauf der medizinischen Kernprozesse essenziell. So erlauben digitale Technologien die Optimierung komplexer Logistikprozesse und die Steuerung sowie die integrierte Betrachtung von kooperativen Prozessen (Deiters et al. 2018).

---

[13] Der Begriff Echtzeit bezeichnet in diesem Zusammenhang „Echtzeit in Bezug auf die Verarbeitung von Daten durch einen Computer in Verbindung mit einem anderen Prozess außerhalb des Computers gemäß den Zeitanforderungen des externen Prozesses" (ISO/IEC 2382:2015(en)) Siehe auch Glossar Begriff „Echtzeit".

[14] Zur besseren Lesbarkeit werden in diesem Buch und diesem Kapitel personenbezogene Bezeichnungen, die sich zugleich auf Frauen, Männer und andere Personen beziehen, generell nur in der im Deutschen üblichen männlichen Form angeführt, also z. B. „Ärzte" statt „Ärztinnen und Ärzte", „ÄrztInnen" oder „Ärzt_innen". Dies soll jedoch keine Geschlechtsdiskriminierung oder eine Verletzung des Gleichheitsgrundsatzes zum Ausdruck bringen.

3.1.3 Referenzmodelle und Referenzmodellierung

Referenzmodelle haben ihren Ursprung im Datenmanagement. Die zugrunde liegende Referenzmodellierung umfasst alle Handlungen, die zur Erstellung und Anwendung wiederverwendbarer Modelle (i. S. v. Referenzmodellen) notwendig sind (Fettke und Loos 2004). Referenzmodelle sind abstrakte Repräsentationen von domänen-spezifischen Wissen, welche deskriptives und präskriptives Wissen für sozio-technische Probleme beinhalten (Schermann et al. 2009; Legner et al. 2020). Referenzmodelle spielen eine Schlüsselrolle bei der Bewältigung umfassender Problemstellungen im Zusammenhang mit der zunehmenden Digitalisierung (Legner et al. 2020). Referenzmodelle können vorgefundene Probleme erfassen und beschreiben, oder wissenschaftliche Aussagen transportieren (Fettke und Loos 2004). Im Rahmen dieses Buches werden Referenzmodelle als generische Rahmenwerke (i. S. v. einer Menge allgemeingültiger Aussagen) verstanden, die für eine Klasse an Unternehmen bzw. im Speziellen für Krankenhäuser Gültigkeit besitzen (Fettke und Loos 2004). Dabei besteht ein Referenzmodell aus einem generischen Entwurf eines Referenzprozesses[15] (oder mehrerer Teilprozesse), welcher eine Blaupause für einen Prozess darstellt. Damit ist insbesondere die Wiederverwendbarkeit gewährleistet. In der Regel sollten Referenzmodelle vier Anforderungen erfüllen (Schwegmann 1999):

- **Verständlichkeit:** Die Nachvollziehbarkeit des Referenzmodelles für möglichst viele Anwender muss gegeben sein.
- **Allgemeingültigkeit:** Der abgebildete Prozess muss auf eine Vielzahl von Krankenhäusern übertragbar sein.
- **Modularer Aufbau:** Einzelne Elemente des Modells müssen unabhängig voneinander auf einen konkreten Kontext anwendbar sein.
- **Anpassungsfähigkeit:** Die Umsetzung auf einen Unternehmenskontext mit individuellen Anforderungen muss gegeben sein.

Im vorliegenden Fall bilden die Prozesse für die Materiallogistik und die Bettenlogistik in den beteiligten Partnerkliniken den Ausgangspunkt, von welchem aus die Prozesse verallgemeinert und abstrahiert wurden, um die Referenzmodelle zu definieren (Fettke und vom Brocke 2019). Typischerweise folgt die Entwicklung eines Referenzmodells einem immer ähnlichen Vorgehen Zuerst wird die Anwendungsdomäne definiert, dann die Modellelemente konstruiert. Abschließend erfolgt die Evaluation des Referenzmodells. Mit der Zeit müssen Referenzmodelle auf deren Gültigkeit hin überprüft und ggf. angepasst werden (Fettke und Loos 2007; Fettke und vom Brocke 2019).

---

[15]Siehe auch Glossar Begriff „Referenzprozess".

3.2 Methodische Grundlagen

In diesem Buch werden unterschiedliche Methoden der Logistik und der Wirtschaftsinformatik zum Einsatz gebracht. Der vielfältige Mix an Methoden erlaubt ein umfassendes Verständnis der bestehenden Logistikprozesse, sowie die Eruierung von Handlungsbedarfen. Mithilfe der Methoden werden in diesem Buch Zielbilder erarbeitet und in Referenzmodelle (siehe Kap. 5 und 6) übertragen. Im Folgenden werden die zentralen verwendeten Methoden der beiden genannten Disziplinen eingeführt und deren Zielsetzung beschrieben.

3.2.1 Ausgewählte Grundlagen aus dem Bereich der Wirtschaftsinformatik

Die Wirtschaftsinformatik hält eine Reihe von Methoden und Modellierungsansätze bereit, um Geschäftsprozesse ganzheitlich zu analysieren und zu gestalten. Im Vordergrund steht dabei die Gestaltung sozio-technischer Systeme, die das Zusammenspiel von Mensch und Technologie beschreiben. Mithilfe des Modellierungsansatzes Business Process Model and Notation 2.0[16] (BPMN) können Geschäftsmodelle dargestellt werden, die durch Menschen und Technologien ausgeführt werden. Die Work System Theory[17] stellt hingegen eine Analyse- und ein Gestaltungswerkzeuge bereit, die ganzheitlich das Zusammenspiel von Mensch und Technologie unter Verwendung von Informationen in Prozessen und Aktivitäten betrachtet. Dabei wird die Ausrichtung der Arbeit auf die Ergebnisse und deren Nutzer fokussiert. Zuletzt wird mit dem IS Success Model[18] ein Evaluationsinstrument vorgestellt, mit dessen Hilfe die Einführung eines Informationssystems[19] (IS) bewertet werden kann.

3.2.1.1 Business Process Model and Notation 2.0 (BPMN)

Für moderne Unternehmen sind kundenorientierte, wirtschaftliche, transparente und IT-gestützte Prozesse ein zentraler Erfolgsfaktor. Das Management von Prozessen zählt zu den Kernaufgaben der Organisationsgestaltung und wird aus diesem Grund auch für Krankenhäuser zu einem Erfolgsfaktor. Prozessmanagement umfasst neben Aufgaben wie der Umsetzung, Ausführung, Überwachung und Steuerung von Prozessen vor allem auch die Identifikation, Definition und Modellierung derer (Dumas et al. 2018).

---

[16]Siehe Glossar Begriff „Business Process Model and Notation 2.0".
[17]Siehe Glossar Begriff „Work System Theorie".
[18]Siehe Glossar Begriff „IS Success Model".
[19]Siehe Glossar Begriff „Informationssystem".

Der Industriestandard zur grafischen Modellierung von Prozessen ist die Modellierungssprache BPMN. Der von der Object Management Group gepflegte Standard in der Version 2.0 wurde 2011 veröffentlicht und 2013 von der Internationalen Organisation für Normung (ISO) unter der Nummer 19.510 als internationaler Standard festgelegt. BPMN dient der Visualisierung von Prozessen, sodass diese und die dahinterstehende Logik von allen Stakeholdern nachvollzogen werden können.

BPMN umfasst verschiedene visuelle Elemente. Es gibt Flussobjekte, Verbindungsobjekte, Teilnehmer (auch als Pools bzw. Swimlanes bezeichnet) und Artefakte. Diese werden im Folgenden detailliert beschrieben. BPMN unterscheidet drei Typen von Flussobjekten: Aktivitäten, Gateways und Events.

Aktivitäten beschreiben Aufgaben, die im Rahmen der Prozessdurchführung zu erledigen sind (z. B. Bett reinigen, Bett konfigurieren, etc.).

Gateways sind Entscheidungspunkte. An diesen Punkten kann ein Prozess parallele oder divergierende Verläufe nehmen. Die Verläufe müssen zu einem späteren Zeitpunkt wieder zusammengeführt werden. In Abb. 3.3 sind beispielhaft zwei verschiedene Entscheidungspunkte abgebildet. In der oberen BPMN Darstellung ist eine Bestandsprüfung abgebildet, welche nach der Entnahme von Material erfolgt. Hierbei findet die Aktivität „Bestand prüfen" statt, welche einen Entscheidungspunkt nach sich zieht – ob der

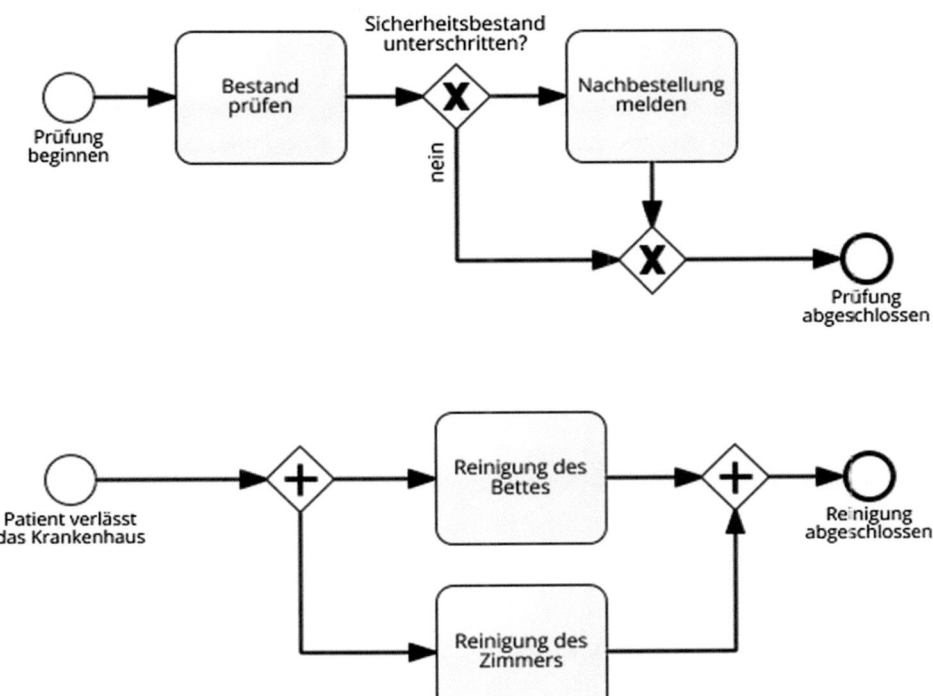

Abb. 3.3 Beispielhafte Prozesse „Überprüfung Lagerbestand" und „Reinigung"

Sicherheitsbestand unterschritten wurde oder nicht. Wurde dieser nicht unterschritten, so ist die Prüfung abgeschlossen. Andernfalls wird eine Nachbestellung gemeldet. Somit liegt hier ein Entscheidungspunkt vor, an dem der Prozess divergiert. Im zweiten Beispiel ist eine parallele Prozessausführung dargestellt, welche bei der Reinigung des Inventars nach der Entlassung eines Patienten auftreten kann. Nachdem der Patient sein Bett verlassen hat, können gleichzeitig der Betten-Abtransport und die Reinigung der Zimmerausstattung erfolgen. Sind beide Schritte ausgeführt, wird der Prozess an einem weiteren Entscheidungspunkt wieder zusammengeführt und gilt als abgeschlossen (vgl. Abb. 3.3).

Events treten im Verlauf eines Prozesses auf und haben drei verschiedene Eigenschaften, aufgrund derer sie den Ablauf von Prozessen beeinflussen.

- (1) Position: Es gibt Start- und End-Events, die einen Prozess auslösen bzw. beenden. Des Weiteren gibt es Zwischenevents (Intermediate-Event), die im Verlaufe des Prozesses auftreten können.
- (2) Wirkung: BPMN unterscheidet zwischen *Catching-* und *Throwing-*Events. Ein Catching-Event erhält einen Input/Trigger (z. B. der Eingang einer Information via E-Mail), wohingegen ein Throwing-Event Output/Trigger sendet (z. B. der Versand einer E-Mail).
- (3) Typ: Zu den am häufigsten genutzten Event-Typen gehören Nachrichten- oder Zeit-Events. BPMN lässt die Möglichkeit offen, untypisierte Events zu erstellen, die frei modelliert werden können.

Anhand des Prozesses zur Erstellung des Belegungsplans soll beispielhaft die Funktionsweise von Events dargestellt werden. Die Erstellung des Belegungsplans für die kommende Woche erfolgt exemplarisch immer donnerstags um 16:00 Uhr. Somit gelten für dieses Event folgende Eigenschaften: Die Tatsache, dass es an einem Donnerstag 16:00 Uhr ist, kategorisiert den Typ des Events als ein Zeit-Event (3). Das Event verursacht den Beginn des Prozesses, sodass die Position (1) als Start-Ereignis zu beschreiben ist. Dabei stellt der Zeitpunkt einen Trigger dar, der den Prozess anstößt. Diese Wirkung (2) des Events lässt somit auf ein Catching-Event schließen. Sobald der Belegungsplan fertig erstellt ist, wird dieser an die Belegschaft versendet und der Prozess ist abgeschlossen. Daher ist die Nachricht an die Mitarbeiter sowohl ein Nachrichten-Event als auch ein End-Event, welches den Prozess beendet. Da das Event einen Output liefert, hier in Form des Belegungsplans, handelt es ich um ein Throwing-Event, das einen nachfolgenden Prozess triggert (vgl. Abb. 3.4).

Bei *Verbindungsobjekten* unterscheidet BPMN zwischen Sequenzflüssen und Nachrichtenflüssen. Sequenzflüsse verbinden Flussobjekte und bestimmen dabei die Reihenfolge, in der die Flussobjekte (insb. Aktivitäten) abgehandelt werden. In dem Prozess der Erstellung des Belegungsplans verbindet ein Sequenzfluss beispielsweise das Zeit-Event mit der darauffolgenden Aktivität „Belegungsplan erstellen" (Abb. 3.4). Nachrichtenflüsse verbinden zwei Teilnehmer temporär und zeigen an, dass ein Informationsfluss stattfindet. Der Versand des Belegungsplans kann beispielsweise einen Prozess an anderer Stelle auslösen, z. B. nachfolgende Prozesse in der Personalabteilung.

Abb. 3.4 Beispielhafter Prozess „Belegungsplan erstellen"

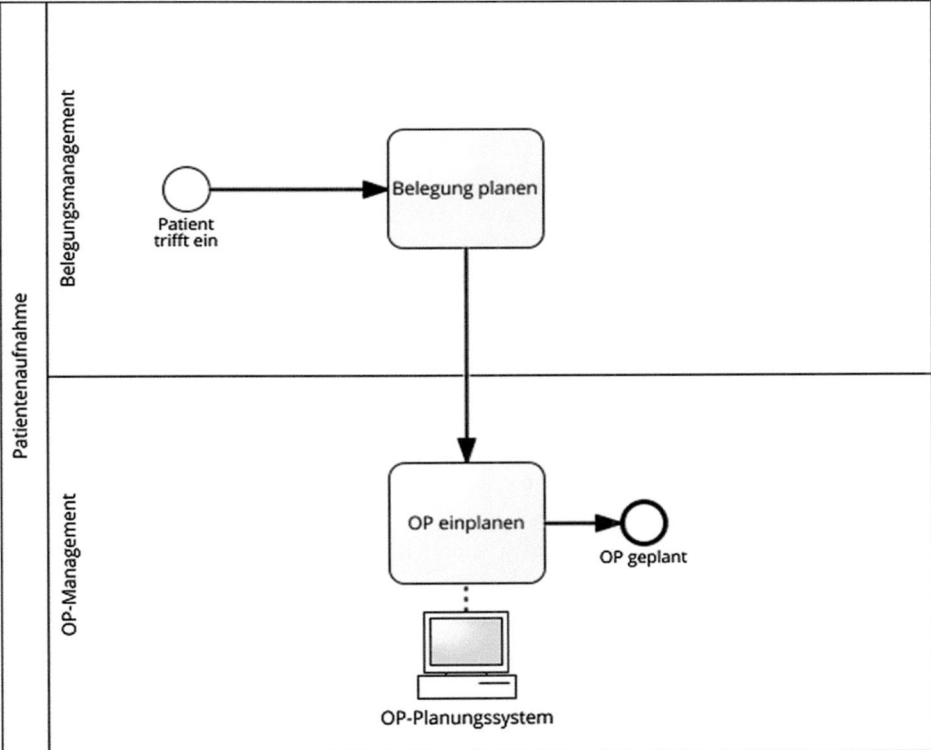

Abb. 3.5 Beispielhafter Prozess „Patientenaufnahme"

Bei *Teilnehmern* definiert BPMN Pools und (Swim)Lanes. Pools sind übergeordnete Einheiten, die mehrere Lanes beinhalten können. Meist dienen Pools dazu, zwischen getrennten Organisationen zu unterscheiden und Nutzer einer Organisation zu bündeln. Lanes sind granularer und repräsentieren einen einzelnen Nutzer. Eine Lane kann nur einem Pool zugeordnet sein. In dem Pool „Patientenaufnahme" können sich z. B. die Lanes „Belegungsmanagement" und „OP-Management" befinden (vgl. Abb. 3.5).

Letztlich definiert BPMN noch verschiedene *Objekte,* wie Annotationen, Datenobjekte oder Gruppen. Diese dienen vor allem dazu, Elemente des Prozesses näher zu beschreiben oder mit Informationen anzureichern. Annotationen sind Kommentare, die einem Fluss- oder Verbindungsobjekt angeheftet werden können. Datenobjekte können digitale Objekte (Datensatz, Dokument, etc.) oder physische Objekte sein, also ein Bett, eine Krankenakte, oder der Belegungsplan. Mit Gruppen lassen sich andere Artefakte und Flussobjekte visuell zusammenfassen, was der besseren Verständlichkeit dient (vgl. OP-Management Abb. 3.5).

3.2.1.2 Die Work System Theory

Die Krankenhauslogistik insgesamt und deren Teilbereiche im Speziellen, wie etwa die Betten- und Materiallogistik, stellen ein Dienstleistungsangebot für das ärztliche und pflegerische Personal in der medizinischen Leistungserbringung dar. Schlanke und digital-unterstützte Prozesse ermöglichen eine nahezu verschwendungsfreie Dienstleistungserbringung. Um diese umzusetzen, müssen jedoch nicht nur die Prozessabläufe neu entwickelt, sondern auch die in den Prozessen und Aktivitäten beteiligten Akteure und Technologien analysiert und gestaltet werden. Die Work System Theory und das zugehörige Framework bieten einen strukturierten Ansatz für eine entsprechende Analyse und Gestaltung der Krankenhauslogistik.

Das Work System Framework wurde um die Jahrtausendwende von Steven Alter vorgestellt (Alter 2006, 2013). Es basiert auf der Annahme, dass Unternehmen und Organisationen eine Kombination aus unterschiedlichen Systemen darstellen, die Arbeit erbringen – sogenannte Work Systems.

Arbeit (Work) ist dabei die Anwendung von menschlichen, informationellen, physischen und anderen Ressourcen zur Herstellung von Produkten oder Dienstleistungen. Ein Work System ist ein System, in dem menschliche Teilnehmer oder Maschinen Arbeit in Prozessen und Aktivitäten mit Hilfe von Informationen, Technologien und anderen Ressourcen ausführen, um spezifische Produkte oder Dienstleistungen für bestimmte interne oder externe Kunden herzustellen. Neben den genannten Konstrukten umfasst die Work System Theory auch die Umwelt eines Work Systems, wie die (Unternehmens-) Strategie, Regularien und die gegebene Infrastruktur. Abb. 3.6 zeigt die Konstrukte eines Work Systems und wie diese miteinander interagieren.

Prozesse und Aktivitäten finden in einem Work System statt, um Produkte/Dienstleistungen für seine Kunden zu produzieren. Ein Work System muss mindestens eine Aktivität enthalten. Andernfalls entfällt die Daseinsberechtigung. Ein Prozess besteht aus mehreren Aktivitäten, wobei je nach Granularität eine Aktivität wiederum als Prozess interpretiert werden kann. Teilnehmer sind Personen, die innerhalb des Work Systems arbeiten.

Alle Work Systems verwenden oder erstellen Informationen, die im Rahmen der Work Systems Analyse als Informationseinheiten ausgedrückt werden. Informationseinheiten werden in Prozessen und Aktivitäten verwendet, erstellt und erfasst, übertragen,

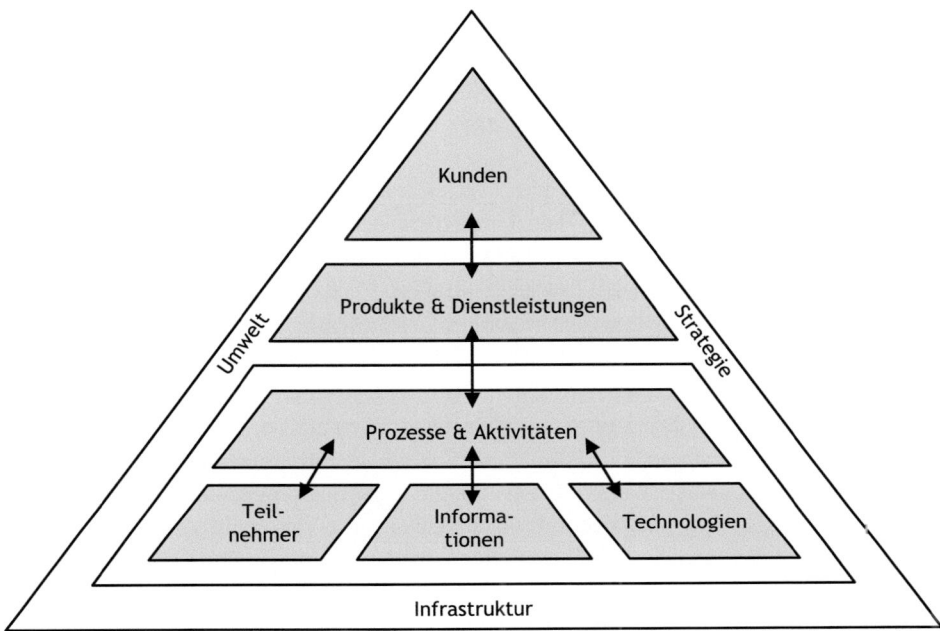

Abb. 3.6 Komponenten eines Work Systems nach Alter (2013)

gespeichert, abgerufen, manipuliert, aktualisiert, angezeigt und/oder gelöscht. Typische Informationseinheiten sind Bestellungen, Rechnungen, Garantien, Zeitpläne, Gewinn- und Verlustrechnungen, Reservierungen, Krankengeschichten, Lebensläufe, Stellenbeschreibungen und Stellenangebote. Informationseinheiten können wiederum andere Informationseinheiten enthalten. Ein Auftrag kann z. B. eine Position enthalten und ein Dokument kann ein Kapitel enthalten. Informationen werden von einem Work System erzeugt, verwendet oder verarbeitet. Nahezu alle Work Systems sind auf Technologien angewiesen. Zu den Technologien gehören sowohl Tools, die von Teilnehmern verwendet werden, als auch automatisierte Agenten, d. h. Hardware- und Softwarekonfigurationen, die vollständig automatisierte Aktivitäten durchführen. Diese Unterscheidung ist maßgeblich, da Work Systems sukzessive in kleinere Subsysteme zerlegt werden können, von denen einige vollständig automatisiert sind.

Das Ziel eines Work Systems ist es, Produkte oder Dienstleistungen für die entsprechenden Kunden zu „produzieren". Produkte oder Dienstleistungen bestehen aus Informationen, physischen Dingen, oder Handlungen, die von einem Work System zur Nutzung und zum Nutzen seiner Kunden erzeugt werden. Kunden sind Empfänger von Produkten oder Dienstleistungen eines Work Systems. Eine Analyse des Work Systems sollte vordergründig betrachten, wer die Kunden sind, welche Bedürfnisse sie haben und wie sie das Produkt bzw. die Dienstleistung nutzen. Work Systems können externe und interne Kunden haben. Dabei können Kunden als externe Kunden verstanden werden, wenn sie tatsächliche Kunden des Unternehmens sind. Interne Kunden stellen Mitarbeiter und Abteilungen eines Unternehmens dar. Beispielsweise sind Mitarbeiter der Personalabteilung gleichzeitig Teilnehmer und Kunden des Lohn- und Gehaltsabrechnungssystems.

Die Umwelt umfasst das relevante organisatorische, kulturelle, wettbewerbliche, technische, regulatorische und soziale Umfeld, in dem das Work System funktioniert. Es wirkt sich auf die Effektivität und Effizienz des Work Systems aus. Organisatorische Umweltaspekte umfassen Stakeholder, Richtlinien, Verfahren, Organisationsgeschichte und -politik, die für die operative Performance vieler Work Systems relevant sind. Die genannten Faktoren in der Umwelt eines Work Systems können direkte oder indirekte Auswirkungen auf die Leistungsergebnisse, Anspruchsniveaus, Ziele und Anforderungen für den Wandel haben. Die Infrastruktur umfasst relevante personelle, informationelle und technische Ressourcen, die vom Work System genutzt, aber außerhalb desselben verwaltet und mit anderen Work Systems geteilt werden. Zu den Strategien, die für ein Work System essenziell sind, gehören beispielsweise die Unternehmensstrategie, sowie die auf der Unternehmensstrategie basierende Abteilungsstrategie (z. B. die IT-Strategie). Im Allgemeinen sollen die Strategien auf den drei obengenannten Ebenen (Unternehmen, Abteilung, Work System) aufeinander abgestimmt sein und die Work System Strategien die Abteilungs- und Unternehmensstrategien unterstützen.

Die Krankenhauslogistik insgesamt, sowie ihre Teilbereiche – etwa die Material- oder Bettenlogistik – können als Work System interpretiert werden. Die Dienstleistung in der Krankenhauslogistik entspricht dabei z. B. der Materialversorgung oder Bettenbereitstellung. Darin müssen die Teilnehmer, Informationen und Technologien zweckdienlich für die Ausführung von Prozessen und Aktivitäten gestaltet und ausgerichtet werden, sodass eine wertschöpfend-optimale logistische Dienstleistung unter Berücksichtigung der Umweltfaktoren entsteht.

Zudem beschreiben Alter und Wright (2010) entsprechend den Konstrukten 24 Leitlinien, die die Analyse und Gestaltung von Work Systems unterstützen. Die nachfolgende Tabelle (Tab. 3.1) fasst die Leitlinien zusammen und ordnet sie den entsprechenden Konstrukten zu. Die Leitlinien bilden die theoretische Fundierung im Rahmen der Entwicklung der Vision der Krankenhauslogistik 2030 (Kap. 4) und den Referenzmodellen (Kap. 5 und 6).

3.2.1.3 IS Success Model

Das Zusammenspiel von Technologie, Informationen und Menschen, welches die Basis eines Work Systems beschreibt, nennt man Informationssystem, kurz IS (Lee et al. 2015). Der Erfolg eines IS ist anhand einer einzigen Kennzahl schwer oder gar nicht bestimmbar. In der Literatur, die sich mit dem Erfolg von IS beschäftigt, finden sich zahlreiche Kennzahlen, die in Form von gemessenen Variablen zur Erfolgsmessung herangezogen werden können. Insofern ist der Erfolg eines IS ein multidimensionales Konstrukt.

Tab. 3.1 Leitlinien für Work Systems nach Alter und Wright (2010), *übersetzt ins Deutsche*

Kunden, Produkte und Dienstleistungen		
- Zufriedenstellung der Kunden - Ausgleich verschiedener Kundenprioritäten		
Prozesse und Aktivitäten		
- Anpassung der Prozessflexibilität an die Produktvariabilität - Effiziente Ausführung der Arbeit - Ermutigung zu angemessenem Umgang mit Urteilsvermögen - Kontrolle von Problemen an ihrer Ursache - Überwachung von Qualität und Timing (sowohl der Inputs als auch der Outputs) - Erleichterung der Kontrolle durch klare Abgrenzung einzelner Schritte - Abstimmung der Arbeitspraktiken mit den Teilnehmern		
Teilnehmer	Informationen	Technologien
- Hilfestellung für Teilnehmer - Ausrichtung der Anreize auf die übergeordneten Ziele des Systems - Definition klarer Rollen und Verantwortlichkeiten	- Informationsbereitstellung - Beeinflussung von Handlungen - Schutz von Informationen vor unbefugter Nutzung	- Nutzung kosten-effektiver Technologien - Minimierung von Aufwand auf Grund von Technologieeinsatz
Infrastruktur	- Vollständige Ausnutzung vorhandener Infrastruktur	
Umwelt	- Minimierung unnötiger Konflikte mit der Umwelt (unternehmensextern)	
Strategie	- Ausrichtung auf die Strategie des Unternehmens/der Einrichtung	
Übergreifend	- Kompatibilität und Koordination mit anderen (unterstützenden) Work Systems - Implementierung von Feedbackschleifen zur Evaluation der Zielerreichung auf Basis von Kennzahlen - Minimierung unnötiger Risiken - Bestrebung Elemente im Gleichgewicht zu halten - Wahrung von Flexibilität, um auf Veränderungen reagieren zu können	

William Delone und Ephraim McLean haben im Jahre 1992 ein Modell zur Messung von Erfolg von IS (IS Success Model) veröffentlicht (Delone und McLean 1992). Die Popularität des Modelles hat dazu geführt, dass die beiden Autoren knapp ein Jahrzehnt später ein überarbeitetes Modell vorgestellt haben, welches ebenso tausendfach von anderen Wissenschaftlern zitiert wird (Delone und McLean 2003). Das IS Success Model (Abb. 3.7) adressiert diese Vielzahl von Erfolgsmaßen und kategorisiert sie in sechs Dimensionen, welche aus der umfangreichen Literatur zur Erfolgsmessung von IS abgeleitet sind. Die Dimensionen sind Informationsqualität, Systemqualität, Servicequalität, Nutzerzufriedenheit, Verwendungsabsichten bzw. Nutzung des Systems und Vorteile des Systems oder Netto-Nutzen. Ziel des Modells ist es, den Erfolg eines IS umfänglich zu erfassen. Die genannten Dimensionen sind nicht unabhängig voneinander, sondern interdependent. Beobachtete Variablen, die den Erfolg eines IS widerspiegeln sollen, können, unabhängig davon ob im Kontext einer Umfrage oder objektiv gemessen, in eine der Erfolgsdimensionen einsortiert werden.

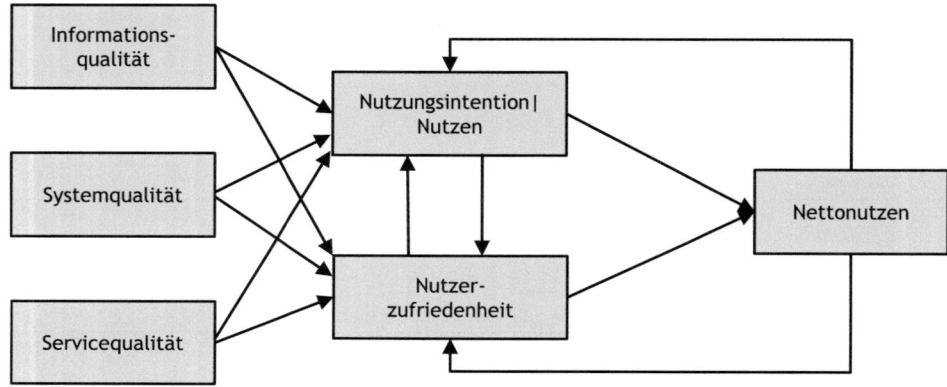

Abb. 3.7 Das IS Success Model nach Delone und McLean (2003)

Die Erfolgsdimension Informationsqualität bezieht sich beispielsweise auf die Verfügbarkeit der Informationen, deren Zuverlässigkeit, deren Genauigkeit und deren Verständlichkeit. Systemqualität umfasst Konstrukte wie Benutzerfreundlichkeit, Zuverlässigkeit, Performanz oder Flexibilität des Systems. Die Service-Qualität war nicht Teil des initial vorgestellten IS Success Modells, wurde jedoch in der überarbeiteten Version der Autoren, auf das Anraten anderer Wissenschaftler, aufgenommen. Die Servicequalität beschreibt die Unterstützung des Nutzers durch den Anbieter des IT-Dienstes, unabhängig davon, ob der Dienst durch die interne IT-Abteilung oder einen externen Dienstleister bereitgestellt wird. Die Servicequalität umfasst u. a. Reaktionszeit, Zuverlässigkeit, Empathie und Follow-up-Service.

Die drei eben beschriebenen Erfolgsdimensionen haben Einfluss auf die Dimension Nutzerzufriedenheit. Nutzerzufriedenheit umfasst Aspekte zu Informationszufriedenheit, insbesondere die Differenz zwischen der benötigten und der erhaltenen Information und Zufriedenheit mit der Entscheidungsfindung. Die Nutzung(-sabsicht) des Informationssystems kann zahlreiche Facetten haben. Die Autoren haben daher in der Überarbeitung diese Dimension präzisiert bzw. differenziert betrachtet. Die tatsächliche Nutzung des Systems bezieht sich auf das Verhalten des Nutzers, während die Nutzungsabsicht eine Einstellung des Nutzes in Bezug auf das Informationssystem ist. Die Nutzung kann beispielhaft anhand der Nutzungszeit, der Anzahl der genutzten Funktionalitäten oder dem Zweck der Nutzung gemessen werden.

Letztlich zeigt sich der Erfolg eines Informationssystems nicht nur in dessen Nutzung, sondern auch in der Wirkung, die es auf die gesamte Organisation hat. Delone und McLean (2003) fassen diese Auswirkungen der Erfolgsdimension „Netto-Nutzen" zusammen und führen aus, dass die Wahl der Erfolgsmessung diesbezüglich von dem zu bewertenden System abhängt.

Zwischen den Erfolgsdimensionen bestehen Abhängigkeiten. Konkret bedeutet dies, dass die Bewertung eines Systems in Bezug auf Informations-, System- und Servicequalität, die Erfolgsbewertung hinsichtlich Nutzerzufriedenheit und die Nutzung des Systems und damit auch den Netto-Nutzen beeinflusst. Folglich muss sichergestellt werden, dass vor allem Informations-, System- und Servicequalität auf einem hohen Level sind, weil dies dazu führt, dass Nutzer mit dem Informationssystem zufrieden sind und dieses tatsächlich gebrauchen. Die Nutzung und die Nutzerzufriedenheit sind eng miteinander verbunden. Nutzerzufriedenheit kann nur erreicht werden, wenn das System auch verwendet wird. Positive Erfahrungen der Nutzung generieren schließlich eine höhere Nutzerzufriedenheit. Diese wiederum führt dazu, dass das System häufiger verwendet wird. Beide Faktoren sind ausschlaggebend, dass über das Individual-Level hinaus Vorteile erzielt werden können, wodurch Nutzer zufrieden sind und das System nutzen.

Das IS Success Model gibt lediglich einen Überblick über mögliche Erfolgsmaße und deren Relation zueinander. Für die einzelnen Erfolgsdimensionen zu verwendenden Variablen, die eine Vergleichbarkeit zwischen den Systemen bzw. Studien herstellen würden, sind in dem von Delone und McLean (2003) vorgeschlagenen Modell ausführlich aufgelistet.

Zusammenfassend bleibt festzustellen, dass die Wirtschaftsinformatik ein generalistisches Methodenset bereithält, um Geschäfsprozesse, sowie das zugrunde liegende Zusammenspiel von Mensch und Maschine zu analysieren und zu gestalten.

3.2.2 Ausgewählte Grundlagen aus dem Bereich der Logistik

Die Logistik stellt im Gegensatz zur Wirtschaftsinformatik domänen-spezifische Ansätze zur Verfügung. Zur Optimierung von Logistikprozessen existiert eine Vielzahl an Methoden, welche sich in der Praxis bereits bewährt haben. Diese Methoden können hinsichtlich ihrer Zielstellung und Ausrichtung variieren, je nachdem, ob die Prozesse mit Fokus auf die verfügbare Zeit, den Kosten oder der bestehenden Qualität optimiert werden sollen (VDI 2013; REFA 2016). Im Idealfall werden Methoden zum Einsatz gebracht, die alle drei Dimensionen optimieren. Damit liegt eine ganzheitliche Prozessbetrachtung vor und es wird somit beispielsweise die Erreichung der notwendigen Qualität des Prozesses unter minimalem Zeitbedarf und Kosten angestrebt. Für die Optimierung der logistischen Krankenhausprozesse sind Methoden relevant, welche Lösungen für die eingangs genannten, derzeit problematischen, Herausforderungen (Kap. 1) der Krankenhauslogistik darstellen. Gleichzeitig sind diese Optimierungen Prozessveränderungen, welche schrittweise erfolgen müssen, um die Stabilität der Primärprozesse in Krankenhäusern nicht zu gefährden (Hofmann 2020). Auf Basis dieser Kriterien wurden aus der Vielzahl bestehender Prozessoptimierungsmethoden die

Wertstrommethode, die Value Added Heat Map[20], sowie eine zweistufige Digitalisierungslandkarte[21] herangezogen.

3.2.2.1 Wertstrommethode

Zieht man die Definition eines Wertes von Womack and Jones (2013) heran, so bestimmt der Kunde den Wert eines Erzeugnisses oder einer Dienstleistung. Daraus resultierend ist ein Wertstrom[22] eine Aneinanderreihung verschiedener Aktivitäten, welche Ausgangsstoffe hin zu dem vom Kunden gewünschten Endzustand transformieren (Klevers 2009). Um diesen Wertstrom effizient zu gestalten, müssen alle nicht-wertschöpfenden Tätigkeiten, die sog. Verschwendung, eliminiert bzw. auf das Nötigste minimiert werden (Wagner und Lindner 2017).

Dazu wurde bereits in den 1990er Jahren, als ein zentraler Bestandteil des Toyota Produktionssystems, eine Analysemethode entwickelt, welche unter der Bezeichnung „Wertstrommethode" bekannt ist. Beginnend in der Automobilbranche, hat sich das Einsatzgebiet dieser Methode mittlerweile innerhalb vieler verschiedener Branchen und Bereiche ausgeweitet. Beispielsweise wird die Wertstrommethode zur Analyse von kaufmännischen Administrationsprozessen oder auch der Produktion von Medizin- und Pharmaprodukten verwendet (Hartleif et al. 2019; Lindner und Becker 2010).

Dabei gilt, unabhängig vom Einsatzgebiet, die gleiche Vorgehensweise (Tab. 3.2), welche in vier Schritten erfolgt (Rother und Shook 2018; Erlach 2010).

Tab. 3.2 Vorgehensweise im Rahmen der Wertstrommethode

1. Bildung einer Produktfamilie	- Identifikation aller Produkte, welche die gleichen Produktionsprozesse durchlaufen - Erstellung einer Produktfamilienmatrix und Auswahl einer Produktfamilie
2. Erhebung des IST-Zustandes	- Erfassung der Produktionsprozesse und deren Kennzahlen (z. B. Bearbeitungszeit) - Erfassung aller Geschäftsprozesse
3. Entwicklung des SOLL-Zustandes	- Gestaltung eines Ideal-Zustandes des betrachteten Prozesses unter Berücksichtigung möglichst kurzer Prozesszeiten und geringer Verschwendung
4. Potenzialerhebung & KVP	- Planung der schrittweisen Umsetzung des SOLL-Zustandes - Kontinuierlicher Verbesserungsprozess (KVP) des IST-Zustandes

Die Bildung einer Produktfamilie stellt den Anfang der Wertstromanalyse dar. In dieser werden alle Güter zusammengefasst, welche die gleichen (Produktions-) Prozesse durchlaufen. Vor der Erhebung des eigentlichen IST-Zustandes sind der Beginn, das Ende sowie der Detaillierungsgrad des betrachteten Prozesses zu definieren.

---

[20]Siehe Glossar Begriff „Value Added Heat Map".
[21]Siehe Glossar Begriff „Digitalisierungslandkarte".
[22]Siehe auch Glossar Begriff „Wertstrom".

3 Grundlagen, Methoden und Vorgehen zur Analyse …

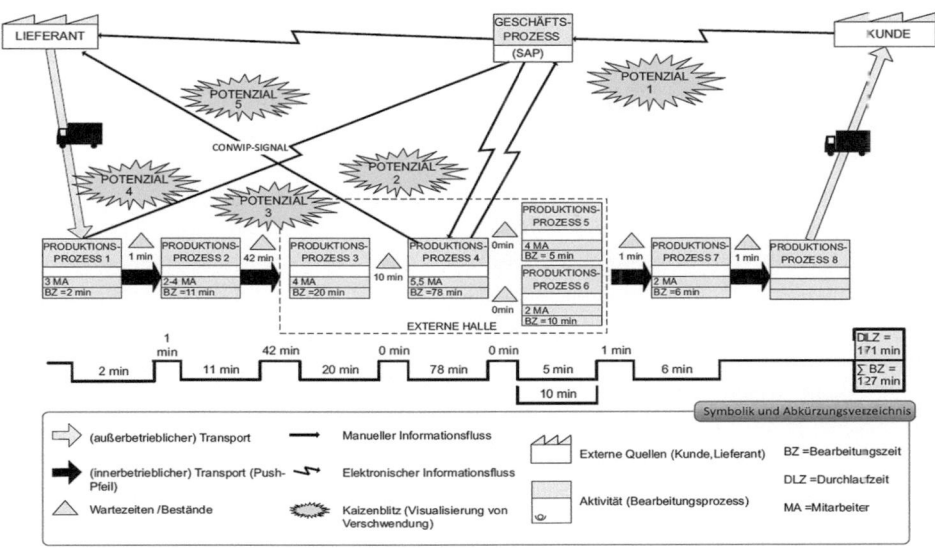

Abb. 3.8 Wertstromanalyse (Tomanek und Schröder 2018)

Der IST-Zustand wird analog zur Abb. 3.8 dargestellt, in welcher die aus der Analyse resultierenden Potenziale anhand von Kaizen-Blitzen visuell direkt abgebildet werden.

In der Wertstrommethode werden verschiedene Zeiten erfasst, unter anderem die Bearbeitungszeiten der einzelnen Produktionsschritte, sowie Liege- und Transportzeiten. Die Summe dieser Zeiten wird als Durchlaufzeit[23] bezeichnet und stellt die Dauer dar, die ein Gut zum Durchlaufen aller relevanten Prozessschritte benötigt. Diese Zeitachse wird unterhalb der Prozessdarstellung abgebildet. Entspricht die Durchlaufzeit der Summe aller Bearbeitungszeiten, so gilt sie als ideal, da keine Zeitverschwendungen in Form von Liege- oder Transportzeiten vorliegen. Um dieses Verhältnis dieser beiden Zeiten näher zu beleuchten, wird ein Wertstromkoeffizient gebildet. Dieser beschreibt den Anteil der Bearbeitungszeit an der Durchlaufzeit (Lindner und Becker 2010). Somit steht generell eine Verkürzung der Durchlauzeit im Fokus.

Diese Zielstellung wird bei der Entwicklung des SOLL-Zustandes unter Berücksichtigung der Minimierung von Verschwendung angestrebt (Wertstromdesign). Generell gilt: Handelt es sich um einen Prozess mit hoher Wertschöpfungskapazität zur Erstellung des Produktes bzw. der Dienstleistung, so liegt meist das größte Optimierungspotenzial darin. Dies ist darin begründet, dass diese Prozesse mit hoher Wertschöpfungskapazität auch den größten Hebel für die Wertschöpfung der Logistikkette aufweisen.

Um die Lücke zwischen IST-Zustand und angestrebten SOLL-Zustand zu schließen, wird die schrittweise Umsetzung des Wertstromdesigns verfolgt. Dabei werden Maßnahmen zur kontinuierlichen Verbesserung, beispielsweise in Form von

---

[23]Siehe auch Glossar Begriff „Durchlaufzeit".

regelmäßigen PDCA-Zyklen (plan, do, check, act), des angestrebten Prozesszustandes festgelegt (Bertagnolli 2018).

Betrachtet man die Prozesse eines Krankenhauses, so liegen natürlich keine Produktionsprozesse im klassischen Sinne vor. Allerdings kommt, wie bereits beschrieben, die Wertstrommethode auch abseits von klassischen Produktionsprozessen der Automobilbranche zum Einsatz.

In diesem Buch werden zwei Bereiche der Krankenhauslogistik näher betrachtet: Die Materiallogistik (Kap. 5) und die Bettenlogistik (Kap. 6). Auch hier ist die Verkürzung der Durchlaufzeit ein essenzieller Faktor, da hier großes Potenzial für die Entlastung von Pflegekräften von Tätigkeiten außerhalb des Kernprozesses von Krankenhäusern liegt. Um diese Reduzierung der Durchlaufzeit zu erreichen, kommen digitale Technologien zum Einsatz, welche die Prozesse beschleunigen und Prozesssicherheit durch Datentransparenz[24] und Datensicherheit erzeugen.

Um die Aspekte der Digitalisierung ausreichend zu beleuchten, ist eine detaillierte Abbildung der Informationsflüsse essenziell. Da diese im Rahmen der klassischen Wertstrommethode nur unzureichend dargestellt werden, wurde eine erweiterte Darstellung erarbeitet, welche im Abschn. 3.2.3 als Value Stream Model and Notation (VSMN) beschrieben ist (Heger et al. 2020a).

3.2.2.2 Value Added Heat Map

Neben der Wertstrommethode wird bei standardmäßig eingesetzten Methoden zur Analyse von Prozessen und deren Optimierung häufig auf die Darstellung anhand von Sankey-Diagrammen und Spaghetti-Diagrammen zurückgegriffen. Nachteil dieser bewährten Vorgehensweisen ist die mangelhafte Berücksichtigung der vorhandenen Wertschöpfungsgrade verfügbarer Flächen oder Verkehrswege (Tomanek und Schröder 2018).

Auf diese Punkte geht die von Tomanek und Schröder (2018) entwickelte Methode „Value Added Heat Map" (VAHM) ein. Wie der Name „Heat Map" bereits suggeriert, basiert diese Methode auf dem Prinzip der Thermographie, welches ein bildgebendes Verfahren zur Anzeige der Oberflächentemperatur darstellt (Bauch und Rosenkranz 2017). Die systematische Farbgebung ist dabei der essenzielle Punkt, welcher in der VAHM übernommen wird. Dabei gilt, umso höher die Frequentierung bzw. die Wertschöpfungskonzentration, desto „rötlicher" die Farbgebung der betroffenen Fläche.

Somit stellt die VAHM ein wertschöpfungsorientiertes Visualisierungstool dar, welches Flächen, Anlagen und die Auslastung des eingesetzten Personals hinsichtlich ihrer eingesetzten Wertigkeit abbildet (Tomanek und Schröder 2018). Um diese Bewertung durchführen zu können, ist zunächst eine Skalierung hinsichtlich des wertschöpfungsunterstützenden[25], nicht-wertschöpfenden und wertschöpfenden Aspektes bzw. Ausprägung notwendig. Diese Skala ist frei wählbar bzw. festzulegen. Für die

---

[24]Siehe auch Glossar Begriff „Transparenz".
[25]Siehe Glossar Begriff „Wertschöpfungsunterstützung".

3 Grundlagen, Methoden und Vorgehen zur Analyse … 51

VAHM wird in diesem Buch eine Skalierung von 0–10 genutzt, wobei 0 eine nichtwertschöpfende und 10 eine wertschöpfende Fläche darstellt. Die Wertschöpfungsgrade zwischen 1 und 9 bilden eine bedingte, abgestufte Wertschöpfung ab. Diese Wertschöpfungsgrade werden auf die auf der Thermographie basierte Farbgebung übertragen: Mit 10 skalierte Flächen werden rot gekennzeichnet.

In folgender Abbildung (Abb. 3.9) wird ein Beispiel anhand der geschilderten Skalierung dargestellt. Hierbei handelt es sich um eine VAHM, welche die Flächennutzung analysiert und auf einen Regalplan übertragen wurde.

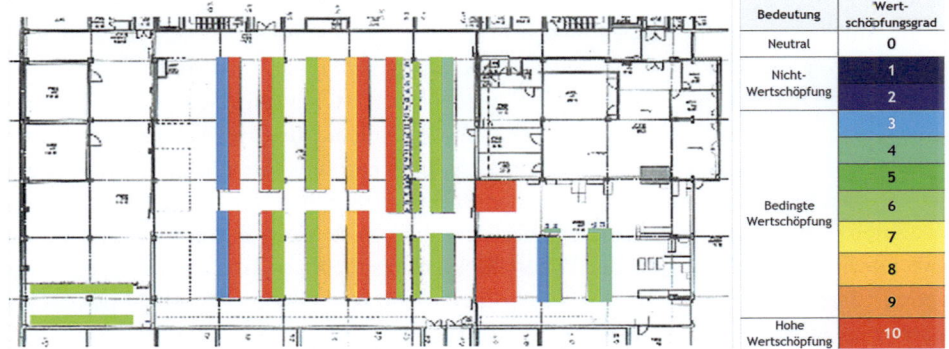

Abb. 3.9 Exemplarische Darstellung einer Value Added Heat Map

Wie in der Abb. 3.9 zu sehen, liegen in der visualisierten Regalierung Flächen mit geringer Wertschöpfung vor (bläuliche Flächen). Somit wird eine der Zielstellungen der VAHM deutlich: Die Visualisierung von Verschwendung bzw. der Wertschöpfung auf der betrachteten Fläche. Dieses Prinzip ist auf die Auslastung von Anlagen und von Personal übertragbar.

Daraus resultierend ist auch die Wertschöpfung von Personal und Flächen in Krankenhäusern anhand dieses Vorgehens bewertbar.

3.2.2.3 Digitalisierungslandkarte

Anders als die VAHM wird bei der zweistufigen Digitalisierungslandkarte der Fokus auf die einzelnen Prozessschritte und deren Digitalisierungspotenzial gelegt. Unter dem Begriff der Digitalisierungslandkarte fallen verschiedene Darstellungsweisen, die eine Visualisierung der digitalen Transformation in verschiedenen Branchen abbilden und vor allem von Consulting-Unternehmen verwendet werden (Hain und Grüneberg 2017).

Abgegrenzt davon wird im Folgenden die Digitalisierungslandkarte in zwei verschieden Prozessdarstellungen genutzt, welche einen unterschiedlichen Detailgrad aufweisen. In der Stufe I der Digitalisierungslandkarte wird eine übergreifende Prozessdarstellung und die Zusammenhänge der einzelnen Schritte dargestellt. In der Stufe II werden die einzelnen Prozessschritte im Detail betrachtet sowie notwendiger Input und entstehender Output für vor- bzw. nachgelagerte Prozesse geschildert.

Für die Stufe I der Digitalisierungslandkarte wird in der übergreifenden Prozessdarstellung eine Visualisierungsform verwendet, welche stark an BPMN angelehnt ist. Die Modellierung der übergreifenden Digitalisierungslandkarte greift dabei vor allem auf Flussobjekte und Verbindungsobjekte aus der BPMN Modellierung zurück. Zielstellung der Anwendung dieser Form einer Digitalisierungslandkarte ist das Aufzeigen und die Häufigkeiten der Übertragungswege zwischen den einzelnen Prozessschritten sowie an welchen Orten diese stattfinden. Somit liegt der Fokus, im Gegensatz zur Wertstrommethode und zur VAHM, nicht auf der Durchlaufzeit von Produkten bzw. der Dienstleistungserstellung oder der Flächennutzung, sondern den Übertragungswegen der aktuellen Prozesse.

In Anlehnung an die Modellierungssprache BPMN kommen bei den Flussobjekten (Tab. 3.3) vor allem Aktivitäten und Entscheidungspunkte (Gateways) zum Einsatz.

Die Aktivitäten bzw. Prozessschritte werden in Kästen visualisiert, in welchen die Benennung der jeweiligen Schritte enthalten ist. Anhand der Farbgebung der Kästen werden die verschiedenen Orte unterschieden, an denen die Aktivität bzw. der Prozessschritt stattfindet. Beispielsweise wurden in den Ausführungen dieses Buches alle Aktivitäten auf Station in blau eingefärbt, wohingegen Tätigkeiten im Einkauf grün gekennzeichnet sind. Betrifft ein Prozess mehrere Bereiche, so ist dies mit einem Farbverlauf dargestellt. Wird ein Prozessschritt ohne direkte Beteiligung eines physischen Bereiches ausschließlich im vorhandenen ERP-System durchgeführt, so sind diese Aktivitäten ebenfalls gesondert gekennzeichnet.

Entscheidungspunkte werden verwendet, wenn es im Prozess zu Fragestellungen bzw. zu kritischen Punkten kommt, die den Prozess in zwei Richtungen divergieren lassen können. Ein Beispiel dafür ist die Prüfung der Unterschreitung des Sicherheitsbestandes, welcher entweder positiv oder negativ ausfällt.

Verbindungsobjekte verknüpfen die Kästen der Aktivitäten anhand von Pfeilen (Tab. 3.4). Zusätzlich kommt bei den Verbindungspfeilen, im Gegensatz zu BPMN 2.0 eine farbliche Unterscheidung zum Einsatz, welche die Eigenschaften der Übertragung von Aktivität zu Aktivität detailliert einstuft.

Tab. 3.3 Flussobjekte der Digitalisierungslandkarte Stufe I

Symbole	Bedeutung
xxx	Aktivität / Prozess inkl. manuellen Tätigkeiten in physischen Bereichen (z. B. Station / Versand)
⌐ ⌐	Automatisierte Aktivität bzw. Prozess im System ohne manuellen Eingriff
◇x	Gateway bzw. Entscheidungspunkt

Tab. 3.4 Verbindungsobjekte der Digitalisierungslandkarte Stufe II

Pfeile	Farbgebung	Übertragung der Information / des Materials via:
→	rot	Analog (Papier)
→	grün	System (Import / Export / Übertragung von Dateien)
→	gelb	Technologie (Telefon / E-Mail / Fax)
→	schwarz	Physisches Transporthilfsmittel (Behälter / Gegenstand)
▪▪▪▪▶	gepunktet	Übertragung via Transportmittel bzw. physische Tätigkeit des Mitarbeiters (z. B.: LKW / Fahrstuhl / AWT)

Dabei wird unterschieden, ob eine Übertragung der Informationen auf Papier, im Informationssystem oder via Telefon/E-Mail oder Fax stattfindet. Bei Materialien wird unterschieden, ob der Transport lediglich innerhalb eines Behälters bzw. als einzelner Gegenstand oder kombiniert in einem LKW transportiert wird.

Eine weitere Ergänzung zur Modellierungssprache BPMN liegt in der Stärke der verwendeten Pfeile (Tab. 3.5). Diese gibt in der Digitalisierungslandkarte die Übertragungshäufigkeiten der Informationen bzw. der Materialien an. Dabei gilt: Umso dicker der Pfeil, desto häufiger findet die Übertragung statt.

Dieser Ansatz ähnelt der Vorgehensweise für ein mengenbezogenes Materialflussschema, dem sog. Sankey-Diagramm. Diese Diagramme stellen ein Analysetool dar, bei welchem ebenfalls Materialflüsse visualisiert und hinsichtlich der Transportvolumina ins Verhältnis gesetzt werden (Schulte 2017). Hierbei gibt die Pfeilstärke ebenfalls die bewegte Menge an.

Im folgenden Beispiel (Abb. 3.10) wird ein Ausschnitt der Bedarfsmeldung einer Station im Krankenhaus exemplarisch dargestellt. Der Bedarf wird auf Station in das System eingegeben.

Diese Bedarfsinformation wird via Datenübertragung innerhalb des ERP-Systems übertragen. Während dieser Übertragung wird anhand von definierten Richtwerten, wie

Tab. 3.5 Verwendete Pfeilstärke der Übertragungshäufigkeit der Digitalisierungslandkarte Stufe I

Pfeilstärke	Übertragungshäufigkeit
⟶	Stündlich
→	Täglich / mehrmals täglich
→	Wöchentlich / mehrmals wöchentlich
→	Monatlich / mehrmals monatlich
→	Jährlich

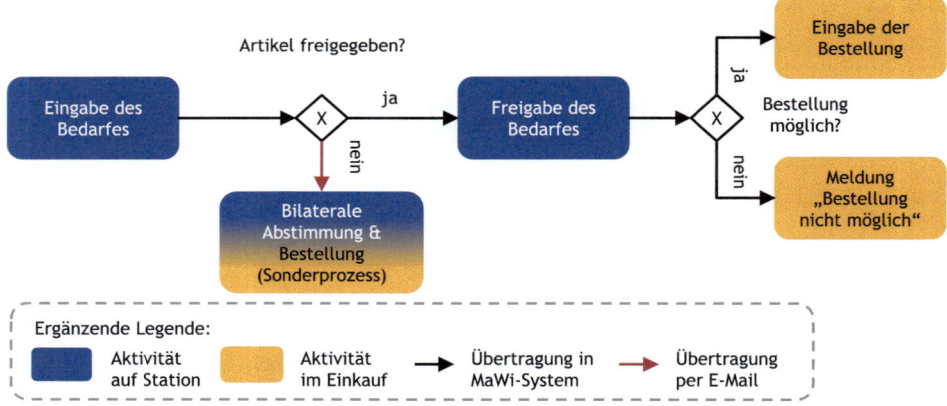

Abb. 3.10 Digitalisierungslandkarte (Stufe I) am Beispiel der Bedarfsmeldung

z. B. Bestellwerte, die Entscheidung getroffen, ob der Artikel[26] automatisiert freigegeben werden kann oder ob es einer Überprüfung bedarf. An diesem Entscheidungspunkt trennen sich die Prozesswege. Liegen Artikel vor, die nicht für eine automatisierte Freigabe vorgesehen sind, wird eine E-Mail an den Einkauf erzeugt und es folgt der Schritt „Bilaterale Abstimmung", welcher zwischen der anfordernden Station und dem Einkauf stattfindet. Diese Abstimmung zweier Bereiche ist mit einem Farbverlauf im Prozessschritt visualisiert. Wird der Bedarf freigegeben, findet im nächsten Entscheidungspunkt aufgrund von hinterlegten Informationen eine Prüfung statt, ob die Bestellung[27] beim Lieferanten ausgelöst werden kann. Ist das Ergebnis der Prüfung positiv, so wird die Bestellung ausgelöst und gespeichert. Andernfalls erscheint im System die Meldung „Bestellung nicht möglich". Diese Prozesse und deren Übertragungen finden wöchentlich bzw. mehrmals wöchentlich statt, was anhand der Pfeilstärke gekennzeichnet ist.

Die zweite Stufe der Digitalisierungslandkarte geht im Detail auf die Prozessschritte ein. Um dabei eine Verbindung mit dem Gesamtkontext herzustellen, werden der jeweils vorhergehende und nachfolgende Schritt ergänzend genannt. Inputfaktoren in Form von Materialien oder Informationen dieser vorhergehenden Prozessschritte werden genauso berücksichtigt, wie der im fokussierten Prozessschritt entstehenden Output.

In Abb. 3.11 ist dieser Ablauf exemplarisch dargestellt. Der Prozessschritt „Freigabe des Bedarfes" steht dabei im Fokus inkl. einer kurzen Schilderung. Um die Einbindung in den Gesamtkontext herzustellen, sind sowohl der vorgelagerte Prozessschritt (I) „Eingabe des Bedarfs" inkl. den generierten Informationen über die anfordernde Station, sowie der nachgelagerte Prozessschritt (III) „Eingabe der Bestellung" dargestellt.

---

[26]Siehe Glossar Begriff „Artikel".
[27]Siehe Glossar Begriff „Bestellung".

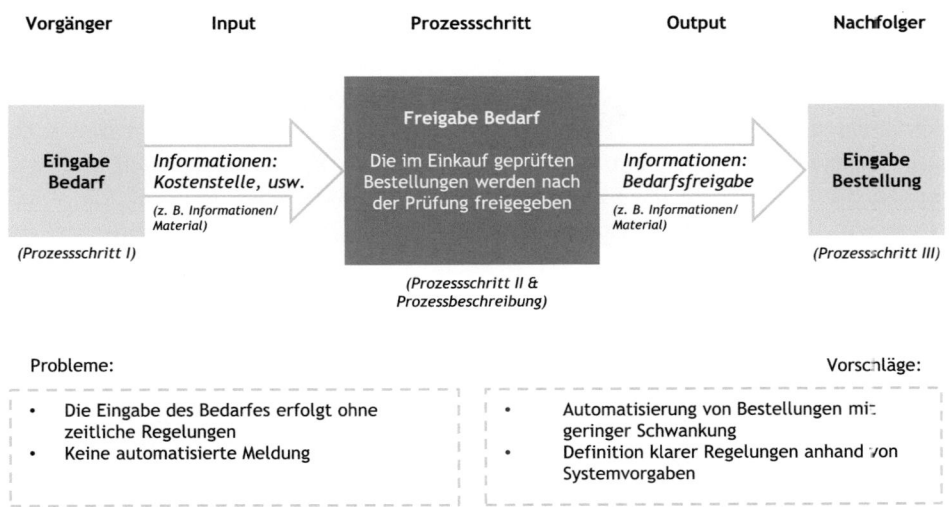

Abb. 3.11 Exemplarische Darstellung eines Prozessschrittes in einer Digitalisierungslandkarte Stufe II

Anhand dieser granularen Schilderung der Prozessabläufe kann Verschwendung in den Prozessen identifiziert werden, wie beispielsweise Lücken in den vorhandenen Daten oder unnötige Tätigkeiten der Mitarbeiter. Um diese Probleme pro Prozessschritt mit aufzuzeigen, werden diese unterhalb der Darstellung aufgelistet. Mögliche Lösungsvorschläge, die unter anderem aus dem Einsatz digitaler Technologien bestehen können, werden ebenfalls aufgelistet.

Alle betrachteten Prozesse werden so Schritt für Schritt im Detail beleuchtet. Zusammenfassend entsteht mit diesen beiden Bestandteilen einer Digitalisierungslandkarte ein umfassendes Bild über Prozesse, deren Übertragungswege sowie die resultierenden Input- und Outputfaktoren. Somit ist eine gezielte Bewertung der derzeitig eingesetzten digitalen Technologien im Prozess möglich.

Insgesamt bieten die Logistik und die Wirtschaftsinformatik geeignete Methoden zur Analyse und Gestaltung von schlanken, digital-unterstützten Logistikprozessen an. In diesem Buch wird gezeigt, wie die vorgestellten Methoden in der Krankenhauslogistik zum Einsatz gebracht werden können (Abschn. 3.3). Jedoch fehlt ein Ansatz, der die Betrachtung der zeitlichen Abhängigkeiten zwischen Materialflüssen und (digitalen) Informationsflüssen ermöglicht.

3.2.3 Die Modellierungssprache „Value Stream Model and Notation"

Die Modellierungssprache „Value Stream Model and Notation" – kurz VSMN – ermöglicht die fehlende Betrachtung von Material- und Informationsflüssen. Dabei schlägt die VSMN die Brücke zwischen Logistik und Wirtschaftsinformatik. Sie basiert auf der Wertstrommethode (Abschn. 3.2.2.1) als prominente Methode der Logistik zur Analyse und Gestaltung von kontinuierlichen Wertschöpfungsprozessen, sogenannten Wertströmen. Der Ansatz ermöglicht die Analyse und Gestaltung solcher Wertströme insbesondere im Hinblick auf deren Abhängigkeit zu Informationsflüssen und -verfügbarkeiten. Dazu wird die Methode an dedizierten Stellen um Elemente der – insbesondere in der Wirtschaftsinformatik zur Beschreibung von Geschäftsprozessen etablierten – BPMN (Abschn. 3.2.1.1) erweitert. Im Folgenden werden die grafischen Notationselemente beschrieben und ein Beispiel gegeben. Eine detaillierte Einführung in die Modellierungssprache VSMN beschreibt Heger et al. (2020a, b).

Die VSMN-Notation ist in Elemente für Prozessschritte, Flüsse und digitale Technologien, gegliedert. Tab. 3.6 listet die Elemente auf, die zur Visualisierung der Prozessschritte verwendet werden. Die Prozess- und Aktivitätssymbole (im Folgenden Aktivitäten genannt) enthalten den Namen des jeweiligen Prozessschrittes, der in der Boxenüberschrift angezeigt wird. Blaue Symbole visualisieren Aktivitäten im Informationsfluss, schwarze Symbole entsprechend im Materialfluss. Unterhalb der Kopfzeile werden die Prozessparameter der Aktivität aufgelistet. Typische Prozessparameter sind die Zykluszeit, die Anzahl der am Prozess beteiligten Mitarbeiter und die Bearbeitungszeit. Diese Auswahl ist nur ein Teil der möglichen Prozessparameter. Beispielsweise können auch weitere Parameter wie die Packungsgrößen und Produktvariationen für Produktionsprozesse verwendet werden (Womack und Jones 2013). Darüber hinaus beschreiben Elemente des Aufgabentyps, ob die Aktivität manuell oder automatisch ausgeführt werden. Jeder Wertstrom beginnt mit einer Quelle, aus der das Material geliefert wird, und endet mit der Senke, an die die produzierten Güter oder die jeweilige Dienstleistung übergeben werden. Beide, Quelle und Senke, werden mit dem Werkssymbol der Wertstrommethode visualisiert.

Um eine visuelle Unterscheidung zu schaffen, werden die materialorientierten Aktivitäten und die informationsorientierten Aktivitäten durch Differenzierungsbereiche unterschieden. Informationsorientierte Aktivitäten werden in der grafischen Darstellung oberhalb der materialorientierten Aktivitäten angezeigt. Jede Aktivität ist einem **Ort** innerhalb des Unternehmens oder der Organisation zugeordnet. Der Ort wird durch ein graues Kästchen hervorgehoben. Ein **Ereignis** visualisiert ein Prozesssignal, das den nachfolgenden Prozess startet.

Um ganze Prozessabläufe darzustellen, werden die Aktivitäten mit den verbindenden Flüssen visualisiert. Dabei können unterschiedliche Flüsse zwischen den Prozessschritten auftreten (Tab. 3.7). Es werden zwei Arten des **Materialflusses** unterscheiden: **push** und **pull**. Zwischen materialorientierten Aktivitäten symbolisiert der gestreifte Pfeil das Schieben (push) von Material zu einer folgenden Aktivität. Die vorausgehende Aktivität schiebt das Material weiter. Wenn die nachfolgende Aktivität das Material hingegen nach Bedarf anfordert, wird die Materialübergabe mit einem „Pull-System" gesteuert. Das Pull-Symbol tritt in Kombination mit dem Symbol für ein Lager

Tab. 3.6 Elemente der Prozessschrittnotation

Element	Symbol	Beschreibung
Prozess/Aktivität	Delivery Control, CT workers, storage, process time workers	- Materialorientierte Aktivität (oberes Symbol) - Informationsorientierte Aktivität (unteres Symbol) - Name des Prozessschritts in der Kopfzeile - Aufzählung der Prozessparameter (siehe Prozessparameter) im Prozesskasten - Aufgabentyp-Element (siehe Aufgabentyp) im Body
Prozessparameter	CT ◯ PT	- Zykluszeit (CT) (1. Symbol) - Anzahl der Mitarbeiter (2. Symbol) - Bearbeitungszeit (3. Symbol)
Aufgabentyp	⚙ ☞	- automatisch ausgeführte Aktivität, z. B. durch digitale Technologien oder Maschinen (oberes Symbol) - manuell ausgeführte Aktivität, z. B. durch Mitarbeiter (unteres Symbol)
Differenzierung	⌐ ¬ ⌐ ¬	- Differenzierung des Materialflusses (oberes Symbol) - Differenzierung des Informationsflusses (unteres Symbol)
Ort	▢	- Standort innerhalb des Unternehmens, z. B. Wareneingang
Ereignis	▲	- Ereignis im Material- oder Informationsfluss zum Start eines Prozesses
Quelle / Senke	🏭	- Anbieter - Kunden des Produkts / der Dienstleistung

auf, aus dem Material entnommen wird. Zur Realisierung von Materialflüssen können **Ressourcen,** wie z. B. LKWs eingesetzt werden.

Zwischen den Aktivitäten werden zwei verschiedene Pfeile zur Visualisierung der **Informationsübertragung** verwendet. Zunächst gibt es zwischen zwei informationsgesteuerten Aktivitäten einen kontinuierlichen Pfeil. Zweitens wird die Informationsübertragung zwischen materialorientierten und informationsorientierten Aktivitäten durch einen gestrichelten Pfeil mit einem Punkt am Anfang visualisiert. Jeder Pfeil sollte die verfügbaren und verwendeten **Daten** innerhalb des Wertstroms enthalten (Symbole für analoge und digitale Daten, ergänzt durch eine kurze Beschreibung).

Tab. 3.7 Notation der Fluss-Elemente

Element	Symbol	Beschreibung
Materialfluss (push)	⇨	- Materialfluss zwischen zwei Prozessschritten - Transfer von Material durch Schubbewegung
Materialfluss (pull)	⌇ C	- Materialfluss zwischen zwei Prozessschritten (rechtes Symbol) - Lager (Supermarkt) mit einem definierten Bestand an Produkten, der nachfolgende P/A holt das Material bei Bedarf ab (linkes Symbol) - Transfer von Material durch Zugbewegung
Informationsfluss	→ ●⋯▶	- Informationsfluss zwischen zwei Prozessschritten (oberes Symbol) - Übertragung von Informationen zwischen dem Material- und Informationsfluss (unteres Symbol)
Daten	DIGITAL [Text] ANALOG [Text]	- Datenobjekt, digital, z. B. Auftragsdaten aus dem Warenwirtschaftssystem (ERP) (oberes Symbol) - Datenobjekt, analog, z. B. Lieferschein auf Papier (unteres Symbol) - Eine kurze Beschreibung der Daten
Puffer	△	- Material- oder Informationsbestand zwischen zwei Prozessschritten
Liegephase	▬	- Visuelle Ergänzung zur Darstellung der zeitlichen Ausdehnung, während das Material oder die Information in einem Puffer verbleibt und auf Prozessschritte im jeweils anderen Fluss (Information oder Material) wartet
Ressource	🚚 (Beispiel)	- Ressourcen sind Werkzeuge oder Hilfsmittel, die im Materialfluss eingesetzt werden. - Es gibt keine abschließende Liste von Symbolen, hier ist ein Lastwagen als Beispiel aufgeführt

Zudem werden **Puffer**[28] zwischen den verschiedenen Prozessschritten durch ein Dreieckssymbol visualisiert. Dabei kann es vorkommen, dass der Materialfluss ohne die richtigen Informationen zur richtigen Zeit zum Erliegen kommt. Wenn die Informationen

---

[28]Definition Begriff „Puffer": Ein Puffer oder auch ein Pufferlager bezeichnet einen vorübergehenden Ablageort von Gütern, bevor diese zum nächsten Produktionsschritt oder zur Abfertigung zugeführt werden. Somit stauen sich die Güter in permanenten Warteschlangen Gudehus (2011).

fehlen oder noch nicht verfügbar sind, ruht das Material im Puffer, ohne dass eine Übertragung oder Bewegung stattfindet. Um diese zeitliche Ausdehnung des Puffers zu visualisieren und um den Materialfluss visuell zu verbinden, führen Heger et al. (2020b) das **Liegephasensymbol** ein.

Tab. 3.8 fasst die Symbole für digitale Technologien und die Durchlaufzeit des Wertstroms zusammen. Notwendige Informationen innerhalb des Wertstroms werden in einer **digitalen Technologie** gespeichert oder von einer solchen abgerufen, z. B. einer Plattform (z. B. ERP-System) oder einfach einem IoT-Gerät. Ein gestrichelter Pfeil visualisiert die **Schnittstelle** entsprechend der Nachrichtenflüsse in BPMN.

Tab. 3.8 Elemente für digitale Technologien und Durchlaufzeit

Element	Symbol	Beschreibung
Digitale Technologie		- Digitale Technologie, die als Datenquelle oder Datenspeicher fungiert - Eine digitale Technologie kann sowohl eine klassische SMAC-Technologie sein (sozial, mobil, analytisch, Cloud) als auch neue technologische Trends wie Internet-of-Things (IoT)-Geräte, künstliche Intelligenz oder Wearables.
Schnittstelle	┄┄▶	- Schnittstelle zu/von einer digitalen Technologie
Dauer (Zeitleiste)		- Visualisierung der verschiedenen Dauern, wie z. B. Bearbeitungszeit oder Wartezeit innerhalb eines Wertstroms

Unterhalb des Wertstroms gibt es verschiedene Zeitlinien, um die Vorlaufzeit zu visualisieren (Abb. 3.12). Die Zeitleiste ist in zwei Bereiche unterteilt. Die obere Zeitleiste zeigt die Dauern innerhalb der informationsorientierten Aktivitäten und Flüsse. Die untere Zeitleiste ist den Dauern innerhalb des Materialflusses zugeordnet (wie aus der Wertstrommethode bekannt). Beide Dauern werden am Ende separat summiert. Die Summen erlauben eine getrennte Bewertung des informations- und materialorientierten Flusses, was im Vergleich zur Wertstrommethode neu ist. Die Aufzeichnung der Dauer von getrennten P/As, Ereignissen und Flüssen erlaubt eine detailliertere Analyse der Durchlaufzeit. Tab. 3.9 fasst die verschiedenen Dauern zusammen.

Im Allgemeinen ist die Bearbeitungszeit die Dauer, die ein individuelles Gut (oder eine Information) benötigt, um eine Aktivität zu durchlaufen (Klevers 2009). Eine Senke in der Zeitachse visualisiert beide Arten von Bearbeitungszeiten (materialorientiert und informationsorientiert). Darüber hinaus gibt es Wartezeiten, die die Dauer eines Material- oder Informationsflusses zusammenfassen, einschließlich der Wartezeit in einem Puffer (Klevers 2009). Am Ende des Wertstroms werden alle Dauern aufsummiert, kategorisiert in Wartezeiten im oberen Teil des Kastens und Bearbeitungszeiten darunter.

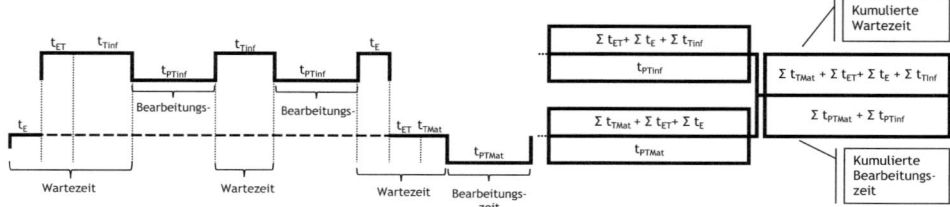

Abb. 3.12 Zeitleiste eines Wertstroms in Anlehnung an Heger et al. (2020b)

Tab. 3.9 Zusammenfassung der Laufzeitvariablen zur Berechnung der Vorlaufzeit

Abkürzung	Beschreibung
t_{PTmat}	Bearbeitungszeit einer materialorientierten Aktivität
t_{PTinf}	Bearbeitungszeit einer informations-orientierten Aktivität
t_{PTpar}	Bearbeitungszeit einer Aktivität (material- und informationsorientiert), die gleichzeitig mit einer anderen Aktivität ausgeführt wird (Hilfsvariable)
t_{Tmat}	Dauer des Materialflusses (d. h. des Transports), einschließlich der Ruhezeit in Puffern
t_{Tinf}	Dauer des Informationsflusses (d. h. der Übertragung), einschließlich Ruhezeit in Puffern
t_{Tpar}	Dauer des Flusses, einschließlich Ruhezeit in Puffern (material- und informationsorientiert), die gleichzeitig mit einem anderen Fluss stattfindet (Hilfsgröße)
t_E	Dauer eines Ereignisses im Material- oder Informationsfluss (gehört zur Wartezeit)
t_{ET}	Dauer der Informationsübertragung zwischen Material- und Informationsfluss (in beiden Richtungen, gehört auch zur Wartezeit)

Anschließend werden die beiden Summen der Dauer des Informationsflusses und des Materialflusses getrennt ausgewiesen. Die Trennung hat den Vorteil, dass die beiden Zeitdauern der verschiedenen Bereiche unabhängig voneinander ausgewertet werden können. Der letzte Teil ist die Summe aller Zeiten, wiederum unterteilt in Warte- und Bearbeitungszeiten. Bei parallelen Aktivitäten oder Flüssen werden die gleichzeitigen Dauern in einer Hilfsvariable aufsummiert und von der Durchlaufzeit abgezogen.

Die Summe der Zeitdauern – Wartezeit, Bearbeitungszeit, etc. – ergibt die Durchlaufzeit. Die Wertstrommethode und auch VSMN zielen darauf ab, den Wertstromkoeffizienten zu verbessern, der das Verhältnis von Gesamtbearbeitungszeit zu Vorlaufzeit darstellt. Der optimale Zustand bleibt erhalten, wenn die Bearbeitungszeit gleich der Vorlaufzeit ist. In diesem Fall treten innerhalb des Wertstroms keine Verschwendung oder Wartezeiten auf, und der Wertstromkoeffizient erreicht Null (Tomanek und Schröder 2018; Bertagnolli 2018). Das übergeordnete Ziel ist die Analyse und Gestaltung integrierter Informations- und Materialflüsse. Als solche sind die Durchlaufzeit und der integrierte Wertstromkoeffizient wichtig. Die zusätzliche Berechnung des

3 Grundlagen, Methoden und Vorgehen zur Analyse …

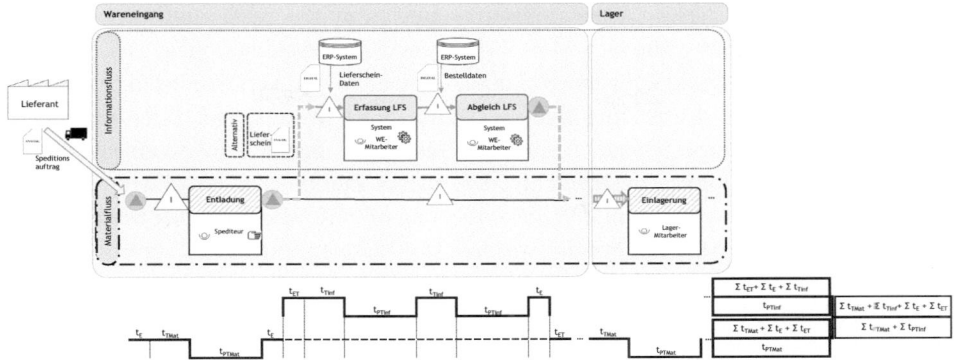

Abb. 3.13 Vereinfachter Wertstrom am Beispiel der Warenannahme

Wertstromkoeffizienten für Informations- und Materialfluss getrennt voneinander ermöglicht ein besseres Verständnis potenzieller Ineffizienzen.

Die Referenzmodelle zur Material- und Bettenlogistik werden mithilfe der VSMN dargestellt. Die Referenzmodelle umfassen jeweils zwei Referenzprozesse, welche in Kap. 5 und 6 zu finden sind.

Abb. 3.13 zeigt einen vereinfachten Wertstrom im Wareneingang. Nach der Entladung werden die Daten des Lieferscheins (LFS) aus dem ERP-System geladen und mit den Bestelldaten abgeglichen. Anschließend erfolgt das Signal, welches den Materialfluss fortsetzt. In der Zwischenzeit verweilt das Material in einem Puffer.

3.3 Vorgehen im Rahmen des Forschungsprojektes

Im Folgenden wird das Projektvorgehen unter Anwendung der zuvor eingeführten methodischen Grundlagen dargestellt, welches diesem Buch zugrunde liegt. Das Forschungsprojekt „Hospital 4.0" wurde von den Autoren der Fraunhofer FIT Projektgruppe Wirtschaftsinformatik und der Technischen Hochschule Ingolstadt in Zusammenarbeit mit Mitarbeitern des Universitätsklinikums Augsburg und Klinikums Bayreuth sowie des Technologiepartners POLAVIS GmbH durchgeführt. Darüber hinaus waren im Rahmen des Forschungsprojekts weitere Mitarbeiter der Fraunhofer Projektgruppe sowie der Technischen Hochschule beteiligt, die nicht als Autoren dieses Buches auftreten (Abschn. 1.6).

3.3.1 Arbeitsschwerpunkt: Ist-Erhebung und Potenzialanalyse der Referenzlogistikprozesse

Um eine fundierte Basis zur Etablierung schlanker, digital-unterstützender Logistikprozesse in Krankenhäusern zu schaffen, wurde zu Beginn eine Analyse ausgewählter Logistikprozesse in den beteiligten Krankenhäusern durchgeführt.

Generelles Ziel dieses Arbeitsschwerpunktes war die Erfassung der Projektabläufe und deren Abweichungen von vorhandenen Prozessdefinitionen. Des Weiteren beinhaltete dieser Arbeitsschwerpunkt das Aufzeigen von verschiedenen Arten von Verschwendung, wie bspw. unnötige Bestände, hohe Wartezeiten, oder ungenutzte Ressourcen in den Prozessabläufen. Aus den Ergebnissen heraus erfolgte eine Ableitung von vorhandenen Optimierungsbereichen. Um dieses Ziel des Arbeitsschwerpunktes zu erreichen, erfolgte eine detaillierte Prozesserhebung mithilfe verschiedener Methoden.

Im Bereich der Materiallogistik wurden im Rahmen mehrerer Vor-Ort-Termine die Begebenheiten und Abläufe aufgenommen und anhand verschiedener Methoden bewertet: Mithilfe von BPMN (Abschn. 3.2.1.1) erfolgte eine initiale Modellierung aller Prozesse der Materiallogistik, um einen allgemeinen Überblick über die bestehende Prozesslandschaft zu gewinnen. Ebenso wurden die Prozesse mithilfe der zweistufigen Digitalisierungslandkarte (Abschn. 3.2.2.3) erhoben. An verschiedenen Prozessschritten wurden zusätzlich vertiefte Analysen durchgeführt: Die Visualisierung der Prozesse in der Warenannahme fand mithilfe der Wertstrommethode statt. Dabei werden vorhandene Verschwendungen anhand gesetzter Kaizen-Blitze aufgezeigt. Im Lager des Krankenhauses wurde die Auslastung der bestehenden Lagerregalierung anhand einer VAHM visualisiert. Die Erkenntnisse wurden mit qualitativen Methoden, wie semistrukturierte Interviews mit Fragen zu den Arbeitsabläufen ergänzt. Die Interviews wurden mit den beteiligten Mitarbeitern sowie den zuständigen Führungskräften geführt.

Zusätzlich zu den genannten Analysemethoden, wurden verschiedene Daten aus dem Krankenhausinformationssystem[29] (KIS) bzw. dem Materialwirtschaftssystem (MaWi) ausgewertet. Diese wurden für verschiedene Analysen und Auswertungen herangezogen. Dies umfasst generelle Auswertungen, wie Bestandshöhen und entsprechende monetäre Werte, die Reichweiten[30] der gelagerten Artikel, sowie gelagerte Sonderfälle (z. B. Artikel ohne Verbrauch). Um die Prozessschritte von der Warenannahme bis hin zur Kommissionierung in einem höheren Detailgrad zu beleuchten, wurden die Materialanforderungen[31] mit den Kommissionierscheinen und den Abgangslieferscheinen verglichen. Dies ermöglichte bspw. Aussagen über die Verteilung und Häufigkeit der Prozessinstanzen.

Des Weiteren wurden die Durchlaufzeiten von der Materialanforderung durch die Stationen bzw. Funktionsbereiche bis hin zur Generierung des Warenabgangslieferscheins auf Basis der MaWi Daten erhoben. Um die Verteilung der Transportvolumina auf die verschiedenen Transportwege zu ermitteln, wurde eine Multi-Moment-Aufnahme durchgeführt. Hierbei konnte mithilfe von angebrachten Barcodes in ausgewählten Prozessschritten der Warenabgangslieferschein digital erfasst werden, um die genutzten Transportmittel und die benötigten Wegzeigen zu erheben. Diagramme wurden zur

---

[29]Siehe Glossar Begriff „Krankenhausinformationssystem".
[30]Siehe Glossar Begriff „Reichweite".
[31]Siehe Glossar Begriff „Bedarfsanforderungen".

Visualisierung verschiedener erhobener Daten verwendet. Beispielsweise wurden anhand von Diagrammen die Durchlaufzeiten von Materialanforderung bis hin zu Abgangslieferschein dargestellt. Ebenso wurden mit Diagrammen der Zusammenhang zwischen Kommissionierlisten, Abgangslieferscheinen und Materialanforderungen visualisiert.

Auch im Bereich der Bettenlogistik fand eine detaillierte Prozessanalyse statt. Analog zur Vorgehensweise bei der Materiallogistik wurden die Prozesse bei mehreren Vor-Ort-Terminen aufgenommen und anhand von BPMN modelliert. Die zweistufige Digitalisierungslandkarte wurde auch in diesem Bereich der Krankenhauslogistik eingesetzt. Um quantitative Daten für eine Auswertung der Bestände sowie den Durchlaufzeiten der Betten im Zyklus zu erheben, erfolgte zudem ebenfalls eine Multi-Moment-Aufnahme. Über zwei Wochen hinweg wurden mit Barcodes versehene Betten auf ihrem Umlauf im Krankenhaus an verschiedenen Stationen gescannt und die benötigen Zeiten ermittelt.

Um die Dokumentation dieser Ergebnisse sinnvoll und übersichtlich zu gestalten, erfolgte die Aufbereitung mithilfe von zwei Blueprints[32], jeweils für den Bereich Material- und der Bettenlogistik. Zur Gewährleistung der Nachvollziehbarkeit wurden diese einheitlich strukturiert und beginnen zunächst mit allgemeinen Fakten und Grundlagen des betrachteten Krankenhauses. Darauf folgt die detaillierte Prozessbeschreibung inkl. der angefertigten Bilddokumentation, welche anhand des logistischen Ablaufes des betrachteten Bereiches strukturiert ist. Für die Materiallogistik folgt die Prozessbeschreibung im Blueprint den Schritten von der Anforderung der Waren, der Beschaffung, der Warenannahme und Einlagerung bis hin zur Kommissionierung und Einlagerung der angeforderten Waren auf Station. Für die Bettenlogistik gilt folgende, schrittweise Prozessbetrachtung: Transport reiner Betten zur Station, Abholung unreiner Betten und deren logistischer Ablauf zur Reinigung bis hin zur erneuten Verfügbarkeit als reines Bett auf der Station.

Diese Beschreibungen der Prozesse beinhalteten einen weiteren essenziellen Schwerpunkt des Arbeitspaketes: Die ermittelten Potenziale. Nach der Schilderung des Prozesses wurden die aus der Analyse resultierenden Optimierungsbereiche aufgezählt. Daraus abgeleitet wurde eine Vision für den jeweiligen Prozessabschnitt dargestellt. Diese Prozessbeschreibungen inkl. der Optimierungsbereiche und Visionen bildeten die Grundlage, aus welchen die Handlungsempfehlungen für die Bereiche und die Durchführung der Pilotierung abgeleitet wurden.

---

[32]Ein Business Blueprint ist nach SAP SE (2020) eine Darstellung aller (Geschäfts-)Prozesse, welche für ein Unternehmensprojekt relevant und indem Prozessschritte hierarchisch gegliedert sind.

3.3.2 Arbeitsschwerpunkt: Demonstration und Pilotierung

Aufbauend auf den Handlungsempfehlungen aus dem vorangegangenen Arbeitsschwerpunkt, erfolgte die Pilotierung ausgewählter, digitaler Technologien. Dies verfolgte zum einen das Ziel, bedarfsgerechte Transformationsmaßnahmen in den Krankenhäusern umzusetzen. Andererseits demonstrierten die Piloten die Referenzprozesse, sowie deren technische Machbarkeit. Eine begleitende Evaluation der Pilotierungsmaßnahmen ermöglichte eine präzisere Abschätzung der realisierten Potenziale, welche durch die Referenzmodelle zu erwarten sind.

Die Ausgestaltung der Demonstration und Pilotierung basierte auf der Ist-Erhebung und der folgenden Potenzialanalyse. Die Erkenntnisse wurden in einer frühen Version der Referenzprozesse aufgenommen und dienten als Ausgangspunkt für die Pilotierung. Die Demonstration umfasste dementsprechend die Referenzprozesse der Materiallogistik (Warenannahme, sowie Stationslager). Im Bereich der Bettenlogistik umfasste die Demonstration den Hol- und Bringauftrag.

Anschließend wurden die Pilotierungsmaßnahmen in einem fachlichen Konzept ausgearbeitet und detailliert. Dazu fanden regelmäßige Workshops statt, in denen Mitarbeiter der Krankenhäuser, die mit den Prozessen vertraut bzw. an ihnen beteiligt waren, in die Gestaltung der Pilotierungsmaßnahmen miteinbezogen wurden. Dabei wurde auf Basis des Work System Frameworks zuerst der gesamte Prozess skizziert und die einzelnen Prozessschritte beschrieben. Anschließend wurden die beteiligten Mitarbeiterrollen, die benötigten und verarbeiteten Informationen und eine adäquate Technologieunterstützung definiert. Zudem wurden die Rahmenbedingungen durch die IT der Krankenhäuser, regulatorische Anforderungen und fehlende Grundlagen geprüft. Unter anderem wird für die digitale Unterstützung der Materiallogistik die systematische Nutzung definierter Datenfelder in den bestehenden Materialwirtschaftssystemen benötigt und die Aktualität und Vollständigkeit der Artikelstammdaten vorausgesetzt. Aus diesem Grund wurden bereits früh in der Konzeption notwendige Vorarbeiten angestoßen. So erfassten die Krankenhäuser etwa fehlende Informationen, wie die Global Trade Identification Number (GTIN) auf unterschiedlichen Verpackungseinheiten. In der Bettenlogistik wurden hingegen infrastrukturelle Voraussetzungen geschaffen, wie die eindeutige, maschinenlesbare Zuordnung einer Identifikationsnummer je Bett.

Des Weiteren wurde der beteiligte Technologiepartner früh in die fachlichen Diskussionen einbezogen, dass bereits in der Konzeption technische Machbarkeiten im fachlichen Konzept antizipiert werden konnten. Im Rahmen der Workshops fanden zudem regelmäßig Vor-Ort-Begehungen statt, um ein gemeinsames Verständnis für einzelne Prozessschritte zu erlangen. Basierend auf dem fachlichen Konzept wurde ein technisches Konzept entwickelt. Das technische Konzept bildete die Grundlage für die Entwicklung von Softwarekomponenten und systemseitige Anbindung der Hardwarekomponenten (Scanner, RFID-Leser, etc.). Gleichzeitig wurden die notwendigen Hardwarekomponenten evaluiert und für Testzwecke beschafft.

Bereits zu Beginn der Implementierung wurde in gemeinschaftlichen Workshops zwischen der Klinik-IT und dem Implementierungspartner die Entwicklung der Schnittstellen angegangen. Dies umfasste zuerst die Extrahierung der Datenstruktur aus den klinischen Kernsystemen (KIS, MaWi, etc.). Darauf aufbauend wurde sowohl die Export- als auch die Importlogik entwickelt. Aufgrund der hohen Komplexität der Datenstruktur in den Kernsystemen, hat sich dabei ein iteratives Vorgehen bewährt. Zeitgleich wurde die Automatisierung der Import- und Exportschnittstellen konzeptioniert und umgesetzt.

Aufgrund des iterativen Vorgehens war die Entwicklung der Schnittstellen eng mit den technischen und fachlichen Tests der Schnittstellen und Systemlogik insgesamt verknüpft. Mit jeder Iteration wurde umfassend abgeglichen, welche Daten exportiert werden konnten und wie diese im Zielsystem dargestellt wurden. Dies umfasste zum einen den Schritt aus den Kernsystemen in die prototypischen Erweiterungen und umgekehrt. Die feingranulare Abstimmung zwischen den Anwendungs- und Implementierungspartnern, sowie die Komplexität der klinischen Kernsysteme stellte sich dabei als größte Herausforderung in der technischen Umsetzung dar.

Als die technische Entwicklung abgeschlossen und auch die Infrastruktur aufgesetzt war, konnte das in die Pilotprozesse eingebundene Personal geschult und mit den neuen technischen Gegebenheiten vertraut gemacht werden. Anschließend wurde die Pilotlösung in mehreren Testläufen erprobt. Dazu wurden verschiedene, qualitative Methoden genutzt, wie Beobachtungen und Interviews. Die Evaluation orientierte sich an dem, in Kap. 3 vorgestellten, IS Success Modell. Neben den qualitativen Methoden wurden zum Teil auch objektive Kennzahlen zur Evaluierung herangezogen. Dazu wurde vor Beginn der Pilotphase u. a. die Bearbeitungszeit erhoben. Dieselben Kennzahlen wurden während der Verwendung des Prototypens erneut erhoben und anschließend miteinander verglichen, um die realisierten Potenziale in Bezug auf die Durchlaufzeit aufzuzeigen.

Zum Teil konnte die Software aufgrund äußerer Rahmenbedingungen (u. a. COVID-19-Pandemie) nicht in die bestehenden Arbeitsabläufe integriert werden. Aus diesem Grund wurden die Arbeitsabläufe mithilfe der Software nachgestellt und mit Experten aus unterschiedlichen Blickwinkeln beleuchtet und diskutiert.

3.3.3 Arbeitsschwerpunkt: Ableitung eines Referenzmodells und Lernkonzepts

Dieses Buch beschreibt die Weiterentwicklung und beispielhafte Umsetzung von innovativen Logistiksystemen in Krankenhäusern durch den Einsatz digitaler Technologien. Neben der zuvor beschriebenen Implementierung von digitalen Piloten, umfasst dies drei übergreifende wissenschaftliche Handlungsfelder zur Schließung der konzeptionellen, methodischen und instrumentalen Lücke.

Schließung der konzeptionellen Lücke – eine holistische Perspektive auf digitalunterstützte Logistikprozesse in Krankenhäusern: Vor Projektbeginn mangelte es an einem systemadäquaten holistischen Konzept, zur Unterstützung der Krankenhauslogistik mit digitalen Technologien. Um diese Lücke zu verkleinern, stellt dieses Buch je ein Referenzmodell für die Materiallogistik (Kap. 5) sowie für die Bettenlogistik (Kap. 6) in Krankenhäusern vor. Beide Referenzmodelle basieren auf den Erkenntnissen, welche im Rahmen der zuvor beschriebenen Arbeitsschwerpunkte erarbeitet wurden. Bereits während der Ist-Analyse erarbeiteten die wissenschaftlichen Partner erste Ideen und Konzepte, wie die logistischen Prozesse gestalten werden könnten. Zudem wurde während der Prozessanalyse bereits über mögliche Gestaltungsvarianten mit den Vertretern der Krankenhäuser diskutiert. Zum Teil konnten dabei Ansätze aufgrund von Restriktionen oder bestehenden Erfahrungen in den Häusern verworfen werden. Dies betraf beispielsweise bestehende Technologien zur Bestandsführung, welche bereits erprobt und als ungeeignet einstuft wurden oder Good-Practice-Ansätze aus anderen Branchen, welche nicht für den Einsatzzweck im Krankenhaus geeignet sind.

Aus den Erkenntnissen konnten erste, allgemeingültige Aussagen extrahiert werden. Diese bildeten die Grundlage für die Erarbeitung der Referenzmodelle. Darauf aufbauend wurden die Konzepte weiterentwickelt. Dazu wurden die Erkenntnisse unter Verwendung des Work System Framework (Alter 2013) analysiert und strukturiert. BPMN-Prozessmodelle und Wertstromdesigns spezifizierten die konzeptionelle Lücke. Während der Forschungsarbeiten wurden die Referenzmodelle in Workshops mit den wissenschaftlichen Partnern und Diskussionen mit den Anwendungspartnern diskutiert und überarbeitet. Die Zwischenergebnisse waren dabei schon auf beide beteiligte Krankenhäuser anwendbar und boten eine gewisse Allgemeingültigkeit. Darüber hinaus stellten die Wissenschaftler ihre Gedanken und Konzepte auch anderen Kliniken im süddeutschen Raum vor und diskutierten bestehende Ansätze und Erfahrungen. Die Erkenntnisse konnten wiederum im Rahmen von Workshops auf die Referenzmodelle übertragen und die Implikationen diskutiert werden. Zudem wurden Zwischenstände regelmäßig auf Tagungen und Messen vorgestellt und mit den anwesenden Vertretern aus dem Gesundheitswesen und der Logistik diskutiert.

Alle erfassten Erkenntnisse und Einblicke resultierten in den Referenzmodellen für die Material- und Bettenlogistik. Die finalen Referenzmodelle wurden mit der Modellierungssprache VSMN dargestellt.

Schließung der methodischen Lücke – die Erfassung von Digitalisierungsgrad und Potenzialen von Logistikprozessen in Krankenhäusern: Zur Optimierung von Prozessqualität und -effizienz sind Methoden erforderlich, um Prozessperformance, Verschwendung und Digitalisierungsgrad in einem System verknüpfter Logistikprozesse zielgenau und systemadäquat zu messen, zu kommunizieren und zu erhöhen. Vor diesem Hintergrund wurde geprüft, ob und wie bestehende Methoden auf die Analyse und Gestaltung von Krankenhauslogistikprozessen im Zuge der digitalen Transformation dieser Wertströme anwendbar sind.

Die im Rahmen der Prozessanalyse zum Einsatz gebrachten Methoden der Logistik – Digitalisierungslandkarte, Value Added Heat Map, Wertstrommethode – sowie der Wirtschaftsinformatik – Business Process Model and Notation, Work System Framework

– konnten in dieser Kombination einen wertvollen Beitrag leisten. Zudem wurden die Methoden auch zur Gestaltung der anvisierten Zielzustände genutzt.

Über die Zielstellung, Verschwendung in wertschöpfenden Prozessen zu reduzieren und schlanke Logistikprozesse durch den Einsatz digitaler Technologien zu erreichen, sind sich Wissenschaftler unabhängig voneinander einig: Uckelmann (2014) fasst beispielsweise acht Möglichkeiten für Wertschöpfungsprozesse zusammen, die sich aus dem Einsatz digitaler Technologien und daraus resultierend neuen Informationsflüssen ergeben. Dazu gehören unter anderem die Vermeidung von Latenzzeiten, der Wegfall der manuellen Datenerfassung und eine höhere Verfügbarkeit der Informationen. Darüber hinaus skizzieren Metternich et al. (2017) die Reduzierung der Unsicherheit durch aktuelle und verfügbare Informationen, die Bereitstellung von Informationen am Ort der Wertschöpfung sowie die Möglichkeit dynamischer Bestandsanpassungen. Die vorgestellte Value Stream Model and Notation (siehe auch Abschn. 3.2.3) ermöglicht Anwendern die Entwicklung schlanker, digital-unterstützter Logistikprozesse in Krankenhäusern. VSMN ermöglicht Analysen des Wertstroms (Ist-Analyse), zur Erkennung von Verschwendung durch fehlende Informationsflüsse oder verspätete Informationsverfügbarkeit. Designs des Wertstroms (Soll-Zustand) ermöglichen die Darstellung des Wertstromdesigns als Input für die Entwicklung geeigneter IT-Systeme. Darüber hinaus ermöglicht die Darstellung der Analyse und Gestaltung die Erhebung von Handlungsempfehlungen und die Ableitung einer Transformationsroadmap (Heger et al. 2020b).

Instrumentale Lücke – Wissen und Lernkonzepte zu technologischen und organisatorischen Instrumenten zur Steigerung der Wertschöpfung durch Logistikprozesse im Krankenhaus: Aus der Schließung der konzeptionellen und methodischen Lücke ergibt sich darüber hinaus der Bedarf eines Lern- und Arbeitskonzeptes, um bestehende Vorgehensweisen aufzubrechen und sowohl methodisch als auch inhaltlich das Verständnis für die Verknüpfungen von Logistikprozessen eines „idealen Krankenhauses" unter besonderer Betrachtung digitaler Vernetzung zu etablieren.

Dazu stellt dieses Buch und die darin enthaltenen Kapitel den Grundstein für ein umfassendes Blended-Learning-Konzept[33] (Kap. 2) dar. Mithilfe des Buches wird ein grundlegendes Methodenverständnis und Zielverständnis etabliert. Dabei umfasst die Beschreibung der Referenzmodelle auch eine Darstellung der Handlungsbedarfe und Potenziale. Anhand derer lassen sich Vergleiche zu den eigenen Logistikprozessen ziehen und somit Lösungsansätze greifbarer machen. Übergreifend soll das Buch das Verständnis für kontinuierliche Wertschöpfung in den logistischen Aufgaben der Krankenhäuser fördern. Wirtschaftlich effiziente Prozesse und die für die Gesundheitsversorgung notwendige Qualität der Prozesse schließen sich dabei nicht gegenseitig aus. Vielmehr ermöglicht der Einsatz digitaler Technologien und eine schlanke Prozessgestaltung ein hochwertiges Gesundheitssystem, welches gleichzeitig bezahlbar ist.

---

[33]Siehe Glossar Begriff „Blended Learning Konzept".

Digitale und weiterführende Inhalte sind auf der Homepage zu diesem Buch[34] dargestellt. Die Inhalte sind an den entsprechenden Stellen in diesem Buch verlinkt und sollen zu der Vertiefung und Vermittlung der Erkenntnisse dienen. Zudem wurden die Erkenntnisse in Workshop- und Projektangebote überführt, um den Transfer der theoretischen Inhalte in praktisch umsetzbare Aufgaben zu überführen. Kap. 2 führt dazu in das Konzept der digitalen und weiterführenden Inhalte ein.

Fragen

Lernzielkontrolle:

- Was versteht man unter dem Begriff „Digitalisierung" und welche Auswirkungen hat diese auf die Logistik und das Gesundheitswesen? (Abschn. 3.1.1)
- Welchen Zweck erfüllen Referenzmodelle und wie werden sie im Rahmen dieses Buches genutzt? (Abschn. 3.1.3)
- Warum ist ein breit gefächertes Methodenspektrum wichtig, um komplexe Prozesse wie die Krankenhauslogistik zu analysieren und ein adäquates Zielbild zu entwickeln und zu implementieren? (Abschn. 3.2 und 3.3)
- Wie können Abhängigkeiten des Informationsflusses zum Materialfluss erkannt, visualisiert und in Hinblick auf die Durchlaufzeit gestaltet werden? (Abschn. 3.2.3)

Literatur

Accenture Technology Vision (2019) Bereit für das post digitale Zeitalter? https://www.accenture.com/_acnmedia/PDF-102/Accenture-Techonology-Vision-2019-CH.pdf. Zugegriffen: 13. November 2020

Alter S (2006) The work system method; Connecting people, processes and IT for business results. Work System Press, Larkspur

Alter S (2013) Work system theory: overview of core concepts, extensions, and challenges for the future. J Assoc Inf Syst 14:72–121

Alter S, Wright R (2010) Validating Work System Principles for Use in Systems Analysis and Design. Proceedings of the International Conference on Information Systems, ICIS 2010

Bauch J, Rosenkranz R (2017) Thermographie. In: Bauch J, Rosenkranz R (Hrsg) Physikalische Werkstoffdiagnostik. Ein Kompendium Wichtiger Analytikmethoden Fur Ingenieure Und Physiker. Vieweg + Teubner, Berlin, S 22–23

Bertagnolli F (2018) Lean Management. Einführung und Vertiefung in die japanische Management-Philosophie. Springer Gabler, Wiesbaden

Danneels E (2004) Disruptive technology reconsidered: a critique and research agenda. J Prod Innov Manag 21:246–258. https://doi.org/10.1111/j.0737-6782.2004.00076.x

Deiters W, Burmann A, Meister S (2018) Digitalisierungsstrategien für das Krankenhaus der Zukunft. Urologe 57:1031–1039. https://doi.org/10.1007/s00120-018-0731-2

---

[34]Erreichbar unter hospital40.net.

Delone WH, McLean ER (1992) Information Systems success: the quest for the dependent variable. Inf Syst Res 3:60–95. https://doi.org/10.1287/isre.3.1.60

Delone WH, McLean ER (2003) The DeLone and McLean model of information systems success: a ten-year update. J Manag Inf Syst 19:9–30. https://doi.org/10.1080/07421222.2003.11045748

Dobrzanska M, Dobrzánski P, Smieszek M (2013) Modern logistics in health service. Mod Manag Rev 18:53–64. https://doi.org/10.7862/rz.2013.mmr.28

Dumas M, La Rosa M, Mendling J, Reijers HA (2018) Fundamentals of business process management. Springer, Berlin

Erlach K (2010) Wertstromdesign. Der Weg Zur Schlanken Fabrik, Springer, Dordrecht

Fettke P, Loos P (2004) Referenzmodellierungsforschung. Wirtschaftsinformatik 46:331–340. https://doi.org/10.1007/BF03250947

Fettke P, Loos P (2007) Perspectives on Reference Modeling. In: Fettke P, Loos P (Hrsg) Reference modeling for business systems analysis. IGI Global, S 1–21

Fettke P, vom Brocke J (2019) Referenzmodell. In: Gronau N, Becker J, Kliewer N, Leimeister JM, Overhage S (Hrsg) Enzyklopädie der Wirtschaftsinformatik. Online-Lexikon. GITO, Berlin

Gimpel H, Hosseini S, Huber R, Probst L, Röglinger M, Faisst U (2018) Structuring digital transformation :a framework of action fields and its application at ZEISS. J Inf Technol Theory Appl 19:31–54

Groß C, Pfennig R (2019) Digitalisierung in Industrie. Handel und Logistik; Leitfaden von der Prozessanalyse bis zur Einsatzoptimierung, Springer Gabler, Wiesbaden

Gudehus T (2011) Logistik; Grundlagen – Strategien – Anwendungen. Springer, Berlin

Hain M, Grüneberg H (2017) Digitalisierungslandkarte; Ein Werkzeug für die Digitalisierung. DW Die Wohnungwirtschaft 70:59–61

Hartleif S, Leipoldt C, Erlach K (2019) Medizin- und Pharmaprodukte effizienzt in kleinen Losen produzieren; Adatption der bewährten Wertstrommethode aus der Lean Production. Pharm Ind 81:1137–1142

Heger S, Kriner H, Schröder J, Gimpel H (2020a) Value Stream Modelling and Notation – A Domain-Specific Modelling Language for the Digital Transformation of Value Streams; Working Paper

Heger S, Kriner H, Valett L, Schröder J, Gimpel H (2020b) Value Stream Modelling and Notation – Digitale Transformation von Wertströmen. Proceedings der 15.Internationalen Tagung Wirtschaftsinformatik 2020 (WI2020)

Hofmann M (2020) Prozessoptimierung als ganzheitlicher Ansatz. Springer Fachmedien Wiesbaden, Wiesbaden

ISO/IEC 2382:2015(en) 2122900 Real Time

Kersten W, Schröder M, Indorf M (2017) Potenziale der Digitalisierung für das Supply Chain Risikomanagement: Eine empirische Analyse. In: Seiter M, Grünert L, Berlin S (Hrsg) Betriebswirtschaftliche Aspekte von Industrie 4.0. Arbeitskreis „Integrationsmanagement für neue Produkte" der Schmalenbach-Gesellschaft für Betriebswirtschaftslehre e. V. Springer Gabler, Wiesbaden, S 47–52

Klevers T (2009) Wertstrom-Mapping und Wertstrom-Design; Verschwendung erkennen – Wertschöpfung steigern. mi-Wirtschaftsbuch, München

Kraus G, Bahmann M, Burkart S, Goldschmidt AJW (2017) Logistik-Reorganisation im Krankenhaus. In: Debatin JF, Ekkernkamp A, Tecklenburg A, Schulte B (Hrsg) Krankenhausmanagement. Strategien, Konzepte, Methoden. Medizinisch Wissenschaftliche Verlagsgesellschaft, Berlin, S 721–726

Kriegel J, Jehle F, Moser H, Tuttle-Weidinger L (2016) Patient logistics management of patient flows in hospitals: a comparison of bavarian and Austrian hospitals. Int J Healthc Manag 9:257–268. https://doi.org/10.1080/20479700.2015.1119370

Lee AS, Thomas M, Baskerville RL (2015) Going back to basics in design science: from the information technology artifact to the information systems artifact. Inf Syst J 25:5–21. https://doi.org/10.1111/isj.12054

Legner C, Eymann T, Hess T, Matt C, Böhmann T, Drews P, Mädche A, Urbach N, Ahlemann F (2017) Digitalization: opportunity and challenge for the business and information systems engineering community. Bus Inf Syst Eng 59:301–308. https://doi.org/10.1007/s12599-017-0484-2

Legner C, Pentek T, Otto B (2020) Accumulating design knowledge with reference models: insights from 12 Years' research into data management. J Assoc Inf Syst 21:735–770

Lindner A, Becker P (2010) Wertstromdesign. Praxiswissen erfolgreich anwenden, Hanser, München

Metternich J, Müller M, Meudt T, Schaede C (2017) Lean 4.0 – zwischen Widerspruch und Vision. ZWF Zeitschrift für wirtschaftlichen Fabrikbetrieb 112:346–348. https://doi.org/10.3139/104.111717

Porter ME (1985) Competitive advantage: creating and sustaining superior performance. The Free Press, New York

REFA (2016) Industrial Engineering – Standardmethoden zur Produktivitätssteigerung und Prozessoptimierung. Carl Hanser Verlag GmbH & Co, KG, München

Rohleder B (2019) Digitalisierung der Logistik. https://www.bitkom.org/sites/default/files/2019-06/bitkom-charts_digitalisierung_der_logistik_03_06_2019.pdf. Zugegriffen: 26. Mai 2020

Rother M, Shook J (2018) Sehen lernen. Mit Wertstromdesign die Wertschöpfung erhöhen und Verschwendung beseitigen, Lean Management Institut, Mühlheim an der Ruhr

SAP SE (2020) Business Blueprint. SAP. https://help.sap.com/saphelp_sm71_sp10/helpdata/de/45/f6da633a292312e10000000a11466f/content.htm?no_cache=true. Zugegriffen: 16. Juli 2020

Schermann M, Böhmann T, Krcmar H (2009) Explicating Design Theories with Conceptual Models: Towards a Theoretical Role of Reference Models. In: Becker J, Krcmar H, Niehaves B (Hrsg) Wissenschaftstheorie und gestaltungsorientierte Wirtschaftsinformatik. Physica, Heidelberg, S 175–194

Schulte C (2017) Logistik. Wege zur Optimierung der Supply Chain, Vahlen, München

Schwegmann A (1999) Objektorientierte Referenzmodellierung. Deutscher Universitätsverlag, Wiesbaden

Sebastian I, Ross J, Beath C, Mocker M, Moloney K, Fonstad N (2017) How big old companies navigate digital transformation. MIS Q Exec 16:197–213

Tomanek DP, Schröder J (2018) Value Added Heat Map. Eine Methode zur Visualisierung von Wertschöpfung, Springer Gabler, Wiesbaden

Uckelmann D (2014) Wertstromorientierte Informationsflüsse für Industrie 4.0—Kernprozesse und Gestaltungsvariablen. Industrie Management 6:13–17

VDI (2013) Ganzheitliche Produktionssysteme – Methodenkatalog; VDI 2870. Zugegriffen: 20. November 2020

Vial G (2019) Understanding digital transformation: a review and a research agenda. J Strateg Inf Syst 28:118–144. https://doi.org/10.1016/j.jsis.2019.01.003

Wagner KW, Lindner A (2017) Wertstromorientiertes Prozessmanagement; Effizienz steigern, Verschwendung reduzieren. Abläufe optimieren, Hanser, München

Womack JP, Jones DT (2013) Lean Thinking. Banish Waste and Create Wealth in Your Corporation. Simon & Schuster, Limited, London

Übergreifende Vision der Krankenhauslogistik im Jahr 2030

Jürgen Schröder, Henner Gimpel, Sebastian Heger, Hildegard Kriner und Moritz Wöhl

> **Übersicht**
>
> In den vorgegangenen Kapiteln dieses Buches wird die Ausgangssituation und das Forschungsziel beschrieben (Kap. 1). Anschließend skizziert Kap. 2 das zugrunde liegende Lernkonzept. In Kap. 3 werden die theoretischen Grundlagen und Methoden erklärt.
>
> In diesem Kap. 4 wird die Vision der Krankenhauslogistik im Jahr 2030 geschildert und dabei den Ansatz der Multi-User Dienstleistungs- und Servicezentren erklärt.

J. Schröder (✉) · S. Heger · H. Kriner
Zentrum für Angewandte Forschung der Technischen Hochschule Ingolstadt, Ingolstadt, Deutschland
E-Mail: Juergen.Schroeder@thi.de

S. Heger
E-Mail: sebastian.b.heger@gmail.com

H. Kriner
E-Mail: hildegard.kriner@thi.de

H. Gimpel · M. Wöhl
Projektgruppe Wirtschaftsinformatik des Fraunhofer FIT, Augsburg, Deutschland
E-Mail: henner.gimpel@fim-rc.de

M. Wöhl
E-Mail: moritz.woehl@fim-rc.de

H. Gimpel · S. Heger · M. Wöhl
Kernkompetenzzentrum Finanz- und Informationsmanagement, Universität Augsburg, Augsburg, Deutschland

H. Gimpel
Lehrstuhl für Digitales Management, Universität Hohenheim, Stuttgart, Deutschland

© Springer Fachmedien Wiesbaden GmbH, ein Teil von Springer Nature 2021
H. Gimpel und J. Schröder (Hrsg.), *Hospital 4.0*,
https://doi.org/10.1007/978-3-658-33064-4_4

In den nachfolgenden Kapiteln dieses Buches wird das Referenzmodell „Materiallogistik" dargestellt sowie die Erkenntnisse aus der Ist- und Potenzialanalyse vermittelt (Kap. 5). Kap. 6 stellt das Referenzmodell „Bettenlogistik" dar. Dabei beschreiben die Referenzmodelle (Kap. 5 und 6) ein realistisch erreichbares Zielbild mit einem Planungshorizont von drei bis fünf Jahren und stellen damit einen Schritt in Richtung des visionären Zielbilds der Krankenhauslogistik im Jahr 2030 dar. Abschließend gibt das Buch einen Ausblick auf die strukturellen, prozessualen und technologischen Entwicklungen in der Krankenhauslogistik (Kap. 7).

Fragen

Nach diesem Kapitel sollten Sie die folgenden Fragen beantworten können:

- Was sind die wesentlichen Annahmen zur Entwicklung und den Rahmenbedingungen in Bezug auf die Krankenhauslogistik im Jahr 2030?
- Wie lässt sich das Konzept der Wertschöpfungsorientierung auf die Krankenhauslogistik übertragen?
- Was bedeutet digitale Transparenz für die Krankenhauslogistik und wie setzt sich diese zusammen?
- Wie kann innovative und wirtschaftliche Dienstleistungskonzentration erreicht werden?
- Wie sieht die bedarfsgerechte und schlanke Krankenhauslogistik durch die Vernetzung mittels digitaler Technologien aus?

4.1 Grundlegende Rahmenbedingungen und Annahmen zur Krankenhauslogistik im Jahr 2030

Wertschöpfungskonzentration und digitale Transparenz bilden die wesentlichen Grundlagen für die Vision der Krankenhauslogistik im Jahr 2030. Ziel ist die Bereitstellung qualitativ hochwertiger Logistikprozesse für die Wertschöpfungsprozesse des Krankenhauses und gleichzeitige Entlastung des wertschöpfenden Personals. Dieses Unterkapitel stellt die zentralen Annahmen vor bzw. beschreibt, welche Annahmen für die Gültigkeit der Vision und der Referenzmodelle in den Folgekapiteln erfüllt sein müssen. Sollten die genannten Annahmen verletzt sein, sind die Vision und die Referenzmodelle anzupassen.

4.1.1 Krankenhauslandschaft

Es ist davon auszugehen, dass nach der COVID-19-Pandemie in den kommenden Jahren das Gesundheitswesen in Deutschland generell reformiert wird. Das 2003 eingeführte System der Fallpauschalen ist bereits vor der Pandemie an seine Grenzen gestoßen und hat aufgrund mangelnder Attraktivität der Arbeitsbedingungen zu erheblichen Personalengpässen geführt. Der massive Kostendruck führte zu einer erhöhten Privatisierung von Krankenhäusern. In vielen Krankenhäusern in öffentlicher, aber auch privater Trägerschaft sind Qualitätseinbußen für Patienten wahrnehmbar geworden. Unter Wirtschaftlichkeitsaspekten entstand zwischen den Krankenhäusern ein Wettbewerb um Patienten.

Die COVID-19-Pandemie hat aufgezeigt, dass dem Gesundheitswesen eine deutlich höhere staatliche Verantwortung zugemessen werden muss. Somit ist davon auszugehen, dass zukünftig die qualitativ hochwertige Versorgung und Versorgungssicherheit Vorrang vor den wirtschaftlichen Aspekten haben werden. Es wird eine Diskussion um weitere Privatisierungen bzw. Verstaatlichungen geben. Zudem wird eine Neudefinition von Verantwortungshoheiten für das Krankenhauswesen entstehen. Basierend auf dem Zustand vor der Pandemie und den Erfahrungen aus der Krise selbst, wird in diesem Kapitel versucht, verschiedene Aspekte einer Vision für die Krankenhauslogistik herzuleiten.

Die Vision einer Krankenhauslogistik beschreibt, wie deren Prozesse idealerweise ablaufen könnten. Dabei ist darauf zu achten, dass der Patientenpfad durch die unterstützenden logistischen Prozesse nicht negativ beeinflusst, sondern bestenfalls optimiert wird. Dies ist nicht unbedingt selbstverständlich. Eine Verbesserung der logistischen Prozesse kann unter Umständen auch zu einer Verschlechterung des Kernprozesses oder der angrenzenden unterstützenden Prozesse führen.

Um eine Vision einer Krankenhauslogistik herleiten zu können, sind eine Reihe von Faktoren zu berücksichtigen.

Der steigende Kostendruck gepaart mit dem demografischen Wandel verursachte in der Vergangenheit einen Qualitätsverlust und hat einen erheblichen Einfluss auf die Arbeitsbedingungen der Mitarbeiter[1] und die Zufriedenheit der Patienten. Die Entwicklung der ökonomischen Ergebnisse deutscher Krankenhäuser ist beängstigend, wie Abb. 4.1 zeigt.

---

[1] Zur besseren Lesbarkeit werden in diesem Buch und diesem Kapitel personenbezogene Bezeichnungen, die sich zugleich auf Frauen, Männer und andere Personen beziehen, generell nur in der im Deutschen üblichen männlichen Form angeführt, also z. B. „Ärzte" statt „Ärztinnen und Ärzte", „ÄrztInnen" oder „Ärzt_innen". Dies soll jedoch keine Geschlechterdiskriminierung oder eine Verletzung des Gleichheitsgrundsatzes zum Ausdruck bringen.

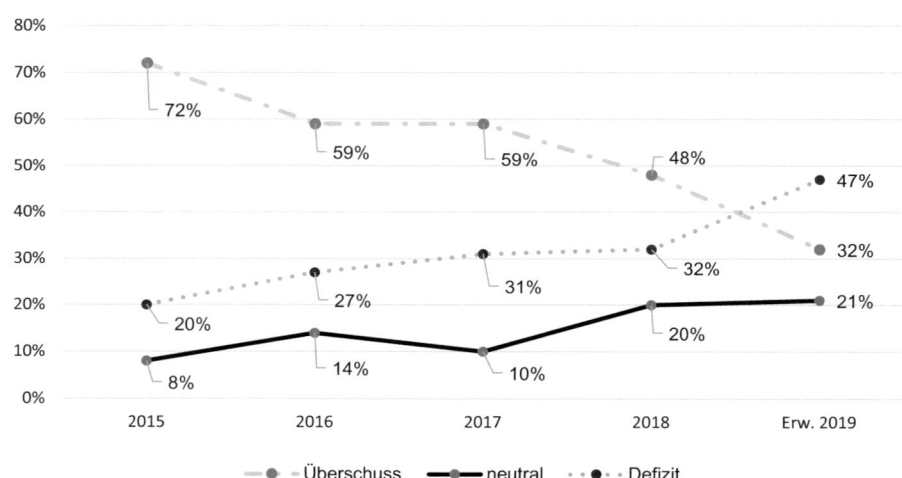

Abb. 4.1 Entwicklung der Jahresergebnisse von 500 deutschen Krankenhäusern (2015–2019). (Basierend auf Roland Berger GmbH 2017; Roland Berger GmbH 2018; Roland Berger GmbH 2019)

Ein Indikator für den zunehmenden Leistungs- und Kostendruck auf deutsche Krankenhäuser ist an der deutlich abnehmenden Anzahl von Krankenhäusern in Verbindung mit der Zunahme der Fallzahlen bei nahezu konstanter Bettenauslastung leicht nachzuvollziehen. Abb. 4.2 zeigt, dass in der Vergangenheit die Anzahl an Krankenhäusern kontinuierlich gesunken ist. Die Anzahl der verfügbaren Betten ist jedoch nicht im gleichen Maße zurückgegangen.

Annahmen für die Entwicklung bis 2030

Grundsätzlich ist davon auszugehen, dass vor allem der demografische Wandel der (deutschen) Gesellschaft dazu führt, dass mehr und **mehr Fälle in Krankenhäusern behandelt** werden. Verstärkt wird dieser Effekt durch **effizienter werdende Behandlungen** und die **Zunahme ambulanter Behandlungen.** Es erscheint im Rahmen des Möglichen, dass sich der Trend der Vergangenheit fortsetzt und die Anzahl der Krankenhäuser weiter sinken wird, wie stark, bleibt abzuwarten. Vor der COVID-19-Pandemie haben Loos et al. (2019) eine sehr deutliche Reduzierung der Anzahl an Krankenhäusern empfohlen. Die Nachwirkungen der COVID-19-Pandemie werden den Trend der sinkenden Anzahl an Krankenhäusern sicherlich beeinflussen. Nichtsdestotrotz folgt aus einer Konsolidierung der Krankenhäuser, dass die Fallzahlen je Krankenhaus weiter steigen und damit ausreichend medizinisches Personal vorhanden sein muss, um die Versorgungssicherheit zu gewährleisten.

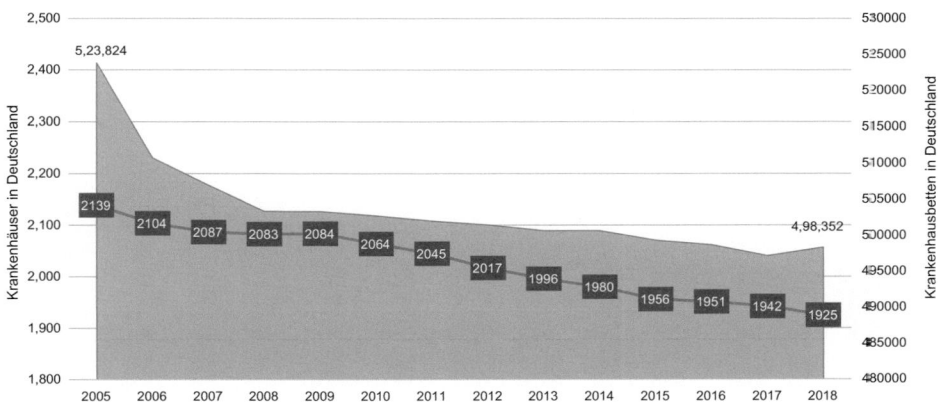

Abb. 4.2 Krankenhausstatistik 2005–2018 Krankenhäuser und Betten. (Basierend auf Statistisches Bundesamt 2020)

Während die Anzahl an Krankenhäusern für die Vision und Referenzmodelle wesentlich ist, weil damit ein Anstieg der Fallzahlen je Krankenhaus verbunden ist, ist davon auszugehen, dass die Vision und Referenzmodelle gegenüber anderen Einflüssen robust sind, da diese zwar Einfluss auf das Krankenhaus und dessen Betrieb nehmen, aber das eigentlich operative Geschäft davon nur in geringem Maße tangiert wird, sodass die Vision unabhängig von diesen Einflüssen ist. Zum einen ist die **Finanzierungsstruktur** bzw. die Trägerschaft eines Krankenhauses zu nennen, die zwar Einfluss auf die Organisation des Krankenhauses hat, die Vision und die Referenzmodelle jedoch davon unberührt bleiben. In den letzten Jahren hat sich eine Entwicklung hin zu privaten Krankenhäusern abgezeichnet, wie Abb. 4.3 zeigt. Sicherlich ist der Abstimmungsaufwand und die Finanzierung etwaiger Projekte zur digitalen Unterstützung von beispielsweise Logistikprozessen je nach Krankenhausträgerschaft unterschiedlich. Dennoch lassen sich die Vision und die Referenzmodelle Krankenhaus-unabhängig übertragen. Auch ist davon auszugehen, die heutige **Krankenhauslandschaft im Wesentlichen** unverändert bleibt.

4.1.2 Personalsituation

Immer wieder wird seitens der Ärzte und des Pflegepersonals[2] beklagt, dass der administrative Aufwand einen hohen Anteil der zur Verfügung stehenden Zeit in Anspruch nimmt. Das eigentliche Kerngeschäft, die Behandlung des Patienten, die

---

[2] Siehe Glossar Begriff „Pflegepersonal".

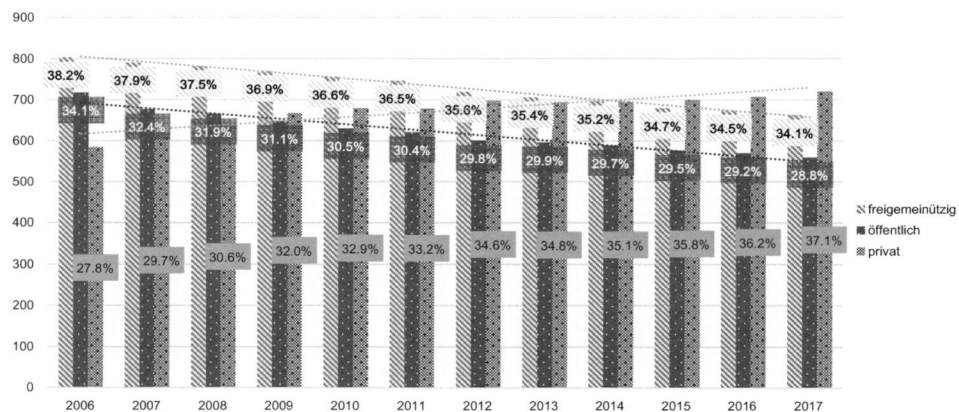

Abb. 4.3 Trägerschaft der Krankenhäuser zwischen 2006–2017. (Basierend auf Statistisches Bundesamt 2020)

Diagnostik sowie die Pflege, wird hierdurch stark beschnitten. Die bestehenden organisatorischen Systeme, die teils manuell durchgeführt werden und mit vielen Medienbrüchen versehen sind, sind fehleranfällig und führen nicht selten zu zusätzlichen Kontrollaufwänden und „trouble shooting". Gewachsene Strukturen verhindern zudem einen durchgängigen Prozess und erhöhen teilweise unnötig die Komplexität. Das im Juli 2014 abgeschlossene und durch das Bundesministerium für Bildung und Forschung (BMBF) geförderte Projekt „BELOUGA – Benchmarking logistischer Unterstützungs- und Dienstleistungsprozesse im Gesundheitswesen und in industriellen Anwendungen" hat an drei Referenzprozessen[3] aufgezeigt, dass die ganzheitliche Wertschöpfungsorientierung in Krankenhäusern erhebliches Potenzial bietet (Eymann et al. 2015). Das im Oktober 2017 begonnene BMBF-Projekt „Hospital 4.0 – Schlanke digital-unterstützte Logistikprozesse in Krankenhäusern", dessen Ergebnisse in diesem Buch dargestellt sind, zeigt weiterhin, dass wesentliches Potenzial in der digitalen Vernetzung in den indirekten Bereichen, insbesondere der logistischen Tätigkeiten, liegt.

Betrachtet man den Anteil des wertschöpfenden Personals (Ärzte und Pflegepersonal) am gesamten Personal, so ist der prozentuale Wert von 47 % in den letzten Jahren nahezu konstant geblieben. Zusätzlich muss allerdings betrachtet werden, dass die administrativen Tätigkeiten der Ärzte und des Pflegepersonals nicht zu vernachlässigen sind. So stellt der MB-Monitor 2017 (Marburger Bund 2017) in seiner Mitgliederbefragung dar, dass 55 % aller Ärzte mehr als zwei Stunden täglich für Verwaltungstätigkeiten und Organisation aufwenden, welche über die rein ärztliche Tätigkeit hinausgehen. 66 % der Ärzte beklagen in dieser Studie, dass ihnen für die Behandlung

---

[3] Siehe Glossar Begriff „Referenzprozess".

4 Übergreifende Vision der Krankenhauslogistik im Jahr 2030

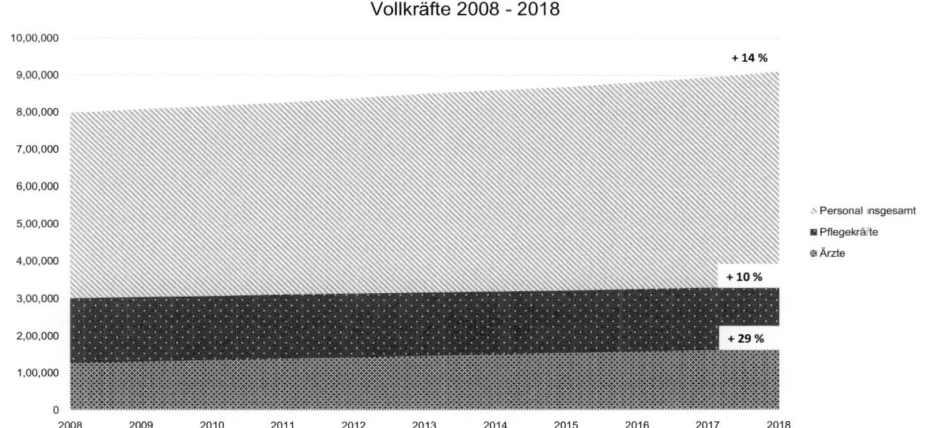

Abb. 4.4 Krankenhausstatistik 2008–2018: Personaleinsatz. (Basierend auf Statistisches Bundesamt 2020)

ihrer Patienten nicht ausreichend Zeit zur Verfügung steht. Abb. 4.4 zeigt, die Entwicklung der Personalsituation zwischen 2008 und 2018.

Annahmen für die Entwicklung bis 2030

Im Gesundheitswesen steht vor allem der Mensch im Fokus. Insbesondere der Fachkräftemangel ist ein vieldiskutiertes Stichwort. Abgesehen davon, dass das Personal für die Anzahl an Patienten ohnehin knapp bemessen ist, fallen oftmals nicht-medizinische Aufgaben, wie Dokumentation oder Verwaltung in ihren Aufgabenbereich, wodurch sich die Zeit zur medizinischen Versorgung weiter verringert. Es ist davon auszugehen, dass auch im Jahr 2030 gut ausgebildetes Pflegepersonal knapp ist. Personal, welches keine medizinische Ausbildung besitzt, wird mutmaßlich in deutlich größerem Umfang und zu geringeren Personalkosten verfügbar sein. Daher beruht eine zentrale Annahme der Vision darauf, **dass nicht-medizinische Aufgaben künftig nicht mehr von medizinischem Pflegepersonal, sondern fachfremdem Personal übernommen werden.** Somit ist das Fachpersonal weitestgehend mit fachlichen Aufgaben betreut und nicht fachliche Aufgaben sind an Hilfskräfte ausgelagert. Zusammenfassend ist anzunehmen, dass mehr medizinische Betreuungsleistung erbracht werden muss, jedoch nicht im gleichen Maße medizinisches Personal eingestellt werden kann. Daher muss sichergestellt werden, dass sich für das medizinische Personal der **Aufwand für nicht-medizinische Aufgaben minimiert und Zeit für fachbezogene Aufgaben maximiert.**

4.1.3 Digitale Transformation in Krankenhäusern

Übereinstimmend weisen zahlreiche Studien (McKinsey, Boston Consulting Group, Bain, u. a.) große Handlungsfelder im Bereich der digitalen Transformation[4] im Gesundheitssektor auf. Mit der elektronischen Patientenakte wurde ein erster wichtiger Schritt gegangen (Bundesministerium für Gesundheit 2020). Die Vernetzung zwischen Patienten, medizinischem Personal und Ressourcen (Funktionsdiagnostik, OP-Sälen, u. a.) analog den Cyber-Physical-Systems im Industrie 4.0-Ansatz wird zu weiteren substantiellen Verbesserungen der Prozesssicherheit und des effizienten Ressourceneinsatzes führen. Gerade in Krankenhäusern zeigen erste Ansätze erhebliche Potenziale (Götz 2014).

Ausschlaggebend für den mittel- bis langfristigen Erfolg wird die ganzheitliche und durchgängige Betrachtung des Patientenpfades sowie die zugehörigen Unterstützungsfunktionen sein. Die digitale Vernetzung wird es den Krankenhäusern ermöglichen, die nicht-wertschöpfenden Prozesse von der Patientenaufnahme bis zur Entlassung zu beschleunigen, die Prozessstabilität, die Effizienz des Ressourceneinsatzes zu erhöhen sowie die Gesundheit und Zufriedenheit von Patienten und die Zufriedenheit des Personals zu verbessern.

Um den langfristig richtigen Weg einzuschlagen und nicht unabgestimmte Einzeloptima zu verfolgen, ist es zwingend notwendig, ein zukunftsweisendes Konzept für unterstützende Dienst- und Serviceleistungen der medizinischen Behandlung, der Diagnose und der Pflege unter besonderer Berücksichtigung digitaler Vernetzung zu erarbeiten. Krankenhäuser und Pflegeeinrichtungen agieren bereits heute teilweise im Verbund. Beispielhaft seien an dieser Stelle Einkaufgemeinschaften genannt. In physischen Logistikprozessen, aber auch im Informationsfluss, fehlen in mittleren und kleineren Krankenhäusern diese Verbünde. Kritische Grenzen bezogen auf Personalanzahl, Aufkommen und Fachkompetenz, die zu einer Prozessoptimierung und damit verbundenen Kostenreduzierung führen, werden nicht erreicht.

Bereits heute sehen viele Krankenhäuser einen hohen Stellenwert in der Digitalisierung[5] von Einkauf und Logistik (Eiff 2017). Es ist naheliegend, dass durch die Zusammenlegung von Dienstleistungs- und Servicefunktionen mehrerer Einrichtungen einer Region, die durch die Digitalisierung erleichtert wird, Kostensenkungspotenziale erschlossen werden können.

Annahmen für die Entwicklung bis 2030

Es ist anzunehmen, dass in Zukunft die **Verbreitung von internetfähigen Geräten weiter zunimmt.** Das sogenannte Internet der Dinge („Internet of Things", IoT) umfasst eine Vielzahl von Geräten, die über Sensoren und/oder Aktoren, Rechenkapazität und

---

[4] Siehe Glossar Begriff „Digitale Transformation".
[5] Siehe Glossar Begriff „Digitalisierung".

eine Internetverbindung verfügen und damit in der Lage sind, mit ihrer Umwelt zu kommunizieren, wodurch sich der Automatisierungsgrad mit verhältnismäßig geringem Aufwand deutlich erhöhen lässt. Ein Krankenhausbett, das in der Lage ist, seine Position innerhalb eines Gebäudes an das Bettenmanagement zu übermitteln, birgt Potenziale in Hinblick auf effizienteres Management der Bettenbelegung, da Betten just-in-time an die richtige Stelle gebracht werden könnten und keine bzw. weniger Puffer[6] notwendig wären (einen möglichen Ansatz stellt Kap. 6 vor). Ein ähnlicher Anwendungsfall wäre die Ausstattung von Verbrauchsmaterialien mit RFID-Chips (Radio Frequency Identification), idealerweise bereits durch den Hersteller, da so Produktinformationen automatisiert ausgelesen werden können und somit manueller Erfassungsaufwand im Lager sinkt oder sogar entfällt (einen möglichen Ansatz stellt Kap. 5 vor). Damit einher geht die Annahme, dass notwendige **Hardware für Informationstechnologie zukünftig günstiger** wird und dadurch die Gesamtkosten für Hardware tendenziell abnehmen. Somit wird es für Krankenhäuser perspektivisch günstiger auf digitale Technologien zu setzen.

Die Senkung der Preise für Hardware der Informationstechnologien ist unter anderem darin begründet, dass im Laufe der Entwicklung eine Reduzierung der Produktionskosten durch verbesserte Prozessabläufe gewährleistet werden kann. Weiter senken die Mengendegression sowie eine verstärkte Wettbewerbssituation auf dem Markt die Preise für Hardware (Pettinger 2019).

Damit digitale Innovationen zum Tragen kommen und an vielen Stellen sinnstiftend eingesetzt werden können, sind entsprechende **Schnittstellen zur Software eines Krankenhauses** notwendig. Eine weitere Annahme ist daher die Verfügbarkeit von Schnittstellen vor allem zum Krankenhaus Informationssystem, kurz KIS. Das vorherige Beispiel der Bettenbelegung noch einmal aufgenommen, ist es nicht ausreichend, dass ein Bett seine Position übermitteln kann, sondern dass auch ein entsprechender Empfänger existiert – beispielsweise das KIS – welches die Position des Bettes verarbeitet und mit dessen Hilfe die Belegung geplant und verwaltet werden kann.

4.2 Wertversprechen der Krankenhauslogistik

Der Nutzen einer digital vernetzten Krankenhauslogistik ist als sehr hoch einzustufen. Grundlage dieser Bewertung ist, dass die aktuell bestehende Struktur mit den vorhandenen KIS die Möglichkeiten neuer Informations- und Kommunikationstechnologien selten direkt unterstützt. Eine Anbindung ist i. d. R. sehr aufwendig. Die interne IT-Abteilung verfügt oftmals nicht über die erforderlichen Ressourcen.

Um eine optimale Voraussetzung zu schaffen, muss in den Funktionsbereichen das Krankenhaus als ganzheitliches bereichsübergreifendes System verstanden werden. Hier-

---

[6] Siehe Glossar Begriff „Puffer".

bei kommt der Logistik eine besondere Bedeutung zu. Wird durch eine Optimierung der logistischen Prozesse beispielsweise das Pflegepersonal entlastet, so kann dies zu einer Erhöhung der Logistikkosten und sollte zu einer Senkung der Pflegekosten bzw. zu einer Reduzierung der Gesamtkosten führen.

Grundsätzlich wird für die Vision der Krankenhauslogistik folgendes gelten:

- Die Qualität der Wertschöpfungsleistung erhöht sich. Ein wesentlicher Aspekt ist die Entlastung des Wertschöpfungspersonals.
- Es besteht Transparenz über Material, Personal und Ressourcen in Echtzeit[7] bzw. spätestens zu dem Zeitpunkt an dem Bedarf für diese Information besteht. Diese Transparenz wird genutzt, um effizient zu planen, zu steuern und zu kontrollieren (siehe Abb. 4.5).
- Benötigtes Material und das für die Ver- und Entsorgung notwendige Personal sowie die dafür erforderlichen Anlagen und Geräte stehen zeit- und mengengerecht zur Verfügung.
- Logistische Prozesse werden unter wirtschaftlichen Gesichtspunkten weitestgehend automatisiert.

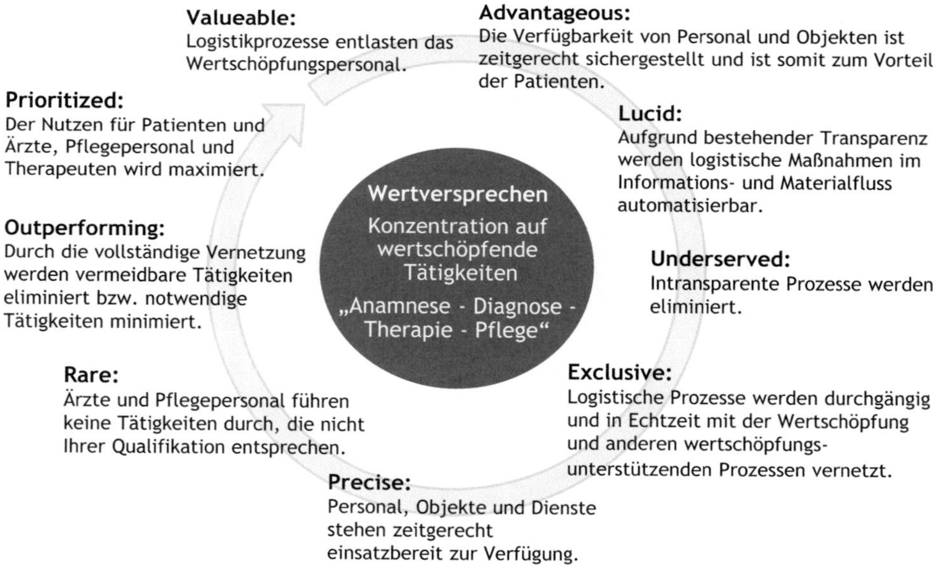

Valueable: Logistikprozesse entlasten das Wertschöpfungspersonal.

Advantageous: Die Verfügbarkeit von Personal und Objekten ist zeitgerecht sichergestellt und ist somit zum Vorteil der Patienten.

Prioritized: Der Nutzen für Patienten und Ärzte, Pflegepersonal und Therapeuten wird maximiert.

Lucid: Aufgrund bestehender Transparenz werden logistische Maßnahmen im Informations- und Materialfluss automatisierbar.

Outperforming: Durch die vollständige Vernetzung werden vermeidbare Tätigkeiten eliminiert bzw. notwendige Tätigkeiten minimiert.

Underserved: Intransparente Prozesse werden eliminiert.

Rare: Ärzte und Pflegepersonal führen keine Tätigkeiten durch, die nicht Ihrer Qualifikation entsprechen.

Exclusive: Logistische Prozesse werden durchgängig und in Echtzeit mit der Wertschöpfung und anderen wertschöpfungsunterstützenden Prozessen vernetzt.

Precise: Personal, Objekte und Dienste stehen zeitgerecht einsatzbereit zur Verfügung.

Wertversprechen Konzentration auf wertschöpfende Tätigkeiten „Anamnese - Diagnose - Therapie - Pflege"

Abb. 4.5 Wertversprechen der Krankenhauslogistik. (In Anlehnung an Horton 2018)

---

[7] Der Begriff Echtzeit bezeichnet in diesem Zusammenhang „Echtzeit in Bezug auf die Verarbeitung von Daten durch einen Computer in Verbindung mit einem anderen Prozess außerhalb des Computers gemäß den Zeitanforderungen des externen Prozesses" (DIN ISO/IEC 2382:2015 2.122.900, Mai 2015).

4.3 Wertschöpfungskonzentration als wesentliches Element der Krankenhauslogistik

Die Prozessstabilität und die Effizienzsteigerung der Automobilindustrie wurden im Wesentlichen durch die Systematik der schlanken Produktion (Lean Production) erreicht. Diese basieren auf dem Konzept der Vermeidung von Verschwendung[8] (Abb. 4.6).

Abb. 4.6 Arten von Verschwendung im Produktionssystem. (Schröder und Tomanek 2012)

---

[8] Siehe Glossar Begriff „Verschwendung".

Hierzu wurden eine Reihe von Methoden entwickelt, die zu einer kürzeren Durchlaufzeit bei höherer Versorgungssicherheit führten. Noch heute werden diese erfolgreich weiterentwickelt. In der Forschung werden derzeit Methoden zur digitalen Vernetzung (Industrie 4.0, Smart Factory, Cyber-Physical-Systems) gerade in diesen Branchen entwickelt.

Eine Reihe von Versuchen, die Lean-Methode auf Krankenhäuser zu übertragen, führte allerdings nur bedingt zu dem erhofften Erfolg. Die notwendigen Informationsinstrumente, die eine durchgängige Kommunikation ermöglichen, fehlten. Somit existierten immer wieder Randbedingungen, die die Implementierung und Anpassung an das System Krankenhaus verhinderten. Besonders Prozessoptimierungen, die mit der Reduzierung von personellen Aufwendungen einhergingen, konnten aufgrund massiver Widerstände häufig nicht umgesetzt werden, weil hierdurch weitere Personalreduzierungen erwartet wurden. Bedingt durch diesen Zustand wurde in den letzten Jahren das Bereichsdenken in den Krankenhäusern gestärkt.

In dem Forschungsprojekt „BELOUGA" wurde ein erster Weg bestritten, wertschöpfungsorientierte Kennzahlen in Krankenhäusern zu ermitteln. Neben den klassischen Kennzahlen zu Produktivität, Kosten und Qualität wurden neue Kennzahlen entwickelt, die die Wertschöpfung in einem Krankenhaus bewerten. Basierend auf dem Ansatz der Verschwendung in Produktionssystemen wurden Kennzahlen zu deren Messung entwickelt.

Als entscheidende Messgröße wurde die Durchlaufzeit identifiziert. Die Unterteilung in den Dienstleistungsbereichen nach Zeiten für Leistungen, die unmittelbar der Unterstützung der Wertschöpfung dienen, und unnötigen Zeiten, machte in der Analyse deutlich, dass ein erhebliches Potenzial vorhanden ist. Es wurde im Rahmen des Projektes „BELOUGA" bereits deutlich, dass ein nicht unerheblicher Teil der Probleme auf die fehlende digitale Vernetzung zurückzuführen ist.

Insbesondere wurde die Wertschöpfungskonzentration (Abb. 4.7) in unterstützenden Bereichen im Hinblick auf Personaleinsatz, Flächenbedarf und Ressourcenauslastung untersucht. Dabei fand die Schnittstelle zum eigentlichen Wertschöpfungsprozess besondere Beachtung, um im Kernprozess (z. B. dem Patientenpfad) keine Verschlechterung zu erreichen. Auch hier zeigte sich, dass fehlende bzw. unvollständige oder fehlerbehaftete Informationen negative Auswirkungen auf die Wertschöpfung haben.

Entsprechend der Wertkette nach Porter (2000), welche sich an den Prozessen der Produktion orientiert, konnte gezeigt werden, dass die Wertkette keine Allgemeingültigkeit besitzt. Es wurden deshalb zwei zusätzliche Wertelogiken eingeführt. Hierbei wird in einem sogenannten Wertshop (Schafmeister 2004) die individuelle Aktivität für jeden Auftrag neu konfiguriert (vgl. Abb. 4.8). Beispielhaft sei hier allgemein der Beratungs-

4 Übergreifende Vision der Krankenhauslogistik im Jahr 2030

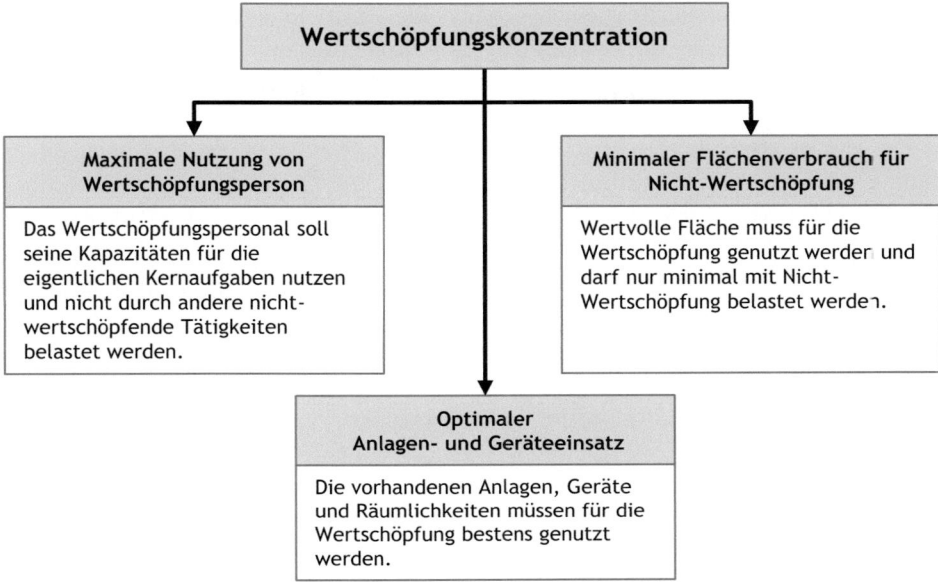

Abb. 4.7 Wertschöpfungskonzentration. (Schröder und Tomanek 2012; Tomanek und Schröder 2018)

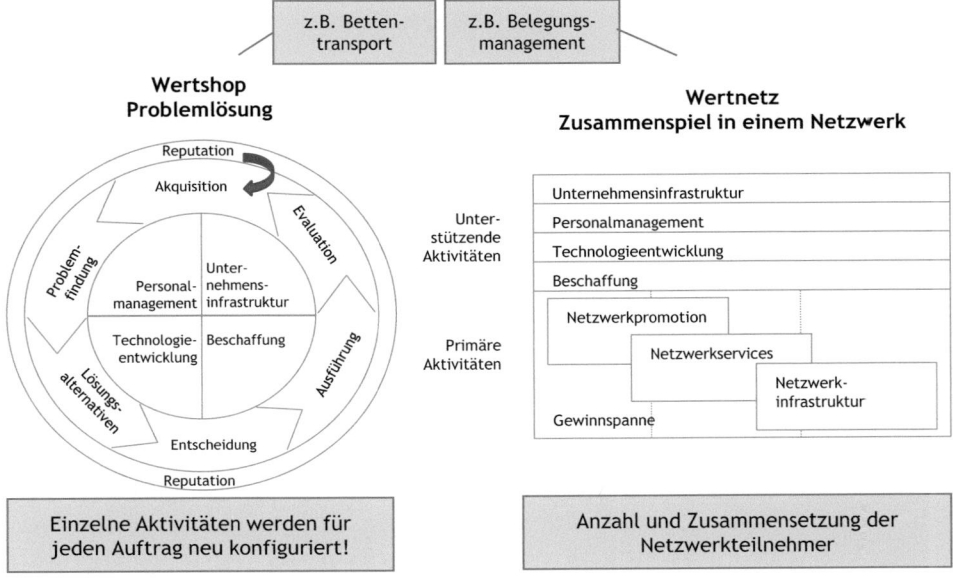

Abb. 4.8 Wertshop. (In Anlehnung an Schafmeister 2004; Woratschek et al. 2005)

prozess genannt oder im Krankenhausumfeld die Patiententransportlogistik. In einem Wertnetz (z. B. Banken oder Bundesliga, im Krankenhausumfeld die OP-Personaleinsatzplanung) kommt es auf die Anzahl und die Zusammensetzung der einzelnen Netzwerkpartner an.

Die hieraus ermittelten Kennzahlen (z. B. dispositive Effizienz in der Patiententransportlogistik in Bezug auf Wartezeiten der Patienten bzw. der medizinischen Funktionsabteilungen) ermöglichen, den Zufriedenheitsgrad der Kunden (z. B. Patienten), der Anwender (z. B. Pflegepersonal) und der Durchführenden (z. B. Versorgungsassistenten) zu messen und somit vergleichbar zu machen. Diese haben besondere Bedeutung für die Durchsetzbarkeit von innovativen und neuen Ansätzen zur Optimierung.

Bereits in vielen kleineren anwendungsorientierten Projekten in Krankenhäusern sind erste Ansätze der digitalen Vernetzung zu identifizieren. Ein durchgängiges Konzept nach dem Vorbild Industrie 4.0 existiert allerdings nicht.

4.4 Digitale Transparenz und Mensch-Maschine-Arbeitsteilung als wesentliches Element der Krankenhauslogistik

Mit der digitalen Transformation lassen sich neue Potenziale erschließen. Dieser evolutionäre Ansatz beeinflusst die Herleitung einer Vision. Die direkte digitale Vernetzung der Krankenhauslogistik bezieht sich auf Personen, Objekte sowie Funktionen (Abb. 4.9). Hinzu kommen externe Einflüsse, die für eine Planung und Steuerung der Prozesse in einem Krankenhaus relevant sind.

Die reine Digitalisierung von Informationen i. e. S. ist für die Erschließung neuer Prozesse nicht ausreichend. Erst die Transparenz von Informationen zu Personen, Objekten und Funktionen sowie die Kenntnis von externen Einflüssen und hierauf basierend besseren Prozessen, Entscheidungen und Handlungen macht eine digitale Vernetzung wertsteigernd. Damit ein Prozess geplant, gesteuert und kontrolliert werden kann, sollten grundsätzlich folgende Fragestellungen in Echtzeit für die Steuerung und Kontrolle bzw. basierend auf Echtzeitdaten für die Planung beantwortet werden können (Abb. 4.10):

- Was/wer wird konkret benötigt?
- Wo befindet sich das/der Benötigte?
- In welchem Zustand befindet sich das/der Benötigte?

Um einen visionären Prozess effizient zu gestalten, müssen alle relevanten Daten vorliegen. Ist dies nicht der Fall, müssen Entscheidungen auf Erfahrungswerten

4 Übergreifende Vision der Krankenhauslogistik im Jahr 2030

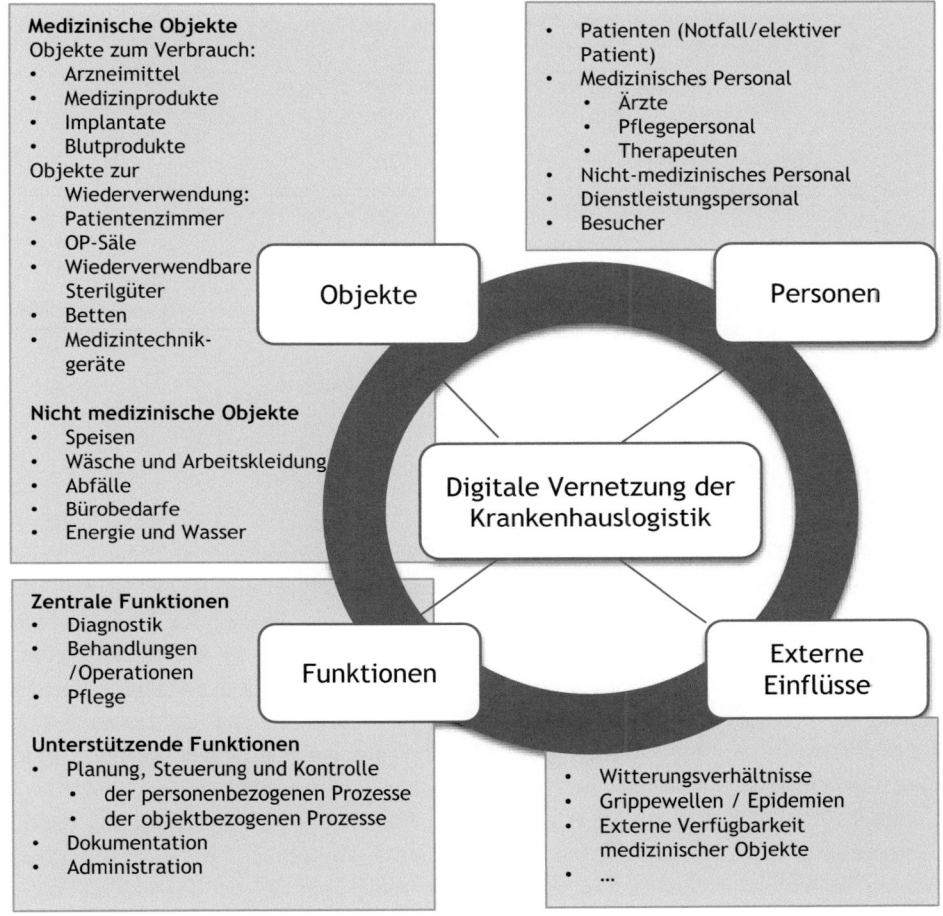

Abb. 4.9 Digitale Vernetzung in der Krankenhauslogistik. (In Anlehnung an Kriegel 2012)

unter Inkaufnahme gewisser Risiken getroffen werden. Weiter müssen genau diese Informationen in Echtzeit verfügbar sein, um einen Planungs- bzw. Steuerungs- oder Kontrollprozess zu gestalten. Für Personen gilt es hierbei selbstverständlich auf Persönlichkeitsrechte und Datenschutz Rücksicht zu nehmen. Ein Prozess selbst kann verschiedene Informationen benötigen.

In der Vision der Krankenhauslogistik sind alle benötigten Informationen in Echtzeit verfügbar. Betrachtet man beispielhaft die Bereitstellung eines reinen Bettes für einen elektiven Patienten, so werden für die zeitgerechte Bereitstellung verschiedene Informationen

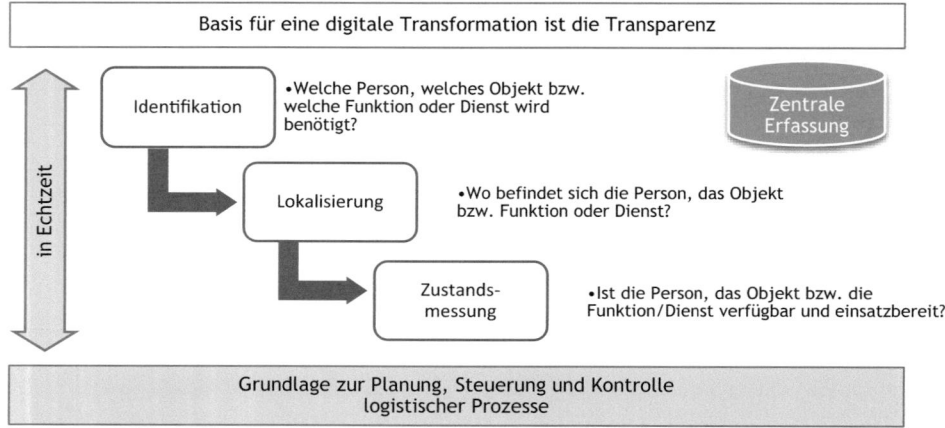

Abb. 4.10 Transparenz als Grundlage digitaler Transformation

benötigt (Abb. 4.11). Ist der Patient in der Aufnahme angekommen, so muss festgelegt werden, welche Station und welches Zimmer er zugewiesen bekommen soll. Hierfür kann bereits eine Reservierung vorliegen. Es ist zu klären, ob das Zimmer den Anforderungen entspricht und ob es sich in einem gereinigten Zustand befindet. Ist das Stationszimmer zugewiesen, benötigt der Patient ein reines Bett in einer definierten Ausstattung. Es muss folglich das Bett ggf. individuell konfiguriert und von einem zentralen Pufferplatz auf das Stationszimmer transportiert werden. Damit der Transport zeitgerecht durchgeführt werden kann, muss ein Transporteur oder ein Bettentransportsystem verfügbar sein.

Dieser Prozess entspricht dem Ansatz der Wertschöpfungskonzentration, da das Pflegepersonal sich nicht um ein Bett kümmern muss. Weiterhin sind die Informationen Patient, Transporteur, Stationszimmer und Bett transparent. Dieser Prozess lässt sich folglich automatisieren. Rückfragen werden eliminiert und der Prozess verfügt über eine kürzere Durchlaufzeit. Dies bedeutet, dass durch einen automatisierten Informationsfluss keine Zeit verloren wird.

Analog lassen sich die Prozesse der Krankenhauslogistik abbilden. Geht man einen Schritt weiter und berücksichtigt externe Einflüsse, so lassen sich Planungsalgorithmen entwickeln. Besteht beispielsweise die Gefahr von Blitzeis, so kommt es potenziell vermehrt zu Notfallaufnahmen. Hierzu werden zusätzliche Kapazitäten benötigt. Bezogen auf das o. g. Beispiel heißt dies, dass mehr Betten und mehr Transporteure innerhalb kürzester Zeit benötigt werden. Ist diese Kenntnis vorhanden, so kann zeitgerecht die Transportkapazität erhöht werden. Zusätzlich kann es erforderlich werden, dass der Puffer an reinen Betten kurzfristig erhöht werden muss. Weiterhin ist davon auszugehen, dass es vermehrt zu Knochenbrüchen kommt und die vorhandenen Plätze auf der Chirurgie-Station nicht ausreichend sind. Bereits im Vorfeld können Stationszimmer auf anderen Stationen reserviert werden.

Zudem lässt sich ein aktuelles Bild über die logistischen Prozesse in einem Krankenhaus geben. Ist beispielsweise die Belegungsquote hoch und die zu erwartende

4 Übergreifende Vision der Krankenhauslogistik im Jahr 2030

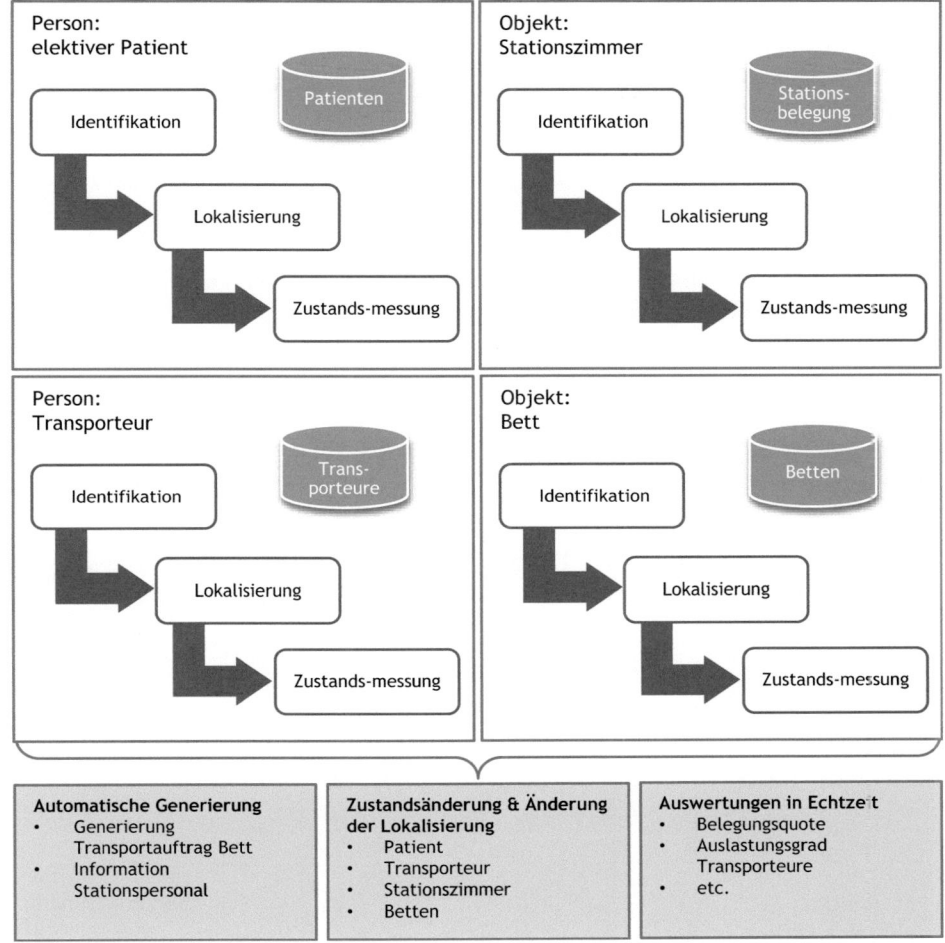

Abb. 4.11 Transparente Informationen am Beispiel „Transport eines reinen Bettes für einen elektiven Patienten"

Entlassungsanzahl der Patienten an den folgenden Tagen niedrig, so wird weniger Transportkapazität benötigt.

Neben dem Ansatz der Wertschöpfungskonzentration und der digitalen Vernetzung mit einer Transparenz aller benötigten Informationen müssen bei einer Vision der Krankenhauslogistik noch weitere Rahmenbedingungen berücksichtigt werden.

Eine reine Konzentration auf die Wertschöpfung ist bei der Herleitung einer Vision unzureichend. Der Nutzen für Patienten sowie für Ärzte, Pflegepersonal und Therapeuten muss klar erkennbar sein. Es gilt also, dass die Patienten besser versorgt und das Wertschöpfungspersonal des Krankenhauses sich auf seine Aufgaben konzentrieren kann. Es ist in diesem Fall unterstellt, dass sich die Qualität der Wertschöpfung verbessert.

Der generierte Nutzen muss einerseits in Relation zu den Kosten stehen und andererseits die Produktivität nicht negativ beeinflussen. Gerade im Gesundheitswesen gibt es volkswirtschaftliche Restriktionen. Die Kosten der Leistung dürfen nicht dramatisch steigen.

4.5 Innovative Dienstleistungskonzentration

4.5.1 Multi-User Dienstleistungs- und Servicezentren zur Unterstützung der Wertschöpfung

Aus den genannten Gründen ist es wahrscheinlich, dass in den kommenden Jahrzehnten Multi-User Dienstleistungs- und Servicezentren für Krankenhäuser, Rehabilitations- und Pflegeeinrichtungen öffentlicher Träger (Abb. 4.12) entstehen werden, welche

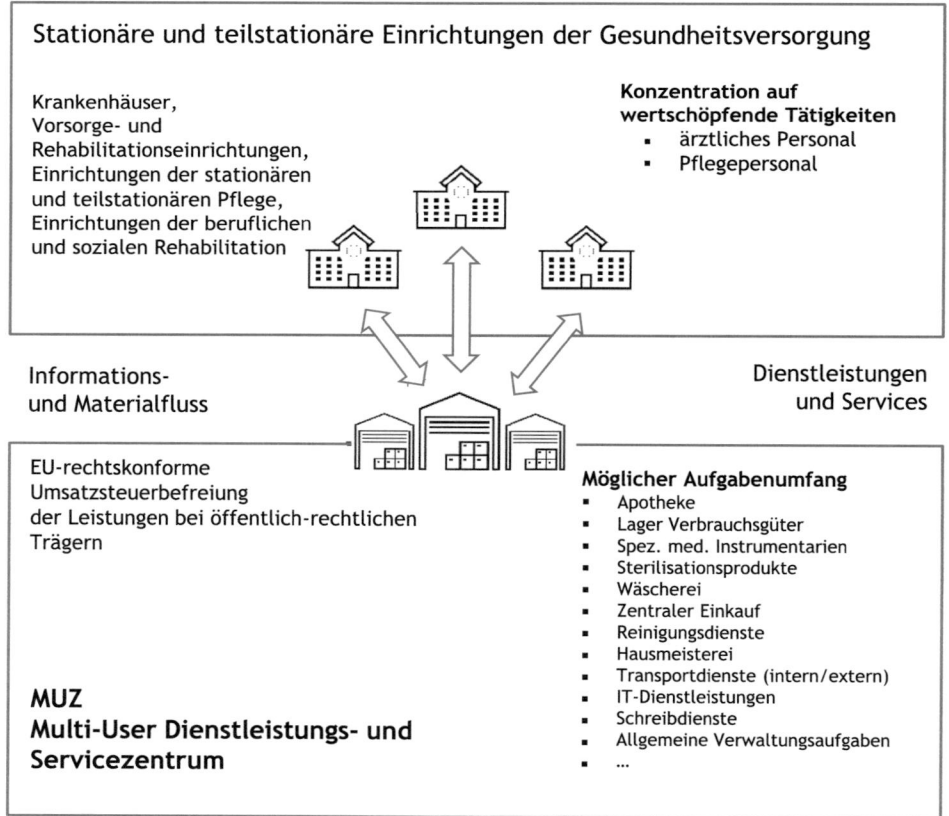

Abb. 4.12 Vision eines Multi-User Dienstleistungs- und Servicezentrums

wertschöpfungsunterstützende Leistungen unter wirtschaftlichen und innovativen Gesichtspunkten zusammenführen. In diesen Zentren wird ein Beitrag für eine professionelle und qualitativ hochwertige Bereitstellung von Dienst- und Serviceleistungen für Krankenhäuser und Pflegeeinrichtungen geleistet. Die Wirtschaftlichkeit bei einer Verbesserung der Zufriedenheit von Mitarbeitern und Patienten wird im Vordergrund stehen.

Bei der Herleitung einer Vision ist bedeutsam, diejenigen Prozesse zu identifizieren, die die elementaren Wertschöpfungsprozesse eines Krankenhauses bzw. einer Pflegeeinrichtung negativ beeinträchtigen. Hierbei handelt es sich um Aufgaben, die nicht dem Kerngeschäft direkt zuzuordnen sind, wobei die eigentliche Wertschöpfung ohne diese Leistungen nicht sicherzustellen wäre (vgl. Abb. 4.13). Vorausgesetzt wird, dass ein Modell für die steuerrechtliche Umsetzbarkeit vorhanden ist.

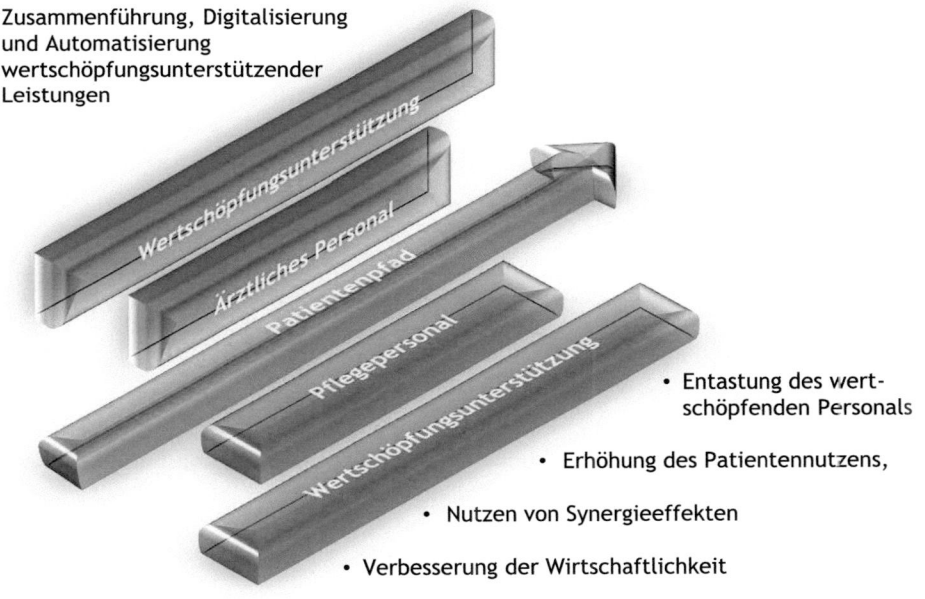

Abb. 4.13 Grundsatz eines Multi-User Dienstleistungs- und Servicezentrums

Die Vision eines Multi-User Dienstleistungs- und Servicezentrums berücksichtigt folgende Aspekte:

- Die wertschöpfungsunterstützenden Leistungen (Informations- und Materialfluss) in stationären und teilstationären Einrichtungen der Gesundheitsversorgung in öffentlich-rechtlicher Trägerschaft werden zusammengeführt und digital vernetzt. Hierdurch werden Durchlaufzeiten reduziert, Ressourceneinsatz optimiert, Wirtschaftlichkeit verbessert und Kundennutzen erhöht.

- Verschwendungen in stationären und teilstationären Einrichtungen der Gesundheitsversorgung in öffentlich-rechtlicher Trägerschaft werden durch Zusammenfassung eliminiert. Durch ein wirtschaftliches Volumen ergeben sich Synergieeffekte für den Gesamtprozess.
- Logistische Objekte (Cyber-Physical-Systems) und deren Systeme eignen sich für die Vernetzung in stationären und teilstationären Einrichtungen der Gesundheitsversorgung in öffentlich-rechtlicher Trägerschaft.

Für die logistischen Prozesse in einem Krankenhaus bedeutet die Vision eines Multi-User Dienstleistungs- und Servicezentrums eine erhebliche Entlastung von aufwendigen Prozessen in den einzelnen Krankenhäusern.

Der komplette Inbound-Prozess für Pharma- und Medizinprodukte[9] sowie Verbrauchgüter kann zukünftig in einem Krankenhaus entfallen. Die Materialbereitstellung erfolgt aus dem Zentrum bis an den Bedarfsort, z. B. der Station. Verbrauchgesteuerte Regelkreisläufe – unterstützt durch entsprechende digitale Technologien – ermöglichen eine automatisierte Anforderung aus dem Multi-User Dienstleistungs- und Servicezentrum.

Der komplette Beschaffungsprozess wird in das Multi-User Dienstleistungs- und Servicezentrum ausgelagert. Höhere Einkaufsvolumen ermöglichen nicht nur Rabatte, sondern stärken auch die Marktposition gegenüber den Lieferanten.

IT-Systeme, und somit auch diejenigen der logistischen Prozesse, können zentralisiert und vereinheitlicht werden. Dies spart IT-Personalressourcen und ermöglicht die Entwicklung und Implementierung neuer innovativer, digital unterstützter Prozesse.

4.5.2 Umsatzsteuerrecht als Wettbewerbsnachteil

Der Anteil an Krankenhäusern in privater Trägerschaft nimmt konstant zu. Krankenhäuser und Pflegeeinrichtungen, die in öffentlich-rechtlicher Trägerschaft stehen oder freigemeinnützig sind, sind für ihre Leistungen von der Umsatzsteuer befreit (Bundesministerium für Finanzen 2016; Bundesfinanzhof 10.03.2015; Bundesfinanzhof 23.10.2014). Dies bedeutet im Gegenzug, dass für entgegengenommene Leistungen Dritter, die nicht als öffentlich-rechtliche Einrichtung gelten, Umsatzsteuer zu entrichten ist. Zwangsläufig bedeutet dies für eine Einrichtung in öffentlich-rechtlicher Trägerschaft, welches eine Leistung an ein privates Unternehmen übertragen möchte, einen Nachteil. Ein derartiges Outsourcing ist i. d. R. aus Wirtschaftlichkeitsgründen nahezu auszuschließen. Die Alternative liegt in der sogenannten Organschaft oder in einem Zweckverband. Hierbei schließen sich rechtlich selbstständige Unternehmen zu einer Besteuerungseinheit zusammen. Gründen mehrere Krankenhäuser öffentlicher Träger

---

[9] Siehe Glossar Begriff „Medizinprodukte".

ein eigenes Unternehmen oder einen Zweckverband, so wären die erbrachten Leistungen von der Umsatzsteuer aus Wettbewerbsgründen nach derzeitiger Rechtsprechung auch dann nicht von der Vorsteuer befreit. Nur dann, wenn eine Existenzgefährdung vorliegen würde, sieht die Rechtsprechung diesbezüglich eine Möglichkeit vor. Dieser Sachverhalt ist gegeben. Kleinere und mittlere Krankenhäuser und Pflegeeinrichtungen stehen immer häufiger aus wirtschaftlichen Gründen vor der Schließung. Wird nicht zeitnah durch den Gesetzgeber eingegriffen oder ein steuerrechtlich legales Modell entwickelt, wird die regionale Versorgung zukünftig deutlich eingeschränkt werden.

4.6 Bedarfsgerechte, schlanke und vernetzte Krankenhauslogistik 4.0

Die Vision eines durchgängig-vernetzten – und damit vollständig transparenten – Work Systems beschreibt den aus heutiger Sicht erstrebenswerten Zustand einer Krankenhauslogistik 4.0. Dies umfasst die Betrachtung aller beteiligten Personen, Objekte und Dienste, sowie der externen Einflüsse (Kriegel 2012). In den unterschiedlichen logistischen Prozessen und Aktivitäten eines Krankenhauses ermöglicht der zielgerichtete Einsatz von Akteuren (Personen), Informationen und Technologien (Alter und Wright 2010; Alter 2013) die Erbringung des logistischen Wertversprechens für das medizinische Personal in den Kernprozessen. Dies beinhaltet, in Anlehnung an Schulte (2017), die Planung, Gestaltung, Abwicklung und Kontrolle des gesamten Material- (Objekte) und Informationsflusses innerhalb des Krankenhauses und zwischen einem Krankenhaus und verbundenen Organisationen (z. B. Lieferanten). Der erstrebenswerte Zustand ist eine bedarfsgerechte und wirtschaftliche Krankenhauslogistik. Diese umfasst die prozessübergreifende Vernetzung, adäquate Informationsflüsse zur Erlangung von Transparenz über Personen, Objekte und Diensten, flexible und wirtschaftliche Prozesse durch sinnvolle Mensch-Maschine-Zusammenarbeit und eine integrierte Ende-zu-Ende Prozessbetrachtung. Die Vision basiert auf den Leitlinien für Work Systems nach Alter und Wright (2010).

Die Krankenhauslogistik muss auf den zentralen Wertschöpfungsprozess eines Krankenhauses – bestehend aus Anamnese, Diagnose, Therapie und Pflege mit den vor- und nachgelagerten Prozessen der Aufnahme und Entlassung – ausgerichtet sein. Das medizinische Personal und die Patienten stellen die (internen) „Kunden" der Krankenhauslogistik dar. Die logistischen Prozesse müssen in ihrem Wertversprechen und in ihrer Ausführung auf die Bedürfnisse eben jener Kunden ausgerichtet sein. Dementsprechend muss eine Priorisierung der Prozesse und Aktivitäten gemäß der medizinischen Dringlichkeit erfolgen.

Die logistischen Prozesse und Aktivitäten in einem Krankenhaus umfassen alle Transportaufgaben von Patiententransport, Materialversorgung und Apotheke bis hin zu Nahrungsmittelversorgung, Post und Abfallentsorgung. Eine **integrierte Betrachtung und Steuerung** aller logistischen Prozesse in einem Krankenhaus ermöglicht die zielgerichtete Gestaltung und Steuerung der Prozesslandkarte, die Hebung wirtschaftlicher Potenziale und insbesondere die ganzheitliche Ausrichtung auf den medizinischen Wertschöpfungsprozess. Die **Erhöhung der Prozessflexibilität** – beispielsweise durch Patienten- und Artikelvariabilität – bildet die Grundlage für die Priorisierung von Prozessen gemäß medizinischer Dringlichkeit. Diese Prozessflexibilität kann durch digitale Unterstützung der Prozesse und die dadurch entstehenden Prozessdaten erreicht werden. Die Datenverfügbarkeit in Echtzeit bildet die Grundlage für die notwendige **Prozesstransparenz und Prozesssteuerung.** Die aktive Prozesssteuerung und laufende Prozessbewertung ermöglichen dabei auch die Beachtung der Wirtschaftlichkeit, trotz der einhergehenden Komplexität der Prozesse. Ziel ist es, die logistischen Prozesse so zu gestalten, dass möglichst keine Verschwendung von Ressourcen auftritt. Dies erfordert zielgerichtete Informationsflüsse ohne Medienbrüche, sodass Materialflüsse verschwendungsfrei gesteuert werden. Zudem brauchen verschwendungsfreie Logistikprozesse die Nutzung des Expertenwissens und damit verbundenen Urteilsvermögens der Mitarbeiter und eine Ermöglichung von situativen Entscheidungen unter nahezu vollständiger Informationstransparenz. Unterstützt werden können solche Problemlösungen – wie beispielsweise eine dynamische Reallokation von Mitarbeiterressourcen über Prozessgrenzen hinweg – durch datenbasierte Entscheidungen und Entscheidungsunterstützung in den Prozessabläufen. Digitale Technologien können auf Basis von Prozessdaten Probleme in den Prozessen identifizieren und somit die Aufmerksamkeit der Mitarbeiter darauf lenken. Dies ermöglicht eine laufende Überwachung der Prozessqualität und der Prozesszeiten auf Basis des Prozessinputs und -outputs. Folglich müssen die Prozessdaten laufend erfasst und ausgewertet werden und nicht (wie heute häufig vertreten) situativ im Rahmen von Projekten analysiert werden.

Neben der durchgängigen digitalen Unterstützung der logistischen Prozesse, ist die Integration und Identifikation der Mitarbeiter mit der logistischen Aufgabe entscheidend. Dies erfordert eine klare Definition und Abgrenzung der Prozessschritte, um die Zielerreichung und Zuständigkeiten auch unter Vollauslastung oder unter temporärer Überlast sicherzustellen. Dabei müssen die Rollen und Verantwortlichkeiten jederzeit bekannt sein und von dem entsprechenden Mitarbeiter übernommen werden. In Verbindung mit einer hohen Prozessflexibilität und der dynamischen Allokation von Mitarbeiterressourcen, müssen deshalb alle Prozessschritte des gesamten Work Systems in einem Informationssystem durchgängig abgebildet sein. Dies erfordert zusätzlich eine Abstimmung aller Prozesse auf die Arbeitsweise und -qualifikation der eingesetzten Mitarbeiter. Eine physische oder psychische Überlastung bzw. Überforderung der Mitarbeiter würde eine adäquate Übernahme von Verantwortung verhindern. Mittelfristig kann so kein Mehrwert generiert werden und die Qualität der logistischen Aktivitäten würde gemindert werden. Nicht zuletzt deshalb müssen Prozesse, Technologien und Mitarbeiter im Work System ganzheitlich betrachtet und geplant werden.

Bei der Gestaltung des Work Systems dürfen auch die Bedürfnisse und die Motivation der Mitarbeiter nicht vernachlässigt werden. Analog zur Überlastung und Überforderung der Mitarbeiter mindert auch die Vernachlässigung ihrer Bedürfnisse (z. B.

gesunde Arbeitsumgebungen, Autonomie) die Qualität der verrichteten Arbeit. Dementsprechend muss das logistische System die Bedürfnisse der Mitarbeiter adressieren. Dies geschieht beispielsweise durch das Aufzeigen von Überlastung oder hohen Latenzzeiten in den Prozessen. Zudem können Anreizsysteme die Qualität der Zielerreichung in den Logistikprozessen erhöhen und zur Wertsteigerung beitragen. Eine gezielte Anreizsetzung soll die Mitarbeiter dazu anleiten, sich in den definierten Prozessen zu bewegen oder Prozessverbesserungsvorschläge einzubringen.

Ein zentraler Aspekt zur Zielerreichung einer verschwendungsfreien Krankenhauslogistik ist der reibungslose Informationsfluss, die umfängliche Informationsverfügbarkeit und eine hohe Informationsqualität. Letztlich ist der Wertstrom – im Sinne des Materialflusses und der Wertgenerierung – abhängig von der benötigten Informationsverfügbarkeit, um diesen effizient und zielgerichtet steuern zu können. Grundlage ist dabei eine ausreichend gute Datenqualität, insbesondere in Hinblick auf die gespeicherten Stammdaten. Darauf aufbauend kann der Informationsfluss so gestaltet werden, dass eine Informationsbereitstellung für jede Aktivität möglich ist. Im visionären Endzustand der Krankenhauslogistik sind somit alle entscheidungsrelevanten Informationen rechtzeitig und in ausreichender Granularität für den Entscheidungsträger verfügbar. In der Anwendungsdomäne eines Krankenhauses ist es dabei zwingend notwendig, den Schutz aller Informationen vor unbefugter Nutzung sicherzustellen. Dies betrifft insbesondere personenbezogene Daten zu Patienten und Mitarbeitern. Sofern lediglich autorisierte Personen für vordefinierten Anwendungsfälle relevante Daten einsehen können, kann eine digitale Transparenz erreicht werden, welche die Grundlage für die darauf aufbauende proaktive Prozesssteuerung ist. Auch der Einsatz sinnvoller Automatisierung lässt sich auf dieser Grundlage realisieren.

Ein zielgerichteter Informationsfluss und die sinnvolle Automatisierung lassen sich durch den Einsatz geeigneter, digitaler Technologien erreichen. Die sogenannten SMACIT-Technologien (social, mobile, analytics, cloud, IoT) sind heute bereits alltäglich geworden. Jüngeren Technologien, wie z. B. den DARQ-Technologien (Distributed Ledger/Blockchain, künstliche Intelligenz, virtuelle und erweiterte Realität und Quantencomputing), werden im Jahr 2020 großes Potenzial vorausgesagt (siehe Abschn. 3.1.1). Im Folgenden werden einige der genannten digitalen Technologien aufgegriffen und potenzielle Einsatzzwecke beschrieben:

- **Mobile** Technologien wie bspw. Smartphones ermöglichen den Einsatz tragbarer Informationstechnologie und ermöglicht somit die Arbeitsplatz-ungebundene Erfassung und Verarbeitung, sowie Bereitstellung von Informationen.
- Data **Analytics** Technologien ermöglichen auf Basis der erfassten und vorhandenen Daten die Ableitung von Schlussfolgerungen und somit Prozesse zu analysieren, zu steuern und zu überarbeiten. Künstliche Intelligenz (bspw. basierend auf maschinellem Lernen), ermöglicht darüber hinaus das Erkennen komplexer Zusammenhänge in großen Datenmengen.

- Der Weg in die **Cloud** ermöglicht die standort- und geräteunabhängige Bereitstellung und Nutzung digitaler Services. Die damit verbundene zentrale Datenhaltung erleichtert die durchgängig vernetzte Informationsbereitstellung und damit verbundene Transparenz.
- **Erweiterte Realitäten** („Augmented Reality") erweitern das Sichtfeld von Mitarbeitern und können bspw. die Prozesssicherheit erhöhen. Ein in der Logistik häufig diskutierter und teils genutzter Ansatz ist Pick-by-Vision im Rahmen der Kommissionierung. Im Kontext eines Krankenhauses zeigte das Projekt „SmartZSVA" unter Beteiligung des Fraunhofer FIT, wie mit Hilfe von Smart Glasses der Prozess der Sterilgutversorgung in Bezug auf die Qualität, Sicherheit und Wirtschaftlichkeit verbessert werden konnte (IT4process 2019).

Diese nicht abschließende Liste zeigt beispielhaft, wie digitale Technologien eingesetzt werden können. Bei der Einführung dieser Technologien sind dabei einige Anforderungen zu beachten. Diese sind, neben der Erreichung einer möglichst kurzen Amortisationszeit aufgrund der geringen Kapitalverfügbarkeit für Investitionen, insbesondere medizinische Anforderungen, wie beispielsweise die Desinfektionsmöglichkeiten der eingesetzten Endgeräte. Übergreifend muss die Technologielandschaft so gestaltet sein, dass der Aufwand zum Erlernen und im Umgang mit den Technologien geringgehalten wird. Dies umfasst unter anderem die Vermeidung von Medienbrüchen, im Sinne eines Wechsels zwischen digitalen Medien (Technologien) selbst und insbesondere zwischen digitalen und analogen Medien, die die Interaktion des Nutzers erfordern. Darüber hinaus sollten die Technologien so gestaltet werden, dass die Nutzer sie intuitiv und ohne große Hürden nutzen können.

Der zielorientierte Einsatz von Akteuren, Informationen und Technologien in den Prozessen und Aktivitäten der Krankenhauslogistik stellt den Kern des Work Systems dar. Das Work System „Krankenhauslogistik 4.0" kann die Bedürfnisse und Prioritäten des medizinischen Wertschöpfungsprozesses erfüllen. Das Wertversprechen ist dabei eine möglichst verschwendungsfreie Logistikdienstleistung, welche auf dem Grundsatz der Informationstransparenz in Echtzeit beruht. Die Transparenz umfasst die Identifikation, Lokalisierung und Zustandsmessung aller Objekte und Personen. Dies ist die Grundlage für die Planung, Steuerung und Kontrolle der logistischen Prozesse. Zudem ermöglicht die Transparenz die Implementierung einer ökonomisch und sozialen Mensch-Maschine-Zusammenarbeit im Sinne einer Teilautomatisierung.

Dabei muss die Vision einer bedarfsgerechten, wirtschaftlichen schlanken und digitalen Krankenhauslogistik 4.0 gewissen **Rahmenbedingungen** genügen. Diese sind zum einen die Einbettung der logistischen Aktivitäten in die bestehende **Infrastruktur.** So stellt die, in vielen Fällen historisch gewachsene, bauliche Infrastruktur eine große Herausforderung dar. Die vorhandene Fläche etwa muss möglichst vollständig unter dem Gedanken der Wertschöpfung ausgenutzt werden. Eine weitere, in vielen Krankenhäusern bekannte Herausforderung stellen die Aufzüge dar. Vor allem bei in die Höhe gebauten Krankenhäusern müssen die Aufzüge eine gewaltige Aufgabe übernehmen. Neben Patienten, Besuchern und Mitarbeitern, müssen Betten, Essen, Material und

Medikamente über die Aufzüge transportiert werden. Diese Vielfalt und das Volumen der logistischen Aufgabe lässt deshalb die Aufzüge schnell zum Engpass werden.

Neben den infrastrukturellen Rahmenbedingungen, sind auch die **Umweltbedingungen,** sowie **strategische Ausrichtung** und deren Implikationen auf die Krankenhauslogistik zu beachten. Die regulatorischen Anforderungen umfassen etwa Hygienestandards oder Dokumentationspflichten. Letztere sind nicht nur eine Herausforderung, sondern können auch als Chance wahrgenommen werden. So werden etwa in Funktionsbereichen wie den Herzkatheterlaboratorien während der Behandlung Informationen über den damit verbundenen Materialverbrauch erfasst. Diese Daten können anschließend genutzt werden und entsprechende Nachbestückungen auslösen. Zudem bieten sie nahezu in Echtzeit Informationen über das Verbrauchsverhalten und ermöglichen eine präzisere Steuerung von Bestandsmengen und Widerbeschaffungszeitpunkten. Ein Beispiel dafür, dass zusätzliche Regularien Potenziale mit sich bringen können, ist die stufenweise Einführung des *unique device identifiers*[10] (UDI) ab 2021 bis 2027 (Europäische Kommission 2020). Die UDI soll auf allen medizinischen Artikeln[11] und deren Umverpackungen per Barcode oder Data Matrix artikelspezifische Informationen maschinenlesbar einführen inklusive einer Risikoklassifizierung. Die Informationen umfassen dabei die Global Trade Identification Number (GTIN), welche den Artikel weltweit eindeutig einer Artikelart zuordnet, sowie spezifische Informationen wie das Verfallsdatum, die Seriennummer und/oder die Chargennummer. Mithilfe des maschinenlesbaren Codes können medizinische Artikel demnach im gesamten Materialfluss erfasst und bewertet werden. Bei Rückrufaktionen beispielsweise können Artikel gezielt identifiziert und aussortiert, Dokumentationspflichten durch die eindeutige Zuordenbarkeit erfüllt und Verfallsdaten automatisiert geprüft und sichergestellt werden.

Die strategische Ausrichtung indes beschreibt die Implikationen für die Krankenhauslogistik 4.0, welche durch die Strategie des Krankenhauses, des Trägers oder angrenzender Work Systems entstehen. Beispielsweise hat die Gestaltung der IT-Architektur und Ausrichtung dieser auf die Prozesse einen eminenten Einfluss auf die Krankenhauslogistik. Insgesamt muss die IT als Werttreiber für das Krankenhaus und für die Logistik im Speziellen verstanden werden, um die in diesem Buch beschriebenen Potenziale und Chancen heben zu können.

Bei der Gestaltung Krankenhauslogistik 4.0 ist die Kompatibilität und Koordination mit den weiteren, unterstützenden Work Systems (z. B. Personalmanagement, Belegungsmanagement, etc.) sicherzustellen. So kann bereits die Taktung der Küche und die damit verbundene logistische Dienstleistung zur Auslieferung des Frühstücks einen Einfluss auf die gesamte Performance der Krankenhauslogistik eines Tages haben. Dementsprechend müssen die primären und sekundären Prozesse aufeinander abgestimmt und in der Prozesssteuerung Abhängigkeiten transparent gemacht werden.

---

[10] Siehe Glossar Begriff „Unique Device Identifier".
[11] Siehe Glossar Begriff „Artikel".

Dazu empfiehlt sich die Implementierung von regelmäßigen Benchmarking-Analysen und einer Evaluation der Zielerreichung des Work Systems durch Kennzahlen auf Basis von Prozessdaten. Ein entsprechender Ansatz wurde im Projekt „BELOUGA" (siehe auch Abschn. 4.1 und 4.3) entwickelt und von Eymann et al. (2015) publiziert. Dieses Benchmarking erlaubt neben einer wirtschaftlichen Gestaltung der Logistikprozesse auch die Identifikation und Minimierung unnötiger Risiken, indem mittel- und langfristige Effekte und Trends erkannt und abgefangen werden. Kurzfristig können hingegen Risiken minimiert werden, die durch die aktive Prozesssteuerung und proaktive Eskalation abgefangen werden können. Etwa können ungewöhnlich hohe Latenzzeiten in den Prozessen zeitnah erkannt und entsprechende Maßnahmen, wie die dynamische Reallokation von Mitarbeitern aus anderen logistischen Bereichen, eingeleitet werden. Ein proaktives System stellt zudem sicher, dass z. B. keine verfallenen Artikel verwendet oder infizierte Betten sachgemäß und zügig gereinigt werden. Zuletzt ermöglicht das transparente Work System die Wahrung der Anpassungsfähigkeit, um auf Veränderungen und den damit einhergehenden Anforderungen reagieren zu können. Zum Beispiel ist davon auszugehen, dass der Gesundheitssektor weitere regulatorische Anforderungen wie etwa zunehmende Dokumentationspflichten erfüllen muss. Zudem werden in den kommenden Jahren die Fallzahlen und damit das Patientenaufkommen weiter steigen. Dies wird die Krankenhauslogistik zunehmend vor neue Herausforderungen stellen und erfordert bereits heute, die Logistikprozesse entsprechend aufzustellen.

Fragen

Lernzielkontrolle:

- Was sind die wesentlichen Annahmen zur Entwicklung und den Rahmenbedingungen in Bezug auf die Krankenhauslogistik im Jahr 2030? (Abschn. 4.1)
- Wie lässt sich das Konzept der Wertschöpfungsorientierung auf die Krankenhauslogistik übertragen? (Abschn. 4.3)
- Was bedeutet digitale Transparenz für die Krankenhauslogistik und wie setzt sich diese zusammen? (Abschn. 4.4)
- Wie kann innovative und wirtschaftliche Dienstleistungskonzentration erreicht werden? (Abschn. 4.5)
- Wie sieht die bedarfsgerechte und schlanke Krankenhauslogistik durch die Vernetzung mittels digitaler Technologien aus? (Abschn. 4.6)

Literatur

Alter S (2013) Work system theory: overview of core concepts, extensions, and challenges for the future. J Assoc Inf Syst 14:72–121

Alter S, Wright R (2010) Validating Work System Principles for Use in Systems Analysis and Design. Proceedings of the International Conference on Information Systems, ICIS 2010

Bundesfinanzhof (23.10.2014) Umsatzsteuerfreiheit privater Krankenhäuser. Bundesfinanzhof. Bundesministerium für Finanzen (2016) Bundessteuerblatt Teil 1:S. 785

Bundesfinanzhof (10.03.2015) Zur Steuerfreiheit von Umsätzen privater Krankenhausbetreiber ab 2009. Bundesfinanzhof. Bundesministerium für Finanzen (2016) Bundessteuerblatt Teil 1:S. 793

Bundesministerium für Finanzen (Hrsg) (2016) Bundessteuerblatt Teil 1

Bundesministerium für Gesundheit (2020) Elektronische Gesundheitskarte. https://www.bundesgesundheitsministerium.de/themen/krankenversicherung/egk.html#c1054. Zugegriffen: 18. Mai 2020

DIN ISO/IEC 2382:2015 2122900 (Mai 2015) Information Technology – Vocabulary

Eiff W von (2017) Monitoring IT, Einkauf & Logistik im Krankenhaus 2017; Untersuchung zu Strategien, Organisation und Prozessen in Einkauf & Logistik der Krankenhäuser. https://docplayer.org/29153162-Monitoring-it-einkauf-logistik-im-krankenhaus-2017.html. Zugegriffen: 18. Mai 2020

Europäische Kommission (2020) EUDAMED; European Database on Medical Devices. https://ec.europa.eu/growth/sectors/medical-devices/new-regulations/eudamed_de. Zugegriffen: 24. November 2020

Eymann T, Buck M, Woratschek H, Schröder J (Hrsg) (2015) Wertschöpfungsorientiertes Benchmarking. Von der Theorie zur Praxis, Springer, Berlin

Götz G (2014) Cloud Live: das Krankenhaus 4.0 – Any Time, Any Place, Any Device and Secure. Krankenhaus-IT Journal:10–13

Horton G (2018) Eine Checkliste für die Bewertung von Wertversprechen. https://www.zephram.de/blog/geschaeftsmodellinnovation/checkliste-bewertung-wertversprechen/. Zugegriffen: 18. Mai 2020

IT4process (2019) Smartglasses in der Sterilgutversorgung. https://smartglasses-aemp.de/. Zugegriffen: 26. Mai 2020

Kriegel J (Hrsg) (2012) Krankenhauslogistik. Gabler, Wiesbaden

Loos DS, Albrecht DM, Zich K (2019) Zukunftsfähige Krankenhausversorgung; Simulation und Analyse einer Neustrukturierung der Krankenhausversorgung am Beispiel einer Versorgungsregion in Nordrhein-Westfalen. https://www.bertelsmann-stiftung.de/fileadmin/files/BSt/Publikationen/GrauePublikationen/VV_Bericht_KH-Landschaft_final.pdf. Zugegriffen: 24. Nov. 2020

Marburger Bund (2017) MB-Monitor 2017. https://www.marburger-bund.de/sites/default/files/files/2018-09/gesamtauswertung-mb-monitor-2017-presse-pk-website.pdf. Zugegriffen: 18. Mai 2020

Pettinger T (2019) Reasons for falling price of electronic goods. https://www.economicshelp.org/blog/147811/economics/reasons-for-falling-price-of-electronic-goods/. Zugegriffen: 27. Nov. 2020

Porter ME (2000) Wettbewerbsvorteile. Campus, Frankfurt

Roland Berger GmbH (Hrsg) (2017) Krankenhausstudie 2017. https://e-health-com.de/fileadmin/user_upload/dateien/News/roland_berger_krankenhausstudie_2017.pdf. Zugegriffen: 18. Mai 2020

Roland Berger GmbH (Hrsg) (2018) Krankenhausstudie 2018. https://www.rolandberger.com/de/Media/70-Prozent-der-deutschen-Krankenhäuser-setzen-auf-Kooperationen-mit-Medizintechn.html. Zugegriffen: 18. Mai 2020

Roland Berger GmbH (Hrsg) (2019) Krankenhausstudie 2019. https://www.rolandberger.com/de/Publications/Wirtschaftliche-Lage-von-Deutschlands-Krankenh%C3%A4usern-verschlechtert-sich-deutlic.html. Zugegriffen: 18. Mai 2020

Schafmeister G (2004) Wertschöpfungskonfiguration bei Sportdienstleistern – unter besonderer Berücksichtigung von problemlösenden Unternehmen. In: Meyer A (Hrsg) Dienstleistungsmarketing. Deutscher Universitätsverlag, S 179

Schröder J, Tomanek DP (2012) Wertschöpfungsmanagement: Grundlagen und Verschwendung. https://hdl.handle.net/10419/202576. Zugegriffen: 24. Nov. 2020

Schulte C (2017) Logistik. Wege zur Optimierung der Supply Chain, Vahlen, München

Statistisches Bundesamt (2020) Krankenhäuser. https://www.destatis.de/DE/Themen/Gesellschaft-Umwelt/Gesundheit/Krankenhaeuser/_inhalt.html#sprg235856. Zugegriffen: 24. Nov. 2020

Tomanek DP, Schröder J (2018) Value Added Heat Map. Eine Methode zur Visualisierung von Wertschöpfung, Springer Gabler, Wiesbaden

Woratschek H, Roth S, Schafmeister G (2005) Dienstleistungscontrolling unter Berücksichtigung verschiedener Wertschöpfungskonfigurationen – Eine Analyse am Beispiel der Balanced Scorecard. In: Bruhn M (Hrsg) Dienstleistungscontrolling. Gabler, Wiesbaden, S 253–274

5

Referenzmodell schlanke, digital-unterstützte Materiallogistik in Krankenhäusern

Hildegard Kriner und Sebastian Heger

> **Übersicht**
>
> In den vorgegangenen Kapiteln dieses Buches wird die Ausgangssituation und das Forschungsziel beschrieben (Kap. 1). Anschließend skizziert Kap. 2 das zugrunde liegende Lernkonzept. In Kap. 3 werden die theoretischen Grundlagen und Methoden erklärt. Kap. 4 schildert die Vision der Krankenhauslogistik im Jahr 2030 und schildert dabei den Ansatz der Multi-User Dienstleistungs- und Servicezentren.
>
> In diesem Kap. 5 wird das Referenzmodell „Materiallogistik" dargestellt sowie die Erkenntnisse aus der Ist- und Potenzialanalyse vermittelt.
>
> In den nachfolgenden Kapiteln dieses Buches wird das Referenzmodell „Bettenlogistik" dargestellt (Kap. 6) und ein Ausblick auf die strukturellen, prozessualen und technologischen Entwicklungen in der Krankenhauslogistik gegeben (Kap. 7).

H. Kriner (✉)
Zentrum für Angewandte Forschung der Technischen Hochschule Ingolstadt, Ingolstadt, Deutschland
E-Mail: hildegard.kriner@thi.de

S. Heger
Projektgruppe Wirtschaftsinformatik des Fraunhofer FIT, Augsburg, Deutschland
E-Mail: sebastian.b.heger@gmail.com

S. Heger
Kernkompetenzzentrum Finanz- und Informationsmanagement,
Universität Augsburg, Augsburg, Deutschland

© Springer Fachmedien Wiesbaden GmbH, ein Teil von Springer Nature 2021
H. Gimpel und J. Schröder (Hrsg.), *Hospital 4.0*,
https://doi.org/10.1007/978-3-658-33064-4_5

> **Fragen**
>
> Nach diesem Kapitel sollten Sie die folgenden Fragen beantworten können:
>
> - Welche Teilbereiche umfasst die Materiallogistik in einem Krankenhaus (Abgrenzung)?
> - Welche potenziellen Handlungsfelder und Gestaltungsmöglichkeiten wurden im Rahmen der Analyse bestehender Prozesse erkannt?
> - Wie können digitale Technologien in den Prozessen der Materiallogistik zum Einsatz gebracht werden, um Verschwendung zu vermeiden und Transparenz zu ermöglichen?
> - Welche künftigen Entwicklungen können einen Einfluss auf die Materiallogistik in Krankenhäusern haben und welche Gestaltungsmöglichkeiten ergeben sich daraus?

5.1 Motivation, Abgrenzung und Grundlagen

Die Krankenhauslogistik hat eine wichtige Unterstützungsfunktion inne (siehe Kap. 4), welche die wertschöpfenden Prozesse eines Krankenhauses – die Behandlung von Patienten durch Diagnostik, Therapie und Pflege – ermöglicht und sicherstellt (Frodl 2012). Ein zentrales Aufgabenfeld der Krankenhauslogistik ist die Gewährleistung der reibungslosen Verfügbarkeit von Material am Ort der Wertschöpfung[1]. Neben der Sicherstellung der Materialversorgung in der notwendigen Qualität ist auch die richtige Quantität von entscheidender Bedeutung. Darüber hinaus muss gewährleistet werden, dass es sich um den richtigen Artikel[2] (etwa bei Implantaten) handelt und dieser die Anforderungen[3] aus medizinischer und regulatorischer Sicht erfüllt. Beispielsweise umfasst dies die Einhaltung von Verfallsdaten. Ein weiterer entscheidender Faktor ist die Gewährleistung der Termingenauigkeit in der Anlieferung bzw. Bereitstellung der Medizinprodukte am Verbrauchsort.

Die Materiallogistik[4] sichert die Bewirtschaftung des Krankenhauses mit medizinischen Verbrauchs- und Pflegematerialien. Diese umfassen insbesondere Medizin- bzw. Medikalprodukte. Für diese beiden Begriffe ist in der Literatur keine einheitliche Abgrenzung vorhanden, weshalb im Folgenden der Begriff Medizinprodukte[5] übergreifend verwendet wird (Kriegel 2012). Medizinprodukte dienen einem medizinischen Zweck zur Anwendung am Patienten[6]. Unter diese Produktkategorie fällt ein breites Sortiment an

---

[1] Siehe Glossar Begriff „Wertschöpfung".
[2] Siehe Glossar Begriff „Artikel".
[3] Siehe Glossar Begriff „Bedarfsanforderung".
[4] Siehe Glossar Begriff „Materiallogistik".
[5] Siehe Glossar Begriff „Medizinprodukte".
[6] Zur besseren Lesbarkeit werden in diesem Buch und diesem Kapitel personenbezogene Bezeichnungen, die sich zugleich auf Frauen, Männer und andere Personen beziehen, generell nur in der im Deutschen üblichen männlichen Form angeführt, also z. B. „Ärzte" statt „Ärztinnen und Ärzte", „ÄrztInnen" oder „Ärzt_innen". Dies soll jedoch keine Geschlechtsdiskriminierung oder eine Verletzung des Gleichheitsgrundsatzes zum Ausdruck bringen.

Artikeln, welches von medizinischen Geräten, über Verbrauchsartikel, wie Spritzen oder Pflaster, bis hin zu Implantaten reicht (Kriegel 2012).

Vor dem Hintergrund des zunehmenden Kostendrucks im Gesundheitswesen (vgl. Kap. 4) gilt es, wertschöpfungsorientierte Denkweisen und Prozessgestaltungen in Krankenhäusern zu etablieren. Dabei umfasst die Wertschöpfung in einem Krankenhaus im Kern alle patientenbezogenen Vorgänge. Um diese reibungslos zu ermöglichen, müssen alle logistischen Prozesse auf die Wertschöpfung fokussiert und jede Art von Verschwendung[7] nach Möglichkeit minimiert oder eliminiert werden (Kriegel 2012).

Häufige Verschwendungen in der Krankenhauslogistik sind beispielsweise unnötige Materialbewegungen aufgrund bestehender, meist historisch gewachsener Prozesse. Des Weiteren stellt die Vielzahl an Lieferanten, sowie eine enorme Produktvielfalt und ein dynamisches Entwicklungsumfeld große Herausforderungen dar. Diese Verschwendungen wurden in den logistischen Prozessen zur Materialversorgung identifiziert (Heger et al. 2020a). Teile dieses Kapitels (Abschn. 5.3 und 5.4) entsprechen Heger (2020).

Verschwendungen auf Basis ungeeigneter Informationsflüsse und eine mangelhafte Informationsverfügbarkeit sind häufig anzutreffen. Ein Beispiel dafür ist die visuelle Sichtprüfung der Verfallsdaten, welche durch systemisch verfügbare Daten obsolet werden würden. Weiter werden vorhandene Informationen oft nicht genutzt oder Medienbrüche verlangsamen die Prozesse. Solche Verschwendungen können durch den gezielten Einsatz geeigneter digitaler Technologien vermieden werden. Uckelmann (2014) beschreibt acht Potenziale, die sich durch eine Optimierung des Informationsflusses ergeben. Diese sind unter anderem die Vermeidung von Latenzzeiten, der Wegfall der manuellen Datenerfassung und eine höhere Informationsverfügbarkeit. Als weitere Potenziale nennen Metternich et al. (2017) die Verringerung von Unsicherheiten durch eine verbesserte Informationslage, die Bereitstellung von Informationen am Ort der Wertschöpfung sowie die Möglichkeit dynamischer Bestandsanpassungen.

Gerade auch in Ausnahmesituationen, wie der weltweiten COVID-19-Pandemie, wird die Bedeutung der Anforderungen hinsichtlich der Informations- und Materialverfügbarkeit deutlich. Eine fehlende Dynamik der Maximal- und Sicherheitsbestände sowie der Versorgungsprozesse stellen viele Krankenhäuser im Zuge der Pandemie vor eine große Herausforderung (Abschn. 1.3). Entsprechend müssen die Logistikprozesse zur Versorgung von Krankenhäusern mit Verbrauchsartikeln eine ausreichende Flexibilität aufweisen. Durch sich ändernde medizinische Anforderungen auf Basis neuer Krankheitsbilder oder vermehrtem Patientenaufkommen (um lediglich zwei Beispiele zu nennen) ergeben sich auch veränderte Anforderungen an die Materiallogistik. So müssen beispielsweise Bestände auf- bzw. abgebaut und die Reichweiten[8] dem-

---

[7]Siehe Glossar Begriff „Verschwendung".
[8]Siehe Glossar Begriff „Reichweite".

entsprechend angepasst werden, wie am Beispiel der FFP2-Masken deutlich wurde. Die Reichweite ist eine Kennzahl, die das Verhältnis des durchschnittlichen Bestandes sowie der durchschnittlichen Nachfrage in einer Zeitperiode angibt (Muchna et al. 2018). Durch veränderte Prioritäten in solchen Ausnahmesituationen müssen Taktungen in den Prozessen – bspw. die Erhöhung der Beschaffungs- und Lieferfrequenzen – zur Deckung geänderter Bedarfe angeglichen werden. Gerade in Zeiten einer Pandemie besteht ein kurzfristig zu deckender Bedarf an bestimmten Artikeln. Vor dem Hintergrund der Komplexität am Beschaffungsmarkt, der Vielzahl an Lieferanten und der immensen Produktvielfalt besteht dabei die Hauptproblematik in der generellen Warenverfügbarkeit. Schließlich erlauben im Normalfall regulatorische und infrastrukturelle Rahmenbedingungen keine Vorhaltung hoher Reichweiten. Zudem muss im Hinblick auf den bestehenden Kostendruck auf Krankenhäuser die flexible Gestaltung und Steuerung der logistischen Prozesse kosteneffizient geplant und durchgeführt werden.

> **Beispiel**
>
> Im Jahr 2019 wurden in Belgien sechs Millionen Gesichtsmasken vernichtet, da das Verfallsdatum überschritten war. Von einer Neubeschaffung wurde aus wirtschaftlichen Gründen abgesehen, obwohl – zu diesem Zeitpunkt nicht vorhersehbar – die Masken im Zuge der COVID-19-Pandemie dringend benötigt worden wären. Durch die physische Vorhaltung der sechs Millionen Masken wurde eine Neubeschaffung als unwirtschaftlich bewertet (N-TV 2020). Ein Problem kann dabei die fehlende Sicherstellung der kontinuierlichen Entnahme und Befüllung des Puffers (z. B. FIFO-Prinzip[9]) gewesen sein. ◄

Grundlage flexibler und kosteneffizienter Materiallogistikprozesse ist die Transparenz[10] im Hinblick auf Bestände, Artikelspezifika sowie Prozess- und Durchlaufzeiten[11]. Informationsverfügbarkeit über Bestände in Echtzeit[12] ermöglicht zum einen die wirtschaftliche und gesicherte Vorhaltung ausreichend hoher Reichweiten am oder nahe dem Ort der Wertschöpfung. Zum anderen erlaubt die Transparenz eine laufende Bewertung und Optimierung der Reichweiten. Darüber hinaus ermöglicht die Bestandstransparenz auch die Priorisierung und wirtschaftliche Taktung der Logistikprozesse zur Nachbestückung. Durch transparente Prozess- und Durchlaufzeiten ist zudem eine effiziente Steuerung der Prozesse in Bezug auf Zeit, Kosten und Qualität realisierbar.

---

[9]FIFO-Prinzip: Das FIFO-Prinzip (first-in-first-out) ist eine der logistischen Ein- und Auslagerungsstrategien der Lagerhaltung und steht für die Auslagerung von zuerst eingelagerten Artikeln zur Vermeidung des Ablaufes von Haltbarkeitsdaten (Schulte 2017).

[10]Siehe Glossar Begriff „Transparenz".

[11]Siehe Glossar Begriff „Durchlaufzeit".

[12]Siehe Glossar Begriff „Echtzeit".

Um diese Transparenz zu ermöglichen, ist eine durchgängige Betrachtung und Vernetzung der Material- und Informationsprozesse notwendig. So müssen Teilprozesse, wie die Warenannahme oder die Bedarfsanforderung[13], nicht getrennt voneinander, sondern integriert betrachtet werden. Dies gilt auch für die angrenzenden Prozesse und insbesondere für die wertschöpfenden Kernprozesse des Krankenhauses, auf die die Materiallogistik ausgerichtet ist.

Eine wichtige Grundlage zur Erreichung der Transparenz gibt der Gesetzgeber vor. Gesetzliche Rahmenbedingungen zu Medizinprodukten sind im Medizinproduktegesetz geregelt, welches die Medizinprodukte in vier verschiedene Risikoklassen unterteilt. In Tab. 5.1 ist die Klassifikation der Medizinprodukte angeführt.

Tab. 5.1 Risikoklassen von Medizinprodukten (Walitschek 2018)

Risikoklasse I	Geringes Risikopotenzial, z. B. Heftpflaster, Krankenhausbetten
Risikoklasse IIa	Erhöhtes Risikopotenzial, z. B. Einmalspritzen
Risikoklasse IIb	Hohes Risikopotenzial, z. B. Defibrillatoren
Risikoklasse III	Höchstes Risikopotenzial, z. B. Herzschrittmacher, Herzkatheter

Im Rahmen der im Jahr 2017 in Kraft getretenen Verordnung (EU) 2017/745 des Europäischen Parlaments und des Rates über Medizinprodukte wurde unter anderem eine Verschärfung der Regelungen zur Identifizierung und Rückverfolgbarkeit von Medizinprodukten anhand einer eindeutigen Produktidentifizierungsnummer (UDI[14]) beschlossen. Diese Verordnung wird stufenweise und nach Risikoklasse absteigend bis spätestens 2027 umgesetzt. Neben der Verbesserung der Rückverfolgbarkeit sollen durch den Einsatz der UDI-Kennzeichnung Produktfälschungen reduziert und positive Effekte auf die Beschaffungspolitik, der Abfallbeseitigung und der Lagerverwaltung von Gesundheitseinrichtungen erzielt werden (Europäische Union).

Diese Verordnung – als rechtliche Anforderung – an die Rückverfolgbarkeit ist ein Treiber zur Etablierung von Transparenz entlang der gesamten Supply Chain sowie innerhalb der Materiallogistik der Medizinprodukte in Krankenhäusern. Die notwendige Transparenz kann durch den Einsatz digitaler Technologien erzielt werden, welche die Lokalisierung, Identifikation und die Ermittlung des Zustandes der Medizinprodukte in Echtzeit ermöglicht.

Neben den Medizinprodukten werden auch handelsübliche Verbrauchsmaterialien des täglichen Bedarfes, wie beispielsweise Toilettenpapier oder Handtücher im Rahmen der Materiallogistik bewegt. Diese verfügen aufgrund des geringen oder nicht vorhandenen medizinischen Risikos über keine UDI-Kennzeichnung. Das Referenzmodell[15]

---

[13]Siehe Glossar Begriff „Bedarfsanforderung".
[14]Siehe Glossar Begriff „Unique Device Identifier (UDI)".
[15]Siehe Glossar Begriff „Referenzmodell".

„Materiallogistik" umfasst im Wesentlichen die logistischen Prozesse zur Versorgung des Krankenhauses mit Medizinprodukten, welche in die oben genannte Risikoklassifizierung fallen. Das Referenzmodell besitzt aber auch eine Gültigkeit für Produkte ohne Risikoklassifizierung (z. B. Verbrauchsartikel wie Toilettenpapier). Diese Produkte besitzen i. d. R. keine UDI-Kennzeichnung und die Erfassung artikelspezifischer Informationen (z. B. Chargennummer) kann ggf. vernachlässigt werden.

Übergreifende Prozessbeschreibung der Materiallogistik

Die Materiallogistik in Krankenhäusern ist ein komplexer Sekundärprozess, in den mehrere Organisationseinheiten involviert sind (Abb. 5.1). Generell erfolgt das Bestandsmanagement in einem Krankenhaus über das MaWi-System. Der Einkauf erfasst die Anforderungen aus dem Zentrallager und erteilt die Freigabe für Bestellungen[16] aus den dezentralen Lagerorten (z. B. Stationslager, Versorgungsstützpunkte von Funktionsbereichen). Die erfassten Anforderungen werden an Lieferanten im Rahmen der

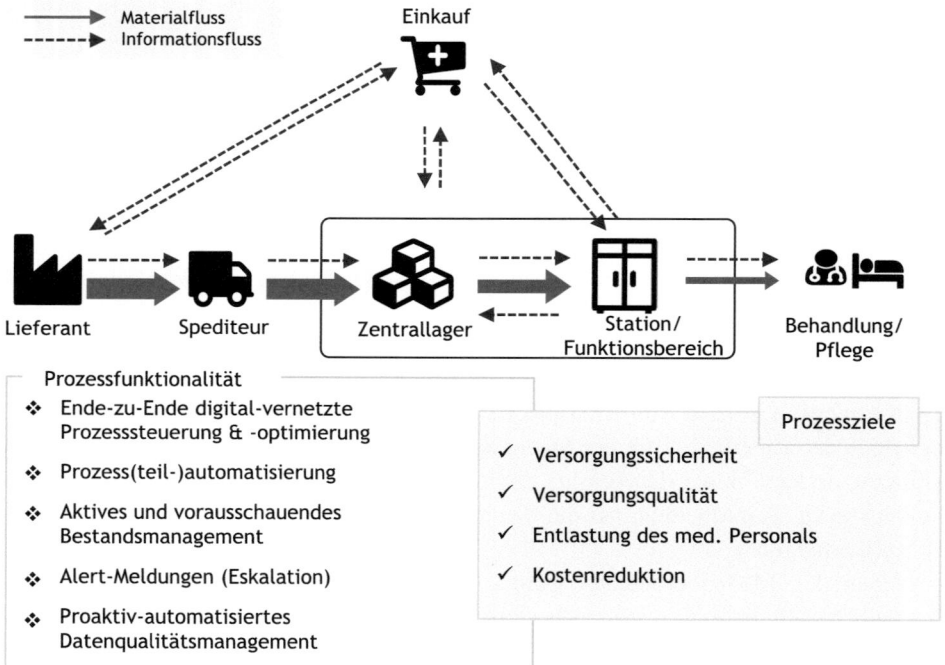

Abb. 5.1 Überblick des Referenzmodells und Abgrenzung der Referenzprozesse

---

[16]Siehe Glossar Begriff „Bestellung".

Beschaffung in Form von Bestellungen übermittelt. Ein Lieferant oder beauftragter Spediteur transportiert die bestellten Artikel zum Krankenhaus.

Im Wareneingang findet die Vereinnahmung der Lieferungen statt. Lagerartikel[17] werden im Zentrallager unter Berücksichtigung der definierten Sicherheitsbestände eingelagert und vorgehalten, bis sie bei Bedarf kommissioniert werden. Im Gegensatz dazu werden Durchlaufartikel[18] nach erfolgreicher Vereinnahmung direkt an den internen Krankenhaustransport weitergegeben.

Die Kommissionierung von Lagerartikeln erfolgt priorisiert nach medizinischer Dringlichkeit. So können bspw. OP-Bedarfe bevorzugt kommissioniert, während nicht-dringliche Verbrauchsgüter, wie etwa Büromaterial, nachrangig behandelt werden können. Für eine wirtschaftliche Vorhaltung von Sicherheitsbeständen auf Basis des FIFO-Prinzips ist eine systemische Erfassung über Art und Lagerort der vorgehaltenen Artikel notwendig, sowie artikelspezifische Informationen, wie etwa Verfallsdaten oder Chargennummern. Mit diesen Informationen ist ein aktives Bestandsmanagement in der Supply Chain eines Krankenhauses möglich.

Der krankenhausinterne Transport stellt die kommissionierten Lagerartikel bzw. den Durchlaufartikel an den dezentralen Lagerorten am oder nahe dem Ort der Wertschöpfung bereit. Je nach lokalen Gegebenheiten ist dabei ggf. eine übergreifende Steuerung zur Taktung von Kommissionieraufträgen in verteilten Lagerorten sinnvoll. Werden z. B. Warenabgänge aus dem Lager und der Apotheke mit dem gleichen Transportziel (Station, Fachbereich) vereint, empfiehlt sich eine gleiche Taktung der Kommissionierprozesse zur Vermeidung von Wartezeiten. Der Transport kann entweder manuell unter Zuhilfenahme von Ressourcen, wie Hubwagen oder Gabelstaplern, oder automatisiert über Transportanlagen (z. B. automatisierter Warentransport (AWT)) erfolgen. Maßgeblich sind dabei die infrastrukturellen Gegebenheiten des Krankenhauses. In den dezentralen Lagerorten werden die Artikel eingelagert und bei Bedarf entnommen bzw. verbraucht. Durch den Verbrauch der Artikel entsteht neuer Bedarf, welcher in den dezentralen Lagerorten erkannt und an das Zentrallager (Lagerartikel) bzw. den Einkauf (Durchlaufartikel) weitergeleitet wird.

In der Materiallogistik existiert eine Reihe von Sonderfällen, für welche zum Teil bestimmte Vorgaben gelten. Beispielsweise werden Konsignationsartikel insbesondere in Funktionsbereichen wie dem OP angetroffen. Diese Artikel werden grundsätzlich wie Durchlaufartikel behandelt mit dem Unterschied, dass der Eigentumsübergang des Artikels von dem Lieferanten an das Krankenhaus erst im Moment des Verbrauchs ggf. auch bereits bei der Entnahme erfolgt. Bis dahin verbleibt der Artikel im Besitz des Lieferanten. Im Zuge der Direktbelieferung können Artikel und Artikelgruppen, wie

---

[17]Siehe Glossar Begriff „Lagerartikel".
[18]Siehe Glossar Begriff „Durchlaufartikel".

beispielsweise Büromaterial, auch direkt durch einen externen Dienstleister an den entsprechenden Bedarfsort (bspw. eine Station) geliefert werden. In diesem Fall übernimmt der Dienstleister alle logistischen Aufgaben ab der Beschaffung.

5.2 IST-Analyse und Handlungsfelder der Materiallogistik

5.2.1 Ausgangssituation

Im betrachteten Krankenhaus wird die Materiallogistik von internen Lagermitarbeitern des Krankenhauses übernommen. Für die Anlieferung von Waren[19] besteht von Montag bis Donnerstag ein neunstündiges Anlieferzeitfenster, freitags ist der Wareneingang nur vormittags besetzt. Die meisten Anlieferungen werden jedoch zwischen 09:00 Uhr und 13:00 Uhr angenommen. Im Anschluss erfolgen für Lagerartikel die Arbeitsschritte zur Einlagerung, welche ebenfalls durch interne Mitarbeiter ausgeführt werden. Dabei wird die Bestandsführung von der Lagerleitung überwacht, welche mithilfe eines Materialwirtschaftssystems (MaWi/MaWi-System) die zu erhebenden Kennzahlen ermittelt. Die gelagerten Artikel werden bei einer bestehenden Anforderung einer Station anhand von Anforderungslisten kommissioniert und für den hausinternen Transport vorbereitet. Verbunden durch zwei Aufzüge, werden die angeforderten Artikel zum allgemeinen Containerversand verbracht. Nach erfolgtem Transport auf die Stationen werden die Waren in die vorgesehenen Lagerorte bis zu ihrem Verbrauch am Patienten verbracht.

Um die Potenziale vorhandener Logistikprozesse des im Fokus stehenden Krankenhauses zu heben, wurde eine Analyse der bestehenden Prozesse anhand der in Kap. 3 geschilderten Methoden durchgeführt. Dabei wurden die Prozesse entlang der internen Logistikkette betrachtet, wie in Abb. 5.2 dargestellt ist. Auf jede Prozessbeschreibung folgt die Gegenüberstellung von IST-Zustand und Handlungsfeldern des jeweiligen Prozesses sowie die

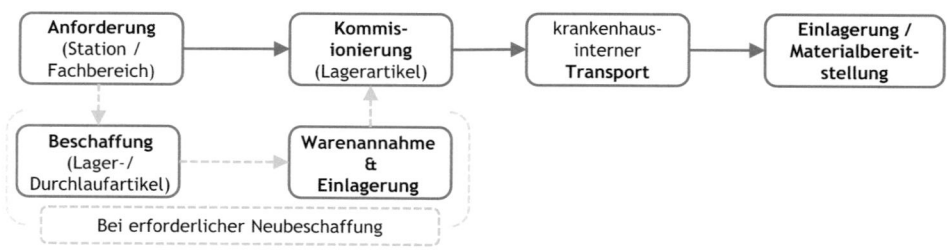

Abb. 5.2 Intralogistische Prozesse im Krankenhaus

---

[19]Siehe Glossar Begriff „Ware".

Darlegung der Gestaltungsmöglichkeiten und deren Vor- bzw. Nachteile (siehe Tab. 5.2, 5.3, 5.4, 5.5, 5.6, 5.7, 5.8, 5.9, 5.10, 5.11, 5.12, 5.13, 5.14, 5.15 und 5.16).

Die folgende Analyse der logistischen Prozesse von Medizinprodukten ist auf die Versorgung von Stationen bzw. Versorgungsstützpunkten begrenzt. Die Versorgung von OP-Sälen und weiteren Fachbereichen, wie beispielsweise Herzkatheter-Laboratorien, fielen nicht in die detaillierte Analyse. Allerdings sind Rückschlüsse und Potenziale innerhalb der entstandenen Gestaltungsmöglichkeiten auch auf diese Bereiche teilweise anwendbar. Weiter stehen in der Analyse die Medizinprodukte im Fokus, allerdings gelten die Analyseergebnisse auch für alle anderen, im Lager umgeschlagenen und für das Krankenhaus relevanten Artikel.

5.2.2 Prozesse der Materiallogistik

5.2.2.1 Anforderung von Artikeln

Die Anforderung von Medizinprodukten wird im betrachteten Krankenhaus mithilfe der Schrankfachversorgung[20] reguliert, welche als eine zentrale Rolle in der Versorgung von Stationen, Versorgungsstützpunkten und Fachbereichen einnimmt (Eymann et al. 2015). Die Schrankfachversorgung verfolgt die Zielstellung, „die Verfügbarkeit der Ware zum richtigen Zeitpunkt an allen Verbrauchsorten (…) zu definierten Kosten und zum vereinbarten Qualitätsniveau sicherzustellen" (Eymann et al. 2015, S. 185 f.). Im betrachteten Krankenhaus folgt die Schrankfachversorgung der Funktionsweise eines Kanban-Systems (Pull-Prinzip) und es werden nur Artikel angefordert, bei welchen tatsächlich ein Anforderungsbedarf besteht. Exemplarisch ist der Prozessablauf mithilfe einer Digitalisierungslandkarte[21] der Stufe I in Abb. 5.3 dargestellt.

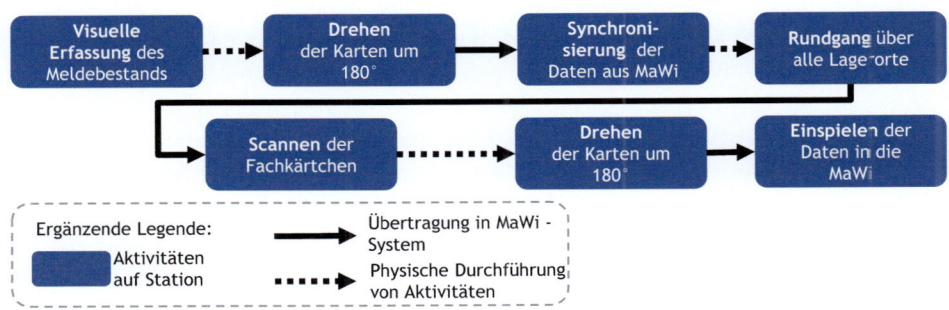

Abb. 5.3 Digitalisierungslandkarte Stufe I des Prozesses „Anforderung von Artikeln"

---

[20]Siehe Glossar Begriff „Schrankfachversorgung".
[21]Siehe Glossar Begriff „Digitalisierungslandkarte".

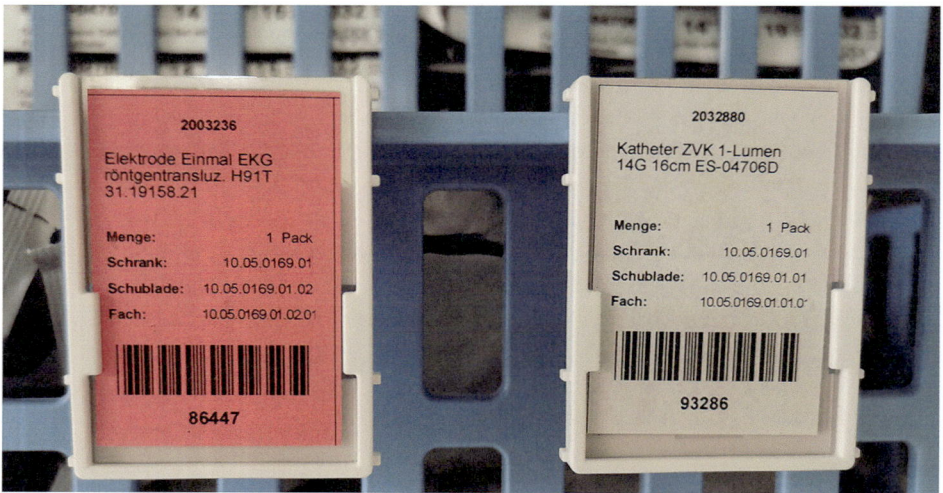

Abb. 5.4 Kärtchen der Schrankfachversorgung

Generell ist die Schrankfachversorgung meist individuell auf das jeweilige Krankenhaus angepasst. Somit existieren kleine Unterschiede in der Nummerierung bzw. farblichen Kennzeichnung von Schränken, oder bei der Ausgestaltung von Listen oder einzelnen Kärtchen, über die die Nachbestellung erfolgt.

Ein Bedarf eines Artikels besteht, sobald der Meldebestand bei Entnahme des Artikels durch das Pflegepersonal[22] erreicht ist. Der individuelle Meldebestand pro Artikel stellt Expertenwissen des Pflegepersonals dar. Dieses vermerkt den Bedarf handschriftlich auf Listen oder durch das Drehen von am Schrankfach angebrachten Kärtchen auf eine definierte Farbe (Abb. 5.4), in diesem Beispiel auf die Signalfarbe Rot.

Im betrachteten Krankenhaus erfolgt die Erfassung des Bedarfes in einem fest definierten wöchentlichen Rhythmus durch die Versorgungsassistenten (Rundgang). Diese sind mit Handscannern ausgestattet, welche vor dem Rundgang zeitaufwendig mit den neuesten Artikeldaten synchronisiert werden müssen. Zur Erfassung der Bedarfe werden die Schilder gescannt, wobei die Anzahl an Scans pro Artikel bestimmt, wie oft der Artikel im Lager angefordert wird. Ist beispielsweise ein Bedarf von drei krankenhausinternen Sendungseinheiten pro Artikel notwendig, so wird der Barcode dreimal abgescannt. Sind alle Bedarfe erfasst, so wird der Handscanner mit einem PC verbunden, die Anforderung generiert und an das Lager versendet. Teilweise erfolgt die Eingabe der Bedarfe auch handschriftlich, um den Zeitaufwand für die Synchronisierung zu ver-

---

[22]Siehe Glossar Begriff „Pflegepersonal".

meiden. Die Artikelnummern werden dann auf Papier notiert und im Nachgang manuell in das System eingegeben. Sind die Materialanforderungen getätigt, so werden die Kärtchen des jeweiligen Lagerfaches auf den Kopf gestellt. Somit wird anderen Kollegen die bereits getätigte Anforderung visualisiert.

Teilweise werden die Materialanforderungen ausgedruckt und archiviert. Generell werden die Materialanforderungen durch Personal im Lager oder im Einkauf geprüft, ggf. angepasst und an das Lager bzw. den Einkauf weiteregegeben.

Auswertungen
Um die Mengen der Anforderungen zu quantifizieren und die Verteilung auf den Wochenverlauf darzustellen, wurden Positionen der Materialanforderungen eines Monats erhoben (Abb. 5.5).

In Abb. 5.5 ist eine deutlich ungleichmäßige Wochenauslastung der Materialanforderungen zu sehen, wobei die Anforderungen zum Wochenende hin weniger werden. Zur Vorbereitung auf die Folgewoche steigen sonntags Materialanforderungen wieder. Dadurch liegt die Vermutung nahe, dass angeforderte Artikel länger als eine Woche halten und nur im zwei bis dreiwöchigen Rhythmus bestellt werden müssen, was eines der Handlungsfelder in Tab. 5.2 darstellt.

Optimierungsbereiche
Die Optimierungsbereiche des Prozesses der Materialanforderung werden in Tab. 5.2 dargestellt.

Gestaltungsmöglichkeiten
Für den Prozessschritt „Anforderung von Artikeln" gibt es verschiedene Aspekte zur Optimierung. Ein zwingend zu berücksichtigender Baustein ist die Einhaltung des

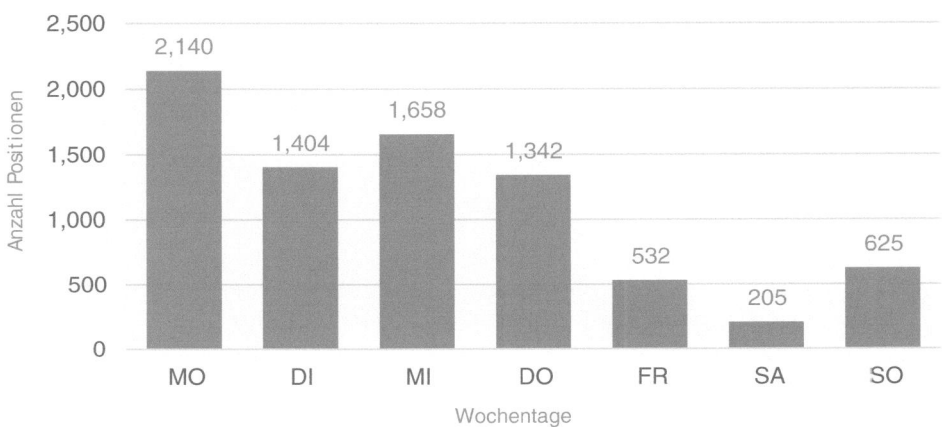

Abb. 5.5 Verteilung der Materialanforderungen im Wochenverlauf in einem beispielhaften Krankenhaus

Tab. 5.2 Gegenüberstellung des IST-Zustandes und Optimierungspotenziale des Prozesses der Materialanforderung

IST-Zustand	Handlungsfelder
Sichtprüfung der Bestände aller Artikel	• systemgestützte Bestandstransparenz
Identifikation des Meldebestands durch das Pflegepersonal	• Expertenwissen des Pflegepersonals
Keine Rückmeldung über Lieferzeitpunkte bei Durchlaufartikeln	• systemgestützte Rückmeldung über voraussichtliche Liefertermine
Keine Rückmeldung zu fehlerhaften Bestellungen oder Anforderungshäufigkeiten	• systemgestützte Ermittlung von Reichweiten oder Anpassungen der Kommissioniereinheit
Ungleiche Verteilung der Materialanforderungen im Wochenverlauf	• Auswirkungen auf die nachgelagerten Prozessabläufe (Kommissionierung, Transport) • Auslastungen in Kommissionierung und internen Transport

FIFO-Prinzips, welches derzeit häufig nicht gewährleistet ist. Mithilfe des Einsatzes von Durchlaufregalen mit Bestückung von der Rückseite und Entnahme von vorne kann das FIFO-Prinzip gewährleistet und die Lagerung veralteter Artikel verhindert werden.

Um die Optimierungspotenziale für die Anforderung von Materialien zu heben, sind zwei Gestaltungsmöglichkeiten denkbar. Beide dieser Optionen bergen ihre jeweiligen Vor- und Nachteile (Tab. 5.3 und 5.4) und können, je nach Umsetzung, auch kombiniert zum Einsatz kommen.

Option 1: Automatische Anforderung nach Verbrauch
Diese Gestaltungsmöglichkeit eignet sich vor allem für Artikel mit einem gleichmäßigen und beständigen Verbrauch. Durch eine (teil-) automatisierte Erfassung des Verbrauches – z. B. mittels Radiofrequenz-Identifikation (RFID), Optiksensoren oder Dash-Buttons – können Anforderungen ohne Personalaufwand ausgelöst werden. Die Gestaltungsmöglichkeit umfasst:

Tab. 5.3 Vor- und Nachteile der Gestaltungsmöglichkeiten für den Prozessschritt „Anforderung von Artikeln" – Option 1

Vorteile	• Reduktion des Prozessaufwands • Reduktion und dynamische Anpassung von Bestandsmengen (bedarfsorientiert) • Erhöhung der Versorgungsqualität (Kontrolle des Verfalldatums) • Unabhängigkeit vom Expertenwissen einzelner Mitarbeiter
Nachteile	• Hohe Investitionskosten (Wirtschaftlichkeitsbewertung notwendig) • Hohe technische Komplexität des Systems und aufwendige Einbindung in bestehende IT-Infrastruktur • Notwendigkeit hoher Zuverlässigkeit des Systems • Notwendigkeit hoher Datenqualität

Tab. 5.4 Vor- und Nachteile der Gestaltungsmöglichkeiten für den Prozessschritt „Anforderung von Artikeln" – Option 2

Vorteile	• Geringere Investitionskosten im Vergleich zu Option 1 (Wirtschaftlichkeitsbewertung notwendig) Sicherstellung der Anforderungen durch Mitarbeiter • Reduktion des Prozessaufwands • Reduktion und dynamische Anpassung von Bestandsmengen (bedarfsorientiert) • Erhöhung der Versorgungsqualität (Kontrolle des Verfalldatums)
Nachteile	• manueller und zeitlicher Aufwand • Schulungsaufwand der Mitarbeiter • Fehleranfälligkeit durch manuelle Tätigkeiten (z. B. Eingabefehler)

- Systemgestützte Bestandstransparenz und Kontrolle avisierter Liefertermine
- Erfassung und systemgesteuerte Kontrolle des Haltbarkeits- bzw. Verfalldatums, z. B. anhand des angebrachten UDI
- Dynamische Anpassung der Kommissioniereinheit auf Basis des Verbrauches
- Automatisierte Reichweitenermittlung

Option 2: Manuelle Anforderung
Ist die Umstellung zur automatisierten Anforderung nicht möglich, z. B. aufgrund von Schwankungen der Bedarfe, so eignet sich auch ein System zur manuellen Anforderung. Hierbei kann das System mit folgenden Funktionalitäten ausgestattet werden, um die Materialanforderung für den Mitarbeiter zu erleichtern:

- Nutzung mobiler Endgeräte
- Digitaler Katalog mit Suchfunktion, Anzeige des Artikelbildes und der exakten Bezeichnung
- Anzeige folgender Inhalte des digitalen Katalogs
  – Bild des Artikels inkl. exakter Bezeichnung
  – Letzte Bestellung (Bestellmenge und Kostenstelle)
  – Voraussichtlicher Liefertermin inkl. der Berücksichtigung der Unterscheidung von Lager- bzw. Durchlaufartikeln
- Meldung, falls eine noch offene Anforderung des Artikels vorliegt

5.2.2.2 Beschaffung der Waren und Dienstleistungen

Sind angeforderte Artikel nicht mehr auf Lager bzw. handelt es sich dabei um Durchlaufartikel, so ist eine Bestellung bei einem Lieferanten notwendig. Diese werden im Fall von Lagerartikeln durch den Einkauf getätigt oder bei Durchlaufartikeln von den dezentralen Lagerorten angefordert. Bei Letzteren prüft der Einkauf die Bestellungen nochmals hinsichtlich der Plausibilität, erteilt die Freigabe und gibt die Bestellung

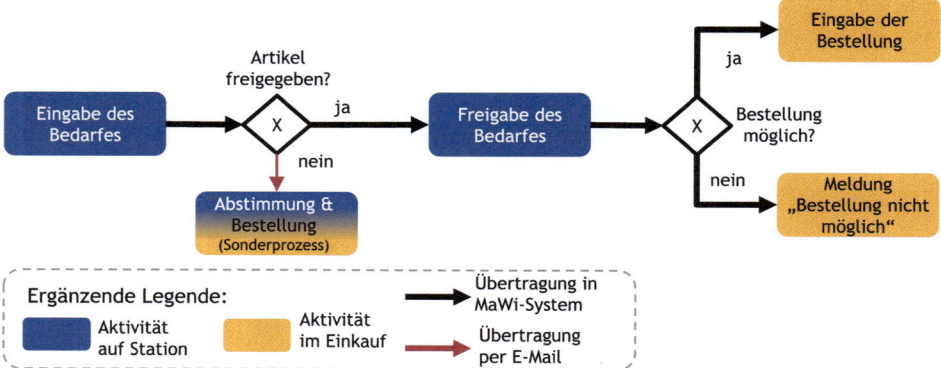

Abb. 5.6 Digitalisierungslandkarte Stufe I des Prozesses „Beschaffung von Waren und Dienstleistungen"

weiter. Falls die Übertragung dieser Anforderungen nicht via Handscanner an das System erfolgt, wird die Anforderung täglich manuell in das jeweilige Modul des Krankenhausinformationssystems[23] (KIS) eingegeben. Durch eine Zuordnung über die jeweiligen Kostenstellen erscheinen nur die jeweils für die dezentralen Lagerorte zu bestellenden Artikel. Werden Artikel außerhalb dieser Liste bestellt, so findet die in Abb. 5.6 dargestellte bilaterale Abstimmung mit dem Einkauf statt, bei der über die Bestellmöglichkeit entschieden wird. Im Anschluss an die Abstimmung erfolgt die Freigabe und die Bestellung des Bedarfes oder die Meldung „Bestellung nicht möglich" im Krankenhausinformationssystem.

Auswertungen
Eine detaillierte Betrachtung und Auswertung einzelner Prozessschritte wird durch die Digitalisierungslandkarte Stufe II ermöglicht.

In Abb. 5.7 ist die Digitalisierungslandkarte Stufe II als eine detaillierte Darstellung rund um den Prozessschritt „Bedarf eingeben" dargestellt. Dieser ist von den Informationen des vorhergehenden Prozessschrittes abhängig, da Informationen über die anfordernde Station übermittelt werden. Ist der Bedarf positiv freigegeben, werden diese Informationen übertragen und lösen den Schritt „Bedarf freigeben" aus. Innerhalb dieses Prozessschrittes existiert die Problemstellung, dass die Eingabe des Bedarfes ohne zeitliche Regelungen erfolgt und im Einkauf keine automatisierte Meldung bei Bedarfen hoher Priorität erscheint. Diese Herausforderungen können mithilfe automatisierter Bestellungen für gering schwankende Artikel behoben werden. Im System klar hinterlegte Regelungen inkl. einer Meldeschleife für dringende Bedarfe erleichtert die Arbeit

---

[23]Siehe Glossar Begriff „Krankenhausinformationssystem".

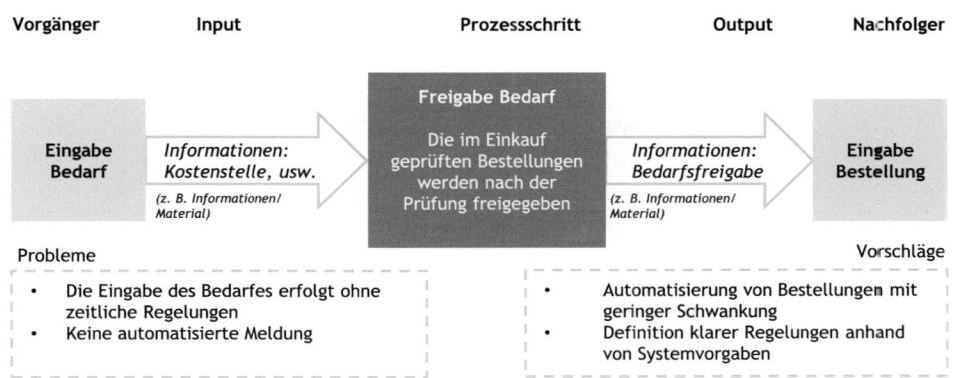

Abb. 5.7 Digitalisierungslandkarte Stufe II des Prozesses „Beschaffung von Waren und Dienstleistungen"

im Einkauf. Die vorhandenen Optimierungsbereiche werden in einer Gegenüberstellung in Tab. 5.5 dargestellt.

Diese Darstellungsmethode erlaubt eine detaillierte Bewertung einzelner Prozessschritte und dessen Abhängigkeiten und zeigt granular das vorhandene Verbesserungspotenzial auf.

Optimierungsbereiche

Die Optimierungsbereiche des Prozesses der Artikelbestellung werden in Tab. 5.5 dargestellt.

Tab. 5.5 Gegenüberstellung des IST-Zustandes und Optimierungspotenziale des Prozesses der Artikelbestellung

IST-Zustand	Handlungsfelder
Bestellregeln teilweise unklar bzw. mangelhafte Kenntnisse	• Bestellauslösung
• Kontrolle jeder Bestellung durch den Einkauf • Unklare Gebindegrößen • Fehlende Priorisierung • Keine automatisierte Meldung unbearbeiteter Artikel	• manuelle Tätigkeiten
• Viele Sonderbestellungen bzw. bilaterale Abstimmungen	• Informationsweitergabe

Gestaltungsmöglichkeiten

Für die „Beschaffung von Waren und Dienstleistungen" bei einem Lieferanten, mit notwendiger Prüfung durch den Einkauf, sind verschiedene Aspekte zu beachten. Im Fokus steht die Aufwandsreduzierung für den Einkauf, dessen Mitarbeiter jede Bestellung prüfen und ggf. abändern müssen.

Folgende Aspekte sind dabei zur Optimierung ausschlaggebend, deren Vor- und Nachteile in Tab. 5.6 dargestellt werden.

Tab. 5.6 Vor- und Nachteile der Gestaltungsmöglichkeiten für den Prozessschritt „Beschaffung der Waren und Dienstleistungen"

Vorteile	• Klare Regelungen zum Auslösen von Bestellungen • Minimierung der Risiken von Doppelbestellungen • Reduzierung manueller Tätigkeiten • Priorisierung von dringenden Bestellungen
Nachteile	• Aufwand zur Bereinigung der Stammdaten • Schulungsaufwand der Mitarbeiter • Zusätzliche Komplexität zur Unterscheidung der Artikel (Automatisierter Artikelstamm vs. manuelle Bestellung)

- Für Artikel mit gering schwankendem Verbrauch erfolgt die Festlegung von Mindestbeständen und einer automatisierten Beschaffung unter Berücksichtigung der Wiederbeschaffungszeiten (Definition von Standardanforderungen)
- Durchlaufartikel werden im Rahmen eines Genehmigungsworkflows direkt an den zuständigen Einkäufer zur Freigabe übermittelt
- Schaffung klarer Strukturen für die Bestellungen innerhalb der Fachbereiche/Stationen durch systemische Unterstützung
- Erhöhung der Stammdatenqualität durch kontinuierliche Erfassung und Pflege der Daten (z. B. Nutzung von Standards wie der UDI)

5.2.2.3 Warenannahme

Nach der Anlieferung der Artikel erfolgt der Prozess der Warenannahme in der Materiallogistik (Abb. 5.8). Handelt es sich bei den angelieferten Artikeln um Lagerartikel, so erfolgt nach positiver Prüfung im Wareneingang die Einlagerung. Für die Durchlaufartikel werden die Prozessschritte der Einlagerung (und Kommissionierung) nicht ausgeführt.

Die Warenannahme beginnt mit der Anlieferung der Ware durch den beauftragten Paketdienst bzw. den Spediteur. Die Pakete bzw. die Paletten mit den bestellten Waren werden in den Wareneingang ausgeladen. Der Empfang der Ware wird durch die Unterschrift des Logistikpersonals im Lager auf dem Handheld des Paketdienstmitarbeiters quittiert. Im betrachteten Krankenhaus werden in einem zweistündigen Zeitfenster ca. 100 Lieferungen angenommen, wobei einzelne Bestellungen auf mehrere Pakete aufgeteilt sein können (Abb. 5.9).

Nach der Entladung der Pakete werden diese schrittweise durch den Wareneingangsmitarbeiter abgearbeitet. Diese Bearbeitung der Pakete erfolgt nach eigenständiger Priorisierung des Mitarbeiters. Dazu werden die vereinzelten Pakete auf dem dafür vorgesehenen Arbeitsplatz abgelegt und der Lieferschein entnommen, welcher entweder am Paket angebracht oder im Paket enthalten ist. Liegt kein Lieferschein vor, so erfolgt eine

5   Referenzmodell schlanke, digital-unterstützte Materiallogistik …

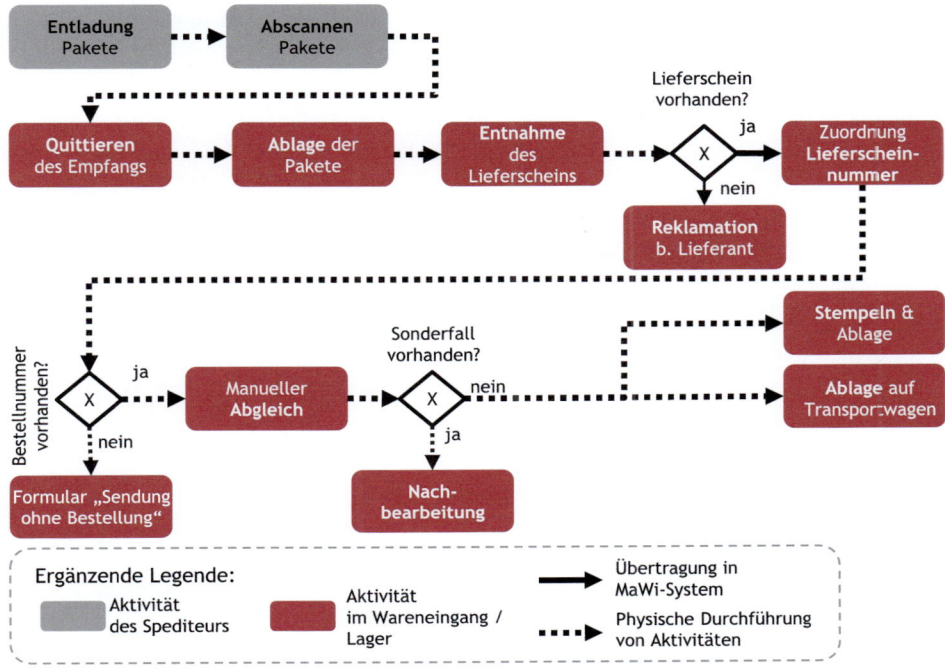

Abb. 5.8 Digitalisierungslandkarte Stufe I des Prozesses „Warenannahme"

Abb. 5.9 Warenannahme unter starker Auslastung

Reklamation telefonisch oder per Mail direkt beim Lieferanten. Der jeweilige Ansprechpartner ist im System hinterlegt und für die Mitarbeiter abrufbar.

Im nächsten Schritt ist die Zuordnung der Lieferscheinnummer zur offenen Bestellnummer im System erforderlich. Bei ca. 1 %–2 % der Lieferscheine kann die Bestellnummer mittels eines auf dem Lieferschein angebrachten Barcode eingescannt werden. Dabei wird die Lieferscheinnummer manuell der Bestellnummer im KIS zugeordnet.

Es werden bis zu 20 % der Artikel ohne einen Verweis auf die krankenhausinterne Bestellnummer angeliefert. Dabei handelt es sich oftmals um Zusendungen von Mustern. In diesem Fall wird ein Formular für Sendungen ohne Bestellung durch den Einkauf herangezogen. Anschließend erfolgt eine Suche des Empfängers auf den Begleitdokumenten und die Empfangsadresse wird manuell auf das Paket angebracht.

Liegt die Bestellnummer vor, so wird diese im System geöffnet und es erfolgt ein manueller Abgleich der Positionen und Mengen des Lieferscheines mit der Bestellung. Die tatsächliche Menge der Ware wird nicht in jedem Fall kontrolliert. Beispielsweise werden bei großen Liefermengen lediglich Stichproben geprüft. Ist die gelieferte Position in Ordnung, so wird dies im System quittiert. Im Durchschnitt benötigt der Mitarbeiter ca. zwei Minuten Bearbeitungszeit pro Paket, gemessen an der Aufnahme des Pakets bis hin zum Ablegen auf dem entsprechenden Wagen zum krankenhausinternen Transport bzw. der Einlagerung.

Handelt es sich um einen Durchlaufartikel, so wird ein Warenabgangslieferschein (WAL) generiert und ausgedruckt. Hierbei ist der Bestimmungsort auf dem WAL vermerkt, wird aber zusätzlich handschriftlich auf das Paket geschrieben. Diese Pakete werden sofort auf die jeweiligen Transportwägen für den Containerversand abgelegt.

Handelt es sich bei der angelieferten Ware um einen Lagerartikel, so wird ein Wareneingangslieferschein (WEL) erzeugt, welcher auf dem Paket angebracht wird. Diese Pakete werden nach der Bearbeitung auf die Transportwägen für die Wareneinlagerung abgelegt.

Sonderfälle stellen Unter- bzw. Überlieferungen dar. In diesen Fällen wird vom Lieferanten entweder zu wenig oder zu viel der eigentlich bestellten Mengen angeliefert. Bei Unterlieferung wird die angelieferte Menge bestätigt. Die bestehende Differenz bleibt als noch ausstehende Lieferung im System offen. Bei Überlieferung erfolgt eine telefonische Rücksprache mit dem Einkauf, ob die überschüssige Ware entgegengenommen oder reklamiert wird.

Ist der Lieferschein fertig bearbeitet, wird dieser mit dem aktuellen Datum gestempelt, durch einen Mitarbeiter unterschrieben und in ein dafür vorgesehenes Fach abgelegt. Die Lieferscheine eines Tages werden bei einem morgendlichen Rundgang vom Zentrallager zum Einkauf gebracht.

Auswertungen

Im Rahmen der Erhebung des Prozesses der „Warenannahme" wurden über einen Monat hinweg die Wareneingänge hinsichtlich der gesamten Artikelnummern der gelisteten Lagerware geprüft (Abb. 5.10).

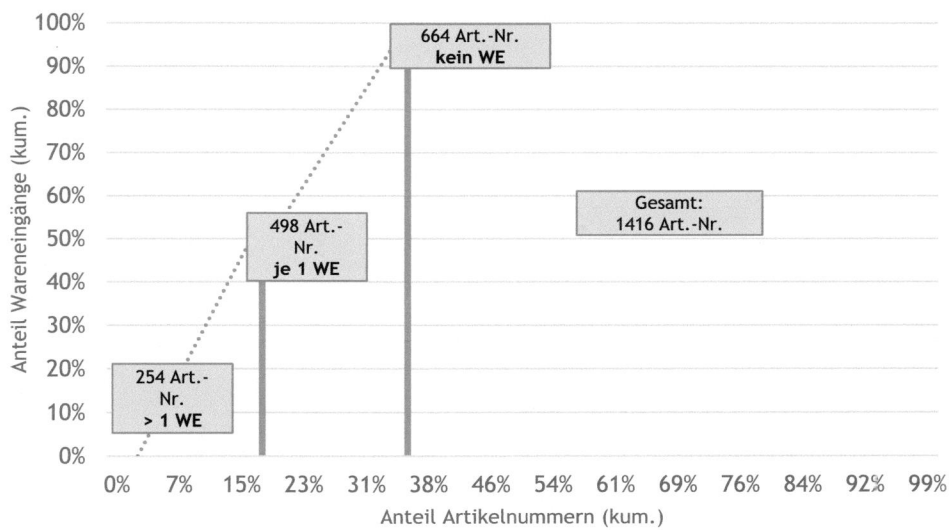

Abb. 5.10 Anteil der Wareneingänge bezogen auf die Artikelnummern der Lagerware

Im Betrachtungszeitraum waren insgesamt 1416 Lagerartikel für eine potenzielle Vereinnahmung relevant. Davon fand für lediglich 254 Lagerartikel (18 %) mehr als einmal eine Warenannahme statt. Insgesamt 498 Lagerartikel wurden im Betrachtungszeitraum genau einmal vereinnahmt. Die weiteren 664 Lagerartikel wurden im Betrachtungsmonat nicht vereinnahmt.

Diese Zahlen lassen die Schlussfolgerung zu, dass 82 % der Lagerartikel eine Reichweite von über einem Monat haben müssen. Somit liegt bereits durch diese Zahlen die Vermutung nahe, dass durch die Bedarfsschwankungen der Anforderungspositionen (siehe Abb. 5.5) im Lager hohe Bestände zur Abfederung dieser Schwankungen vorliegen.

Wertstromanalyse

Für den Bereich des Wareneingangs wurde eine Wertstromanalyse durchgeführt (Abb. 5.11). Diese abstrakte Darstellung des Prozesses zeigt verschiedene, mit Kaizen-Blitzen gekennzeichnete Problemstellungen auf. Zunächst ist der hohe Bedarf an Fläche für die Vereinnahmung der Waren zu nennen, welcher vor allem auf die ungleichmäßige, in Spitzen auftretende Anlieferungen zurückzuführen ist. Des Weiteren ist der erhöhte Zeitaufwand dargestellt, welcher für die Einbuchung der Artikel notwendig ist. Gleichzeitig wurden Verschwendungen hinsichtlich unnötiger Transporte, unnötigen Bewegungsabläufen sowie der Verschwendung von Flächen aufgezeigt. Diese Verschwendungen sorgen dafür, dass die dargestellte Durchlaufzeit mit ca. fünf bis acht Stunden massiv über der eigentlichen Wertschöpfungszeit im Wareneingang beträgt, welche bei circa zwei Minuten für den Prozessschritt liegt.

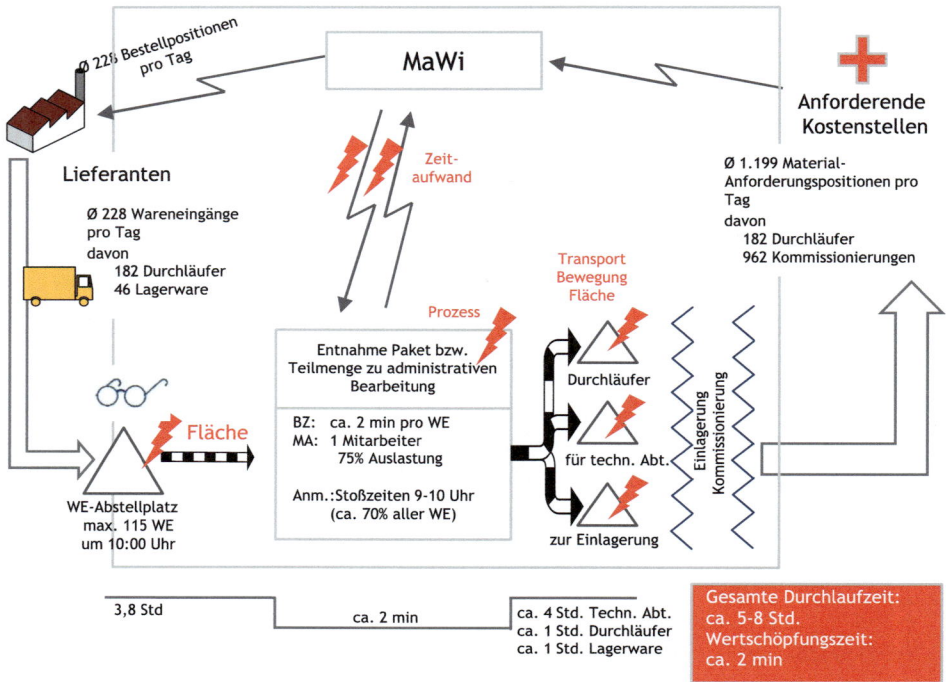

Abb. 5.11 Wertstromanalyse der Warenannahme

Optimierungsbereiche
Die Optimierungsbereiche des Prozesses der Warenannahme werden in Tab. 5.7 dargestellt.

Gestaltungsmöglichkeiten
Die Möglichkeiten zur Prozessoptimierung der Warenannahme liegen vor allem in der Reduzierung des Handlingsaufwands. Hierbei ist zunächst die Reduzierung der benötigten Schritte bei der Vereinnahmung der Artikel notwendig. Das umfasst auch Aspekte der vorgelagerten Supply Chain der Lieferanten:

- Förderung von digitalen Lieferscheinen der Lieferanten
- Einheitliche Regelung für alle Lieferanten zur Anbringung des Lieferscheins an der Außenseite des Pakets, falls keine digitale Bereitstellung möglich
- Einsatz von Barcodes bzw. QR-Codes auf den physischen Lieferscheinen zur digitalen Erfassung der Liefer- und Bestelldaten
- Digitale Erfassung der Lieferscheine am Arbeitsplatz der Warenannahme inkl. automatisierter Erfassung aller relevanter Daten (Bestell-Nr., Lieferanten-Nr., Artikel-Nr., etc.)

Tab. 5.7 Gegenüberstellung des IST-Zustandes und Optimierungspotenziale des Prozesses der Warenannahme

IST-Zustand	Handlungsfelder
Ablage der Pakete / Paletten durch den Spediteur auf undefinierten Stellflächen	• Ablagesystematik der Pakete bzw. Paletten im Wareneingang
100 Pakete in einem zweistündigen Zeitfenster	• Überprüfung der Anzahl der Pakete bei größeren Lieferungen • Quittierung der Lieferung beim Spediteur / Lieferanten • Flächenbedarfs im Wareneingang
Eigenständige Priorisierung durch die Mitarbeiter	• Priorisierung von Artikelbedarfen
Notwendigkeit der Lieferscheine	• Reklamationsprozess
Zuordnung des Lieferscheins zur Bestellnummer • Geringe Anzahl an Bestell-Nr. Barcodes • Teilweise keine Bestellnummer auf den Lieferscheinen	• Zuordnung des Lieferscheins zur Bestellnummer und Identifikation des Empfängers
Stempel und Unterschrift auf dem Lieferschein durch den Wareneingangsmitarbeiter	• Manuelle Tätigkeiten
Beschriftung des WAL mit dem Bestimmungsort	• Manuelle Tätigkeiten

- Automatisierter Abgleich der Inhalte des Lieferscheines mit den Informationen der Bestellung
- Automatisierte Meldung bei Unter- bzw. Überlieferungen
- Einbindung eines Genehmigungsworkflows mit dem Einkauf im Falle von Abweichungen bei der Lieferung
- Hinweis zur Erfassung der UDIs im Falle der Vereinnahmung von Medizinprodukten

Neben diesen prozessualen Gestaltungsmöglichkeiten ist eine weitere, visionäre Möglichkeit der Einsatz von Fördertechnik im Bereich des Wareneingangs zur Optimierung des Prozessschrittes der Warenannahme:

- Rollenbänder zur automatisierten Beförderung der Pakete
- Unterfahrtrailer für Paletten mit integrierter Zuführspur zum Arbeitsplatz der Warenannahme

Tab. 5.8 Vor- und Nachteile der Gestaltungsmöglichkeiten für den Prozessschritt „Warenannahme"

Vorteile	• Reduzierung manueller Tätigkeiten (z. B. telefonischer Reklamationsprozess) und Wegzeiten • Beschleunigung der Prozessschritte • Reduzierung von Flächenbedarfen durch zügige Bearbeitung • Generierung von Warnmeldungen für dringende Artikel
Nachteile	• Aufwendige Einbindung in bestehende IT-Infrastruktur • Einbindung einer hohen Anzahl an Lieferanten • Hohe Investitionskosten (v. a. für Fördertechnik, Wirtschaftlichkeitsbewertung notwendig) • Technische Komplexität der Systeme

Zur Erleichterung des Transportes der Ware kann diese Fördertechnik auch zum weiteren Transport innerhalb des Krankenhauslagers verwendet werden. Pufferflächen[24] zum Ausschleusen von Artikeln mit Klärungsbedarf erleichtern das Handling und optimieren den Platzbedarf.

Ist die Identifikation von Durchlaufartikeln bzw. Lagerartikeln beendet, so können verschiedene Transportspuren zum weiteren Transport verwendet werden. Diese umfassenden Gestaltungsmöglichkeiten haben sowohl Vor- als auch Nachteile, welche in Tab. 5.8 beschrieben werden.

5.2.2.4 Einlagerung Lagerartikel

Handelt es sich um Lagerartikel, so erfolgt nach erfolgreicher Warenannahme die Einlagerung der Artikel (Abb. 5.12). Die Einlagerung erfolgt durch einen Lagermitarbeiter, welcher den mit Paketen befüllten Wagen zum ersten Lagerort verbringt. Hierbei erfolgt die Priorisierung bzw. die Bestimmung der Reihenfolge durch den Mitarbeiter selbst. Meist wird hierbei die Logik „große Pakete zuerst – kleinere im Anschluss" verfolgt. Die Lagerorganisation ist in Form von einer Festplatzlagerung strukturiert. Ist der Lagerort nicht bereits durch das Erfahrungswissen des Mitarbeiters bekannt, so sind die zur Einlagerung notwenigen Informationen über den Lagerplatz (Gasse, Regal und Fach) auf dem WEL vermerkt. Diese Scheine sind nicht durchgängig nach Gassen sortiert und der Mitarbeiter wählt auf Basis eigener Erfahrungen den kürzesten Weg. Bei der Einlagerung werden eine Referenznummer und der physische Artikel einer Sichtprüfung unterzogen.

Nach erfolgreicher Prüfung werden die Artikel eingelagert, wobei alte Artikel nach vorne geschoben werden, um das FIFO-Prinzip einzuhalten. Teilweise wird das Verfallsdatum auf den alten Bestandsartikeln dabei überprüft.

Ist der vorhergesehene Lagerplatz des Artikels bereits ausgelastet, so werden an den Seiten freie Kapazitäten gesucht und die Artikel zwischengelagert. Auf dem eigentlichen

---

[24]Siehe Glossar Begriff „Puffer".

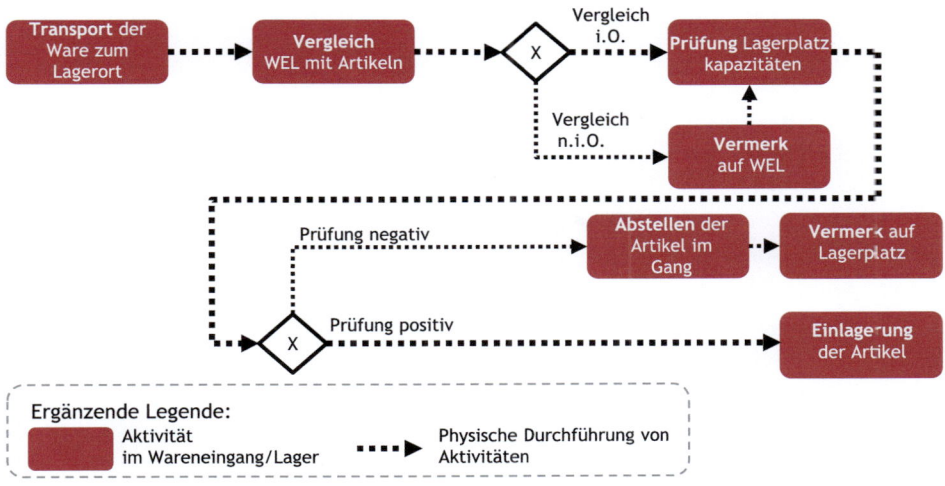

Abb. 5.12 Digitalisierungslandkarte Stufe I des Prozesses „Einlagerung"

Lagerplatz wird ein handschriftlicher Vermerk angebracht, welcher auf die anderen Lagerplätze der Artikel hinweist.

Bei Änderungen der Gebindeeinheiten wird ebenfalls eine handschriftliche Information für die Kommissionierer an dem Lagerplatz angebracht, wie in Abb. 5.13 zu sehen ist.

Nach erfolgter Einlagerung wird die jeweilige Position auf dem WEL durch den Mitarbeiter abgehakt. Dies wird so lange wiederholt, bis der Wagen mit den Paketen vollständig abgearbeitet ist. Bearbeitete WEL ohne Beanstandung werden weggeworfen.

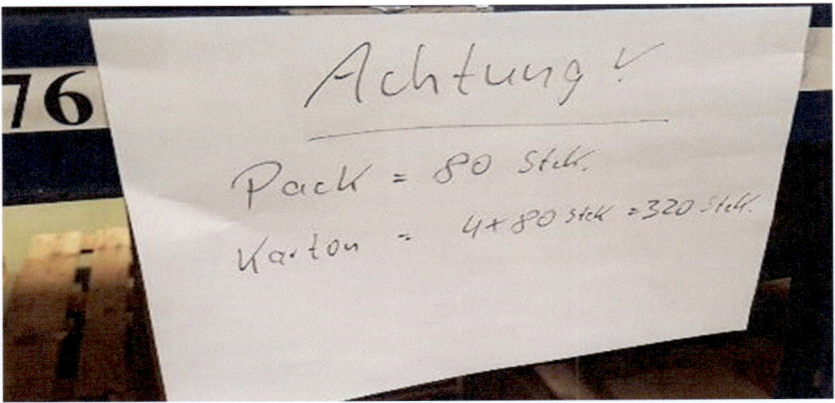

Abb. 5.13 Handschriftliche Angabe der Gebindeänderung

Liegen Anmerkungen vor, so werden diese an die Lagerleitung zur weiteren Bearbeitung weitergegeben.

Auswertungen

In Abb. 5.14 wird der Verlauf des Bestandswerts eines Monats dargestellt. Dieser Bestandswert beinhaltet diejenigen Artikel, für welche innerhalb des betrachteten Monats eine Kommissionierung oder eine Vereinnahmung im Wareneingang stattgefunden hat. Somit ist der tatsächliche Bestandswert der gelagerten Artikel höher als der abgebildete Wert im Diagramm.

Für diese Lagerartikel mit Bewegungen liegt ein Variationskoeffizient von 1,7 % vor. Somit schwankt der monetäre Bestandswert lediglich gering um den Mittelwert, welcher bei circa. 960 T€ liegt. Im betrachteten Zeitraum wurden Waren im Wert von 979 T€ kommissioniert und für 957 T€ vereinnahmt. Daraus resultierend ergibt sich, dass der Bestand eine Reichweite von mindestens einem Monat aufweist und somit ein Lagerumschlag von 12,0 p. a. vorliegt.

Optimierungsbereiche

In diesem Prozessschritt liegen vor allem die Potenziale zur Optimierung in der Reduzierung der Abhängigkeiten von den Erfahrungen beteiligter Mitarbeiter (Tab. 5.9). Somit wird das Risiko des Wissensverlustes durch Krankenstand oder Urlaub verhindert.

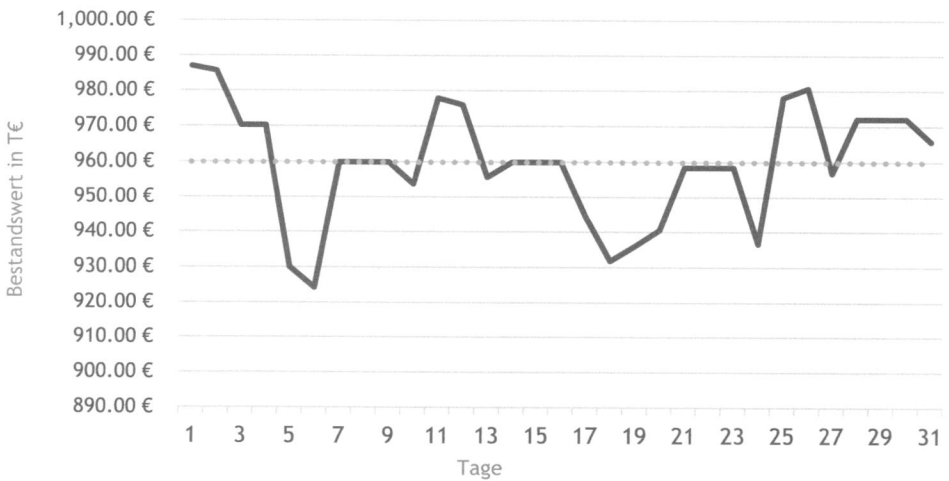

Abb. 5.14 Entwicklung des Bestandswertes für Lagerartikel mit Bewegung

Tab. 5.9 Gegenüberstellung des IST-Zustandes und Optimierungspotenziale des Prozesses der Einlagerung

IST-Zustand	Handlungsfelder
Abhängigkeit von Expertenwissen des Mitarbeiters	• Auswahl der Route zur Einlagerung • Regelungen zur Einlagerung • Prozess zur Anpassung der Lagerplatzgrößen
Änderung von Gebindeeinheiten	• Regelungen zur Vorgehensweise bzw. manueller Aufwand (Abb. 5.13)
Bestandstransparenz nicht gewährleistet	• Bestandsführung im Zentrallager • Ermittlung von Reichweiten bzw. passenden Mindest- und Sicherheitsbeständen

Gestaltungsmöglichkeiten

Bei den Gestaltungsmöglichkeiten muss unterschieden werden, ob die Möglichkeit der Implementierung automatisierter Fördertechnik gegeben ist. Falls ja, so können Querverschiebewägen bzw. Regalbediengeräte die Einlagerung automatisiert übernehmen. Bevor der Artikel eingelagert werden kann, ist in diesem Fall eine Anpassung der Gebindeeinheiten bei Änderungen bereits bei der Warenannahme notwendig.

Ist aufgrund der entstehenden Kosten bzw. den baulichen Gegebenheiten des Krankenhauses keine Implementierung von Fördertechnik möglich, so müssen die manuellen Prozesse durch den Einsatz digitaler Technologien unterstützt werden:

- Ausstattung der Mitarbeiter mit Tablets oder Headsets zur Einlagerung
- Vorgabe der Einlagerungsreihenfolge durch Tablets (optimierte Laufwege)
- Einbuchung bzw. Verknüpfung der Waren auf den Lagerplatz
- Systemgestützte Bestandstransparenz und Ermittlung passender Sicherheits- und Meldebestände

Tab. 5.10 Vor- und Nachteile der Gestaltungsmöglichkeiten für den Prozessschritt „Einlagerung Lagerartikel"

Vorteile	• Reduktion manueller Tätigkeiten • Permanente Informationsverfügbarkeit aller artikelspezifischen Daten • Auswahl und Planung passender Routen zur Einlagerung • Einlagerung in Lagerplätze mit passender Kapazität • Systemgestützte Bestandstransparenz • Bestandsreduzierung
Nachteile	• Hohe Investitionskosten (Wirtschaftlichkeitsbewertung notwendig) • Technische Komplexität des Systems inkl. aufwendiger Einbindung in die IT-Infrastruktur (Schnittstelle zur MaWi) • Schulungsmaßnahmen der Mitarbeiter im Change-Prozess

Diese Unterstützung zur systemischen Bestandsführung mithilfe von digitalen Technologien muss zur ganzheitlichen Prozessgestaltung auf die dezentralen Lagerorte erweitert werden, um alle Potenziale zu heben (siehe Abschn. 5.2.2.7).

5.2.2.5 Kommissionierung Lagerartikel

Um die Lagerartikel der anfordernden Station verfügbar zu machen, ist der Schritt der Kommissionierung essenziell (Abb. 5.15). Um die Kommissionierung zu beginnen, ist die Freigabe der Materialanforderungen der Stationen bzw. Fachbereiche durch die Lagerleitung notwendig. Prinzipiell wird eine Kommissionierliste für die angeforderten Artikel erstellt. Im betrachteten Krankenhaus werden jedoch nicht für alle angeforderten Artikel Kommissionierlisten gedruckt. Besteht lediglich Bedarf zwischen fünf und sechs Artikeln, wird sofort der WAL zur Kommissionierung gedruckt.

Im Anschluss an die Freigabe der Materialanforderung durch die Lagerleitung erfolgt eine Überprüfung der Lagermitarbeiter hinsichtlich folgender Punkte:

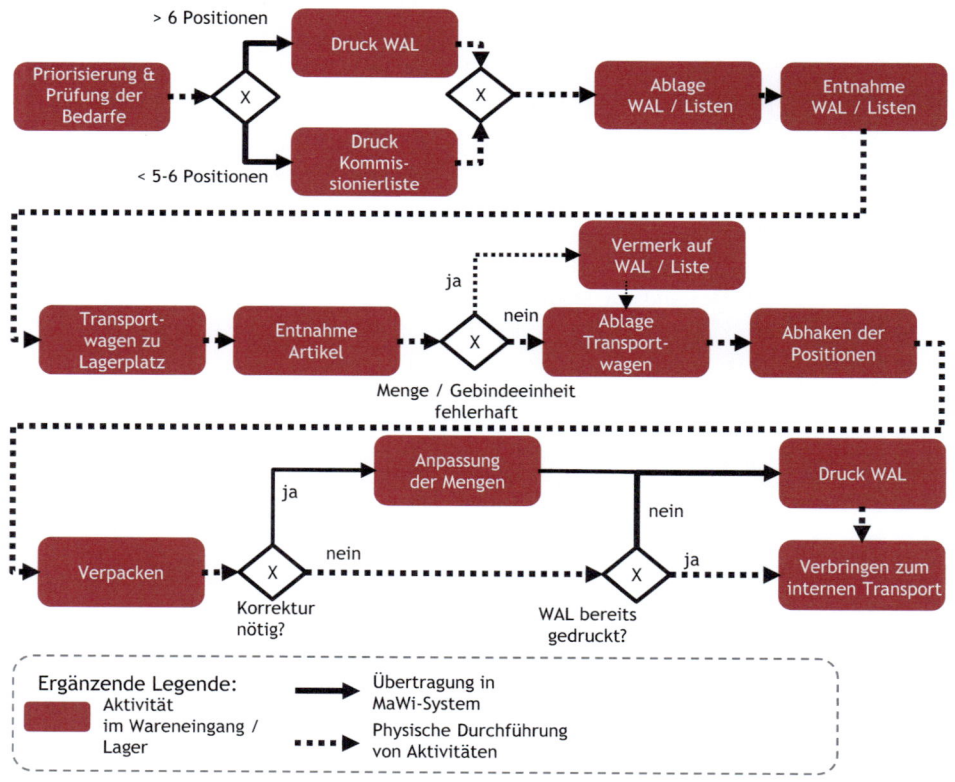

Abb. 5.15 Digitalisierungslandkarte Stufe I des Prozesses „Kommissionierung"

1. Ziel der angeforderten Artikel; Je nach Standort sind andere Vorlaufzeiten hinterlegt.
2. Priorisierung der Anforderungen
3. Belieferungsrhythmus des jeweiligen Zielortes
4. Plausibilität (Mengen, Einheiten, Anforderer, Lagerkapazität)

Die Mitarbeiter ändern ggf. die Anforderungen aufgrund von Erfahrungswerten ab. Liegt nicht genügend Bestand im Lager, so wird der vorhandene Bestand auf der Kommissionierliste eingetragen und die Differenz auf Rückstand gebucht. Nach abgeschlossener Bearbeitung der Kommissionierlisten und der WAL werden diese grob nach ihren jeweiligen Bestimmungsorten aufgeteilt.

Im Anschluss daran startet die eigentliche Kommissionierung, in dem die Aufträge auf die Mitarbeiter verteilt werden. Diese Verteilung erfolgt entweder durch den Teamleiter oder durch die Lagermitarbeiter selbst. Dabei entscheidet der Mitarbeiter anhand der voraussichtlichen Route und der Anzahl der Positionen auf Basis von Erfahrungswerten, ob er lediglich einen Auftrag oder mehrere gleichzeitig bearbeitet. Als Hilfsmittel zur Kommissionierung werden ein Kommissionierwagen und Kartonagen verwendet. Liegt eine ausgedruckte Kommissionierliste vor, ist diese nach den Gängen sortiert, wobei der am Startpunkt nächstliegender Gang die erste Position darstellt. Wird der WAL zur Kommissionierung verwendet, so kann dieser ebenfalls sortiert werden. Allerdings wird diese Funktion im betrachten Krankenhaus nur selten verwendet. Für den Start des Kommissioniervorgangs wird der erste Lagerplatz eines benötigten Artikels aufgesucht. Im Idealfall stimmen die Gebindeeinheiten mit den angeforderten Mengen überein. Fehlende Artikelmengen werden handschriftlich vermerkt.

Ist die Kommissionierung abgeschlossen, begibt sich der Mitarbeiter zu einem individuellen Packplatz, an dem die Kartonagen geschlossen oder aufgrund eines falsch eingeschätzten Auftragsvolumens in andere Kartonagen umgepackt werden. Bei einer abgeschlossenen Kommissionierliste muss der WAL noch im System erzeugt und eventuelle Bestandsanpassungen eingetragen werden. Die abgeschlossene Kommissionierliste wird von dem jeweiligen Mitarbeiter unterschrieben und in einem, dem Mitarbeiter zugeordneten Fach abgelegt. Der WAL wird ebenfalls vom Mitarbeiter unterschrieben und mit Klebeband auf dem Karton befestigt.

Im Anschluss wird eine Entscheidung getroffen, ob eine Mischpalette für mehrere Empfänger oder eine Palette für den Zielort versendet wird. Bei einer Mischpalette wird auf jedem Karton der Empfänger handschriftlich vermerkt. Ist die gesamte Palette für einen Empfänger, so wird die Adresse lediglich einmal auf der Palette angebracht.

Im betrachteten Krankenhaus werden die Paletten in einen Gang vor einem Aufzug verbracht. Sind mindestens drei Paletten vorhanden, werden diese in den Aufzug geladen und ein Stockwerk tiefer in die für den internen Transport verantwortliche Abteilung übergeben.

Auswertungen

Für den Bereich der Kommissionierung wurden für den Betrachtungszeitraum von einem Monat verschiedene Auswertungen erstellt. Darunter fällt die Bewertung der Zeitspanne von Materialanforderung bis zur Generierung des WAL sowie Bewertungen der Kommissionierhäufigkeiten.

Durchlaufzeiten von Materialanforderung bis zum Warenabgangslieferschein

In Abb. 5.16 wird die benötigte Zeitspanne aufgezeigt, welche zwischen der Anforderung einer Station bis hin zur Generierung des WAL liegt. Ca. 50 % aller Materialanforderungen werden innerhalb von vier Stunden abgeschlossen. Allerdings werden für 7,6 % der Materialanforderungen mehr als fünf Tage bis zum Druck des WAL benötigt. Interessant bei der Erfassung der Daten sind 15 Materialanforderungen, welche erst nach der Generierung eines WAL erstellt wurden. Dies spricht für unsaubere Prozessabläufe oder bilaterale Abstimmungen abseits der definierten Prozesse.

Kommissionierhäufigkeit nach Artikelnummer

In einer zweiten Auswertung stand die Kommissionierhäufigkeit pro Artikelnummer im Fokus. Hierbei ergab die Auswertung der Daten, dass in jeder fünften Bestellung einer der zwanzig schnelldrehenden Artikel enthalten ist. Auffällig ist ebenfalls, dass 342 von insgesamt 1.436 Artikelnummern im Betrachtungszeitraum nicht kommissioniert wurden. Dies spricht entweder für hohe Lagerbestände an den dezentralen Lagerorten oder für Artikel, die sich nur langsam drehen.

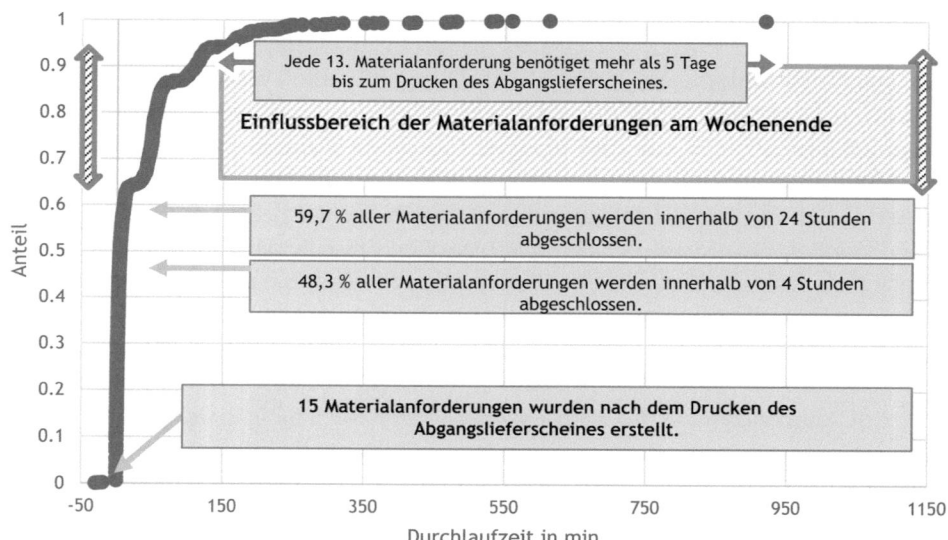

Abb. 5.16 Durchlaufzeiten: Materialanforderung bis Warenabgangslieferschein

Für die Gestaltung eines Lagers sind solche Auswertungen von Bedeutung, da die richtige Positionierung von Schnelldrehern Einfluss auf die Länge der Kommissionierwege hat. Diese wiederum hat direkten Einfluss auf die benötigte Durchlaufzeit.

Value Added Heat Map (VAHM) des Regallayouts
Die Kommissionierhäufigkeit der einzelnen Artikel ist mit der Value Added Heat Map[25] auf das Regallayout anhand der Zugriffe pro Zeiteinheit übertragbar. Mithilfe dieser Methode wurde das Regallayout des betrachteten Krankenhauses analysiert (Abb. 5.17).

Die VAHM zeigt, dass die Auslastung der Regalplätze über das Lager hinweg unausgeglichen ist. Hoch frequentierte Bereiche mit mehr als zehn Zugriffen pro definierte Zeiteinheit sind über das gesamte Lager verteilt, was in Konsequenz zu langen, suboptimalen Kommissionierwegen führt. Des Weiteren sind Effekte vorgelagerter Prozesse erkennbar. Auf der linken Seite von Regal II liegt der Wareneingang. Die hier stattfindende Warenannahme blockiert bei starker Auslastung die Flächen vor dem Regal

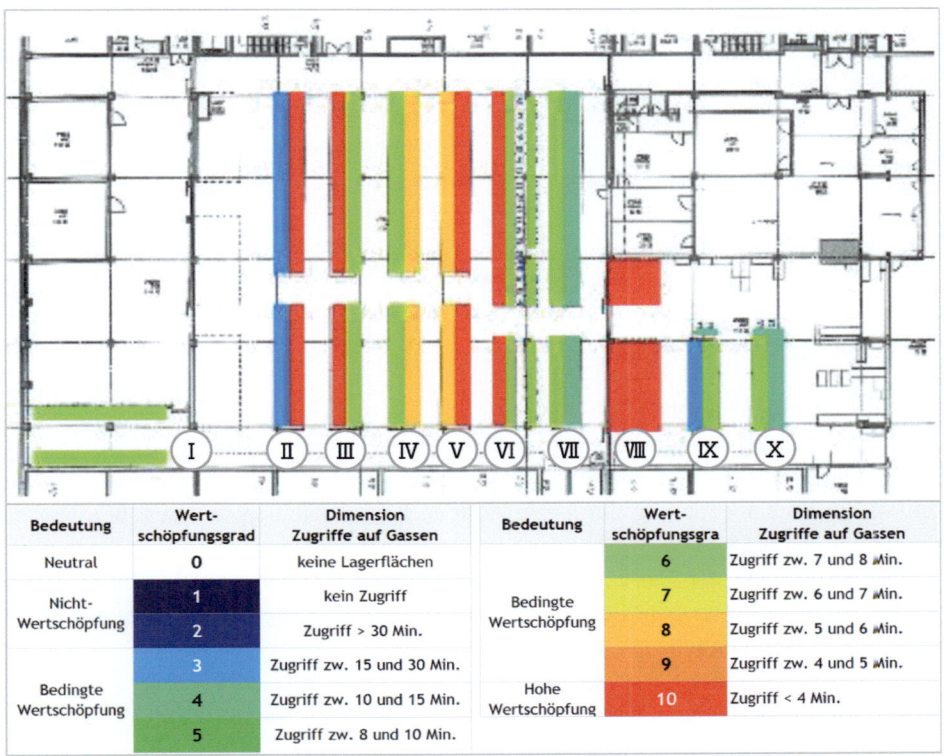

Abb. 5.17 Value Added Heat Map des Regallayouts eines beispielhaften Krankenhauslagers

---

[25]Siehe Glossar Begriff „Value Added Heat Map".

(Abb. 5.9), sodass hier nur Artikel mit geringen Zugriffszahlen gelagert werden, was anhand der blauen Färbung gut zu erkennen ist.

Optimierungsbereiche

Die Optimierungsbereiche des Prozesses der Kommissionierung werden in Tab. 5.11 dargestellt.

Tab. 5.11 Gegenüberstellung des IST-Zustandes und Optimierungspotenziale des Prozesses der Kommissionierung

IST-Zustand	Handlungsfelder
Bearbeitung der Bedarfe durch die Mitarbeiter	• Stammdatenpflege • Bestellregelungen • Expertenwissen einzelner Mitarbeiter
Festlegung der zu kommissionierenden Aufträge durch die Mitarbeiter	• Priorisierung der Kommissionierreihenfolge • Informationen bzgl. des Auftragsvolumens
Unausgeglichene Frequentierung der Lagerplätze	• Kommissionierwege der Mitarbeiter
Ausdruck WAL statt Kommissionierliste	• Angabe der Kommissionierreihenfolge
Nutzung von sperrigen Kommissionierwägen	• Abstellen der Wägen am Gassenrand • Prüfung der Kommssionierung
Bestehende Regalierung ohne klare Beschriftungsstruktur	• Abhängigkeit von Erfahrungswerten der Mitarbeiter
Mangelnde Bestandstransparenz	• Keine Berücksichtigung von Schnell- bzw. Langsamdrehern im Regalspiegel
Materialanforderungen bleiben bis zu fünf Tage offen	• Bearbeitungsdauer

Gestaltungsmöglichkeiten

Im Kern steht die Reduzierung des manuellen und administrativen Aufwands, sowie die Abhängigkeiten von Erfahrungswerten der Mitarbeiter. Eine Gestaltungsmöglichkeit ist die Implementierung eines zweistufigen Kommissionierprozesses, bei dem die Kommissionierung und das Packen der Kartonagen getrennt ist.

Langfristig kann der Einsatz vollautomatisierter Lager- und Kommissioniersysteme in Betracht gezogen werden. Für eine kurzfristige Optimierung ist die Implementierung folgender Punkte möglich:

- Anpassung der Kommissionierwägen
    - Ausstattung mit QR-Code oder RFID-Tag und Tablet für die Kommissionierung
    - Einzelne Fächer pro Artikel bzw. Kartonagen zur Kommissionierung kleiner Teilmengen
- Kommissionierung:
    - Verknüpfung des Auftrages mit dem jeweiligen Kommissionierwagen anhand des angebrachten QR-Codes bzw. RFID-Tags

Tab. 5.12 Vor- und Nachteile der Gestaltungsmöglichkeiten für den Prozessschritt „Kommissionierung Lagerartikel"

Vorteile	• Hohe Informationsverfügbarkeit • Bestandstransparenz • Reduzierung der Fehleranfälligkeit • Reduzierung der Abhängigkeit des Expertenwissens einzelner Mitarbeiter • Reduzierung der benötigten Kommissionierzeiten bzw. -Wege • Gewährleistung der Rückverfolgbarkeit von Artikeln
Nachteile	• Hohe Investitionskosten (Wirtschaftlichkeitsbewertung notwendig) • Technische Komplexität des Systems inkl. aufwendiger Einbindung in die IT-Infrastruktur (Schnittstellen) • Schulungsmaßnahmen der Mitarbeiter im Change-Prozess

- Anzeige der Kommissionierliste mithilfe des Tablets
- Kommissionierung der Artikel mithilfe von Barcode-Systemen oder Pick-Systemen
- Optimierung der Lagerplätze nach Frequentierung
- Automatisierte Anpassung der Pick-Einheit bei zu geringer Lagermenge
• Verpacken und Bereitstellung der Ware zum Transport:
  - Bei Nutzung einer AWT-Anlage: Verknüpfung des Auftrages anhand von QR-Codes bzw. RFID-Tags

Generell setzt der Einsatz digitaler Technologien zur Unterstützung der Mitarbeiter eine fundierte Stammdatenpflege und die Einbindung aller Lagerplätze in das MaWi-System zwingend voraus. Generell ist zu beachten, dass eine ganzheitliche Optimierung der Prozesskette unabdingbar ist.

5.2.2.6 Interner Transport

Im Anschluss an die Kommissionierung erfolgt der krankenhausinterne Transport der Artikel (Abb. 5.18). Im Falle des betrachteten Krankenhauses muss die kommissionierte Ware zunächst mit dem Aufzug in die zuständige Abteilung verbracht werden, da sich

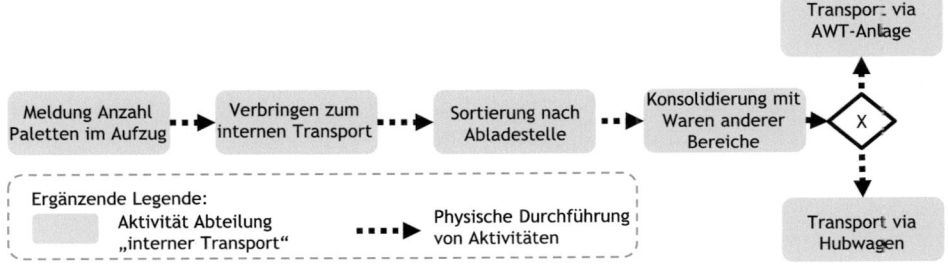

Abb. 5.18 Digitalisierungslandkarte Stufe I des Prozesses „Interner Transport"

das Lager und der Zugang zur AWT-Anlage auf verschiedenen Ebenen befinden. Via Telefon wird das für den Transport zuständige Personal über die Anzahl der im Aufzug befindlichen Paletten informiert. Nach der Entladung des Aufzugs werden die einzelnen Kartons in individuelle Postfächer und kleinere Kartonagen in Metallcontainer der Empfänger einsortiert. An dieser Stelle werden die Lagerartikel mit Artikeln anderer Logistikbereiche, wie bspw. die Arzneimittel der Apotheke oder die Wäsche, konsolidiert. Der Transport erfolgt via AWT-Anlage. Der Zielort wird via Telefon über die Ankunft des AWT-Containers informiert. Große Pakete werden auf Plastik-Paletten umgeladen und mithilfe von Hubwagen zu den Zielstationen befördert.

Optimierungsbereiche

Die Optimierungsbereiche des Prozesses des Versandes werden in Tab. 5.13 dargestellt.

Tab. 5.13 Gegenüberstellung des IST-Zustandes und den Optimierungspotenzialen des Prozesses des Versandes

IST-Zustand	Handlungsfelder
Informationsübertragung via Telefon	• Informationsweitergabe
Umpacken der Lagerware in AWT-Container	• Doppelhandling der Artikel
Transport der Ware via Aufzug	• Engpass-Situationen

Gestaltungsmöglichkeit

Auch für den krankenhausinternen Transport gilt es, den Handlingsaufwand zu reduzieren und administrative Abläufe zu verschlanken. Liegen die Möglichkeiten zur Automatisierung der Prozesse vor, so sind für den innerbetrieblichen Transport der Waren folgende Möglichkeiten gegeben:

- Lieferung der kommissionierten Waren vollautomatisch mithilfe von Fördertechnik (z. B. AWT, fahrerlose Transportsysteme (FTS))
- Im Falle des betrachteten Krankenhauses:
- Prüfung der baulichen Gegebenheiten zur Vermeidung des Engpasses „Aufzug"
- Bei baulichen Restriktionen: Automatisierte Anforderung des Fahrstuhls

Im Falle weiterhin fokussierter manueller Prozesse ist die Unterstützung durch digitale Technologien notwendig, um eine automatisierte Informationsübertragung ohne menschliches Zutun (via Telefon) sicherzustellen. Mithilfe von Tracking-Technologien kann der Transportprozess transparent und nachvollziehbar gestaltet werden. Die Vor- und Nachteile der Gestaltungsmöglichkeiten für den Prozessschritt „Interner Transport" sind in Tab. 5.14 aufgeführt.

Tab. 5.14 Vor- und Nachteile der Gestaltungsmöglichkeiten für den Prozessschritt „Interner Transport"

Vorteile	• Transparente Prozessabwicklung • Reduktion manueller Tätigkeiten • Rückverfolgbarkeit
Nachteile	• Hohe Investitionskosten (Wirtschaftlichkeitsbewertung notwendig) • Wartungs- und Betriebsaufwand • Bauliche Voraussetzungen müssen gegeben sein oder geschaffen werden • Schulungsaufwand für Mitarbeiter

5.2.2.7 Einlagerung und Materialbereitstellung

Wurde die Ware im Rahmen des Transportprozesses an den dezentralen Lagerort angeliefert, erfolgt die Einlagerung um die Materialien für den Verbrauch bereitzustellen (Abb. 5.19). Alle Bedarfe der Stationen, die über die Schrankfachversorgung in die Materiallogistik mit eingebunden sind, werden mehrmals pro Woche abgerufen. Die Bereitstellung der kommissionierten Medizinprodukte an den jeweiligen Zielstationen erfolgt noch am Anforderungstag über die AWT oder mithilfe eines Hubwagens transportierte Plastikpaletten. Die Einlagerung in die jeweiligen Schrankfächer wird von den Versorgungsassistenten übernommen. In vielen Fällen werden die Artikel auch von dem Pflegepersonal der jeweiligen Stationen oder Fachbereichen selbst eingeräumt.

Abb. 5.19 Digitalisierungslandkarte Stufe I des Prozesses „Einlagerung in Stationslagern und weiteren dezentralen Lagerorten"

Bei der in Abschn. 5.2.1 geschilderten Vorgehensweise der Schrankfachversorgung werden bei Einlagerung von Artikeln die Karten wieder so gedreht, dass die weiße Seite zu sehen ist (kein Bedarf vorhanden). Zweimal pro Monat erfolgt eine visuelle Prüfung aller im Stationslager vorhandenen Artikel hinsichtlich ihrer Verfallsdaten. Aus den dezentralen Stationslagern heraus werden sowohl die Patientenwägen als auch die Schränke in den Patientenzimmern mit Material versorgt. Dieser Prozess läuft auf Basis visueller Prüfungen des Pflegepersonals.

Optimierungsbereiche

Die Optimierungsbereiche des Prozesses der Einlagerung und Materialbereitstellung werden in Tab. 5.15 dargestellt.

Tab. 5.15 Gegenüberstellung des IST-Zustandes und den Optimierungspotenzialen des Prozesses der Einlagerung und Materialbereitstellung

IST-Zustand	Handlungsfelder
Einlagerung der Waren durch das Pflegepersonal	Zeitliche Ressourcen Fehleranfälligkeit
Visuelle Sichtprüfung hinsichtlich Verfalldatums	Zeitliche Ressourcen Fehleranfälligkeit

Gestaltungsmöglichkeiten

Ein zentrales Ziel ist die Entlastung des Pflegepersonals von logistischen Aufgaben. Aus diesem Grund werden alle logistischen Aufgaben in den dezentralen Lagerorten durch Versorgungsassistenten abgewickelt. Die Erfassung von artikel-spezifischen Information (z. B. Chargennummern via UDI) in der Warenannahme (Abschn. 5.2.2.3) ist nur dann sinnvoll, wenn diese Informationen auch an den dezentralen Lagerorten der Krankenhäuser in Echtzeit zur Verfügung stehen und genutzt werden können. Somit sind folgende Gestaltungsmöglichkeiten in Erwägung zu ziehen:

- Einlagerung durch Versorgungsassistenz
- Digitale Erfassung und Bestandsbuchungen aller Artikel in den dezentralen Lagerorten (Verknüpfung von Artikel und Lagerplatz)
- Ausstattung externer Lagerorte mit Tablets und Lesegeräten zur Erfassung angebrachter Barcodes bzw. UDIs
- Informationstransparenz über Bestände und den dazugehörigen UDIs
- Meldungen bei Erreichen kritischer Verfallsdaten
- Erfassung der Entnahme von Artikeln aus definiertem Lagerplatz
- Automatisierte Bedarfsanforderungen bei Erreichen von definierten Sicherheitsbeständen

Tab. 5.16 Vor- und Nachteile der Gestaltungsmöglichkeiten für den Prozessschritt „Einlagerung und Materialbereitstellung"

Vorteile	• Reduzierung manueller Tätigkeiten des Pflegepersonals • Reduzierung der Fehleranfälligkeit • Warnmeldungen bzgl. des MHDs • Automatisierte Anforderungserstellung
Nachteile	• Implementierungsaufwand (Schnittstelle) • Schulungsbedarf der Mitarbeiter im Change-Prozess • Übertragung der Materialversorgung auf anderen Mitarbeiter • Hohe Investitionskosten (Wirtschaftlichkeitsbewertung notwendig)

5.2.3 Zusammenfassung

In der Analyse der einzelnen Prozesse der Materiallogistik wurde, der zum Zeitpunkt der Aufnahme gültige, Zustand erhoben. Allgemeine, nicht auf einen Prozessschritt reduzierbare Auswertungen mit den expliziten Details des betrachteten Krankenhauses werden im nächsten Kapitel dargestellt. Generell wurde die gesamte IST-Analyse in einem Blueprint inklusive einer ausführlichen Bilddokumentation zusammengefasst, aus welchem im Folgenden weitere Ausschnitte dargestellt werden.

5.2.3.1 Allgemeine Auswertungen der Materiallogistik

Neben den für die Prozessschritte relevanten Auswertungen wurden auch allgemeine Daten bzgl. den Artikeln der Materiallogistik des betrachteten Krankenhauses erhoben. Darunter fallen tabellarische Auswertungen des Lagerbestandes, der häufigsten Zugriffe bei der Kommissionierung und die Darstellung der höchsten Reichweite der Lagerartikel. Für die Auswertungen wurde ein Zeitraum von 45 Kalendertagen für die Datenerhebung herangezogen.

Bestandswerte der Lagerbestände

In Abb. 5.20 sind die zehn Lagerartikel mit dem höchsten Bestandswert angegeben. Auffällig ist dabei, dass vier gelistete Artikel der Warengruppe „Bürobedarf" bzw. Hilfsmittel zur papierbasierten Abwicklung des Patientenpfades darstellen. Allein der an erster Position stehende Artikel „Register Krankenakt" bindet Kapital in Höhe von circa 35 T€. Berücksichtigt man die Entwicklung hin zur digitalen Patientenakte, sinken die ohnehin geringen Zugriffe weiter bzw. könnten den Artikel in kurzer Zeit vollständig unnötig machen. Infolgedessen wird die ohnehin hohe Reichweite von 2.185 Kalendertagen steigen. Hervorzuheben ist das OP-Tuch auf Position fünf, welches im Betrachtungszeitraum keinen Verbrauch verbuchen konnte. Dies ist auf hohe Bestandswerte in den dezentralen Lagerorten zurückzuführen.

Nr.	Art.-Nr.	Bezeichnung	Durchschnittsbestand		Verbrauch		Reichweite [45 KT]	Kommissionierungen gesamt	Kom. / AT*** [30 AT]
			Menge	Wert	gesamt	pro KT**			
1	4017120	Register Krankenakte 15	63129 ME*	ca. 35T€	1300 ME	28.9 ME	2185 KT	17 Zugriffe	0.6 Zugriffe
2	2029643	SCHLAUCHSET- THROMBOZYTEN + PLASMA	193 ME	ca. 27T€	480 ME	10.7 ME	18 KT	6 Zugriffe	0.2 Zugriffe
3	2037520	Oxygenationssystem Quadrox Komplettset	26 ME	ca. 14T€	49 ME	1.1 ME	24 KT	18 Zugriffe	0.6 Zugriffe
4	4005716	Laborbeleg BA1 Basisuntersuchung	32084 ME	ca. 13T€	2550 ME	56.7 ME	566 KT	6 Zugriffe	0.2 Zugriffe
5	3005283	OP-TUCH MOLTON 100X200 CM	2538 ME	ca. 12T€	0 ME	0.0 ME	kein Verbrauch	kein Verbrauch	kein Verbrauch
6	2001812	Oxygenations-Cardiohelp-System	2 ME	ca. 12T€	3 ME	0.1 ME	36 KT	3 Zugriffe	0.1 Zugriffe
7	4017118	Register Krankenakt 9	48927 ME	ca. 11T€	9480 ME	210.7 ME	232 KT	55 Zugriffe	1.8 Zugriffe
8	4006780	Etikett Aufnahmesatz I	318 ME	ca. 10T€	51 ME	1.1 ME	281 KT	31 Zugriffe	1.0 Zugriffe
9	2038660	Oxygenationssystem Hlm-Membran-Set f. Erwachsene	18 ME	ca. 10T€	47 ME	1.0 ME	17 KT	16 Zugriffe	0.5 Zugriffe
10	3005593	Abfallsack	90500 ME	ca. 7T€	5500 ME	122.2 ME	740 KT	11 Zugriffe	0.4 Zugriffe

*ME = Mengeneinheit **KT = Kalendertag ***AT = Arbeitstag

Abb. 5.20 Artikel TOP-10 nach Bestandswerten der Lagerbestände eines beispielhaften Krankenhauses

Nr.	Art.-Nr.	Bezeichnung	Durchschnitts-bestand	Verbrauch		Reichweite [45 KT]	Kommissionierungen gesamt	Kom. / AT*** [30 AT]
				gesamt	pro KT**			
1	2073410	Handschuhe unsteril Micro-Touch	130668 ME*	898690 ME	19971 ME	7 KT	463 Zugriffe	15.4 Zugriffe
2	2019477	Gerät Infusion Intrafix Safeset	8590 ME	71780 ME	1595 ME	5 KT	334 Zugriffe	11.1 Zugriffe
3	2073409	Handschuhe unsteril Micro-Touch Nitrile EP S	183915 ME	531525 ME	11812 ME	16 KT	333 Zugriffe	11.1 Zugriffe
4	2073411	Handschuhe unsteril Micro-Touch Nitrile EP L	168790 ME	455532 ME	10123 ME	17 KT	301 Zugriffe	10.0 Zugriffe
5	2002817	Behälter Kanülenschlucker mit Deckel gelb 2L	1291 ME	3636 ME	81 ME	16 KT	294 Zugriffe	9.8 Zugriffe
6	4002563	Kopierpapier, A4, holzfrei	261297 ME	2287680 ME	50837 ME	5 KT	294 Zugriffe	9.8 Zugriffe
7	2007070	Stopfen Verschluss Combi	50743 ME	148700 ME	3304 ME	15 KT	288 Zugriffe	9.6 Zugriffe
8	2019205	Tuch Mehrzweck blau weiss 40x34cm	40502 ME	132502 ME	2944 ME	14 KT	281 Zugriffe	9.4 Zugriffe
9	2016648	Spritze Einmal Luer Discardit 10ml	15881 ME	84498 ME	1878 ME	8 KT	277 Zugriffe	9.2 Zugriffe
10	2016630	Spritze Einmal Injekt Lueransatz 5ml	22221 ME	46900 ME	1042 ME	21 KT	250 Zugriffe	8.3 Zugriffe

*ME = Mengeneinheit **KT = Kalendertag ***AT = Arbeitstag

Abb. 5.21 Artikel TOP-10 nach Zugriffen eines beispielhaften Krankenhauses

Generell ist festzustellen, dass nicht die hochwertigen, teuren Medizinprodukte das Kapital im Lager binden, sondern die hohen Bestände von Verbrauchsartikeln eine hohe Kapitalbindung nach sich ziehen.

TOP Artikel nach Zugriffen

Im Folgenden wurden diejenigen Artikel erfasst, auf welche im Betrachtungszeitraum am häufigsten bei der Kommissionierung zugegriffen wurde (Abb. 5.21). Dabei ist deutlich erkennbar, dass vor allem alltägliche Artikel wie Handschuhe oder Einmalspritzen bereits die Hälfte der Top zehn der Artikel ausmachen. Allerdings schlägt auch in dieser Betrachtung ein Artikel des Bürobedarfes (Kopierpapier) mit 294 Zugriffen in einem Monat zu buche. Auch hier ist wiederum auf die digitale Transformation[26] der Prozesse im Krankenhaus zu verweisen, sodass der Papierverbrauch sinken wird.

Hier aufgelistet sind schnell drehende Artikel des Krankenhauses mit einem klar vorhersehbaren Verbrauch. Infolgedessen ist durch die meist tägliche Belieferung des Krankenhauses für viele Artikel eine Reduzierung der Lagerbestände nach Prüfung bzw. Festlegung der Sicherheits- und Meldebestände anzustreben.

Reichweiten der Lagerartikel

In der letzten tabellarischen Auswertung liegt die Reichweite der gelagerten Artikel im Fokus (Abb. 5.22). Auf die meisten Artikel wurde im Betrachtungszeitraum lediglich einmal zugegriffen. Dies lässt wiederum die Schlussfolgerung zu, dass entweder sehr hohe Bestände an den dezentralen Lagerorten vorliegen oder dass es sich tatsächlich um einen sehr langsam drehenden Artikel handelt.

---

[26]Siehe Glossar Begriff „Digitale Transformation".

Nr.	Art.-Nr.	Bezeichnung	Durchschnitts-bestand	Verbrauch		Reichweite [45 KT]	Kommissionierungen gesamt	Kom. / AT*** [30 AT]
				gesamt	pro KT**			
1	2011166	Schlauchverband Stülpa Rolle	731 ME*	1 ME	0.0 ME	32873 KT	1 Zugriffe	0.0 Zugriffe
2	4007638	Information Patienteneigenbeteiligung	66250 ME	100 ME	2.2 ME	29813 KT	1 Zugriffe	0.0 Zugriffe
3	4002660	Mappe Hänge braun Krankenakt	5326 ME	10 ME	0.2 ME	23967 KT	1 Zugriffe	0.0 Zugriffe
4	2029570	Filter Gas Ulpaplus steril	82 ME	1 ME	0.0 ME	3690 KT	1 Zugriffe	0.0 Zugriffe
5	4017119	Mappe zum Stecken	2230 ME	30 ME	0.7 ME	3345 KT	1 Zugriffe	0.0 Zugriffe
6	4007557	Information Patienteneigenbeteiligung KS	9997 ME	200 ME	4.4 ME	2249 KT	1 Zugriffe	0.0 Zugriffe
7	4017120	Register Krankenakt 15	63129 ME	1300 ME	28.9 ME	2185 KT	17 Zugriffe	0.6 Zugriffe
8	4007549	Behandlungsvertrag	13600 ME	300 ME	6.7 ME	2040 KT	2 Zugriffe	0.1 Zugriffe
9	4005309	Pflegebericht Einlegeblatt	16000 ME	400 ME	8.9 ME	1800 KT	1 Zugriffe	0.0 Zugriffe
10	4001147	Merkblatt für Patienten teilstationäre und ambulante Anästhesien	3700 ME	100 ME	2.2 ME	1665 KT	1 Zugriffe	0.0 Zugriffe

*ME = Mengeneinheit **KT = Kalendertag ***AT = Arbeitstag

Abb. 5.22 Artikel TOP-10 nach Reichweite eines beispielhaften Krankenhauses

Infolgedessen treten für die drei häufigsten Artikel Reichweiten von jeweils über 20.000 Kalendertagen auf. Auffällig ist auch der Artikel auf Position 7, welcher bereits in der monetären Bewertung des Bestandes gelistet ist. Durch die enorme Menge von über 60.000 Stück entsteht bei den ermittelten Zugriffen eine Reichweite von über 2000 Kalendertagen.

Generell zeigen alle tabellarischen Darstellungen, dass ein hohes Potenzial in der Reduzierung von Lagerbeständen des betrachteten Krankenhauses vorliegt. In der Konsequenz ist eine deutliche Reduzierung des gebundenen Kapitals sowie der Gewinn von Lagerflächen möglich.

5.2.3.2 Auswahl geeigneter Prozesse zur Referenzprozessmodellierung und Pilotierung

Insgesamt zeigen die Ergebnisse, dass in der Intralogistik des betrachteten Krankenhauses große Potenziale und ein hoher Optimierungsbedarf in allen betrachteten Prozessschritten vorliegt. Die Auswertungen (Abschn. 5.2.2) verdeutlichen diese Ergebnisse. Ebenso zeigen die ermittelten Potenziale, dass vor allem in den genannten Prozessen der Einsatz digitaler Technologien die Prozesse vereinfachen und verschlanken, Transparenz schaffen sowie einen durchgehenden Informationsfluss sicherstellen kann. Die Prozessanalyse in dem weiteren, beteiligten Krankenhaus ergab sehr ähnliche Optimierungspotenziale.

Die meisten betrachteten Prozesse zeigen Handlungsfelder auf. Zur Auswahl geeigneter Prozesse für die Referenzprozessmodellierung wurden die Prozesse gemäß der größten bzw. grundlegendsten Handlungsfelder priorisiert. Infolgedessen wurden die Warenannahme und die Einlagerung bzw. Materialbereitstellung in dezentralen Lagerorten ausgewählt. Dies ist darin begründet, dass diese Prozesse nur in Kombination durch die Datenerhebung im Wareneingang Potenziale heben können. Diese Daten bilden die Grundlage für alle übrigen Prozesse, welche in einem zweiten Schritt optimiert werden sollten. Somit adressiert das dargestellte Referenzmodell die logistischen Prozesse mit dem höchsten Optimierungspotenzial. Die anschließenden Einblicke aus den Pilotierungen zeigen, wie das Referenzmodell praktisch umgesetzt werden kann und welchen Nutzen die Krankenhäuser daraus ziehen konnten. Im Hinblick auf die in Kap. 1 genannten Herausforderungen liegt der Fokus auf einer Entlastung des Pflegepersonals von nicht-wertschöpfenden Tätigkeiten. Weiter ist die Generierung von Informationstransparenz, um eine wirtschaftliche Planung, Steuerung und Kontrolle der logistischen Prozesse und die Rückverfolgbarkeit zu gewährleisten, ein zentraler Punkt.

Der Referenzprozess[27] „Warenannahme" ermöglicht die effiziente Erfassung von bestell- und artikelspezifischen Informationen während der Vereinnahmung. Der Prozess stellt damit die informationstechnische Datengrundlage und entsprechende Datenqualität sicher, welche im weiteren Verlauf der Materiallogistik elementar ist. Der Referenzprozess beginnt mit der Anlieferung der Artikel durch den Lieferanten bzw. Spediteur am Krankenhaus. Die vorausgehenden Prozesse des Einkaufs oder in der Lieferkette werden nicht spezifiziert. Die Darstellung des Referenzprozesses endet mit der Übergabe der Artikel zur Einlagerung bzw. zum internen Transport des Krankenhauses. Jedoch besitzt der Referenzprozess eine Abhängigkeit zu den Prozessen des Einkaufs, da bspw. Fehlmengen oder Falschlieferungen in Abstimmung behandelt werden müssen.

Der Referenzprozess „Stationslager und weitere dezentrale Lagerorte" beschreibt die Materialbereitstellung, Entnahme und Anforderung von Artikeln in den dezentralen Lagerorten. Der Prozess stellt sowohl die Entlastung des Pflegepersonals als auch die qualitativ hochwertige Versorgung der medizinischen Kernprozesse mit Medizinprodukten sicher. Dabei wird die Datengrundlage aus dem vorherigen Referenzprozess „Warenannahme" aufgegriffen. Der Referenzprozess umfasst die Prozessschritte zur Bereitstellung, Kontrolle und Einlagerung der Artikel im Stationslager, sowie die Entnahme von Artikeln und die Bedarfsanforderung. Die vorausgehende Lagerhaltung von Lagerartikeln im Zentrallager, die Kommissionierung, sowie der hausinterne Transport werden nicht abgedeckt. Der Referenzprozess endet mit der Übermittlung der Bedarfsanforderung an das MaWi-System. Die nachfolgenden Prozesse im Einkauf (für Durchlaufartikel) bzw. im Zentrallager (für Lagerartikel) sind ebenfalls nicht Teil des Referenzmodells. Abb. 5.23 fasst die Abgrenzung der Referenzprozesse zusammen.

▶ Neben den Referenzprozessen, ist eine Optimierung der gesamten Supply Chain zwingend erforderlich, um ganzheitlich schlanke, digital-unterstüze Logistikprozesse im Krankenhaus zu gewährleisten. Die COVID-19-Pandemie im Jahr 2020 hat den Bedarf der Optimierung der Supply Chain verdeutlicht.

---

[27]Siehe Glossar Begriff „Referenzprozess".

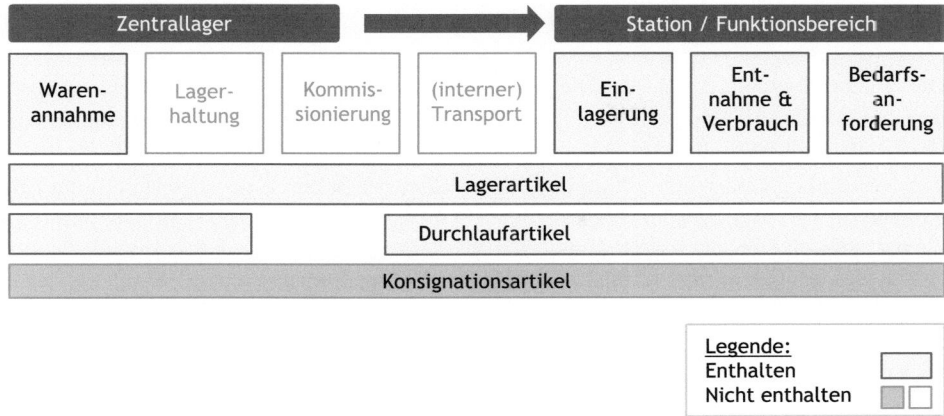

Abb. 5.23 Abgrenzung des Referenzmodells „Materiallogistik"

5.3 Das Referenzmodell „Materiallogistik"

Ein Referenzmodell ist eine Blaupause für einen oder mehrere Prozesse in Krankenhäusern (vgl. Abschn. 3.1.2). Die Referenzprozesse basieren auf den Erkenntnissen aus der Abschn. 5.2 beschriebenen Analyse bestehender Prozesse. Entsprechend wurden Ziele des Referenzmodells definiert (siehe Tab. 5.17).

Tab. 5.17 Ziele des Referenzmodells

Ziele des Referenzmodells	Entlastung des Pflegepersonals
	Bestände reduzieren
	Prozessqualität erhöhen
	Prozessdauer und -aufwand reduzieren
	Auslastungsspitzen vermeiden
	Bestandstransparenz erhöhen
	Datenqualität erhöhen
	Komplexität reduzieren

Die Erkenntnisse wurden mithilfe des Work System Framework[28] (Alter 2013) strukturiert und mittels des Modellierungsansatzes VSMN[29] dargestellt (siehe Abschn. 3.2.3). Im Rahmen der Pilotierung (Abschn. 5.4) konnte die technische Machbarkeit und Effizienz im Rahmen einer prototypischen Implementierung der Referenzprozesse gezeigt werden.

---

[28]Siehe Glossar Begriff „Work System Framework".
[29]Siehe Glossar Begriff „Value Stream Model and Notation (VSMN)".

5.3.1 Work System in der Materiallogistik

Die Materiallogistik kann als Dienstleistungssystem innerhalb eines Krankenhauses betrachtet und als Work System (Alter 2013) interpretiert werden. Teilnehmer der Materiallogistik sind die Mitarbeiterinnen und Mitarbeiter im Zentrallager, der Logistik und Versorgungsassistenten. Zudem können auch Pflegekräfte an der Materiallogistik teilnehmen (z. B. in akuten Bedarfsfällen). Die verwendeten Informationen umfassen im Wesentlichen Daten zur Identifikation, Lokalisierung und der Zustandsbestimmung. Die Technologien umfassen sowohl physische Geräte (Hardware) als auch Software, die zur Gestaltung geeigneter Informationsflüsse benötigt wird. Diese Konstrukte (Teilnehmer, Informationen, Technologien) werden zur Durchführung der Referenzprozesse benötigt. Im Folgenden werden die einzelnen Konstrukte der Work System Framework kurz beschrieben (Abb. 5.24). Veränderungen und Neuheiten im Referenzprozess im Vergleich zum IST-Prozess sind in der folgenden Grafik mit einem Stern markiert.

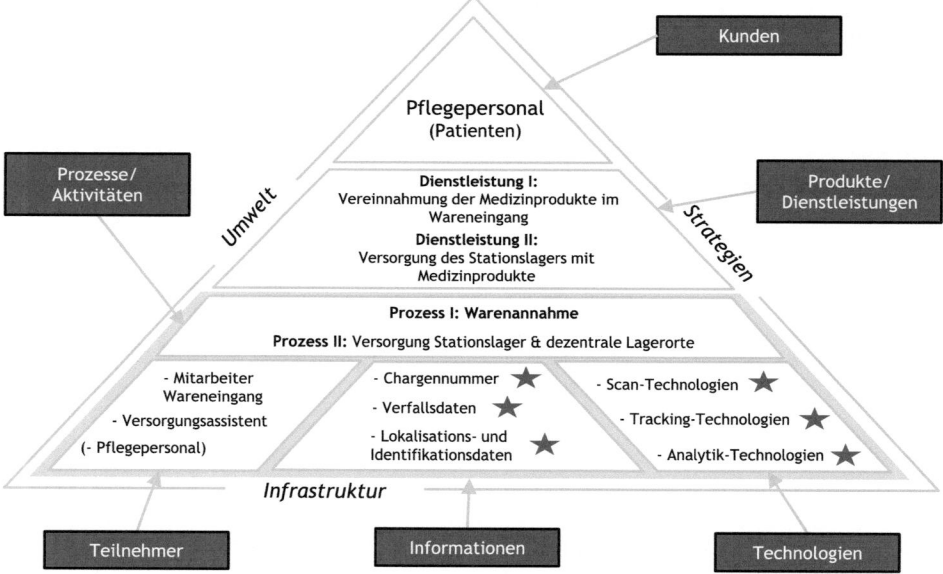

Abb. 5.24 Das Work System „Materiallogistik" mit den beiden betrachteten Referenzprozessen im Überblick

Kunden

Alle Prozesse von der Warenannahme bis zur Versorgung der Stationen mit Medizinprodukten sind Teilprozesse der Krankenhauslogistik, welche die medizinischen Kernprozesse des Krankenhauses unterstützen. Diese Unterstützungsfunktion zielt auf eine reibungslose Versorgung mit Medizinprodukten ab, welche die Kernaufgaben des Pflegepersonals ermöglicht. Diese bestehen in der Behandlung und Pflege der Patienten, wofür eine Ausstattung mit den relevanten Medizinprodukten unerlässlich ist. Somit sind das Pflegepersonal und Ärzte, sowie in weiterer Folge die Patienten die Kunden des Work Systems „Materiallogistik".

Dienstleistung

Die im Fokus stehende krankenhausinterne Dienstleistung ist die Versorgung des Krankenhauses mit Medizinprodukten. Dabei handelt es sich sowohl um Durchlaufartikel, die bedarfsgerecht bei den entsprechenden Lieferanten bezogen werden können, als auch um Lagerartikel, die im Zentrallager bevorratet werden. Die Dienstleistung ist im Sinne des Kundenbedarfes erfüllt, wenn alle Medizinprodukte in ausreichender Menge und Qualität am richtigen Ort dem Pflegepersonal zur Verfügung stehen.

Prozesse/Aktivitäten

Um die Dienstleistung zu erfüllen, sind verschiedene Prozessschritte und -aktivitäten notwendig. Die beiden Referenzprozesse werden detailliert im Folgenden Abschn. 5.3.2 (Warenannahme) bzw. Abschn. 5.3.3 (Stationslager) beschrieben. Das Ziel der Prozessgestaltung ist es, die Prozessdauer reduzieren, Auslastungsspitzen zu vermeiden und die Prozessqualität zu erhöhen. Gleichzeitig soll das Pflegepersonal entlastet werden. Durch die Erhöhung der Datenqualität und Erreichung von Transparenz können Bestände reduziert und Komplexität vermieden werden.

Teilnehmer

Hauptteilnehmer in den Referenzprozessen sind die Mitarbeiter der krankenhausinternen Logistik, Versorgungsassistenten, sowie die Mitarbeiter im Einkauf des Krankenhauses. Im Referenzprozess zur Versorgung der Station mit Medizinprodukten, können neben den Versorgungsassistenten auch Pflegekräfte als Teilnehmer auftreten, wenn etwa situationsbedingte Bedarfe auftreten und die fristgerechte Bereitstellung durch die Versorgungsassistenz nicht gewährleistet ist (z. B. Notfall nachts). Generell können Mitarbeiter in den Teilprozessen mehrere Aufgaben übernehmen. Beispielsweise kann es sich anbieten, dass ein Mitarbeiter des Zentrallagers auch den hausinternen Transport übernimmt.

Informationen

Grundsätzlich können die benötigten Informationen in drei unterschiedliche Datenarten unterteilt werden. Diese sind Stammdaten, Auftragsdaten und Bewegungsdaten.

Stammdaten umfassen alle Informationen, die für alle Artikel vorgehalten werden müssen. Dies umfasst Informationen zur Identifikation, welche für jedes Stück eines Artikels gelten, wie etwa die Artikelnummer, Artikelbezeichnung oder die Global Trade Identification Number (GTIN). Dazu gehören auch Informationen zu Lagerorten, Lagermengen und Gebindeeinheiten. Darüber hinaus werden artikel-spezifische Informationen zur Zustandsbestimmung vorgehalten, welche sich je Stück eines Artikels unterscheiden können. Beispielsweise die im UDI enthaltenen Artikelinformationen wie Chargennummern und Verfallsdaten.

Bestell- und Anforderungsdaten umfassen alle Informationen zu Bedarfsanforderungen, Bestellungen, Lieferscheinen und Kommissionieraufträgen. Dabei enthält jeder Datensatz Stammdaten und ergänzende Informationen, wie etwa Kostenstellen, Mengeneinheiten und Adressdaten.

Bewegungsdaten umfassen alle Informationen, die zur Lokalisierung benötigt werden. Dies umfasst beispielsweise Informationen zu Einlagerungen, Umlagerungen und Verbräuchen von Artikeln, die deren Standortveränderungen beschreiben.

Technologien

Den Kern der Technologien zur Abwicklung der Materiallogistik stellt das MaWi-System dar (z. B. AGFA ORBIS NICE, AMOR3, SAP M&M). Das Kernsystem beinhaltet die Stammdaten, Auftragsdaten und Bewegungsdaten. Sofern das MaWi nicht alle relevanten Informationen vorhalten kann, müssen sinnvolle Ergänzungen zum Einsatz gebracht werden, beispielsweise Module für die Warenannahme und die Bestandsführung in den dezentralen Lagerorten.

Darüber hinaus kommen Technologien zum Einsatz, die zur Erfassung und Verarbeitung der artikel-spezifischen Informationen und Bewegungsdaten benötigt werden. Beispielsweise kommen Scanner-Technologien für die Erfassung von Barcodes zum Einsatz. Des Weiteren können RFID-Systeme verwendet werden, um in den dezentralen Lagerorten auf Station die Zu- und Abgänge der Waren zu registrieren und die notwendigen Informationsflüsse zu generieren. Mobile Geräte, wie Smartphones oder Tablets ermöglichen den Mitarbeitern den Zugriff auf notwendige Informationen im gesamten Haus und bilden die Grundlage für eine proaktive Prozesssteuerung.

Zudem kommen Technologien zur Analyse zum Einsatz. Dies umfasst Software zur laufenden Reichweitenoptimierung, sowie zur Lageroptimierung (Lagerplatznutzung, Wegeoptimierung).

5.3.2 Referenzprozess „Warenannahme"

Das Ziel des Referenzprozesses ist eine effiziente Vereinnahmung der gelieferten Waren und eine gleichzeitige Prüfung sowie eine valide Qualitätssicherung. Zudem sollen bereits mit der Warenannahme artikelspezifische Daten (Verfallsdatum, Chargennummer, Seriennummer, etc.) erhoben werden, die im späteren Prozessverlauf für verschiedene Stellen essenziell sind. Dem Referenzprozess geht eine Bestellung durch den Einkauf des Krankenhauses und eine entsprechende Bereitstellung der Waren durch den Lieferanten voraus. Abb. 5.25 fasst den Referenzprozess „Warenannahme" zusammen.

Die Handhabung von Artikeln – im speziellen Medizinprodukten – in einem Krankenhaus beginnt mit der Anlieferung der Waren durch den Lieferanten bzw. einen beauftragten Spediteur. Dieser transportiert die bestellten Waren an das Krankenhaus, wie vorab von dem Lieferanten avisiert und optional in einem Buchungssystem zur Zeitfenstersteuerung des Wareneingangs angemeldet.

Mit der Ankunft des Spediteurs meldet der Fahrer die Sendung bei den Mitarbeitern im Wareneingang an und es wird überprüft, ob die Sendung für das Krankenhaus bestimmt ist. Im positiven Fall wird die Entladung der Waren durch den Mitarbeiter des Lieferanten bzw. Spediteurs vorgenommen.

Nach dem Abschluss der Entladung erfolgt der Abruf des Lieferscheins aus dem System. Liegt der Lieferschein nicht digital vor, wird bei der Entladung der an der Ware beiliegende Lieferschein von einem Wareneingangsmitarbeiter entnommen. Um die Informationen des Lieferscheins in das MaWi-System zu übertragen, erfolgt die Erfassung des Lieferscheins entweder durch die Digitalisierung[30] des physischen Lieferscheins (z. B. Erfassung via Scanner), oder durch einen Upload des digitalen Lieferscheins im System.

Im Anschluss werden die dazugehörigen Bestelldaten aus der MaWi für einen Abgleich des Lieferscheins (LFS) herangezogen (Abb. 5.26). Dazu wird der LFS einer Bestellung zugeordnet und die Positionen der Bestellung mit den LFS-Daten verglichen. Hierbei wird überprüft, ob die Bestelldaten mit den Daten des LFS übereinstimmen. Auch Lieferungen von Sammelspediteuren, können zügig und unkompliziert erfasst und Falschlieferungen verhindert werden. Im Fall einer Abweichung zwischen den Positionen einer Bestellung und den Positionen des LFS, werden drei wesentliche Fälle unterschieden.

Unterlieferung: Die gelieferte Ware wird vereinnahmt und eine entsprechende Information an den Einkauf weitergeleitet. Das System vermerkt eine ausstehende Menge und vergleicht diese mit etwaigen späteren Lieferungen (für den Fall einer Teillieferung). Lieferungen, die das anvisierte Lieferdatum überschreiten (Lieferverspätung) werden als Unterlieferung gehandhabt.

Überlieferung: Definierte Abweichungen können vereinnahmt werden. Überschreitet die Liefermenge einen definierten Wert, wird die Ware physisch aussortiert und eine entsprechende Information zur Klärung an den Einkauf weitergeleitet. Erst nach einer Rückmeldung durch den Einkauf wird die Ware weiterbearbeitet (Vereinnahmung oder Retoure). Lieferungen, die vor dem anvisierten Lieferdatum eintreffen, werden als Über-

---

[30]Siehe Glossar Begriff „Digitalisierung".

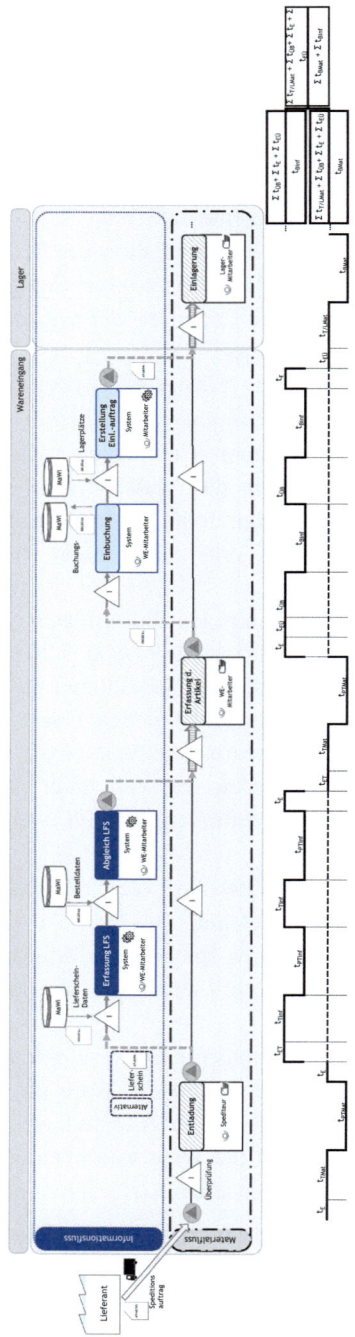

Abb. 5.25 Erster Teilprozess des Referenzprozesses „Warenannahme"

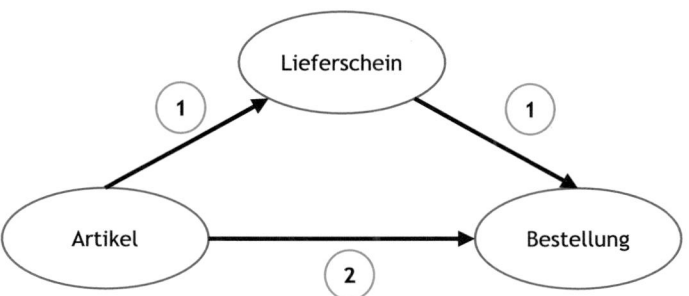

Abb. 5.26 Abgleich der Bestell- und Lieferdaten im Rahmen der Warenannahme

lieferung gewertet. In diesem Fall kann entschieden werden, dass die Lieferung nicht akzeptiert wird.

Falsch- oder Alternativlieferung: Die Ware wird physisch aussortiert und eine entsprechende Information zur Klärung an den Einkauf weitergeleitet. Auch in diesem Fall erfolgt eine weitere Behandlung der Ware erst nach Rückmeldung des Einkaufs.

Ein positiver Abgleich der LFS mit den Daten der Bestellung löst die Erfassung der Artikel und der artikelspezifischen Informationen aus (1). Die Ware muss – je nach Beschaffenheit und Aufbau des Wareneingangs – zum Arbeitsplatz zur Erfassung der Artikel transportiert werden. Die an den verschiedenen Umverpackungsebenen angebrachten UDI werden mit Hilfe von mobilen Endgeräten gescannt und die gelieferte Menge und Qualität geprüft. Die im Rahmen der Medizinprodukteverordnung relevanten Faktoren wie die Chargennummer und das Verfallsdatum werden ebenfalls aus der UDI ausgelesen. Die artikelspezifischen Informationen werden an das Materialwirtschaftssystem bzw. ein entsprechendes Modul weitergegeben und dort im weiteren Prozessverlauf genutzt. Die Erfassung der artikelspezifischen Informationen ermöglicht zudem den Abgleich der tatsächlich gelieferten Mengen mit den Daten der Bestellung und des Lieferscheins.

Ist die Erfassung der Artikel abgeschlossen, werden die Bestandsdaten für die Einbuchung (Abb. 5.27) in das MaWi-System zur Bestandsführung übertragen. Dazu werden die im Rahmen der Erfassung erhobenen Informationen zu Identifikation und Menge der Artikel, sowie die artikel-spezifischen Informationen gesammelt übergeben. Im Rahmen der Forschungsarbeiten wurde ein gesondertes Softwaremodul für die Erfassung und den Abgleich des LFS, sowie die Erfassung der Artikel entwickelt Sofern das MaWi-System eine solche Funktionalität selbst mit sich bringt, können die Prozessschritte auch direkt im MaWi-System erfolgen.

Für Lagerartikel wird im Anschluss an die Einbuchung die Einlagerung der Waren angestoßen. Dazu wird den Artikeln die vorgesehenen Lagerplätze aus dem MaWi-System zugewiesen. Mithilfe dieser Informationen erfolgt die Erstellung eines Einlagerungsauftrags. Dieser Einlagerungsauftrag stellt das Signal für den physischen

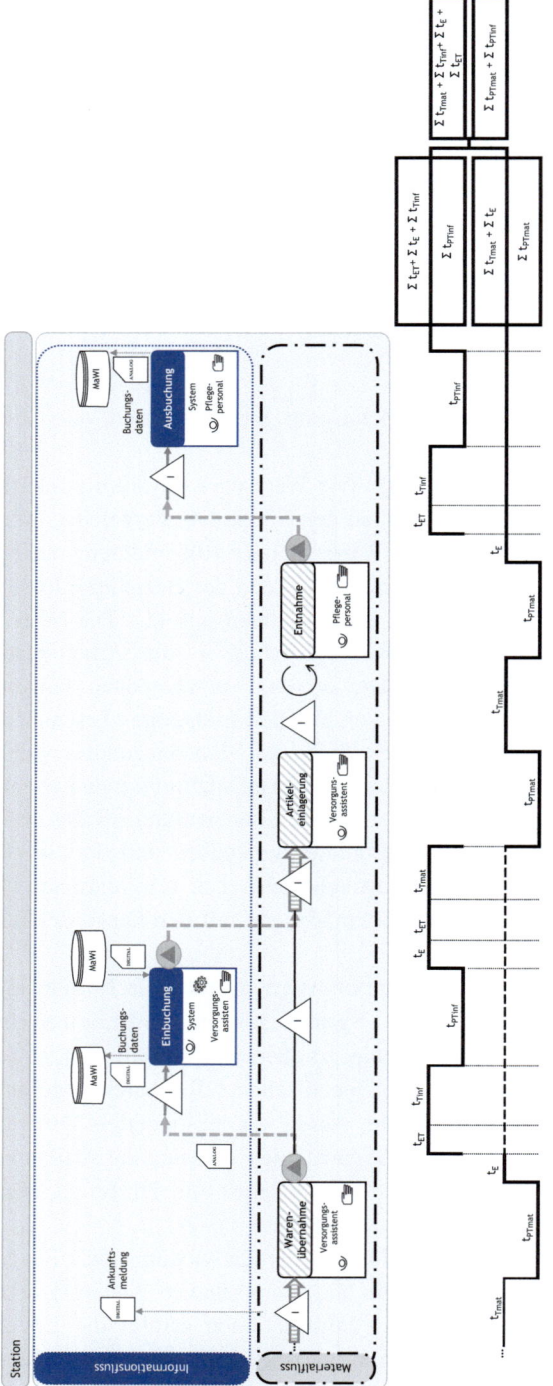

Abb. 5.27 Zweiter Abschnitt des Referenzprozesses „Materiallogistik"

Weitertransport der Ware dar. Die Einlagerung erfolgt im Zentrallager des Krankenhauses und stellt den Abschluss des betrachteten Referenzprozesses dar. Den letzten Schritt der Einlagerung durchlaufen nur Artikel, die im Lagerbestand von Krankenhäusern gehalten werden (Lagerartikel). Für Durchlaufartikel entfällt der Schritt der Einlagerung. Anstelle des Lagerplatzes werden aus dem MaWi-System die Kostenstelle und Kostenstellenbezeichnung der anfordernden Stelle bezogen und ein WAL erstellt. Im Anschluss erfolgt der Weitertransport an den dezentralen Lagerort oder an den Ort des Verbrauchs.

5.3.3 Referenzprozess „Stationslager und weitere dezentrale Lagerorte"

Das Ziel des Referenzprozesses ist eine effiziente Versorgung der medizinischen und pflegerischen Leistungsprozesse mit Medizinprodukten (und Verbrauchsmaterialien) unter möglichst geringer Belastung des Pflegepersonals und gleichzeitig sinnvoller Bestandstransparenz in den dezentralen Lagerorten. Dem Referenzprozess geht eine Bedarfsanforderung, sowie die Bestellung (Durchlaufartikel) bzw. Kommissionierung (Lagerartikel) und der hausinterne Transport voraus. Abb. 5.28 fasst den Referenzprozess „Stationslager und weitere dezentrale Lagerorte" zusammen.

Der Referenzprozess basiert auf folgende Prämissen:

- Die Einlagerung der angelieferten Waren wird von Versorgungsassistenten übernommen, welche für den dezentralen Lagerort verantwortlich sind
- Jeder Artikel hat im Stationslager einen fest zugeordneten Lagerplatz
- Die Entnahme der Artikel in den dezentralen Lagerorten erfolgt primär durch Versorgungsassistenten (nur im Ausnahmefall durch das Pflegepersonal)

Der Materialtransport der Ware vom Lager bzw. Wareneingang zur Station erfolgt entweder durch den krankenhausinternen Lieferverkehr oder anhand eines AWT mithilfe entsprechender Anlagen. Die Waren werden an definierten Abstellflächen in oder nahe zu den dezentralen Lagerorten abgestellt oder befinden sich an den sog. Bahnhöfen der AWT-Anlage. Um Wartezeiten bis zur Warenübernahme möglichst kurz zu halten und eine möglichst effiziente Abarbeitung durch die Versorgungsassistenten (keine Suche nach der nächsten Aufgabe) zu gewährleisten, werden die Versorgungsassistenten mit einer Ankunftsmeldung auf dem mobilen Endgerät über die Bereitstellung der Waren auf der jeweiligen Station informiert. Findet eine Versorgung durch die AWT-Anlage statt, kann beispielsweise zusätzlich ein Lichtsignal als Indikator für die Ankunft eines Containers an dem betreffenden Bahnhof eingesetzt werden.

Im Rahmen der Warenübernahme wird analog zur allgemeinen Vereinnahmung der Artikel im Wareneingang eine Prüfung durchgeführt (Abb. 5.29). Hierbei wird geprüft, ob die angelieferte Ware für die jeweilige Station vorgesehen ist oder ob eine Falsch-

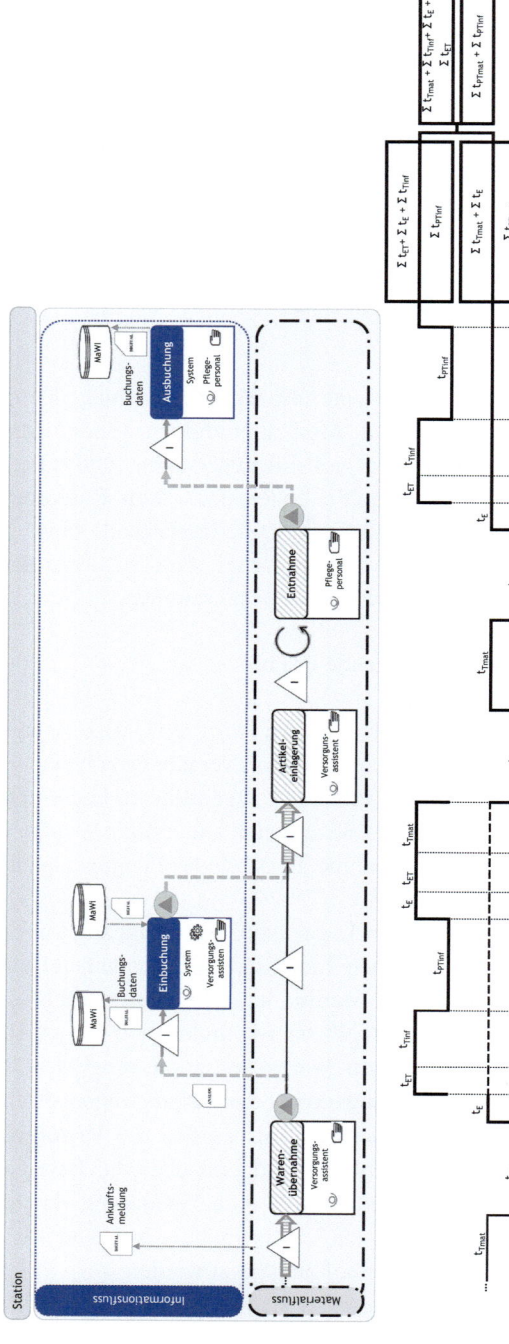

Abb. 5.28 Referenzprozesses „Warenübernahme im Stationslager und weiteren dezentralen Lagerorten"

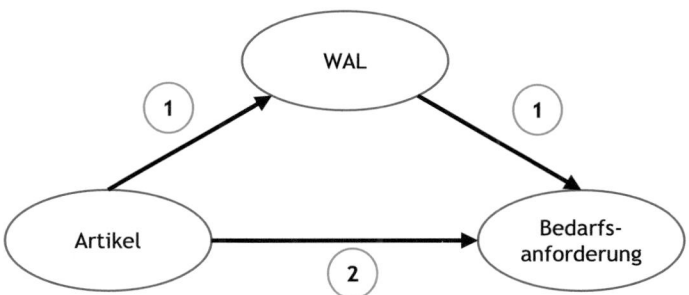

Abb. 5.29 Der Abgleich von Bedarfsanforderung und angelieferten Artikeln im Rahmen der Warenübernahme

lieferung vorliegt. Ist die Ware auf der richtigen Station, wird die Bedarfsanforderung von dem Versorgungsassistenten mit dem digitalen WAL abgeglichen. Das System kann dabei den Vergleich der Positionen übernehmen und dem Versorgungsassistenten Abweichungen und ausstehende Positionen aufzeigen. Das System gibt zusätzlich eine Einschätzung, welcher Lieferzeitpunkt für ausstehende Positionen erwartet wird. Zudem wird eine Qualitätsprüfung hinsichtlich des Zustandes der angelieferten Waren durchgeführt. Dies umfasst artikelspezifische Informationen, wie den Abgleich der Chargennummern mit aktuellen Rückrufen oder die Verfallsdaten der Artikel. In Bezug auf die Verfallsdaten muss auch geprüft werden, ob die Reichweite der Artikel die Haltbarkeit dieser übersteigt. Das System kann den Versorgungsassistenten dahin gehend anleiten, dass bspw. Artikel mit kürzerer Haltbarkeitsdauer früher verbraucht und entsprechend weiter vorne eingelagert werden.

Anschließend erfolgt die Einbuchung auf Basis der tatsächlich angelieferten Artikel. Hierbei wird der Bestand automatisch auf den dezentralen Lagerort gebucht und die artikelspezifischen Daten zugeordnet. Durch die festgelegte Zuordnung der Artikel zu einzelnen Schrankfächern, erfolgt diese Zubuchung pro Schrankfach.

Für Durchlaufartikel (bzw. Konsignationsware) könnte eine Zubuchung bereits im Referenzprozess „Warenannahme" erfolgen. Um den Weg des Artikels im Krankenhaus nachzuvollziehen, ist aber von einer direkten Zubuchung im Wareneingang auf die avisierte Station abzusehen. Im Falle von Lagerartikeln kann sich die gelieferte Verpackungseinheit des Lieferanten zur ausgelieferten Verpackungseinheit innerhalb des Krankenhauses unterscheiden. Durch die Erfassung der UDI der Artikel und der individuellen Zuordnung der Schrankfächer ist eine eindeutige Rückverfolgbarkeit der Artikel und Sicherstellung der richtigen Einlagerung möglich. Potenzielle Warenrückrufe einzelner Chargen können schnell identifiziert und durchgeführt werden. Zudem kann eine Prüfung der Verfallsdaten erfolgen.

Im Anschluss an die Einbuchung der Artikel erfolgt die Artikeleinlagerung. Dem Versorgungsassistenten wird dazu auf einem mobilen Endgerät der Lagerplatz bzw. das Schrankfach für den Artikel angezeigt. Anhand dieser Information kann der

Artikel eingelagert werden. In dem entsprechenden Schrankfach verbleibt der Artikel, bis er aufgrund eines Bedarfs zur Behandlung oder der Nachbestückung von z. B. Behandlungswagen oder Behandlungsräumen entnommen wird.

Die Entnahme der Artikel erfolgt in der Regel durch den Versorgungsassistenten zur Nachbestückung am Ort der Wertschöpfung (Behandlung, Pflege). Eine Entnahme aus dem dezentralen Lagerort kann im Bedarfsfall aber auch durch das Pflegepersonal stattfinden, sofern Bedarfe ad hoc z. B. aufgrund einer visuellen Prüfung während eines Notfalls festgestellt werden.

Die Entnahme hat eine Ausbuchung des Artikels aus dem Stationsbestand zur Folge. Um eine artikelgenaue Bestandsführung zu ermöglichen, muss jede Entnahme erfasst und systemisch verbucht werden. Häufig ist dies aus Aufwands- und Nutzengesichtspunkten nicht sinnvoll. Aus diesem Grund sieht das Referenzmodell die Ausbuchung nach der Entnahme einer definierten Menge vor. Durch diesen Ansatz liegt eine Ungenauigkeit hinsichtlich des eigentlichen Bestands auf Stückebene vor. Der Bestand muss somit anhand einer Sichtkontrolle durch den Versorgungsassistenten auf Erreichen des Meldebestandes geprüft und eine Nachbestellung des Artikels ausgelöst werden. Ein Modulkonzept mit zwei Fächern hält bspw. die gleiche Anzahl an Artikeln hintereinander vor. Sobald die Artikel des ersten Fachs entnommen werden, wird die Bedarfsanforderung ausgelöst. Bis zu den erneuten Einlagerungen, können dann die Artikel des zweiten Fachs entnommen werden. In einem Konzept mit lediglich einem Fach muss hingegen der Meldebestand (auch Sicherheitsbestand) klar erkenntlich sein. Dies könnte etwa mithilfe einer Abtrennung erfolgen. Ist der Meldebestand erreicht, wird gleichermaßen eine Bedarfsanforderung erfasst. Der Meldebestand deckt in diesem Fall mindestens den Zeitraum bis zur erneuten Materialbereitstellung ab. Die Ausbuchung des Artikels wird an das MaWi-System übertragen und hat eine sofortige Materialanforderung zur Folge. Somit ist die bedarfsgerechte Nachbestellung der Artikel sichergestellt. Zur Taktung der Kommissionieraufträge im Zentrallager können Kommissionierzeiten angrenzender Stationen angeglichen bzw. aufeinander abgestimmt werden.

5.4 Ergebnisse der Pilotierung

Um die technische Machbarkeit und Effektivität des Referenzmodells und damit beider Referenzprozesse in Bezug auf die identifizierten Handlungsfelder zu evaluieren, wurde ein Prototyp entwickelt (Abschn. 3.2.2). Die Software stellt eine Modulerweiterung des MaWi-Systems in dem beteiligten Krankenhaus dar, weshalb relevante Daten aus dem MaWi-System exportiert werden. Dazu gehören sowohl die Artikelstammdaten als auch die Bestelldaten. Das Softwaremodul bildet beide Referenzprozesse ab.

Warenannahme: Das Softwaremodul ermöglicht die Digitalisierung des Lieferscheins einer Sendung, indem der physische Lieferschein gescannt wird. Alternativ wird ein digital vorhandener Lieferschein als PDF-Datei an den Demonstrator übergeben. Der Lieferschein kann z. B. per E-Mail eingegangen sein. Das Softwaremodul

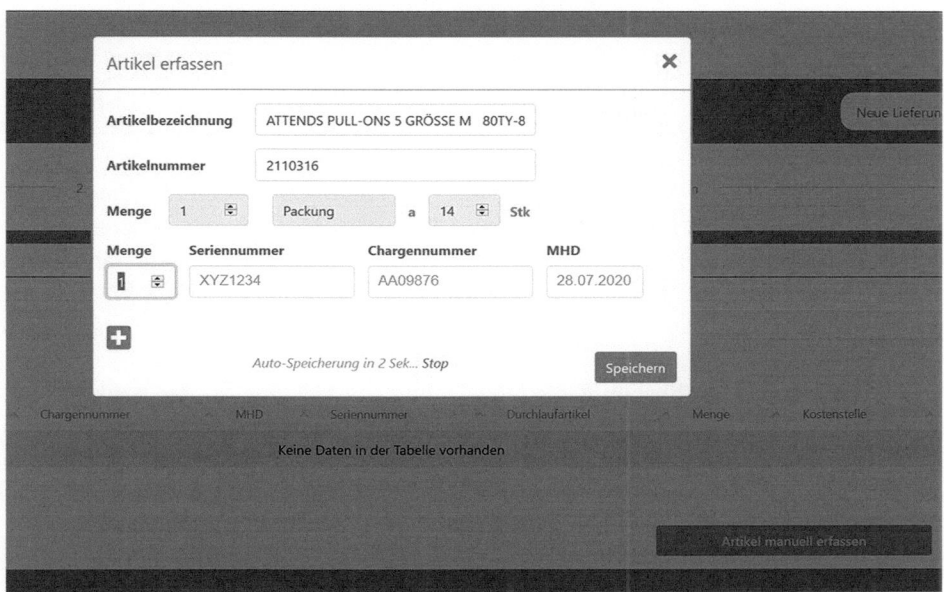

Abb. 5.30 Screenshot des Softwaremoduls während der Erfassung artikelspezifischer Informationen mittels des UDI Codes

führt eine optische Zeichenerkennung (OCR) durch, um die Daten auf dem Lieferschein zu erfassen. Anschließend holt sich das entwickelte Softwaremodul anhand der auf dem Lieferschein vorhandenen internen Bestellnummer die entsprechenden Daten der zugehörigen Bestellung aus dem MaWi-System. Das Softwaremodul vergleicht die Informationen des Lieferscheins mit denen der Bestellung und zeigt Abweichungen (Unterlieferung, Überlieferung usw.) visuell an. Im Falle von Medizinprodukten erfasst der Mitarbeiter die gelieferten Artikel, indem er die UDI jeder bestellten Einheit mit einem Barcode-Scanner registriert. Zu diesem Zweck wird in der Pilotphase ein Handschuh mit integrierter Scaneinheit verwendet. Dieser Handschuh erspart zusätzliche Handgriffe und überträgt die erfassten Daten drahtlos an das Softwaremodul. Etwa zwei Drittel der gelieferten Artikel besitzen bereits den UDI oder einen UDI-ähnlichen Strichcode. Die Informationen der Artikel ohne UDI werden von dem Mitarbeiter manuell erfasst. Hier ist anzumerken, dass durch die aktuelle Gesetzgebung die Zahl an Artikeln ohne UDI schrittweise geringer wird. Für die Artikel mit UDI extrahiert das Softwaremodul die Artikelidentifikationsdaten aus dem Barcode bzw. der Data-Matrix und vergleicht sie mit den in den Artikelstammdaten verfügbaren Identifikationsdaten[31] (Abb. 5.30). Auf diese Weise ordnet das Softwaremodul die gelieferten Artikel den

---

[31] Siehe Glossar Begriff „Identifikationsdaten".

Positionen auf dem Lieferschein und der Bestellung zu. Gleichzeitig werden artikelspezifische Daten, wie Verfallsdaten oder Chargennummern, für alle Artikel automatisch erfasst. Abweichungen in der Anzahl der Artikel werden ebenfalls visuell angezeigt. Schließlich wird, je nach Artikeltyp (Lagerartikel oder Durchlaufartikel), der entsprechende Lagerschein oder der krankenhausinterne Lieferschein erstellt.

Stationslager und weitere dezentrale Lagerorte: Für den Referenzprozess des Stationslagers und weiterer dezentraler Lagerorte sind die im Referenzprozess der Warenannahme erfassten Informationen essenziell. Bei der Anlieferung von angeforderten Artikeln ermöglicht das entwickelte Softwaremodul die Überprüfung der UDI je angeforderter Einheit für den dezentralen Lagerort. Nach der physischen Anlieferung der Artikel am Bestimmungsort kann ein Mitarbeiter mithilfe des Softwaremoduls die Artikelidentifikationsdaten mit den am Lagerfach hinterlegten Artikelstammdaten vergleichen. Für ein Fach vermerkt das Softwaremodul die Verfallsdaten der im Fach gelagerten Artikel. Auf Basis historischer Verbrauchsdaten gibt das Softwaremodul dem Versorgungsassistenten eine Warnmeldung, sollte das Risiko der Überschreitung des Verfalldatums bestehen.

Dieses approximative Verfahren ist notwendig, da bei der Entnahme aus dem Lagerungsfach keine vollständige Bestandstransparenz erreicht wird. Der Versorgungassistent (oder ggf. das Pflegepersonal) entnimmt die einzelnen Artikel ohne digitale Erfassung. Der Bedarf wird erst durch den Versorgungsassistenten erfasst, wenn der definierte Mindestbestand erreicht ist. Zu diesem Zweck wurden zwei Ansätze mittels RFID umgesetzt.

Im ersten Ansatz hält der Versorgungsassistent die entsprechende Karte des Fachs an ein RFID-Lesegerät. Der Assistent dreht die Karte auf die rote Seite und steckt sie zurück in das Fach, um analog der gewohnten Vorgehensweise die getätigte Bestellung zu visualisieren. Währenddessen erfasst das Softwaremodul die Artikelidentifikationsnummer und damit den jeweiligen Bedarf (Abb. 5.31). Die Bedarfe an erfassten Artikelidentifikationsnummern werden bis zu definierten Zeitpunkten gesammelt und dann in Bedarfsanforderungen umgewandelt. Anschließend übergibt das Softwaremodul die Bedarfsanforderung an das MaWi-System, welches alle Folgeprozesse im Zentrallager oder im Einkauf auslöst. Bis das Softwaremodul eine Bedarfsanforderung auslöst, hat eine zweite Erfassung der Artikelidentifikationsnummer keine Wirkung. Um eine erhöhte Anzahl von Artikeln anzufordern, kann der Versorgungsassistent die Menge mithilfe einer manuellen Eingabe im Tablet des dezentralen Lagers erhöhen. Dieses Verfahren soll Mehrfachanforderungen oder die Anforderung falscher Gebindeeinheiten verhindern. Der erste Ansatz wird in einem Krankenhaus umgesetzt, in dem die Versorgungsassistenten hauptsächlich Entnahmen durchführen. Dieses Verfahren verringert die Komplexität, da die Bestellmengen und -größen durch das System sichergestellt werden und die Karten im Vergleich zum bisherigen Prozess nur einmal gedreht werden müssen (Abschn. 5.2.1).

Abb. 5.31 Screenshot des Softwaremoduls während der Erfassung eines Bedarfs via RFID

Im zweiten Ansatz wird die Karte des anzufordernden Artikels in eine RFID-Box geworfen. Dieser Ansatz kann in einer Umgebung implementiert werden, in der das Pflegepersonal hauptsächlich die Entnahme von Artikeln aus den Lagerfächern vornimmt. Diese Vorgehensweise reduziert die Komplexität, da die Karten nicht mehr gedreht werden müssen, auch im Vergleich zum ersten vorgestellten Ansatz. Die Box erkennt alle eingeworfenen Karten und die Software löst zu definierten Zeitpunkten eine Bedarfsanforderung aus. Während der Einlagerung der Artikel muss der Versorgungsassistent die Karten wieder in die entsprechenden Fächer einlegen. Um den Aufwand so gering wie möglich zu halten, werden deshalb an jedem Fach zwei Karten angebracht. Eine entnehmbare Karte mit RFID und eine feste Karte zur Identifikation des Fachs. So kann der Versorgungsassistent einen kurzen visuellen Vergleich durchführen.

Bei beiden Ansätzen gibt der Demonstrator einen Überblick über ausstehende Anforderungen, die nicht oder nur teilweise geliefert wurden. Ein manueller Abgleich und die Pflege von Listen erübrigen sich damit vollständig.

Beide Ansätze wurden im Rahmen von Hospital 4.0 pilotiert, bringen jedoch unterschiedliche Vor- und Nachteile mit sich. Tab. 5.18 fasst diese zusammen.

Zusammenfassend lässt sich sagen, dass die Implementierung des Softwaremoduls, welches beide Referenzprozesse abbildet, die technische Machbarkeit der Prozesse zeigt. Die beschriebenen theoretischen Funktionen der neu entwickelten Software werden im

Tab. 5.18 Vor- und Nachteile der vorgestellten Ansätze zur Erfassung des Meldebestands

	Vorteile	Nachteile
Ansatz I RFID-Lesegerät	Keine Sortierung bei Einlagerung Sichtbare Markierung, ob Bedarfsanforderung bereits getätigt wurde	Abhängigkeit von der Genauigkeit der Versorgungsassistenz Erhöhter Aufwand im Moment der Entnahme (bei Erreichen des Meldebestands)
Ansatz II RFID-Box	Geringer Aufwand bei Erreichen des Meldebestands Besser geeignet bei frequenter Entnahme durch Pflegekräfte (z. B. in Bereichen mit eingeschränktem Zugang, wie Strahlenklinik)	Erhöhter Aufwand bei Einlagerung für den Versorgungsassistenten

nächsten Schritt im Krankenhaus eingeführt, um die Potenziale in einer Feldstudie zu messen. Im Pilotkrankenhaus wurde dazu ein gesonderter Arbeitsplatz in der Warenannahme eingerichtet. Zudem wurde ein Versorgungsstützpunkt, welcher als dezentraler Lagerort für zwei Stationen dient, mit entsprechender Hardware ausgestattet.

Im Rahmen der Pilotierung kristallisierten sich vor allem zwei Faktoren heraus, welche als essenziell für eine erfolgreiche Umsetzung der Referenzprozesse angesehen werden können.

Leistungsfähigkeit und Zuverlässigkeit: Eine wesentliche Voraussetzung ist die Leistungsfähigkeit der digitalen Technologien. Die Analyse und Verarbeitung der Artikel-, Bestell- und Bewegungsdaten umfasst hohe Datenvolumen, welche zügig durchsucht und bereitgestellt werden müssen. Unzureichend leistungsfähige Technologien verlangsamen die Prozessschritte und mindern die Akzeptanz. In diesem Fall ist die Technologie nicht unterstützend, sondern hindert die Abläufe. Gleiches gilt für den Fall, dass die Technologie zwar zügig, aber nicht immer zuverlässig funktioniert. Aufwände für die Installation und Konfiguration der Technologien mindern ebenfalls deren Akzeptanz.

(Stamm-) Datenqualität: Der zweite wesentliche Faktor ist die Verfügbarkeit und Qualität der Stammdaten. Die Erfassung der artikelspezifischen Daten mit Hilfe von Scan-Technologien basiert auf dem Abgleich der GTIN-Daten der Artikel mit den Stammdaten der MaWi. Insbesondere die Vorhaltung der GTIN-Daten in der MaWi war zu Beginn nicht gegeben. Zum Teil waren die Daten nicht, oder nicht für die korrekte Gebindeeinheit vorhanden. Zudem wurden in einigen Fällen die Artikel durch die Hersteller und damit auch die GTIN verändert, sodass ein Abgleich mit den vorhandenen Daten nicht funktionierte. Dies verdeutlicht die Relevanz eines zuverlässigen Stammdatenmanagements. Die Warenannahme kann mithilfe digitaler Technologien und Informations(-rück)flüssen einen großen Beitrag dazu leisten. Ziel muss es sein, bereits im Wareneingang die Stammdaten abzugleichen und veränderte bzw. fehlende Daten zu erfassen.

Sind die genannten Voraussetzungen erfüllt, so können die Referenzprozesse Effizienzsteigerungen erzielen. Durch die Implementierung des Referenzprozesses im Wareneingang konnten in erster Linie Medienbrüche während der Warenannahme vermieden werden.

Abb. 5.32 zeigt, dass der wesentliche Unterschied zwischen dem Referenzprozess und dem Ist-Zustand die digitale Durchführung von Prozessschritten ist und Medienbrüche in den Informationsflüssen vermieden werden. Unter Verwendung leistungsfähiger Technologien und den entsprechenden Stammdaten, können demnach die Prozessabläufe zeiteffizient gestaltet werden.

Für Bestellungen, bei denen alle GTIN-Daten der gelieferten Artikel vollständig gepflegt waren, konnte die durchschnittliche Bearbeitungszeit pro Artikelposition gesenkt werden. Es ist davon auszugehen, dass sich bei einem stetigen Einsatz der Technologien die Bearbeitungszeiten weiter reduzieren. Dies liegt daran, dass durch die Übung im Umgang mit den Technologien nochmals eine Effizienzsteigerung der Mitarbeiter erzielt werden kann.

Durch die Senkung der Bearbeitungszeit und infolgedessen der Verkürzung der Durchlaufzeit geht eine Reduzierung des benötigten Flächenbedarfes einher. Dies ist darin begründet, dass die Bestellungen zügig abgearbeitet und somit schneller weitertransportiert werden. Dadurch werden benötigte Flächen zur Lagerung der bestellten Artikel vor und nach dem Prozess „Warenannahme" reduziert.

Mit der Implementierung des Referenzprozesses „Stationslager und weitere dezentrale Lagerorte" konnten ebenfalls Medienbrüche vermieden werden. Darüber hinaus konnte durch den Einsatz digitaler Technologien die Anzahl der notwendigen Prozessschritte signifikant reduziert werden. Wie Abb. 5.33 zeigt, umfasst der Prozess nach Einführung des Piloten lediglich fünf der zuvor elf Prozessschritte. Insbesondere der zeitaufwendige Prozessschritt des Rundgangs konnte eliminiert werden. Zudem konnte Komplexität vermieden werden, in dem das Drehen der Kärtchen um einen Schritt reduziert wurde. Durch die zusätzlichen Prozessschritte „Ausbuchung", „Kontrolle und Abgleich" und „Einbuchung" werden drei zusätzliche Prozessschritte ausgeführt, welche die Versorgungsqualität und die Bestandstransparenz in den dezentralen Lagerorten sicherstellen.

Die Mitarbeiter des Krankenhauses zeigten sich im Rahmen der Pilotierung aufgeschlossen. Die Effizienzgewinne durch die Prototypen wurden bereits bei ersten Tests von den Mitarbeitern bestätigt. Die verminderte Komplexität in beiden Referenzprozessen wirkte sich positiv auf die Akzeptanz der Technologien aus. Insbesondere die Erfassung (Abb. 5.34) und der automatisierte Abgleich der Bestellung und der gelieferten Artikel in der Warenannahme und die Einsparung aufwendiger

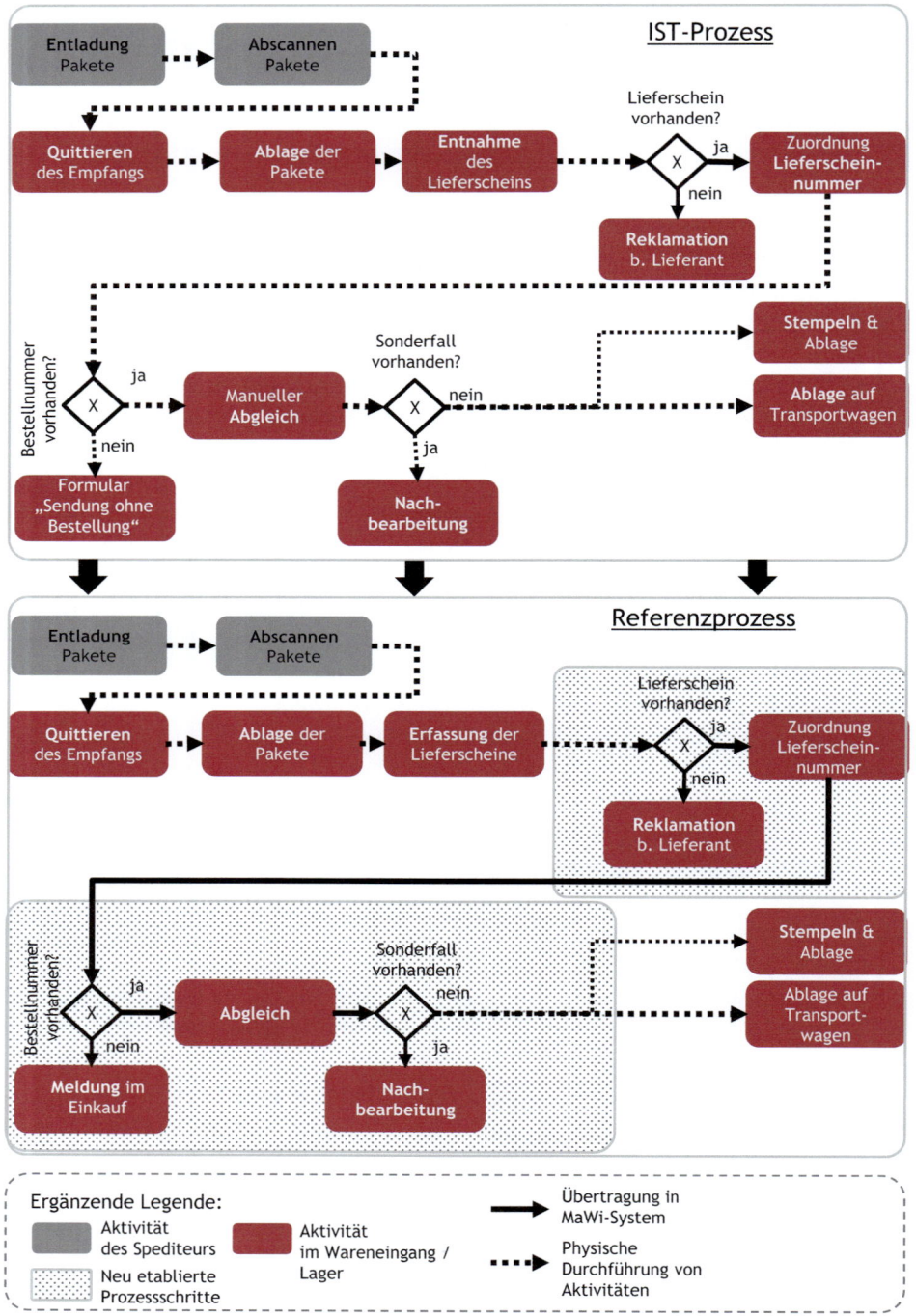

Abb. 5.32 Darstellung des Prozesses „Warenannahme" vor und nach Einführung des Piloten

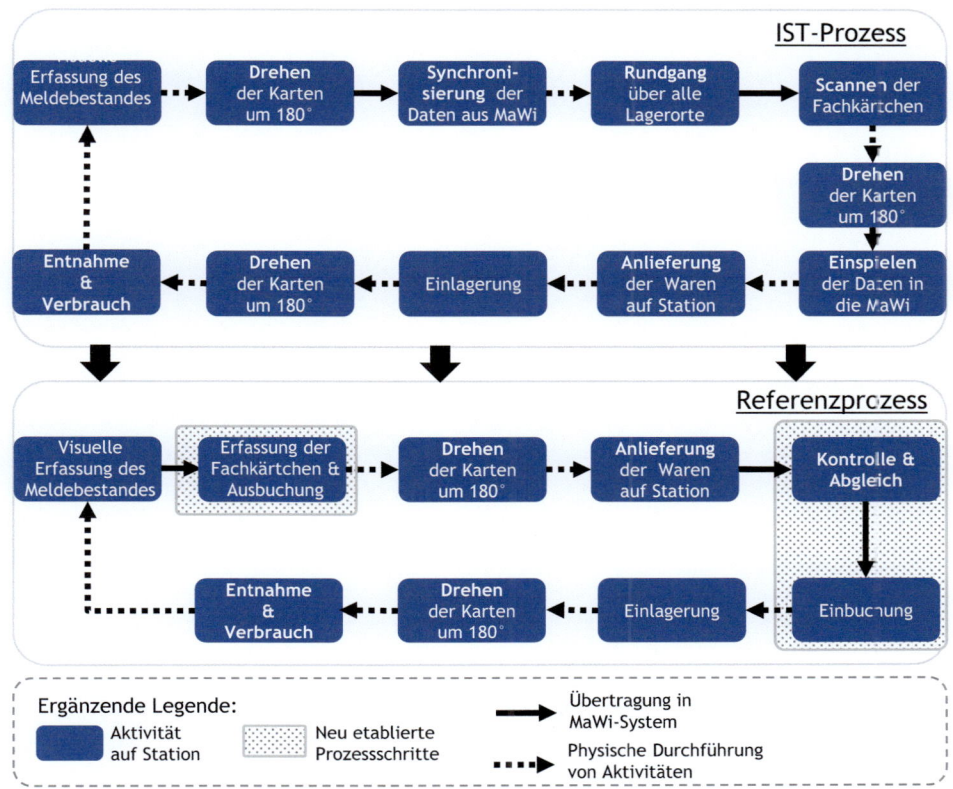

Abb. 5.33 Darstellung des Prozesses „Stationslager und weitere dezentrale Lagerorte" vor und nach Einführung des Piloten

Synchronisierungen durch die RFID-basierte Anforderungserfassung im Stationslager wurden hervorgehoben.

Zusammenfassend konnte im Rahmen der Pilotierung gezeigt werden, dass durch den Einsatz von digitalen Technologien die Referenzprozesse im Vergleich zu den bestehenden Prozessen verkürzt, die Bearbeitungsdauer reduziert und Medienbrüche vermieden werden können. Durch die Verkürzung der Durchlaufzeit und der damit einhergehenden Reduzierung des Flächenbedarfs lassen sich ökonomische Potenziale heben. Tab. 5.19 fasst die Ergebnisse der Pilotierung im Rahmen der Feldstudie zusammen.

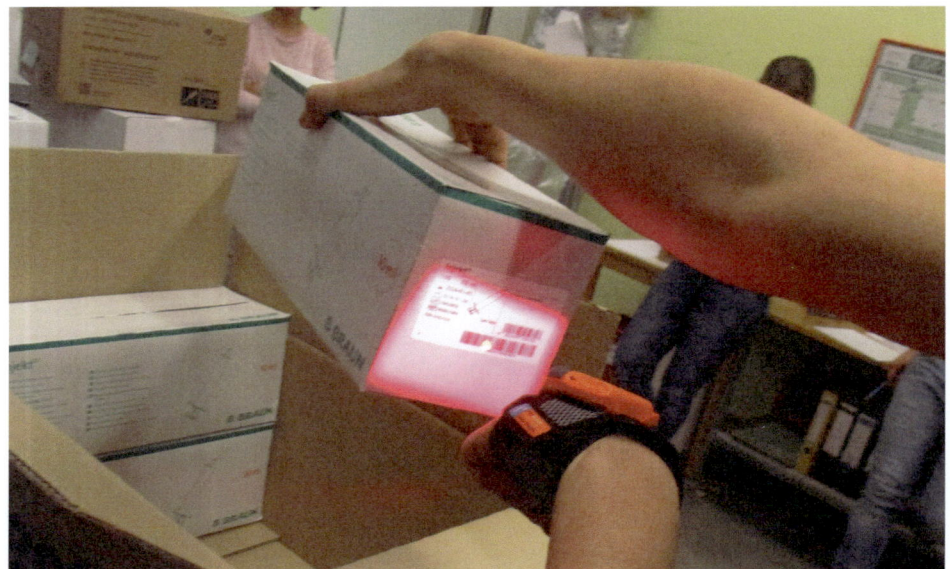

Abb. 5.34 Einsatz des Barcode-Scanners in der Warenannahme während der Pilotierung

5.5 Zusammenfassung und Ausblick

Schlanke, digital-unterstützte Logistikprozesse zur Versorgung der medizinischen Leistungserbringung mit Medizin- und Verbrauchsprodukten erhöhen die Wirtschaftlichkeit, aber auch die Flexibilität in Krankenhäusern. Das Referenzmodell „Materiallogistik" beschreibt im Detail die beiden Referenzprozesse zur Warenannahme im Zentrallager und zur Materialbereitstellung in dezentralen Lagerorten. Die Referenzprozesse basieren auf einer ganzheitlichen Analyse der Materiallogistikprozesse in zwei Krankenhäusern der höchsten Versorgungsstufe. Im Rahmen der Analyse wurden Optimierungsbereiche identifiziert und priorisiert. Anschließend wurden beispielhaft die beiden Referenzprozesse im Rahmen einer Pilotierung implementiert und evaluiert.

Der Referenzprozess „Warenannahme" bestrebt die effiziente Vereinnahmung von gelieferter Ware und erhöht gleichzeitig die Qualität hinsichtlich Vollständigkeit und erfasst artikelspezifische Informationen, wie z. B. dem Verfallsdatum. Verbreitete, digitale Technologien können die Prüfung und Erfassung unkompliziert gestalten. Mithilfe der Technologien werden Mitarbeiter im Prozess geleitet und unterstützt. Die artikelspezifischen Informationen können im weiteren Prozessverlauf an verschiedenen Stellen wertstiftend genutzt werden.

Der Referenzprozess „Stationslager und weitere dezentrale Lagerorte" präsentiert zwei Ansätze zur Erreichung einer hinreichenden Bestandstransparenz auf Basis von

Tab. 5.19 Zielerreichung des Prototypen

Handlungsfelder – Warenannahme	Ziel des Referenzmodells – Warenannahme	Prototyp – Warenannahme	Machbarkeit und Effektivität
Mangelhafte Stammdatenqualität	Datenqualität erhöhen	Nutzung des UDI-Code	✓
Manuelle Zuordnung im WE	Auslastungsspitzen vermeiden	Systemischer Abgleich von LS und Bestellung	✓
Lange Bearbeitungszeit im WE	Prozessdauer reduzieren	OCR Erfassung des Lieferscheins	✓
Hohe Komplexität und Unübersichtlichkeit	Komplexität reduzieren	Digitaler Abgleich und visuelle Rückmeldung	✓
Fehlende Priorisierung	Prozessqualität erhöhen	[nicht umgesetzt]	(✓)
Handlungsfelder – Stationslager	**Ziel des Referenzmodells – Stationslager**	**Prototyp – Stationslager**	**Machbarkeit und Effektivität**
Fehleranfälligkeit bei Einräumung	Prozessqualität erhöhen	Einlagerungs-kontrolle via UDI-Code	✓
Visuelle Sichtprüfung des VFD	Prozessqualität erhöhen	Alarmfunktionalität	✓
Einbindung von Pflegepersonal	Entlastung Pflegepersonal	RFID basierte Anforderung	✓
Fehlende Bestandstransparenz	Bestandstransparenz ermöglichen	Approximierte Bestände	✓
Keine Reichweitenermittlung	Bestände reduzieren	[nicht umgesetzt]	(✓)
Ungleichmäßiges Kommissionieraufkommen	Prozessdauer und aufwände reduzieren	Zentrale Steuerung der Anforderungszeitpunkte	✓
Mehrfachbestellung	Bestände reduzieren	Definierte Anforderungs-mengen	✓
✓ – mit Prototyp gezeigt (✓) – Validierung durch Expertenaussagen			

RFID. Durch den vorgeschlagenen Referenzprozess kann das Pflegepersonal aus logistischen Aufgaben entbunden werden und stellt gleichzeitig eine qualitativ hochwertige Materialversorgung sicher. Bedarfe werden im Moment der Entnahme erfasst und durch das System bearbeitet. So können Reichweiten genauer bestimmt werden und die nachfolgenden Prozesse zur Beschaffung mit geringer Latenz reagieren.

Implikationen für das Krankenhaus

Das Referenzmodell „Materiallogistik" stellt eine Blaupause für die Gestaltung schlanker, digital-unterstützter Logistikprozesse für die Versorgung mit Medizin- und Verbrauchsartikeln dar. Im Rahmen der Digitalisierung intralogistischer Prozesse können die Blaupausen als Zielbild adaptiert werden und auf die jeweiligen spezifischen Anforderungen und Rahmenbedingungen angepasst werden. Die Referenzprozesse beschreiben, wie der zielgerichtete Einsatz digitaler Technologien zur Verbesserung der Informationsflüsse beiträgt. Durch die notwendige Verfügbarkeit relevanter Informationen, werden nachfolgende Prozesse und Aktivitäten getriggert. Gleichzeitig ermöglichen digitale Technologien eine vereinfachte Erfassung von Informationen und verkürzt damit die Latenz nachfolgender Prozesse. Zudem erhöht die einhergehende Informationsverfügbarkeit auch die Transparenz von Beständen und Prozesszeiten.

Neben den Referenzmodellen beschreibt das Vorgehen zur Ableitung und Evaluation der Referenzprozesse einen methodischen Ansatz zur Umsetzung von Digitalisierungsprojekten in Krankenhäusern. Mit Hilfe der in Abschn. 3.2 beschriebenen Methoden, können solche Projekte erfolgreich umgesetzt werden. Die dargestellten Methoden des Lean Management sind insbesondere für die Analyse bestehender Prozesse und Ableitung von Optimierungsbereichen nutzbar. Die Wertstrommethode zeigt bspw. Verschwendungen in Bezug auf die Durchlaufzeit auf. Die VAHM ist zur Analyse der Flächennutzung in Bezug auf die Wertschöpfung zum Einsatz geeignet. Die Digitalisierungslandkarte gibt neben einem Überblick über die Prozesslandschaft auch einen Einblick in die Informationsflüsse und etwaige Medienbrüche. Die im Abschn. 3.2 beschriebenen Methoden der Wirtschaftsinformatik wurden hingegen mehr zur Gestaltung der Referenzprozesse und der Evaluation im Rahmen der Pilotierung eingesetzt. Die Referenzprozesse basieren auf der eigens entwickelten Modellierungssprache VSMN (siehe Abschn. 3.2.3) und vereint Ansätze des Lean Management (insbesondere die Wertstrommethode) und der Wirtschaftsinformatik (insbesondere BPMN[32]). VSMN ermöglicht die Analyse und Gestaltung von Informationsflüssen und Informationsverfügbarkeit unter dem Aspekt der zeitlichen Verfügbarkeit und der Auswirkung auf die Durchlaufzeit (Heger et al. 2020a, b).

Das Vorgehen zur Erstellung von Referenzmodellen folgt einem etablierten Ansatz (Fettke und Loos 2004). Dennoch kann nicht von einer Übertragbarkeit auf jedes Krankenhaus ausgegangen werden. Die Diskussion der Ergebnisse mit verschiedenen Krankenhäusern zeigt, dass eine individuelle Anpassung auf die spezifischen Rahmenbedingungen in jedem Fall notwendig sein wird.

Die Pilotierung der Referenzprozesse demonstriert deren Machbarkeit, Akzeptanz und Wirtschaftlichkeit. Allerdings besteht die Möglichkeit – auch vor dem Hinblick der künftigen, technischen Entwicklungen – andere Lösungsansätze zu etablieren, die den

---

[32] Siehe Glossar Begriff „BPMN".

vorgestellten Ansatz übertreffen. Da das Referenzmodell nicht mit anderen Prozessen verglichen wird, kann nicht von einer bestmöglichen Lösung ausgegangen werden.

Die zukünftige Forschung sollte aus den oben genannten, limitierenden Gründen das Referenzmodell „Materiallogistik" in anderen Krankenhäusern verproben und weiterentwickeln. Auch die Ergänzung um weitere Referenzprozesse, wie zum Beispiel die Kommissionierung von Lagerartikeln, muss weiterverfolgt werden. Unter anderem in diesem Bereich ist die Schaffung von Transparenz durch den Einsatz digitaler Technologien im Hinblick auf eine effiziente Gestaltung des Wertstromes[33] in Krankenhäusern essenziell.

Ein weiterer Baustein ist die Erweiterung der Referenzprozesse über die Grenzen des Stationslagers hinweg. Der Verbrauch am Patienten bzw. der Verbrauch am Stationswagen ist ebenfalls bestandsgenau durch den Einsatz von digitalen Technologien transparent gestaltbar. Umso höher die Bestandsgenauigkeit und Transparenz an den Stellen des direkten Verbrauchs ist, desto niedriger können die Lagerbestände in den Behandlungsräumen, Patientenzimmern und Behandlungswägen ausgelegt werden. Dadurch ist auch bei niedrigen Beständen eine Versorgungssicherheit auf Station gewährleistet. Somit ist denkbar, die Bestände so weit zu reduzieren, dass eine Artikellagerung im Stationslager, zusätzlich zur Lagerung in den Patienten- und Behandlungszimmern oder in Visitenwagen, reduziert bzw. gänzlich vermieden werden kann.

Neue, digitale Technologien werden auf den Markt gebracht werden und bestehende Technologien im Preis fallen. Der technologische Fortschritt wird neue Möglichkeiten ergeben, welche aus heutiger Perspektive nur zum Teil erkennbar sind. Fortschritte in der Robotik werden einen höheren Automatisierungsgrad erlauben. Dies kann beispielsweise die Einführung von Kommissionierautomaten im Zentrallager ermöglichen. Ein weiteres Beispiel kann die Einführung mobiler Schränke sein. So könnte zukünftig der Schrank zu einem entsprechenden Mitarbeiter für die Einlagerung bzw. Entnahme kommen. Der automatisierte Warentransport in der Nacht kann zu einer Entlastung von Aufzügen führen, welche heute häufig als Flaschenhals erkannt werden. Aber auch eine bedarfsgenaue Versorgung auf Stückzahlebene erscheint möglich, wenn Pick-Roboter zum Einsatz gebracht werden können.

Eine weitere, häufig diskutierte Herausforderung ist die Prognosegüte aufkommender Bedarfe. Mit zunehmender Datenverfügbarkeit und Fortschritten im Bereich der künstlichen Intelligenz (maschinelles Lernen), wird die Qualität der Bedarfsvorhersage zunehmen. Reichweiten einzelner Artikel können so besser berechnet und die Versorgungsprozesse dementsprechend angepasst werden. Änderungen in den Bedarfen, wie beispielsweise im Zuge der COVID-19-Pandemie, können früher erkannt und bedient werden. Aber auch die laufende Analyse von Prozessdaten ergibt neue Möglichkeiten.

---

[33] Siehe Glossar Begriff „Wertstrom".

So können Optimierungspotenziale im operativen Betrieb erkannt und behoben werden. Dies ermöglicht den effizienten Einsatz von Ressourcen, wie Mitarbeitern oder Robotik.

Zudem wird das Internet der Dinge (IoT) Einzug in Krankenhäuser erhalten. Die damit einhergehende Vernetzung von Dingen, wie bspw. Schrankfächer und Visitenwägen, und integrierter Sensorik lässt eine zunehmende Datenverfügbarkeit über Bestände und Verbräuche vermuten und damit auf weiter zunehmende Transparenz hoffen. Bereits heute ist zu erkennen, dass bestimmte Artikel nur sehr geringen Schwankungen unterliegen. Diese Artikel sind gut geeignet, um eine automatisierte Bedarfsanforderung zu etablieren. Mit der absehbaren, zunehmenden Prognosegüte und damit verbundenen erkennbaren Bedarfsschwankungen, können Bedarfsanforderungen in Zukunft weitestgehend automatisiert werden. Je nach modularer Konzeption und der Ausgestaltung der Behandlungszimmer und Stationswägen, ist im Hinblick auf eine Weiterentwicklung auch eine automatisierte Anforderung auf dieser Ebene denkbar. Dieser Ansatz ist in der Betrachtung dieses Referenzprozesses nicht weiter berücksichtigt, soll aber an dieser Stelle Erwähnung finden.

Zusammenfassend bleibt festzuhalten, dass durch den Einsatz digitaler Technologien bestehende Informations- und Materialflüsse verbessert und neue Informationsflüsse gestaltet werden können. Die dadurch entstehende Informationsverfügbarkeit ermöglicht die Vermeidung von Verschwendungen in den logistischen Prozessen zur Versorgung des Krankenhauses mit Medizin- und Verbrauchartikeln. Zukünftige Entwicklungen werden die Informationsvernetzung weiter ausbauen und die Automatisierung wird häufiger Einzug in die Materiallogistik der Krankenhäuser erhalten.

> **Fragen**
>
> Lernzielkontrolle:
>
> - Welche Teilbereiche umfasst die Materiallogistik in einem Krankenhaus (Abgrenzung)? (Abschn. 5.1)
> - Welche potenziellen Handlungsfelder und Gestaltungsmöglichkeiten wurden im Rahmen der Analyse bestehender Prozesse erkannt? (Abschn. 5.2)
> - Wie können digitale Technologien in den Prozessen der Materiallogistik zum Einsatz gebracht werden, um Verschwendung zu vermeiden und Transparenz zu ermöglichen? (Abschn. 5.3)
> - Welche künftigen Entwicklungen können einen Einfluss auf die Materiallogistik in Krankenhäusern haben und welche Gestaltungsmöglichkeiten ergeben sich daraus? (Abschn. 5.5)

Literatur

Alter S (2013) Work system theory: overview of core concepts, extensions, and challenges for the future. J Assoc Inf Syst 14:72–121

Eymann T, Buck M, Woratschek H, Schröder J (Hrsg) (2015) Wertschöpfungsorientiertes Benchmarking. Von der Theorie zur Praxis, Springer, Berlin

Fettke P, Loos P (2004) Referenzmodellierungsforschung. Wirtschaftsinformatik 46:331–340. https://doi.org/10.1007/BF03250947

Heger S (2020) Information Systems Design Knowledge for Sustainable Development Along a Social-Technical Continuum. Dissertation, Augsburg

Heger S, Kriner H, Schröder J, Gimpel H (2020a) Value Stream Modelling and Notation – A Domain-Specific Modelling Language for the Digital Transformation of Value Streams; Working Paper

Heger S, Kriner H, Valett L, Schröder J, Gimpel H (2020b) Value Stream Modelling and Notation – Digitale Transformation von Wertströmen. Proceedings der 15.Internationalen Tagung Wirtschaftsinformatik 2020 (WI2020)

Kriegel J (2012) Krankenhauslogistik. Gabler, Wiesbaden

Metternich J, Müller M, Meudt T, Schaede C (2017) Lean 4.0 – zwischen Widerspruch und Vision. ZWF Zeitschrift für wirtschaftlichen Fabrikbetrieb 112:346–348. https://doi.org/10.3139/104.111717

Muchna C, Brandenburg H, Fottner J, Gutermuth J (2018) Grundlagen der Logistik; Begriffe. Gabler, Wiesbaden, Strukturen und Prozesse

N-TV (2020) Belgien zerstörte sechs Millionen Schutzmasken. https://www.n-tv.de/der_tag/Belgien-zerstoerte-sechs-Millionen-Schutzmasken-article21663596.html. Zugegriffen: 19. Okt. 2020

Schulte C (2017) Logistik. Wege zur Optimierung der Supply Chain, Vahlen, München

Uckelmann D (2014) Wertstromorientierte Informationsflüsse für Industrie 4.0—Kernprozesse und Gestaltungsvariablen. Industrie Management 6:13–17

Verordnung (EU) 2017/745 des europäischen Parlaments und des Rates vom 05.2 April 2017 über Medizinprodukte, zur Änderung der Richtlinie 2001/83/EG, der Verordnung (EG) Nr. 178/2002 und der Verordnung (EG) Nr. 1223/2009 und zur Aufhebung der Richtlinien 90/385/EWG und 93/42/EWG des Rates; Verordnung (EU) 2017/745

Walitschek P (2018) Die neue Verordnung (EU) für Medizinprodukte 2017/745. Books on Demand, Norderstedt, Chancen und Risiken für Hersteller unter besonderer Berücksichtigung des Konformitätsbewertungsverfahrens

Referenzmodell schlanke, digital-unterstützte Bettenlogistik in Krankenhäusern

Marie-Sophie Baier, Jasmin Hennrich, Katrin Huff, Christine Hufnagl, Carolin Jung, Franka Metz und Hildegard Kriner

> **Übersicht**
>
> In den vorgegangenen Kapiteln dieses Buches wird die Ausgangssituation und das Forschungsziel beschrieben (Kap. 1). Anschließend skizziert Kap. 2 das zugrunde liegende Lernkonzept. In (Kap. 3 werden die theoretischen Grundlagen und Methoden erklärt. Kap. 4 schildert die Vision der Krankenhauslogistik im Jahr

M.-S. Baier · J. Hennrich (✉) · K. Huff · C. Jung · F. Metz
Projektgruppe Wirtschaftsinformatik des Fraunhofer FIT, Bayreuth, Deutschland
E-Mail: Jasmin.hennrich@fim-rc.de

M.-S. Baier
E-Mail: m.s.denner@web.de

K. Huff
E-Mail: katrin.huff@fim-rc.de

C. Jung
E-Mail: caroline.jung@fim-rc.de

F. Metz
E-Mail: franka.metz@fim-rc.de

C. Hufnagl · H. Kriner
Zentrum für Angewandte Forschung der Technischen Hochschule Ingolstadt, Ingolstadt, Deutschland
E-Mail: christine.hufnagl@thi.de

H. Kriner
E-Mail: hildegard.kriner@thi.de

M.-S. Baier
Kernkompetenzzentrum Finanz- und Informationsmanagement, Universität Bayreuth, Bayreuth, Deutschland

© Springer Fachmedien Wiesbaden GmbH, ein Teil von Springer Nature 2021
H. Gimpel und J. Schröder (Hrsg.), *Hospital 4.0*,
https://doi.org/10.1007/978-3-658-33064-4_6

2030 und schildert dabei den Ansatz der Multi-User Service und Dienstleistungszentren.

Nachdem im vorherigen Kapitel (Kap. 5) das Referenzmodell „Materiallogistik" dargestellt wird, wird in Kap. 6 das Referenzmodell „Bettenlogistik" dargestellt sowie die Erkenntnisse aus der Ist- und Potenzialanalyse vermittelt.

In den nachfolgenden Kapiteln wird ein Ausblick auf die strukturellen, prozessualen und technologischen Entwicklungen in der Krankenhauslogistik gegeben (Kap. 7).

Fragen

Nach diesem Kapitel sollten Sie die folgenden Fragen beantworten können:

- Welche Teilbereiche umfasst die Bettenlogistik in einem Krankenhaus (Abgrenzung)?
- Welche potenziellen Handlungsfelder und Gestaltungsmöglichkeiten wurden im Rahmen der Untersuchung bestehender Prozesse erkannt?
- Auf welche Art und Weise können digitale Technologien in den Prozessen der Bettenlogistik eingesetzt werden, um eine Zeitersparnis zu generieren und das Krankenhauspersonal zu entlasten?
- Welche künftigen Entwicklungen können einen relevanten Einfluss auf die Bettenlogistik haben und sollten daher berücksichtigt werden?
- Welche Gestaltungsmöglichkeiten können sich aus der Entwicklung neuer Technologien für die Bettenlogistik zukünftig ergeben?

6.1 Motivation, Abgrenzung und Grundlagen

Die Bettenlogistik wurde maßgeblich von der Änderung relevanter Kennzahlen in den letzten 25 Jahren beeinflusst, was in Abb. 6.1 dargestellt ist. Dabei sank in den letzten Jahren sowohl die durchschnittliche Verweildauer von Patienten[1], die prozentuale Bettenauslastung sowie die generelle Anzahl an Betten in deutschen Krankenhäusern. Im Gegensatz zu diesem Trend stieg die Anzahl an Patienten im gleichen betrachteten Zeitraum von 1991 bis 2018 deutlich (Statistisches Bundesamt 08.10.2020).

---

[1]Zur besseren Lesbarkeit werden in diesem Buch und diesem Kapitel personenbezogene Bezeichnungen, die sich zugleich auf Frauen, Männer und andere Personen beziehen, generell nur in der im Deutschen üblichen männlichen Form angeführt, also z. B. „Ärzte" statt „Ärztinnen und Ärzte", „ÄrztInnen" oder „Ärztinnen". Dies soll jedoch keine Geschlechterdiskriminierung oder eine Verletzung des Gleichheitsgrundsatzes zum Ausdruck bringen.

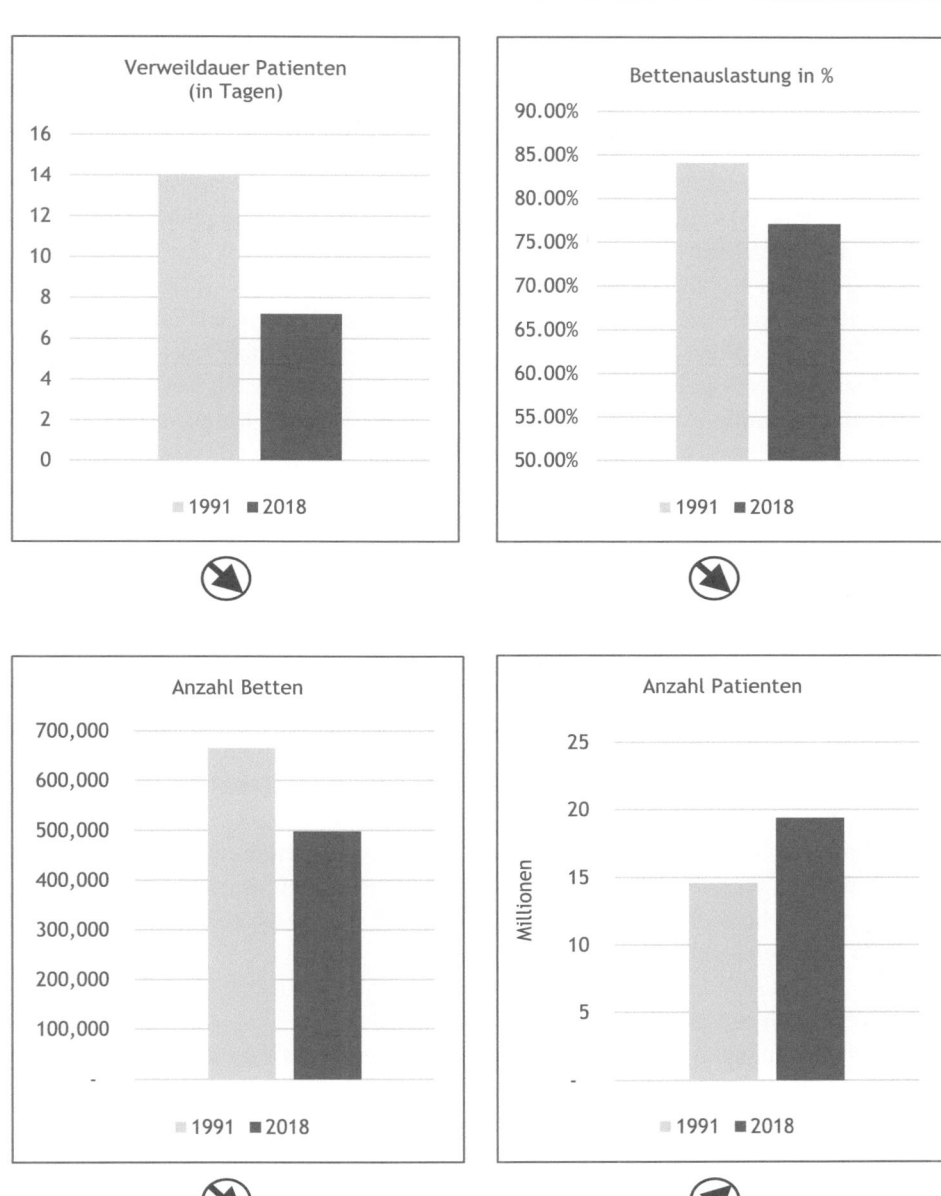

Statistisches Bundesamt (08.10.2020)

Abb. 6.1 Kennzahlen-Entwicklung der Bettenlogistik (1991–2018)

Durch die nahezu Halbierung der Verweildauer und einer gleichzeitig gestiegenen Patientenzahl erfolgen heute deutlich mehr Bettenwechsel. Diese führen in vielen Krankenhäusern zu Engpässen bei der Vergabe freier Betten. Es kann sogar die Situation entstehen, dass elektive Patienten mit Notfall-Patienten um freie Bettenkapazitäten konkurrieren (Hufnagl 2021). Daraus resultierende lange Wartezeiten der Patienten in der Notaufnahme oder die Verzögerung teilweise lange im Voraus geplanter Operationen beeinflusst die Zufriedenheit der Patienten und damit die Reputation des Krankenhauses negativ (Fleischer 2015). Zudem können in Krisenzeiten, wie beispielsweise bei der COVID-19-Pandemie, jederzeit neben den Aufgaben des Tagesgeschäfts weitere, möglicherweise nicht vorhersehbare Herausforderungen auf ein Krankenhaus zukommen. In solch einem Fall muss die Versorgung der Bevölkerung sichergestellt werden, indem der Bettenbedarf bestmöglich gedeckt und somit die Kapazität des Krankenhauses optimal ausgenutzt wird. Folglich können Betten in Krankenhäusern neben dem Personal und der Funktionsdiagnostik als knappes Gut betrachtet werden. Entsprechend gilt es, diese mit einem hohen Auslastungsgrad zu betreiben, um möglichst ökonomisch zu arbeiten.

6.1.1 Übergreifende Prozessbeschreibung der Bettenlogistik

Die Bettenlogistik und deren Prozesse umfassen das Betten- und Belegungsmanagement[2] (Abb. 6.2), welches die Patientenströme des Krankenhauses steuert (Haubrock 2018). Um dies reibungslos zu ermöglichen, ist das Bettgestell-Management[3] inklusive dessen Schritten ebenfalls unter dem Dach des Betten- und Belegungsmanagements angesiedelt.

Die Prozesse des Betten- und Belegungsmanagements werden durch die Aufnahme eines Patienten ausgelöst. Bedingt durch die verschiedenen Kanäle der Zuweisung herrscht eine hohe Komplexität, da Patienten über drei verschiedene Wege auf die Stationen gelangen können:

- Aufnahme von Notfallpatienten über die Notaufnahme
- Aufnahme von elektiven Patienten mit im Voraus geplantem Aufenthalt (Einweisung über ambulanten Arzt)
- Verlegung von Patienten von anderen Stationen (z. B. Änderung der Diagnose, Rückführung aus der Intensivstation)

Dabei gilt: Um einen Patienten stationär aufnehmen und behandeln zu können, benötigt dieser ein ihm zugeteiltes physisches Bett (im Folgenden Bettgestell[4] genannt) inklusive

---

[2] Siehe Glossar Begriff „Betten- und Belegungsmanagement".
[3] Siehe Glossar Begriff „Bettgestell-Management".
[4] Siehe Glossar Begriff „Bettgestell".

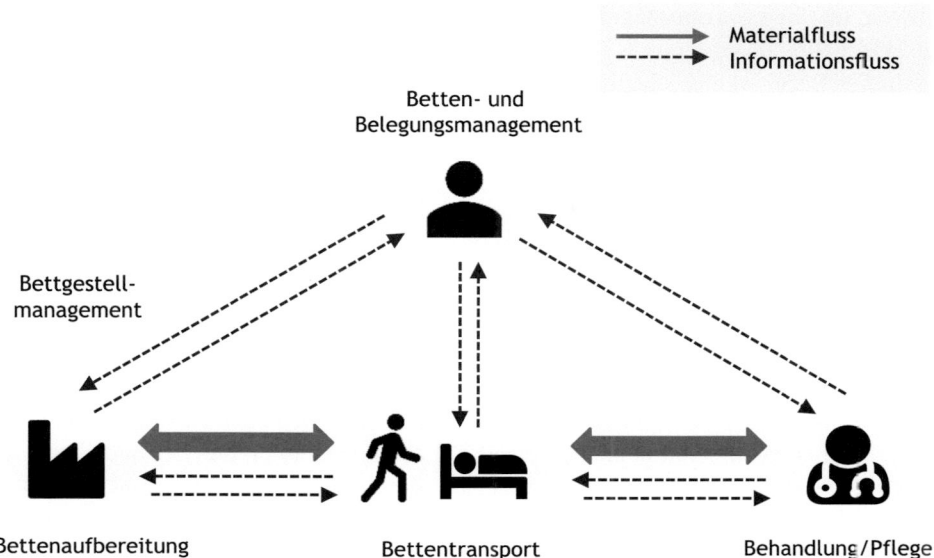

Abb. 6.2 Überblick Zusammenhang Bettenmanagement und Bettgestellmanagement

eines Bettplatzes[5]. Ein Bettgestell besteht dabei immer aus einem Grundgerüst (z. B. Standardbettgestell, Intensivbettgestell etc.) sowie der individuellen Ausstattung (z. B. Galgen, Matratze) (Hufnagl 2021). Die Nachttische sind ebenfalls ein Bestandteil dieser Ausstattung, sind im Folgenden jedoch nicht im Fokus.

Ziel des Betten- und Belegungsmanagements ist es, die vorhandenen Bettgestell-Kapazitäten unter allen aktuellen Patienten nach definierten Kriterien möglichst sinnvoll zu verteilen. Dabei sind verschiedene Personengruppen wie Ärzte, Pflegepersonal[6], Reinigungspersonal, Hol- und Bringdienst[7] und die Instandhaltung[8] in den Prozess für die Kriterienbildung an das Bettgestell involviert, was die Komplexität verstärkt (Haubrock 2018). Um Engpässe bei der Vergabe freier Bettgestelle zu vermeiden, ist ein gut abgestimmtes Aufnahme- und Entlassmanagement[9] in enger Verzahnung zum

---

[5]Siehe Glossar Begriff „Bettplatz".
[6]Siehe Glossar Begriff „Pflegepersonal".
[7]Siehe Glossar Begriff „Hol- und Bringdienst".
[8]Siehe Glossar Begriff „Instandhaltung".
[9]Siehe Glossar Begriff „Aufnahmemanagement".

Betten- und Belegungsmanagement für ein modernes Krankenhaus unerlässlich (Hufnagl 2021).

In der Regel werden elektive Patienten morgens in das Krankenhaus aufgenommen. Zu diesem Zeitpunkt haben jene Patienten, die an diesem Tag entlassen werden, das Krankenhaus jedoch vielfach noch nicht verlassen (Hufnagl 2021). Diese und weitere Problemstellungen begründen Kapazitätsengpässe bei der Zuteilung des Bettgestells und -platzes (Fleischer 2015). Dabei führen Warte- oder Suchzeiten durch ein fehlendes, nicht rechtzeitig bereitgestelltes oder nicht auffindbares Bettgestell zu Verzögerungen im Fluss des Patienten auf seinem Pfad durch das Krankenhaus. Dies kann eine Verschiebung der Primärprozesse (Aufnahme-Diagnostik-Therapie-Pflege-Entlassung) und folglich zu einer längeren Verweildauer sowie zu unnötig gebundenem Personal führen. Zum einen sind die Mitarbeiter durch die Suche eines Bettgestells beschäftigt und stehen somit ihrer eigentlichen Kernaufgabe – der Pflege des Patienten – nicht zur Verfügung. Zum anderen können geplante Handlungen zeitlich durcheinandergewirbelt werden und damit den Gesamtprozess negativ beeinflussen. Gegebenenfalls ist es ohne geeignetes Bettgestell nicht möglich, den Patienten in den nächsten Schritt auf seinem Versorgungspfad zu leiten (z. B. das Legen einer vorbereitenden Infusion). Dies kann zu Verzögerungen im gesamten Ablauf führen und somit die Effizienz eines Krankenhauses negativ beeinflussen (Hufnagl 2021). Fehlende Bettgestelle können im extremen Fall sogar dafür sorgen, dass Patienten in andere Krankenhäuser verlegt und neue Patienten ungern aufgenommen werden (Blanchard und Rudin 2015).

> **Beispiel**
>
> In einem Krankenhaus im brandenburgischen Perleberg mussten am 25.10.2017 gleich zwei Patienten mehr als acht Stunden in der Notaufnahme auf ihre Behandlung warten. Anschließend wurden sie aufgrund fehlender Bettgestelle wieder nach Hause geschickt, statt stationär aufgenommen zu werden. Bei einem der beiden Patienten stellte sich schließlich nach eigenen Angaben ein akutes Nierenversagen heraus. Der Geschäftsführer des Krankenhauses nahm dazu Stellung. Er gab an, dass die benötigten Kapazitäten oft schwer vorherzusagen sind, jedoch das Krankenhaus oft selbst nicht wisse, warum an manchen Tagen solch gravierende Engpässe entstehen (Pfeiffer 2017). ◄

Generell werden die Begriffe Bettenlogistik und Betten- und Belegungsmanagement sowohl in der Literatur als auch in der Praxis teilweise synonym verwendet. Es gibt hier keine klare Trennung dieser Bereiche (Hufnagl 2021). Zur Vorbeugung von Missverständnissen aufgrund verschiedener Begriffskonventionen werden für die weitere Schilderung der Prozesse die Definitionen im Glossar verwendet und die Begriffe wie in Abb. 6.3 abgegrenzt.

Bevor die stationäre Behandlung eines Patienten geplant werden kann, muss die ärztliche Zuordnung des Patienten zu einer Fachabteilung oder einem Funktions-

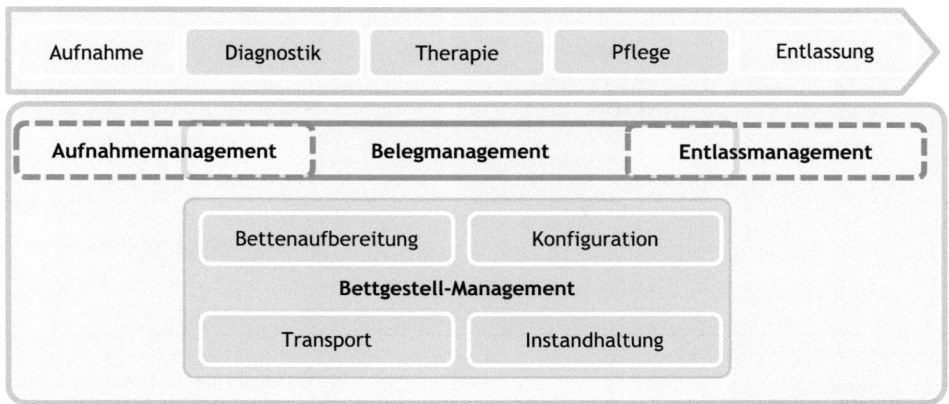

Abb. 6.3 Abgrenzung Betten- und Belegungsmanagement zum Bettgestell-Management und dessen Inhalte (Hufnagl 2021)

bereich erfolgen. Die Belegung der Bettplätze orientiert sich an den Eigenschaften der Patienten, sowie festgelegter Restriktionen für die Bettenbelegung, wie z. B. Geschlecht und Infektiosität. Zusätzlich wird aus den Eigenschaften und Diagnosen der Patienten die Ausstattung des Bettgestells festgelegt. Abweichend zum Standardbettgestell können z. B. spezielle Matratzen, eine Elektrifizierung, ein Galgen oder ein Schwerlastbettgestell vom medizinischen Personal angefordert werden. Folglich kombiniert das Betten- und Belegungsmanagement die Parameter Station, Bettplatz und Bettgestell. Die Steuerung kann zentral für das gesamte Krankenhaus oder je Station erfolgen. Die Entscheidung für den Einsatz der jeweiligen Variante entspringt meist einer historisch gewachsenen Organisationsstruktur (Hufnagl 2021).

Im Rahmen der Auslegung des Belegungsplans finden die Daten der elektiven Patienten als erster Eingang in das Betten- und Belegungsmanagement. Hinzu kommen ungeplante Zugänge aus der Notaufnahme. Des Weiteren stellt die Berücksichtigung der voraussichtlichen Verweildauer bestehender Patienten ein zentrales Instrument des Betten- und Belegungsmanagements dar. Dahinter verbirgt sich die Angabe durch den behandelnden Arzt, wann ein Patient das Krankenhaus vermutlich wieder verlässt (Hufnagl 2021). Damit bedürfen die Prozesse der Wiederbelegung eines Bettgestells eine enge Abstimmung mit den Prozessen des Aufnahme- und Entlassmanagements (Bernhard et al. 2012).

Ein essenzieller Baustein des Bettgestell-Managements ist die **Instandhaltung.** Der Instandhaltungszyklus von Bettgestellen wird in der Regel vom Hersteller vorgegeben. Es werden davon abweichend meist eigene Regeln für das jeweilige Krankenhaus umgesetzt. Auch befinden sich häufig Bettgestelle verschiedener Bettgestell-Typen im Haus, bei denen der Instandhaltungszyklus unterschiedlich geregelt sein kann. Durch die Anwendung neuer Digitalisierungskonzepte ist eine transparente Abbildung des

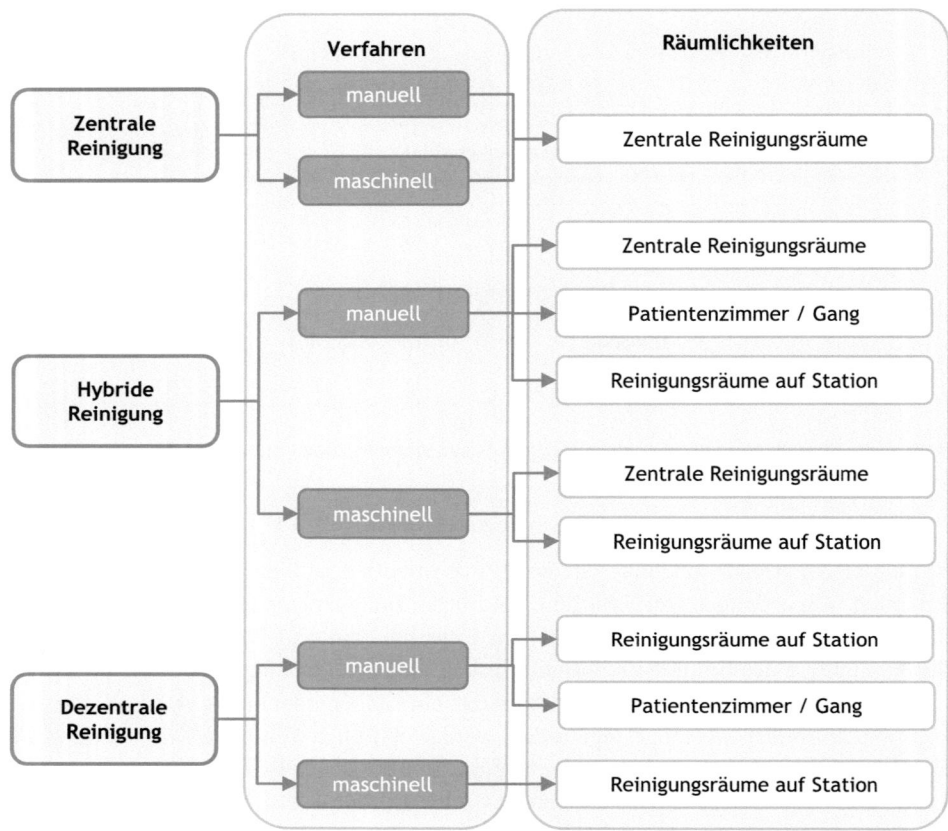

Abb. 6.4 Möglichkeiten der Bettenaufbereitung (Hufnagl 2021)

Prozesses möglich, sodass Bettgestelle systematisch, vorausschauend und vollständig den verschiedenen Instandhaltungszyklen zugeordnet werden (Hufnagl 2021).

Die Bettenaufbereitung[10] ist ein weiterer zentraler Baustein des Bettgestell-Managements (Abb. 6.3) und zwingend erforderlich, da die Bettgestelle nach deren Gebrauch nach medizinischem Standard gereinigt werden müssen. Gestelle, Matratzen, Kissen oder Decken können mit Schmutz, Bakterien oder Viren des vorherigen Patienten kontaminiert sein (Hufnagl 2021). Zusätzlich unterliegen sie dem spezifischen Erregerspektrum eines Krankenhauses, was eine verstärkte Kontamination mit antibiotikaresistenten Keimen entspricht. Verschärft wird diese Situation dadurch, dass Patienten in der Regel durch eine herabgesetzte Immunabwehr eine höhere Infektionsanfälligkeit als

---

[10]Siehe Glossar Begriff „Bettenaufbereitung".

gesunde Personen aufweisen und somit auf adäquat gereinigte Bettgestelle angewiesen sind. Als Konsequenz werden an ein Krankenhausbettgestell im Gegensatz zu einem Hotelbett deutlich höhere Reinigungsanforderungen in Form einer adäquaten Desinfektion gestellt. Eine besondere Bedeutung bekommt der Reinigungsprozess bei einer Infektion eines Patienten mit dem multiresistenten Krankenhauskeim MRSA oder einer anderen schweren Infektionskrankheit zu (Kramer und Ryll 2011; Göttmann und Holz 2017). Ziel der Bettenaufbereitung ist neben optischer Sauberkeit auch, Infektionsketten zu unterbrechen bzw. Rekolonisationen zu verhindern. Nur durch deren professionelle und gewissenhafte Reinigung lässt sich eine Übertragung von Keimen auf den nächsten Patienten und damit dessen Infektion verhindern.

Generell stehen für die Bettenaufbereitung zwei grundsätzliche Methoden zur Verfügung (Abb. 6.4): Zum einen die **dezentrale Bettenaufbereitung**[11], im Zuge derer das Reinigungspersonal das Bettgestell im oder in der Nähe des Patientenzimmers oder in separaten, stationsnahen Räumen manuell reinigt und desinfiziert. Hierbei überwiegt die manuelle Durchführung der Reinigung (Hufnagl 2021).

Zum anderen existiert die Möglichkeit der **zentralen Bettenaufbereitung**[12]. Hierbei wird das Bettgestell zur maschinellen Aufbereitung in eine zentrale Abteilung mit separaten Räumlichkeiten gebracht (Kucera 2018). Im Rahmen der zentralen Variante bietet sich eine automatisierte Reinigung an. Folglich sind zentrale Bettenaufbereitungen meist mit Reinigungsautomaten zur maschinellen Reinigung ausgestattet. Jedoch gestattet sie auch die Möglichkeiten der manuellen Reinigung in zentralen Räumlichkeiten.

Dazwischen liegt die Möglichkeit einer **hybriden Lösung** – die Standardreinigung wird auf Station vollzogen, besondere Reinigungsanforderungen (z. B. stark verunreinigte oder infektiöse Bettgestelle) werden in einer zentralen Bettenaufbereitung durchgeführt. Zusätzlich existieren verschiedene Formen der hybriden Reinigung, die Mischformen der eben erörterten Möglichkeiten darstellen. Eine abweichende Variante einer halbautomatischen Sonderform stellt z. B. die Ausstattung mit Matratzenwaschanlagen dar, welche auf jedem Stockwert, teilweise sogar in jedem Fachbereich / Station zur maschinellen Reinigung zur Verfügung stehen.

Ebenfalls existieren halbautomatische Zwischenformen, wie eine maschinelle Reinigung nur für Matratzen – dezentral und stationsnah (Hufnagl 2021).

Findet die Bettenaufbereitung in separaten Räumlichkeiten statt, bestehen diese in der Regel aus einer unreinen und einer reinen Seite. Dazwischen befinden sich der Stellplatz bzw. die Anlagen zur Desinfektion und Reinigung der Bettgestelle. Meist sind die Boden- und Wandbeläge in den Räumlichkeiten der Bettenaufbereitung desinfizierbar (Hufnagl 2021).

---

[11] Siehe Glossar Begriff „Dezentrale Bettenaufbereitung".
[12] Siehe Glossar Begriff „Zentrale Bettenaufbereitung".

Die Entscheidung, welches Verfahren zur Aufbereitung der Bettgestelle eines Krankenhauses aktuell herangezogen wird, basiert meist auf historischen Gegebenheiten. Die gewachsenen Gebäudestrukturen bieten häufig die Grundlage dafür: So können beispielsweise mehrere Gebäude, welche nicht über Verbindungswege in Form von Tunneln oder Brücken verfügen, zur Entscheidung für eine dezentrale Bettenaufbereitung führen. Ebenso die in alten Gebäuden meist knappen Aufzugressourcen (Hufnagl 2021).

Das Bettgestell wechselt durch dessen Gebrauch im Krankenhaus seine Zustände. Grundsätzlich lassen sich folgende Zustände, in denen sich ein Bettgestell befinden kann, unterscheiden (Tab. 6.1).

Im Falle des Bettenzustandes „Frei – verunreinigt – infektiös" werden die Betten vor der Standard-Reinigung gesondert behandelt: Häufig kommt ein spezialisiertes Team, das im Falle eines infektiösen Bettgestells mit speziell geschultem Reinigungspersonal die Reinigung auf dem Patientenzimmer übernimmt, zum Einsatz. Dies führt zu Wartezeiten, da innerhalb kürzester Zeit mehrere Betten gereinigt werden müssen. Das ist besonders kritisch, da es sich um infektiöse Bettgestelle handelt, welche bis zu ihrer Reinigung im Patientenzimmer verbleiben und eine Neubelegung verhindern. Auch das Abdecken und Kennzeichen des Bettgestells zum Transport in die zentrale Bettenaufbereitung mit Folie und infektiöser Kennzeichnung wird praktiziert (Hufnagl 2021). Überträgt man das auf die COVID-19-Pandemie und die hohe Übertragbarkeit des Virus wird die Wichtigkeit der schnellen Entfernung der infizierten Betten deutlich.

Grundsätzlich wird den Patienten zu jedem Bettgestell ein Nachtkästchen zur Verfügung gestellt, welches nach Gebrauch einer Reinigung bedarf. Die Reinigung dieser erfolgt in der Regel dezentral auf dem Zimmer oder auf einem separat definierten Stellplatz der jeweiligen Station. Dieser Prozess ist in den meisten Krankenhäusern vollumfänglich vom Bettgestell-Management entkoppelt (Hufnagl 2021). Im Folgenden findet dieser Reinigungsprozess keine weitere Betrachtung.

Tab. 6.1 Zustände eines Krankenhausbettgestells (Hufnagl 2021)

Zustand	Beschreibung
Frei – gereinigt	Das Bettgestell ist bereit für die Aufnahme eines neuen Patienten
Belegt	Das Bettgestell ist mit einem Patienten belegt
Frei – verunreinigt	Das Bettgestell ist bereit für die Reinigung
Frei – verunreinigt – infektiös	Das Bettgestell bedarf einem Sonderprozess und ist danach bereit für die Reinigung
Defekt / Instandhaltung	Das Bettgestell ist defekt oder muss dem Instandhaltungszyklus folgen

6.2 IST-Analyse und Handlungsfelder der Bettenlogistik

Im Folgenden wird die aktuelle IST-Situation eines der teilnehmenden Krankenhäuser analysiert. Dabei werden die in Kap. 3 beschriebenen Methoden zur Analyse verwendet und somit deren Anwendung im Krankenhausumfeld dargestellt. Die ermittelten Handlungsfelder zeigen typische Problemstellungen auf, welche in ähnlichen Konstellationen auf andere Krankenhäuser übertragbar sind.

6.2.1 Allgemeine Ausgangssituation

Das Bettgestell-Management wird im betrachteten Krankenhaus durch eine externe Firma betrieben, welche für den Transport und die Reinigung der Bettgestelle zuständig ist. Hierfür stehen zwei Mitarbeiter für den Transport und vier Mitarbeiter für den Bereich der Bettenaufbereitung zur Verfügung. Mit dieser Belegschaft hat das Krankenhaus nach eigenen Angaben eine Reinigungsleistung von ca. 120 Bettgestelle pro Arbeitstag. Die Reinigung der Bettgestelle erfolgt ausschließlich über die zentrale Bettenaufbereitung. Eine Reinigung im Patientenzimmer oder den Gängen der Stationen findet grundsätzlich nicht statt. Zusätzlich übernimmt das gleiche Dienstleistungsunternehmen auch die Reinigung der Patientenzimmer sowie das Waschen der verunreinigten Bettwäsche.

Mehrheitlich im Einsatz befindliche Bettgestelle sind eine elektrische und eine mechanische Standardvariante. Hinzu kommen Spezialbettgestelle[13] wie Intensiv-, Schwerlast-, Niederflur-, Jugend- und Kindergitter- bzw. Krabbelbettgestelle sowie spezielle Matratzen.

Der beschriebene Zusammenhang zwischen der Entlassung eines Patienten und der Reinigung des Bettgestells gilt auch für dieses Krankenhaus, dennoch werden generell ca. 25 % mehr Bettgestelle gereinigt als Entlassungen vollzogen werden. Dies basiert auf folgenden Gründen (Hufnagl 2021):

- Wechsel des Bettgestells nach Operationen
- Verunreinigung des Bettgestells während der Liegezeit
- Beanstandung der Bequemlichkeit durch den Patienten (Folge: Tausch der Matratze bzw. der Bettgestell-Variante)
- Defekt eines Bettgestells während der Nutzung

Derzeit besteht im betrachteten Krankenhaus keine Inventarisierung der Bettgestelle. Die Bettgestelle sind mit einem Etikett mit Barcode ausgestattet, dieser ist jedoch meist nicht

---

[13]Siehe Glossar Begriff „Spezialbett(-gestell)".

lesbar. Aus diesem Grund existieren derzeit keine fest definierten Reinigungszyklen, da es keine eindeutige Identifikationsmöglichkeit der Bettgestelle gibt. Dennoch werden bis zu 90 % der gesamten Bettgestelle von der Instandhaltung jährlich bearbeitet. Dagegen werden ca. 10 % z. B. aufgrund Langliegern nicht bearbeitet. Veraltete, aber noch funktionstüchtige Bettgestelle werden ebenfalls noch gelagert, um den ca. einmal pro Jahr entstehenden Bettennotstand abzufedern. Dieser ist meist mit dem Winteranfang bzw. der Grippewelle in Verbindung zu bringen.

6.2.2 Prozesse des Bettgestell-Managements

Die Prozesse des Bettgestell-Managements (Abb. 6.5) entsprechen einem immer wiederkehrenden Kreislauf: Nach der Nutzung der Bettgestelle auf Station werden diese in einem Puffer vor der Station zwischengelagert und im Anschluss daran zur Reinigung der Bettenaufbereitung zugeführt. Nach erfolgtem Reinigungsprozess in der Bettenaufbereitung werden die Bettgestelle zurück zu den Stationen bzw. den Puffern[14] transportiert. Innerhalb dieses Kreislaufes werden die Betten jeweils vor und nach den Stationen bzw. den Reinigungsanlagen gepuffert (Hufnagl 2021). Im Folgenden werden die Prozesse in der Reihenfolge nach Abb. 6.5 geschildert. Auf jede Prozessschilderung folgt

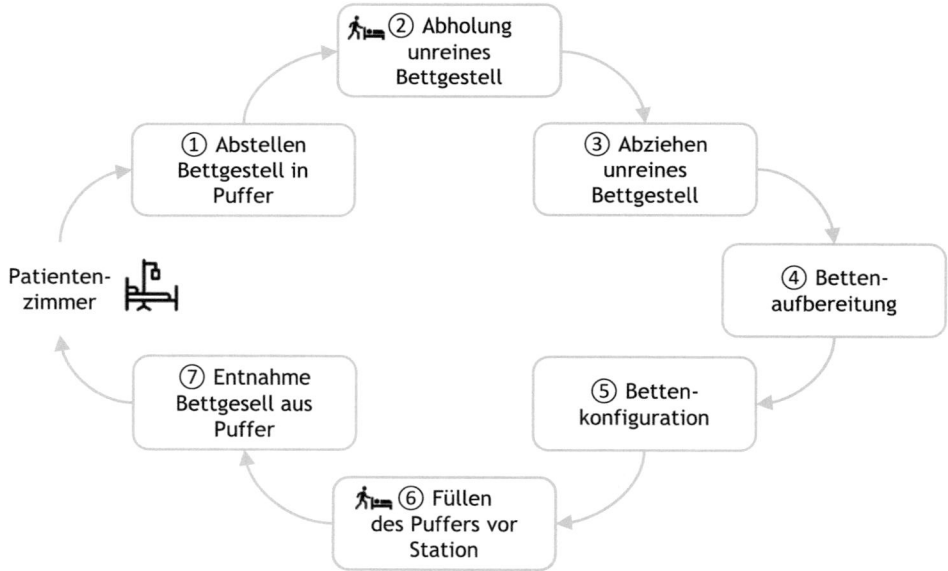

Abb. 6.5 Kreislauf der Bettgestelle im Krankenhaus. (In Anlehnung an Hufnagl 2021)

---

[14]Siehe Glossar Begriff „Puffer".

die Gegenüberstellung von IST-Zustand und Optimierungspotenzialen des jeweiligen Prozesses sowie die Darlegung der Gestaltungsmöglichkeiten (siehe Tab. 6.2–6.13).

6.2.2.1 Abholung unreines Bettgestell

Die Entlassung eines Patienten löst den Prozess „**Abholung unreines Bettgestell**" (Abb. 6.6) aus, welcher von dem Abholen des unreinen Bettgestells aus dem Patientenzimmer bis hin zum Abstellen vor der Reinigungsanlage reicht. Eine Pflegekraft der jeweiligen Station bringt die unreinen Bettgestelle nach deren Gebrauch an die Sammelstelle (Puffer) vor der Station. Zum Schutz vor Keimen werden alle unreinen Bettgestelle abgedeckt. Der Hol- und Bringdienst holt die unreinen Bettgestelle aus dem Puffer vor der Station ab. Meist geschieht dies im Rahmen einer Sichtprüfung, während der Hol- und Bringdienst ein neues Bettgestell bereitstellt. Der Hol- und Bringdienst transportiert die Bettgestelle in die unreine Seite der Bettenaufbereitung. Ist das Bettgestell defekt, so informiert die Pflegekraft den Hol- und Bringdienst mündlich.

Für infektiöse Betten gibt eine gesonderte Vorgehensweise: Diese werden gekennzeichnet, in dem ein gelbes Laken über das gesamte Bett gelegt wird. Dies dient als Hinweis für die Mitarbeiter über das bestehende Risiko. In anderen Häusern gibt es hierfür eigene Mitarbeiter im Rahmen von MRSA-Gruppen. Dies ist eine gesonderte Gruppe an

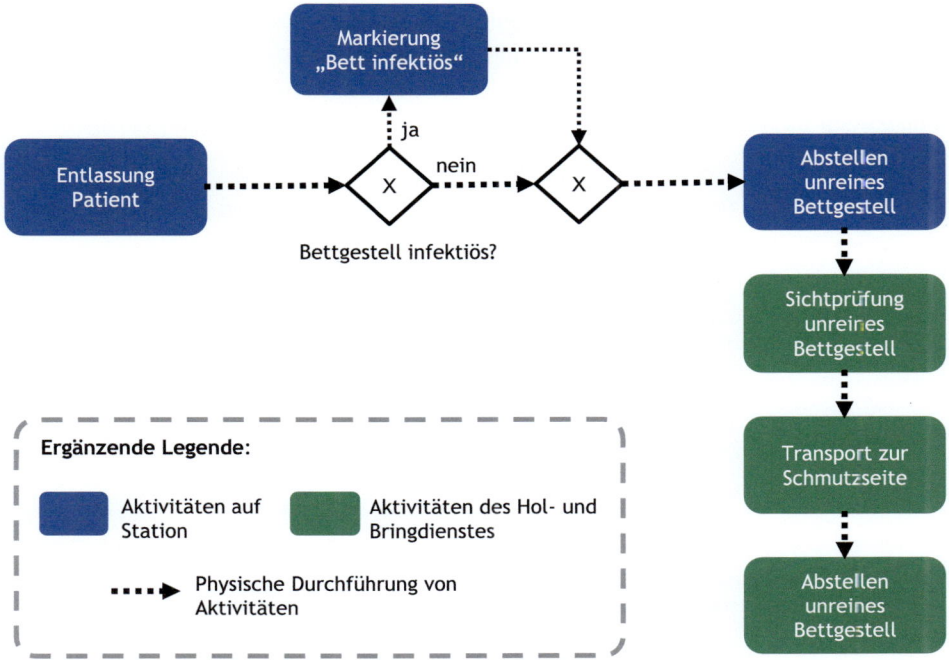

Abb. 6.6 Digitalisierungslandkarte Stufe I des Prozesses „Abholung unreines Bettgestell"

Reinigungskräften, welche ausschließlich infektiöse Zimmer von entlassenen Patienten reinigen. Die Informationsweitergabe erfolgt via Telefon oder Pager. Im Zuge der Zimmeraufbereitung wird auch das Bettgestell durch die MRSA-Gruppe vorbehandelt (Abziehen der Bettwäsche, Teildesinfektion der Kontaktflächen des Bettgestells sowie der Oberfläche der Matratze). Das Bettgestell verbleibt während der gesamten Aufbereitungszeit im Patientenzimmer, wodurch die Einhaltung einer notwendigen Einwirkzeit gewährleistet ist. Nach durchgeführter Aufbereitung wird das Bett zusammen mit der Bettwäsche in abgedecktem Zustand und mit einer Kennzeichnung zur Bettenaufbereitung gebracht, wo es dem normalen Aufbereitungsprozess zugeführt wird. In dem betrachteten Krankenhaus wird eine, wie in Abb. 6.4 dargestellte, zentrale Reinigung betrieben.

Beispielhaft für das Kapitel der Bettenlogistik wird einmalig eine Digitalisierungslandkarte der Stufe II dargestellt. Diese Visualisierung ist für jeden betrachteten Prozessschritt prinzipiell möglich und eignet sich vor allem für die detaillierte Betrachtung essenzieller Aktivitäten bzw. für Aktivitäten mit hohem Verbesserungspotenzial wie für den Prozessschritt „Abstellen unreiner Bettgestelle" in Abb. 6.6.

In dieser Darstellung (Abb. 6.7) ist der einzelne Prozessschritt „Abstellen unreiner Bettgestelle" im Fokus. Der vorgelagerte Schritt ist die Entlassung des Patienten, welche die Abholung des unreinen Bettes auslöst. Die Informationen über die notwendige Abholung werden allerdings nicht automatisiert weitergegeben. Das Pflegepersonal übernimmt manuell den Prozess und schiebt das Bettgestell in den Puffer für unreine Bettgestelle vor Station. Der weitere Transport aus dem Puffer erfolgt auf Basis einer Sichtprüfung. Der Hol- und Bringdienst prüft visuell den Puffer der unreinen Betten und transportiert die vorhandenen Bettgestelle zur Schmutzseite der Reinigungsanlage.

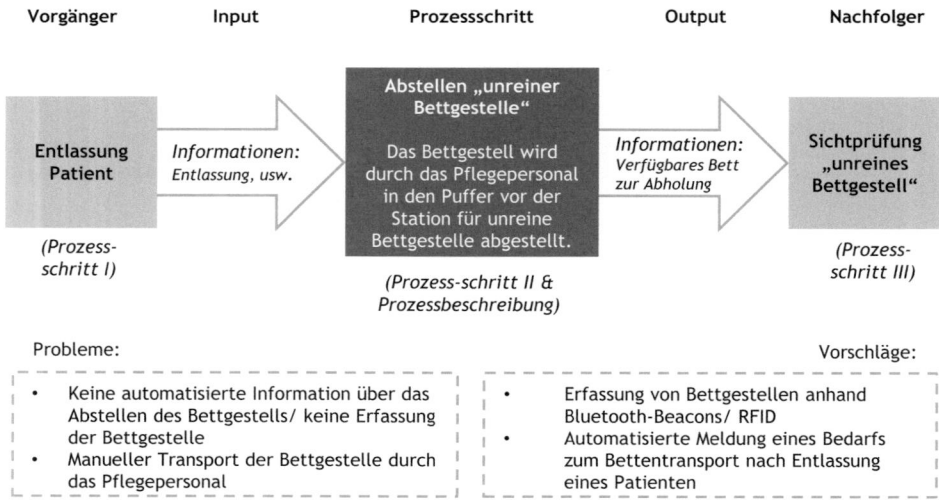

Abb. 6.7 Digitalisierungslandkarte Stufe II des Prozessschrittes „Abstellen unreines Bettgestell"

Optimierungsbereiche

Die Optimierungsbereiche des Prozesses „Abholung unreine Bettgestelle" werden in Tab. 6.2 dargestellt.

Tab. 6.2 Gegenüberstellung des IST-Zustandes und Optimierungspotenzialen des Prozesses „Abholung unreine Bettgestelle"

IST-Zustand	Handlungsfelder
Transport der Bettengestelle nur nach Sichtprüfung und auf Basis von Mitarbeiterwissen	• Lokalisierung / Identifizierung / Zustandsermittlung der Bettgestelle • Informationen über die Anzahl an Betten im Tagesverlauf • Mitarbeiterwissen und -zuverlässigkeit
Manueller Transport der Bettgestelle durch das Pflegepersonal bzw. den Hol- und Bringdienst	• Kapazitäten des Pflegepersonals • Bewegungsabläufe bei dem Bettentransport
Undefinierter Ablauf bei defekten Bettgestellen	• Markierungen der Abstellflächen
Transport infektiöser Bettgestelle durch das Pflegepersonal	• Konzepte der Besucher- und Transportwege

Gestaltungsmöglichkeiten

Die Vision des Prozessschrittes „Abstellen unreiner Bettgestelle" ist in einem übergreifenden Zielbild enthalten, welches vor allem auf die automatische Erfassung der Bettgestelle anhand digitaler Technologien wie RFID oder Bluetooth-Beacons bewerkstelligt werden kann. Ebenso beinhaltet dieses Zielbild die Ausstattung des Hol- und Bringdienstes mit mobilen Endgeräten zur Auftragsübermittlung. Dadurch können Bettgestelle systemisch erfasst werden, was eine Einbindung in das gesamte KIS[15] und folglich in das Belegmanagement ermöglicht (Hufnagl 2021).

Langfristig können die Transporte unreiner Bettgestelle bzw. generell patientenlose Bettentransporte von fahrerlosen Transportsystemen übernommen werden. Eine automatisierte Bestückung der Reinigungsanlage ist bei geeignetem Umfeld denkbar. Allerdings bedarf diese Möglichkeit einer genaueren Betrachtung der Kriterien des Krankenhausumfeldes. Die Vor- und Nachteile der Gestaltungsmöglichkeiten für den Prozessschritt „Abholung unreiner Bettgestelle" werden in Tab. 6.3 aufgeführt.

---

[15] Siehe Glossar Begriff „Krankenhausinformationssystem (KIS)".

Tab. 6.3 Vor- und Nachteile der Gestaltungsmöglichkeiten für den Prozessschritt „Abholung unreiner Bettgestelle"

Vorteile	• Gewährleistung der eindeutigen Identifikation, Lokalisation und Zustandsermittlung der Bettgestelle • Automatisierte Generierung von Abholaufträgen und Wartungsaufträgen • Langfristige Auswertungsmöglichkeiten • Entlastung des Pflegepersonals • Bestandsreduktion der Bettgestelle • Reduzierung der benötigten Pufferflächen • Minimierung der Hygiene- und Verletzungsrisiken
Nachteile	• Investitionskosten für Soft- und Hardware (v. a. bei fahrerlosen Transportsystemen) • Schulungsaufwand der Mitarbeiter im Change-Management

6.2.2.2 Abziehen unreines Bettgestell

Um die Bettgestelle reinigen zu können, ist der Prozessschritt „**Abziehen unreines Bettgestell**" notwendig, welcher auf der unreinen Seite der Bettenaufbereitung stattfindet. Hierbei wird zwischen der Reinigung der Matratzen und der Bettgestelle unterschieden, wie in Abb. 6.8 dargestellt. Zunächst werden Bettdecken, Kissen und Matratzen vom Bettgestell abgezogen. Für verunreinigte Bezüge und Laken stehen Wäschekörbe bzw. Gitterwägen bereit. Mit Blut kontaminierte Wäsche wird in eigens markierten Wäschekörben gesammelt, ebenso infektiöse Bettwäsche. Eine externe Wäscherei übernimmt das Reinigen der Bettwäsche. Für infektiöse Bettgestelle existiert kein separater Reinigungsprozess. Kissen und Bettdecken werden auf dafür bereitgestellte Gitterwägen gelegt. Sind die Gitterwagen mit den Bettdecken und Kissen ausreichend gefüllt, so werden diese zu einem der Reinigungsautomaten verbracht.

Im Anschluss daran wird die Matratze vom Bettgestell genommen und auf ein dafür vorgesehenes Bettgestell als Matratzen-Stapel gelegt. Im betrachteten Krankenhaus gibt es vier Matratzen-Modelle, die sich äußerlich durch ihre Farbe unterscheiden. Dies hat Auswirkungen auf die Reinigung und die Anwendung der Matratzen. Drei Varianten werden im Reinigungsautomat gereinigt, eine Variante bedarf einer manuellen Reinigung.

Optimierungsbereiche

Die Optimierungsbereiche des Prozesses „Abziehen unreine Bettgestelle" werden in Tab. 6.4 dargestellt.

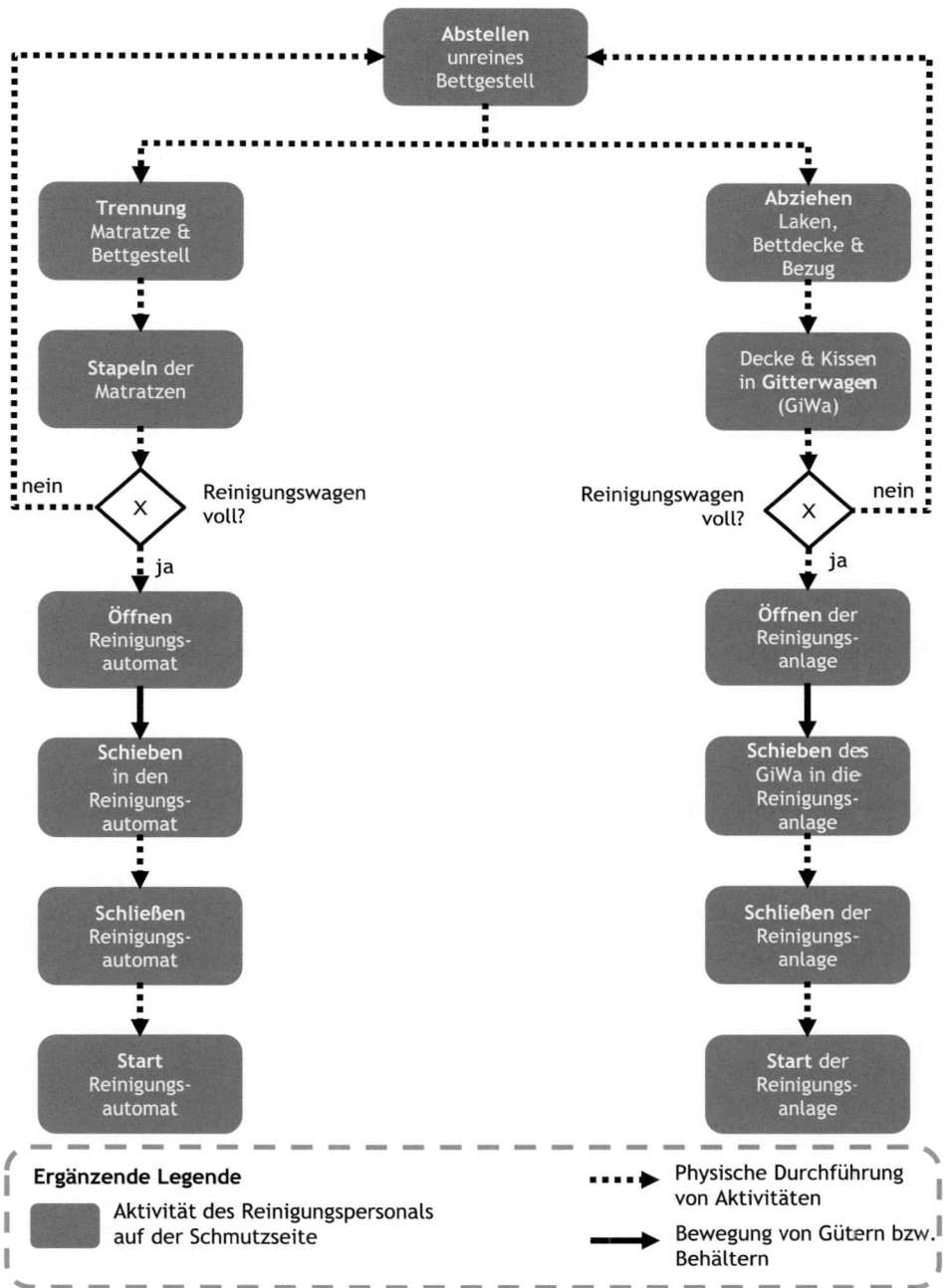

Abb. 6.8 Digitalisierungslandkarte Stufe I des Prozesses „Abziehen unreiner Bettgestelle"

Tab. 6.4 Gegenüberstellung des IST-Zustandes und Optimierungspotenzialen des Prozesses „Abziehen unreine Bettgestelle"

IST-Zustand	Handlungsfelder
Unkoordinierter Anfall an unreinen Bettgestellen im Tagesverlauf	• Planbarkeit der Reinigungskapazitäten
Keine eindeutige Identifikation der verwendeten Matratzen	• Rückverfolgbarkeit bzw. Auswertungsmöglichkeiten der Matratzennutzung
Teilweise manuelle Reinigung der Matratzen	• Reinigungstätigkeiten
Keine separate Trennung infektiöser von normal verschmutzter Betten	• Risiken für Reinigungspersonal

Tab. 6.5 Vor- und Nachteile der Gestaltungsmöglichkeiten für den Prozessschritt „Abziehen unreiner Bettgestelle"

Vorteile	• Lokalisierung, Identifikation und Zustandsermittlung der Matratzen • Einbindung der Matratzen in das Belegmanagement • Generierung automatisierter Wartungsaufträge • Entlastung des Reinigungspersonals • Planbarkeit der Kapazitätsbedarfe
Nachteile	• Investitionskosten für Soft- und Hardware (v. a. bei automatisierten Systemen) • Schulungsaufwand der Mitarbeiter im Change-Management

Gestaltungsmöglichkeiten

Ebenso wie im Prozessschritt „Abholung unreiner Bettgestelle", basiert auch die Vision für den Prozessschritt „Abziehen unreiner Bettgestelle" auf einer systemischen Erfassung aller Matratzen anhand digitaler Technologien.

Langfristig ist nicht nur eine Einbindung der Bettgestelle in einen automatisierten fahrerlosen Transport denkbar, sondern auch der der Matratzen. Eine automatisierte Zuführung der Matratzen in die Reinigungsanlage übernimmt ergonomisch schwere Tätigkeiten und erlaubt eine permanente Zuführung der Anlage. Ebenso ist eine Ausschleusung defekter bzw. beschädigter Matratzen möglich. Des Weiteren ermöglicht die systematische Erfassung der Matratzen eine Auswertung der Nutzungs- und Liegezeiten, was in einem vorausschauenden Neubeschaffungsprozess münden kann (Hufnagl 2021). Die Vor- und Nachteile der Gestaltungsmöglichkeiten für den Prozessschritt „Abziehen unreiner Bettgestelle" werden in Tab. 6.5 aufgezählt.

6.2.2.3 Bettenaufbereitung

Nach dem Abziehen des Bettgestells wird dieses im Rahmen des Prozesses „**Bettenaufbereitung**" sofort in den Reinigungsautomaten befördert Abb. 6.9. Andernfalls wird vor dem Reinigungsautomaten eine Warteschlange gebildet, welche definierten Kriterien unterliegt. Manche Betten bedürfen einer gesonderten Handhabung, beispielsweiße

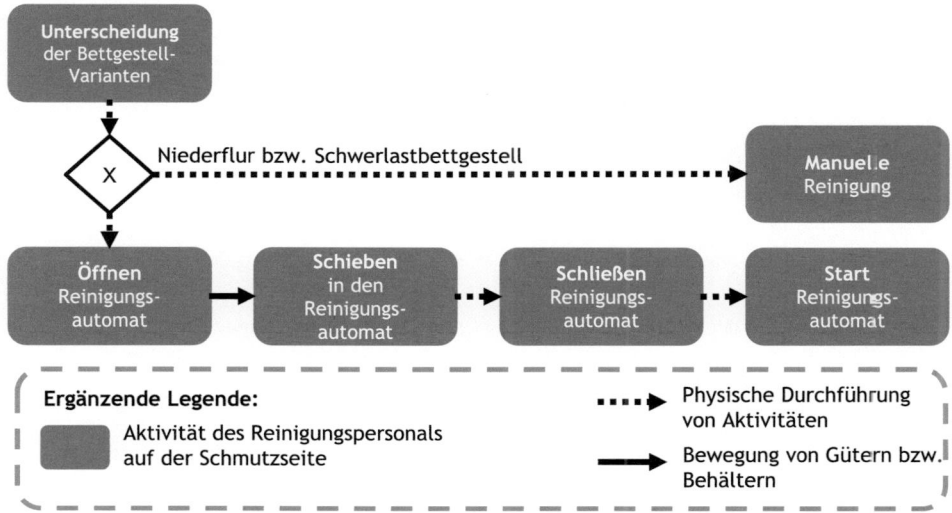

Abb. 6.9 Digitalisierungslandkarte Stufe I des Prozesses „Bettenaufbereitung"

müssen Elektro- und Intensivbettgestelle vor der Reinigung in eine spezielle Schiefstellung gebracht werden.

Die Anzahl der zu reinigenden Bettgestelle werden auf einer Strichliste manuell festgehalten. Das Arbeitsvolumen des Betten- und Belegungsmanagements ist zeitlich und kapazitiv schwer zu prognostizieren. Zum einen ist die Verweildauer pro Patienten hoch individuell, zum anderen besteht derzeit keine systemseitige Erfassung und Kommunikation des vorläufigen Entlassdatums.

Meist existieren für die Aufbereitungsanlagen eine Vorhaltung manueller Alternativen. Fällt die Anlage aus, kann dort eine manuelle Aufbereitung der Bettgestelle erfolgen.

Das betrachtete Krankenhaus setzt grundsätzlich auf eine zentrale Bettenaufbereitung. Die zentrale Bettenaufbereitung ist in eine reine und eine unreine Seite aufgeteilt. Zwischen diesen befinden sich im betrachteten Krankenhaus vier Waschautomaten: Zwei größer dimensionierte Anlagen sind für die Bettgestelle, die übrigen werden überwiegend zur Reinigung von Matratzen, Bettdecken und Kissen verwendet. Zwischen den beiden Varianten kann gewechselt werden. Der Prozess der „Bettenaufbereitung" beginnt mit der Unterscheidung der Bettgestell-Varianten. Standard- (mechanisch und elektrisch), Intensiv- Jugend- und Krabbelbettgestelle können maschinell gereinigt werden.

Ein Standard-Reinigungsdurchgang nimmt in etwa sechs Minuten in Anspruch. Niederflur- bzw. Schwerlastbetten bedürfen einer manuellen Reinigung durch zwei Mitarbeiter und benötigt ca. 15 min. Dafür existiert ein extra ausgerüsteter Platz auf der unreinen Seite der Bettenaufbereitung. Diese Form der Bettenaufbereitung findet ebenfalls Verwendung, wenn eine oder mehrere Anlagen ausfallen, was aufgrund fehlender Ersatzteilversorgung oder mangelnder Wartungszyklen von Zeit zu Zeit auftreten kann.

Nach Abschluss der Reinigung wird in manchen Krankenhäusern ein Folienüberzug zum Schutz der reinen Bettgestelle vor Verunreinigung aufgebracht.

Tab. 6.6 Gegenüberstellung des IST-Zustandes und Optimierungspotenzialen des Prozesses „Bettenaufbereitung"

IST-Zustand	Handlungsfelder
Unkoordinierter Anfall an unreinen Bettgestellen im Tagesverlauf	• Planbarkeit der Reinigungskapazitäten
Abarbeitung der Betten in undefinierter Reihenfolge	• Priorisierung bzgl. der Dringlichkeit bestimmter Bettentypen
Häufiger Ausfall der Waschanlage	• Sicherstellung reibungsloser Reinigungskapazitäten
Manuelle Reinigung der Niederflur- bzw. Schwerlastbettgestelle	• Ergonomie der Reinigungstätigkeiten • Aufwände bei manueller Reinigung
Manueller Transport der gereinigten Betten	• Manueller Transport
Telefonische Verständigung der Instandhaltung	• Manueller Aufwand zur Meldung defekter Bettgestelle

Optimierungsbereiche

Die Optimierungsbereiche des Prozesses „Bettenaufbereitung" werden in Tab. 6.6 dargestellt.

Gestaltungsmöglichkeiten

Durch eine vorhergehende systemische Erfassung der Bettgestell-Varianten, wie in den vorhergehenden Visionen in Abschn. 6.2.2.1 beschrieben, ist eine Priorisierung der Bettgestelle nach Dringlichkeit vor der Waschanlage nach Bettgestell-Typ möglich (Hufnagl 2021).

Neben der Einbindung der Bettgestelle und Matratzen in das KIS ist auch die Ausstattung der Reinigungsanlage mit digitalen Technologien ein Bestandteil einer gesamten Vision bzgl. des Bettgestell-Managements. Somit können Wartungszyklen der Reinigungsanlage nachverfolgt und eingehalten werden. Weiter ist eine präventive Überwachung der Anlage und daraus resultierend eine Früherkennung bzw. Prävention von Störungen möglich. Bei der künftigen Beschaffung neuer Betten bzw. der Ausstattung von Reinigungsanlagen ist darauf zu achten, dass alle Bettgestell-Varianten maschinell zu reinigen sind (Hufnagl 2021).

Durch die Einbindung fahrerloser Transportsysteme können die Bettgestelle automatisiert in die jeweilige Position zur Reinigung gebracht werden. Ebenso können die fahrerlosen Transportsysteme für das Ausschleusen beschädigter oder defekter Betten eingesetzt werden. Bei notwendigen Instandhaltungszyklen können automatisierte Systeme Warnmeldungen an die Mitarbeiter im reinen Bereich der Reinigungsanlage weitergeben. Die Vor- und Nachteile der Gestaltungsmöglichkeiten für den Prozessschritt „Bettenaufbereitung" werden in Tab. 6.7 abgebildet.

Tab. 6.7 Vor- und Nachteile der Gestaltungsmöglichkeiten für den Prozessschritt „Bettenaufbereitung"

Vorteile	• Informationsverfügbarkeit • Priorisierung der Bettgestelle • Planbarkeit der Reinigungsprozesse und Wartungszyklen der Anlage • Möglichkeiten zur Erstellung von Leistungsstatistiken
Nachteile	• Hohe Investitionskosten zum Aufrüsten der Reinigungsanlagen • Schulungsaufwand der Mitarbeiter im Change-Management

6.2.2.4 Bettenkonfiguration

Der Prozess der Bettenkonfiguration erfolgt nach dem Schritt der Bettenaufbereitung (Abb. 6.10). Im Anschluss an das Reinigen der Matratzen, Bettgestelle, Bettdecken und Kissen durch die Reinigungsautomaten werden diese an der reinen Seite der Waschanlage – dem Reinraum – entnommen. Durch eine Sichtprüfung der Reinigungsanlage wird die Platzverfügbarkeit im Reinraum festgestellt. Sind ausreichend Kapazitäten vorhanden, werden die gereinigten Matratzen, Decken und Kissen auf einem Bettgestell in den Bereich der reinen Seite geschoben. Die Bettgestelle werden bei Verfügbarkeit direkt aus der Reinigungsanlage auf normalerweise definierte Plätze geschoben.

Der nächste Schritt zur Konfiguration der gereinigten Bettgestelle ist das Auflegen einer gereinigten Matratze. Diese liegen stapelweise nach Variante auf je einem Matratzenwagen. Das Beziehen der Matratze wird durch zwei Mitarbeiter gemeinsam durchgeführt. Im betrachteten Krankenhaus bestehen definierte Vorgaben zur Kombination bestimmter Bettgestelle und Matratzen. Falls eine Station einen abweichenden Bedarf hat, wird dieser mündlich per Telefon kommuniziert. Die Bettdecken werden ebenfalls durch zwei Mitarbeiter gleichzeitig bezogen. Diese werden in den Zwischenzeiten auf Vorrat gerichtet und auf einem leeren Bettgestell gelagert. Ebenso werden Kissen von einem Mitarbeiter auf Vorrat bezogen. Im Anschluss wird ein Abdecklaken von zwei Mitarbeitern gemeinsam über das Bettgestell gezogen.

Für alle Wäscheteile gilt: Die Mitarbeiter kontrollieren während des Beziehens die Laken auf Sauberkeit und Beschädigungen. Im Falle einer Verunreinigung werden sie auf einen Wagen gelegt, auf die Schmutzseite gefahren und dort in die Reinigungssäcke gelegt. Für Beschädigungen (Risse etc.) steht ein eigener Behälter für die Näherei zur Verfügung.

Defekte Bettgestelle erhalten nach der Reinigung einen „Defekt"-Aufkleber an der bemängelten Stelle. Im Anschluss werden sie auf dem Flur vor der Reinigung in einen definierten Bereich geschoben. Die Mitarbeiter der Technik kontrollieren routinemäßig, ob sich defekte Bettgestelle angesammelt haben. Treten kurzfristig mehrere defekte Betten auf, so informieren die Stationsmitarbeiter die Mitarbeiter der Bettenzentrale.

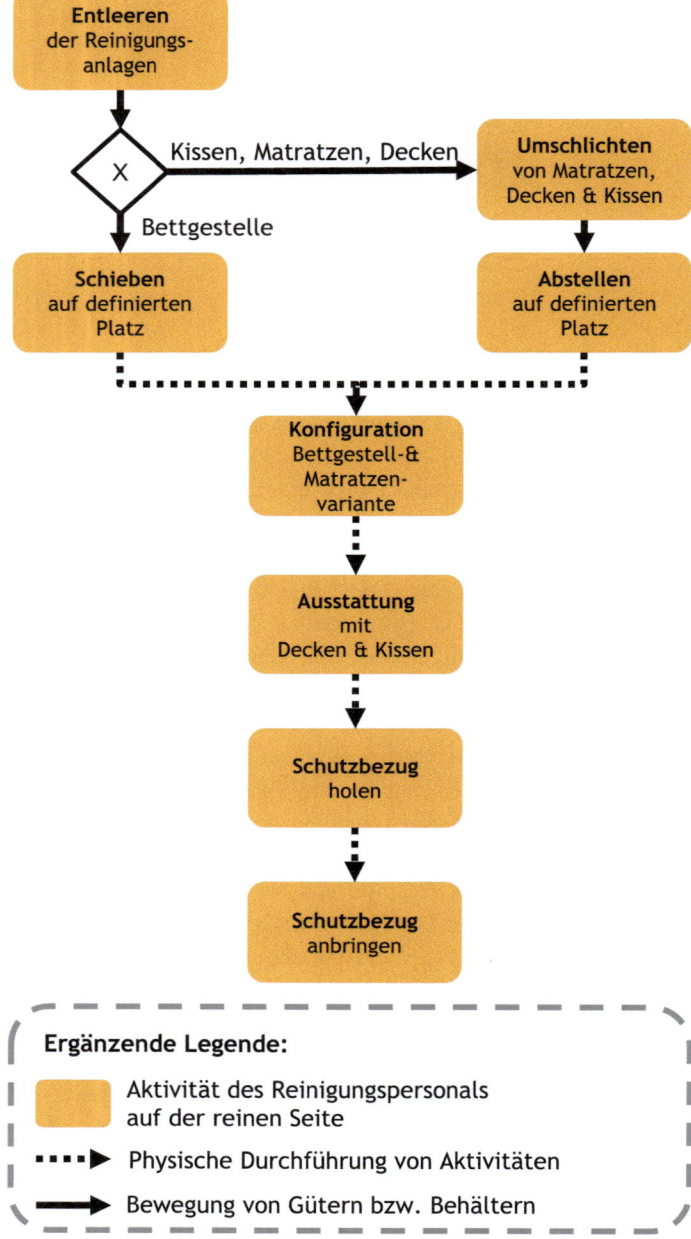

Abb. 6.10 Digitalisierungslandkarte Stufe I des Prozesses „Bettenkonfiguration"

Optimierungsbereiche

Die Optimierungsbereiche des Prozesses „Bettenkonfiguration" werden in Tab. 6.8 dargestellt.

Tab. 6.8 Gegenüberstellung des IST-Zustandes und Optimierungspotenzialen des Prozesses „Bettenkonfiguration"

IST-Zustand	Handlungsfelder
Unkoordinierter Anfall an reinen Bettgestellen im Tagesverlauf	• Planbarkeit der Reinigungskapazitäten
Reihenfolge der Reinigung nach Ankunft der Bettgestelle	• Priorisierung der gereinigten Bettgestelle
Unstrukturierte Anordnung benötigter Materialien	• Ergonomie der Arbeitsprozesse
Mengen der Bettgestelle werden nicht festgehalten	• Bestandstransparenz[a] der Bettgestelle
Flächen auf der reinen Seite sind begrenzt	• Flächenauslegung und erhöhte Verletzungsgefahr

[a]Siehe Glossar Begriff „Transparenz"

Gestaltungsmöglichkeiten

Auch für diesen Bereich ist eine systemische Einbindung mithilfe digitaler Technologien für eine zukunftsfähige Abwicklung zwingend erforderlich.

Durch die Ausstattung der Betten mit digitalen Technologien ist auch in diesem Schritt eine eindeutige Identifikation der Betten und des gereinigten Zustands gewährleistet. Diese gewonnenen und transparenten Informationen ermöglichen eine Einbindung der reinen Bettgestelle in den Anforderungszyklus des Bettgestell-Managements. Zielstellung ist dabei eine termingerechte Belieferung der einzelnen Stationen und Fachbereichen mit angeforderten Bettgestellen. Eilaufträge können problemlos durch die neu gewonnene Informationstransparenz priorisiert abgewickelt werden. Individuelle Konfigurationen können im Bereich der Reinigungsanlage nach Bedarf erstellt werden und sind nicht mehr vor oder auf Station durchzuführen. Durch die Transparenz ist eine Bestandsreduzierung der Bettgestelle möglich, da vorhandene Gestelle effizient im Umlauf sind (Hufnagl 2021).

Tab. 6.9 Vor- und Nachteile der Gestaltungsmöglichkeiten für den Prozessschritt „Bettenkonfiguration"

Vorteile	• Einbindung und Priorisierung der Aufträge im Bettgestell-Management • Individuelle, zeitgerechte Konfiguration der Bettgestelle • Bestandsreduzierung der Bettgestelle
Nachteile	• Hohe Investitionskosten zum Aufrüsten der Reinigungsanlagen • Schulungsaufwand der Mitarbeiter im Change-Management

6.2.2.5 Füllen des Puffers vor Station

Durch die Entnahme von reinen Bettgestellen aus dem Puffer durch das Pflegepersonal der Station muss dieser wieder mit reinen Bettgestellen aufgefüllt werden (Abb. 6.11). Dazu werden die reinen Bettgestelle nach deren Konfiguration durch den Hol- und Bringdienst verteilt. Für die Verteilung wird im Vorfeld der Bedarf aller Stationen telefonisch abgefragt bzw. bei regelmäßigen Rundgängen per Sichtprüfung festgestellt. Um eine Übersicht über die Verteilung der reinen Bettgestelle zu erlangen, trägt der Hol- und Bringdienst beim Verlassen des Reinraums manuell auf einer Übersicht ein, zu welcher Station er das Bettgestell bringt. Übersteigt der Bettgestell-Bedarf einer Station die Pufferkapazitäten, fordert die Station telefonisch ihren Mehrbedarf in der zentralen Bettenaufbereitung an.

Optimierungsbereiche

Die Optimierungsbereiche des Prozesses Füllen des Puffers vor Station werden in Tab. 6.10 aufgeführt.

Tab. 6.10 Gegenüberstellung des IST-Zustandes und Optimierungspotenzialen des Prozesses „Füllen des Puffers vor Station"

IST-Zustand	Handlungsfelder
Visuelle bzw. telefonische Steuerung der Nachbestückung des Puffers	• Manuelle Tätigkeiten • Bestandstransparenz
Manuelle Listenführung für die Verbringung der Bettgestelle	• Fehleranfälligkeit • Manuelle Tätigkeiten
Manueller Bettentransport	• Ergonomie der Tätigkeiten für den Transport der Bettgestelle

Gestaltungsmöglichkeiten

Essenziell ist in diesem Schritt die Schaffung von Transparenz zur Möglichkeit der Verfolgung der reinen Bettengestelle im Krankenhaus. Dadurch kann eine zielgerichtete und bedarfsgenaue Belieferung der Station mit den individuell ausgestalteten Bettgestellen sichergestellt werden. Der mit mobilen Endgeräten ausgestattete Hol- und Bringdienst kann die Aufträge flexibel entgegennehmen und priorisierte Aufträge zügig durchführen. Unnötige Wege zur Sichtprüfung der Pufferzonen vor Station werden so vermieden. Durch die Einbindung der reinen Bettgestelle in das Belegmanagement ist eine Vorhersage über das Aufkommen von elektiven Patienten sowie von Notfallpatienten anhand statistischer Erhebungen möglich. Eine Abweichung der Vorhersage mit Auswirkungen auf die Personalplanung des Hol- und Bringdienstes sowie auf die Kapazitäten der reinen Bettgestelle kann anhand einer systemischen Einbindung schnell über eine Warnmeldung den betroffenen Mitarbeitern, Stationen und planenden Stellen mitgeteilt und notwendige Reaktionsschritte eingeleitet werden (Hufnagl 2021). In diesem Schritt ist die Implementierung von digitalen Technologien essenziell, welche Investitionen erfordern und Umstrukturierungen in den Prozessen erfordern.

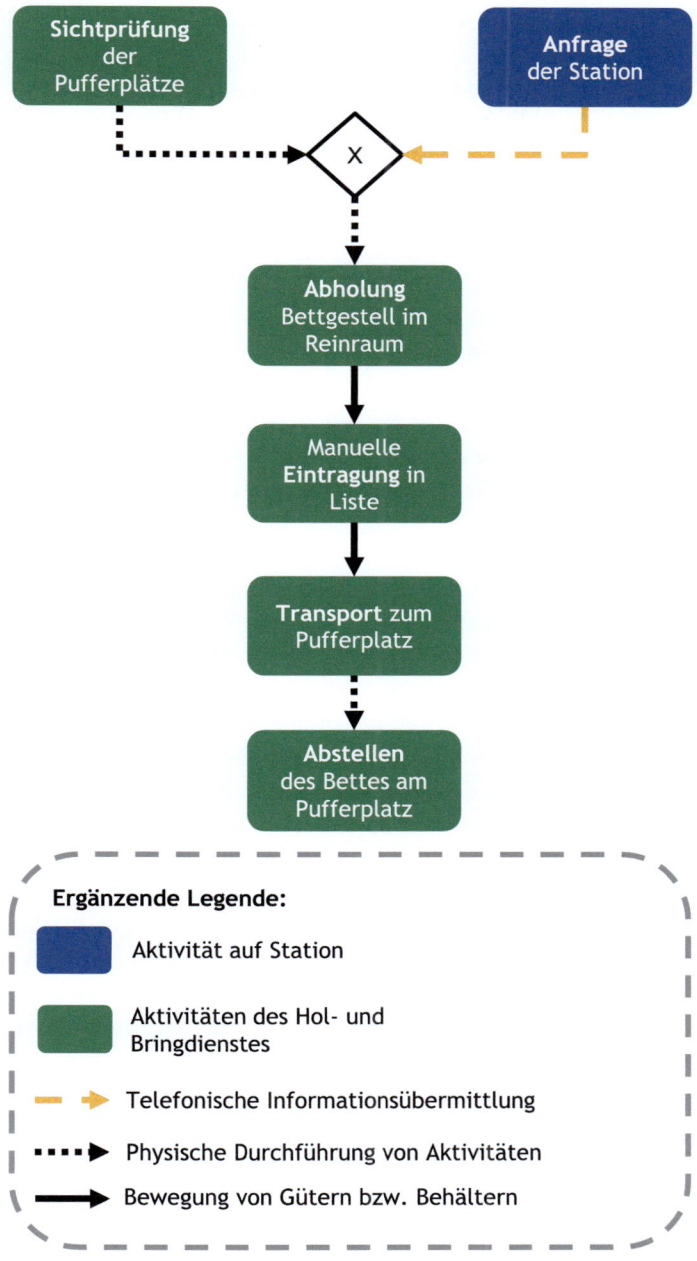

Abb. 6.11 Digitalisierungslandkarte Stufe I des Prozesses „Füllen des Puffers vor Station"

Tab. 6.11 Vor- und Nachteile der Gestaltungsmöglichkeiten für den Prozessschritt „Füllen des Puffers vor Station"

Vorteile	• Identifikation und Lokalisation der Bettgestelle • Bedarfsgenaue Belieferung der Stationen • Priorisierung der Aufträge • Prognose des Transportaufkommens
Nachteile	• Hohe Investitionskosten zum Aufrüsten der Reinigungsanlagen • Schulungsaufwand der Mitarbeiter im Change-Management

6.2.2.6 Entnahme reines Bettgestell aus Puffer

Die Entnahme eines reinen Bettgestells aus dem Puffer (Abb. 6.12) basiert auf einem individuellen Bedarf einer Station für ein reines Bettgestell für einen Patienten. Dieses wird aus dem Puffer vor der Station entnommen. Generell existieren definierte Pufferbereiche für reine und unreine Bettgestelle, wobei im betrachteten Krankenhaus der reine Pufferbereich nochmals in die beiden Hauptvarianten manuelles und elektrisches Bettgestell unterteilt ist.

Die derzeitige Auslegung der Puffer vor den Stationen entspricht der Flächenverfügbarkeit bzw. den langjährigen Erfahrungswerten des Pflegepersonals. Zusätzlich werden partiell reine Bettgestelle direkt auf den Gängen der Station gepuffert. Für elektrische Bettgestelle besteht die Option einen Infusionsständer oder Galgen mit anzubringen. Aus Kostengründen sind nicht alle Bettgestelle damit ausgestattet. Entsprechend dem Bedarf baut das Pflegepersonal die Varianten selbst um, wobei die benötigten Anbauteile teils auf den Stationen gelagert werden. Meist dient der Puffer mehreren Stationen, wodurch sich das Pflegepersonal der Stationen bei bestehendem Bedarf reine Bettgestelle aus dem Puffer entnimmt. Besteht ein spezieller Bedarf bezüglich eines Bettgestells oder Matratze, melden die Stationen diesen direkt telefonisch in der Bettenzentrale an. Diese Vorgehensweise gilt für Intensiv-, Schwerlast-, Niederflur-, Jugend- Kindergitter- und Krabbel-Bettgestelle sowie spezielle Matratzen. Analog fordert das Pflegepersonal der Stationen fehlende Bettgestelle telefonisch an. Entsprechend findet die überwiegende Kommunikation zwischen den Stationen und der Bettenaufbereitung mündlich per Telefon statt. In Einzelfällen kommen E-Mails zum Einsatz. Hingegen kann der Bedarf eines Sonderbettgestells z. B. Warm-Kalt-Luft oder für überschwere Patienten im betrachteten Haus nicht direkt bedient werden. Hierzu bestellt die Pflegedienstleitung den Bedarf bei einem externen Lieferanten. Das Bettgestell wird direkt vom Lieferanten per LKW angeliefert und auf die anfordernde Station gebracht.

Optimierungsbereiche

Die Optimierungsbereiche des Prozesses „Entnahme reines Bettgestell aus Puffer" werden in Tab. 6.12 dargestellt.

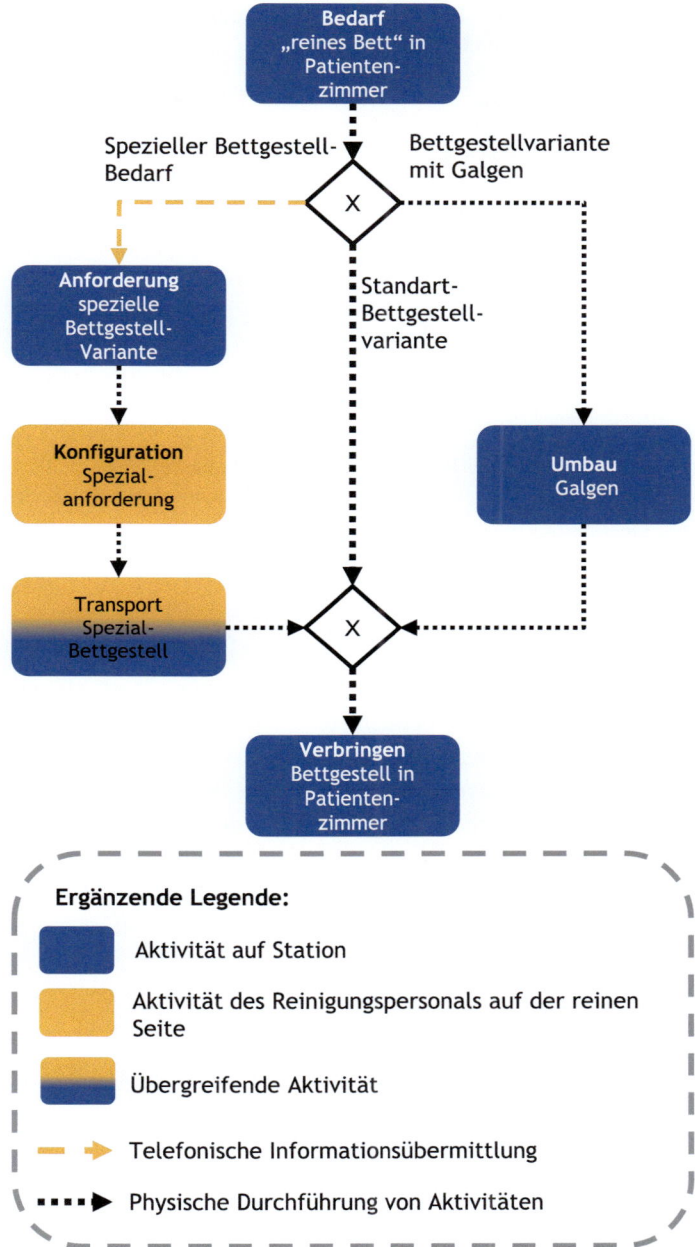

Abb. 6.12 Digitalisierungslandkarte Stufe I des Prozesses „Entnahme reines Bettgestell aus Puffer"

Tab. 6.12 Gegenüberstellung des IST-Zustandes und Optimierungspotenzialen des Prozesses „Entnahme reines Bettgestell aus Puffer"

IST-Zustand	Handlungsfelder
Steuerung des Puffers durch Sichtprüfung und telefonischer Abstimmung	• Sicherheitsbestände • Manuelle Tätigkeiten • Zeitbedarfe
Puffer • reine Bettgestelle auf Stationsgängen • meist in unmittelbarer Nähe zu Besucher- und Patientenverkehr • Überschneidung der Bereiche von reinen und unreinen Betten	• Patienten- und Besucherwegen • Kontaminations- und Verletzungsrisiken
Meldung von Spezialbedarfen via Telefon	• Manuelle Tätigkeiten • Auftragsbestätigung
Manueller Transport und Umbau der Betten durch das Pflegepersonal	• Manuelle Tätigkeiten • Ergonomie der Tätigkeiten
Unstrukturierte Entnahme aus dem Puffer	• Keine Einhaltung des FIFO-Prinzips[a]

[a] Siehe Glossar Begriff „FIFO-Prinzip"

Gestaltungsmöglichkeiten

Werden alle vorgelagerten Prozessschritte durch eine systemische Einbindung optimiert, so hat dies Auswirkungen auf den betrachteten Prozessschritt. Ist die Abwicklung der reinen Bettgestelle in das Bettgestell-Management implementiert, erfolgt durch die effiziente Nutzung der vorhandenen Kapazitäten eine Reduktion der Bettbestände. In Folge dessen reduzieren sich die Pufferbestände vor den Stationen und eine Lagerung der Betten auf den Stationsgängen wird überflüssig (Hufnagl 2021). Hierfür gelten die Bestandteile der genannten Visionen der vorhergehenden Prozesse, da eine Optimierung in diesem Bereich nur in einer ganzheitlichen Betrachtung sinnvoll ist.

Tab. 6.13 Vor- und Nachteile der Gestaltungsmöglichkeiten für den Prozessschritt „Entnahme reines Bettgestell aus Puffer"

Vorteile	• Bestandsreduktion der Bettgestelle • Reduzierung der benötigten Pufferflächen • Siehe Tab. 6.3
Nachteile	• Hohe Investitionskosten zum Aufrüsten der Reinigungsanlagen • Schulungsaufwand der Mitarbeiter im Change-Management

6.2.3 Zusammenfassung

Die IST-Analyse der Prozesse im betrachteten Krankenhaus hat viele Potenziale offengelegt, welche durch eine Prozessoptimierung unter Einsatz von digitalen Technologien gehoben werden können. Diese schaffen eine durchgehende Transparenz im gesamten Kreislauf der Bettengestelle sowie den einzelnen Prozessschritten. Werden die Bettgestelle mit digitalen Technologien ausgestattet, so werden Informationen gewonnen, welche eine Lokalisierung, Identifizierung und Zustandsermittlung der Bettgestelle während des gesamten Kreislaufes in einem Krankenhaus ermöglichen. Mit diesen verfügbaren Informationen sind die Arbeitseinsätze des Hol- und Bringdienstes bedarfsgerecht planbar und individualisierbar. Das Pflegepersonal wird durch den Wegfall von telefonischen Anforderungen von diesen manuellen Tätigkeiten entlastet. Alle Beteiligten erhalten durch die entstehende Transparenz eine Nachvollziehbarkeit des Status sämtlicher Bettgestelle, deren Standorte, den Kapazitäten sowie deren Transport- und Reinigungsfortschritt in Echtzeit. Transporte sind terminierbar, somit planbar und unterliegen festen Regelungen. Resultierend daraus ergibt sich eine Minimierung der Wartezeiten für Patienten, Stationen und Funktionsabteilungen. Darüber hinaus ermöglicht eine Dokumentation der Prozessschritte und damit die Rückverfolgbarkeit der Tätigkeiten eine Leistungsabrechnung gemäß den Anforderungen. (Hufnagl 2021) Möglicherweise kann über einen automatischen Bettgestell-Transport nachgedacht werden, welches in chinesischen Krankenhäusern bereits im Einsatz ist.

6.2.3.1 Auswertungen der IST-Aufnahme

Um die qualitativ ermittelten Erkenntnisse der IST-Analyse der Bettenlogistik zu validieren, wurden während der Prozessaufnahme verschiedene Daten erhoben sowie eine Befragung der Mitarbeiter durchgeführt. Im Folgenden werden ein Auszug der Analysen und Ergebnisse dargestellt.

Befragung der Stationen
Mittels eines Fragebogens wurden insgesamt zwölf Stationen zu deren Prozessabläufe der Bettgestelle befragt. Dabei kristallisierten sich folgende Kernaussagen heraus:

- Transporte der Bettgestelle auf Station erfolgen ausschließlich über das Pflegepersonal
- Reinigung der nicht-infektiösen Betten erfolgt ausschließlich außerhalb des Patientenzimmers
- Keine einheitliche Vorgehensweise bei der Ausstattung des Patientenzimmers mit einem reinen Bett
- Abholzeiten des unreinen Bettes aus dem Stationszimmer nach Entlassung des Patienten: Ø 13,8 Min., (Spanne: 0 Min.–30 Min.)
- Unterschiedliche Belegung der Stationen mit elektiven bzw. Notfall-Patienten
- Wartezeiten auf die Reinigung des Patientenzimmers: Ø 75,7 Min., (Spanne: 0 Min.–240 Min.)

Diese Kernaussagen bestätigen die manuellen und aufwendigen Tätigkeiten rund um das Bettgestell, mit welchen die Kapazitäten des Pflegepersonals gebunden werden. Ebenso wird verifiziert, dass im betrachteten Krankenhaus nur die zentrale Reinigung angewendet wird. Somit ist die beschriebene IST-Analyse der Prozesse über alle Stationen hinweg validiert. Mit einer durchschnittlichen Zeitangabe von 14 min wird das unreine Bettgestell recht zügig aus dem Patientenzimmer geholt. Allerdings ist die Zeitspanne der Reinigung des Patientenzimmers nach Entlassung sehr groß. Dies hat Folgen für die Vergabe des Patientenzimmers bzw. des dortigen Bettplatzes, da dieser Platz erst nach Reinigung des Zimmers erneut vergeben werden kann. Somit wird die zeitlich kritische Abhängigkeit zwischen der Reinigung eines Patientenzimmers und der Neubelegung mit einem reinen Bettgestell deutlich. Verzögerungen in beiden Bestandteilen (reines Bettgestell und Zimmerreinigung) führen zu Störungen im Patientenpfad.

Erfassung der Bettgestelle

Um die Bestände der Bettgestelle an verschiedenen Stationen des Kreislaufes zu erfassen, wurden Barcodes an den Bettgestellen angebracht. Diese wurden für einen Zeitraum von zwei Wochen an definierten Stellen von den dortigen Mitarbeitern erfasst.

In einer ersten Auswertung wurden die Bettgestelle unrein vor und rein nach der Reinigungsanlage analysiert (Abb. 6.13). Dadurch sind die Auslastung der Reinigungsanlage sowie die benötigten Zeiten zur Reinigung messbar.

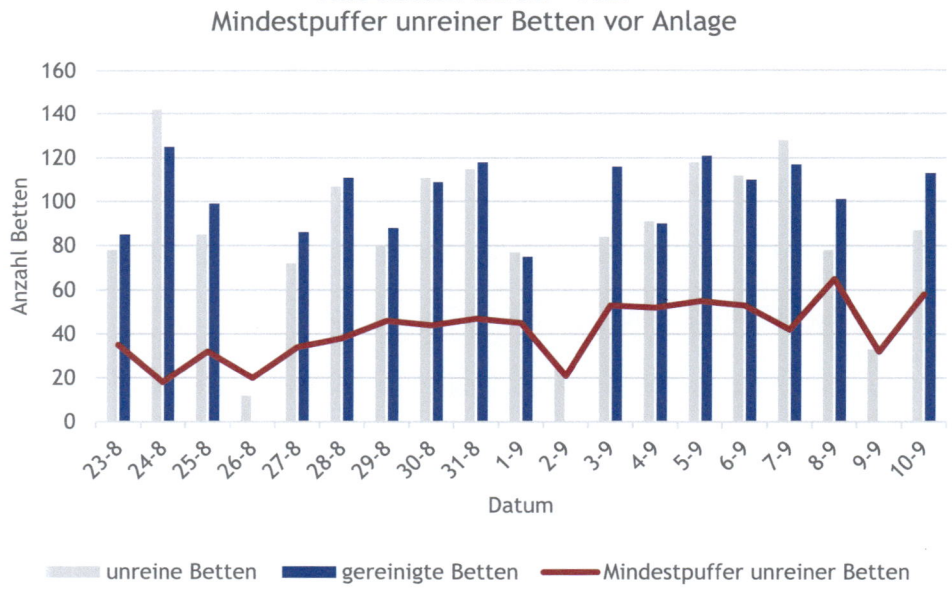

Abb. 6.13 Bestände der Bettgestelle vor und nach der Reinigungsanlage

Die Auswertung der Daten im angegebenen Zeitraum lässt folgende Schlussfolgerungen zu:

- Reinigung von Ø 104 Betten pro Tag
- Ø 49 unreine Bettgestelle vor der Reinigungsanlage
- Zeitraum zwischen Unrein- und Rein-Meldung: Ø 55 Min. (Bezug auf acht Stunden Arbeitszeit pro Tag)
- Taktzeit der Waschanlage pro Bettgestell: Ø 3 Min.

Diese Auswertungen erlauben folgende Ergebnisinterpretation: Der Ø-Bestand von 49 unreinen Bettgestellen vor der Reinigungsanlage und einer Ø-Reinigung von 104 Bettgestellen ergibt eine Reichweite[16] von 0,5 Tagen vor der Reinigungsanlage. Das bedeutet, dass die Arbeitslast eines halben Tages nicht weggearbeitet wird und somit die Flächen vor der Anlage blockiert sind. Geht man davon aus, dass Standardbetten eine Fläche von ca. $2m^2$ benötigen, so wird durch diesen durchschnittlichen Bestand an Bettgestellen vor der Reinigungsanlage knapp $100m^2$ Fläche blockiert. Darüber hinaus ist das Abstellen der Betten in Pufferbereichen mit Besucherverkehr aus der Hygienesicht problematisch. Sowohl das Risiko der Verunreinigung reiner Betten erhöht sich als auch die Gefahr, dass unreine Betten als Krankheitsüberträger fungieren.

Gereinigte Bettgestelle pro Wochentag und Stunde
Eine zweite Auswertung (Abb. 6.14) der Scandaten erfolgte in Form einer Darstellung der erfassten Bettgestelle in Bezug auf den Wochentag und die Uhrzeit.

In der Abb. 6.14 ist die Leistung der Reinigungsanlage pro Wochentag und Stunde dargestellt. In Kombination mit weiteren Auswertungen lassen sich folgende Aspekte ableiten:

- Ungleichmäßige Auslastung der Reinigungsanlage im Tagesverlauf
- Maximale Leistung (Grenzdurchsatz) der Reinigungsanlage: 22 Betten pro Stunde
- Zeitbedarf der Reinigung: 2,7 min. pro Bettgestell
- Ø 15 Betten pro Tag bleiben stehen (Reinigung am Folgetag)
- Abfall der Leistung der Bettenaufbereitung am späten Vormittag
- Keine vollständige Ausnutzung der Reinigungskapazitäten

Diese Aspekte lassen folgende Schlussfolgerungen zu: Die vorhandenen Kapazitäten der Reinigungsanlage werden nicht ausgeschöpft. Berücksichtigt man die in Abb. 6.13 dargestellten Bestände vor der Reinigungsanlage, könnten diese bei einer höheren Auslastung der Anlage vollständig abgebaut werden. Die Auswertungen zeigen, dass das Personal der Reinigung im Verlauf der Schicht nicht ausgelastet ist. Innerhalb der Woche

---

[16]Siehe Glossar Begriff „Reichweite".

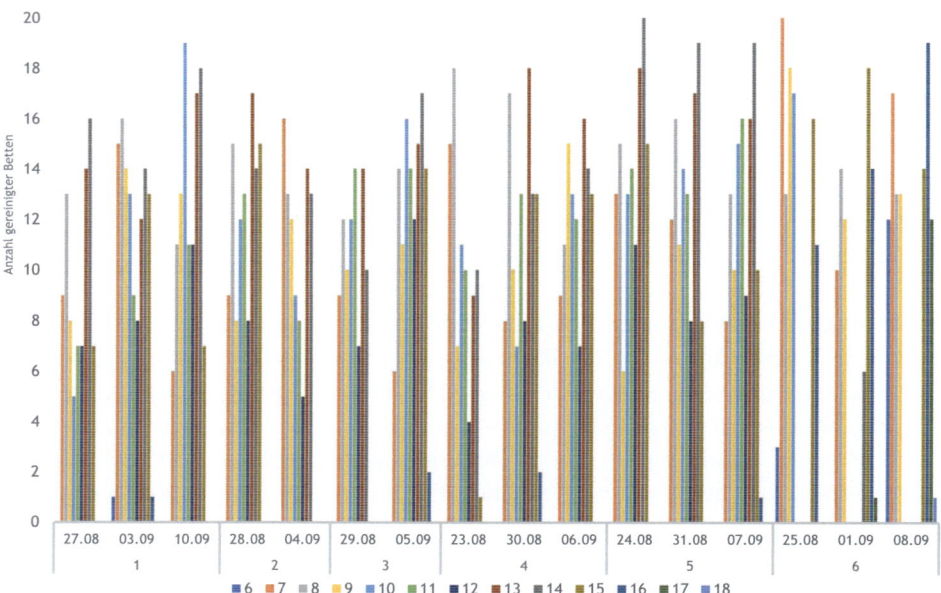

Abb. 6.14 Gereinigte Bettgestelle pro Wochentag und Stunde

bauen sich Bestände an unreinen Betten auf, welche am Wochenende abgearbeitet werden. Diese ungleichmäßige Auslastung der Anlage hat höhere Bestände zur Sicherung der Verfügbarkeit von reinen Bettgestellen zur Folge.

Diese beiden Ausschnitte der Auswertungen zeigen deutlich die Kapazitäten zur Bestandsreduzierung der Bettgestelle bei gleichmäßiger Auslastung der Reinigungsanlage. In Kombination mit dem avisierten Einsatz digitaler Technologien zur Bestandsreduzierung der Puffer vor und nach den Stationen, ist somit eine deutliche Reduzierung der Bettgestelle möglich.

6.2.3.2 Auswahl geeigneter Prozesse zur Referenzprozessmodellierung und Pilotierung

Insgesamt zeigen die Ergebnisse deutlich, dass über die gesamte Bettenlogistik hinweg große Potenziale und ein hoher Optimierungsbedarf in allen betrachteten Prozessschritten vorliegen. Die allgemeinen Aussagen auf Basis der Auswertungen Abschn. 6.2.3.1 unterstreichen diese Ergebnisse der Einzelbetrachtung der Prozessschritte.

Ebenso zeigen die ermittelten Potenziale, dass in den beschriebenen Prozessen der Einsatz digitaler Technologien Prozesse vereinfachen und verschlanken, Transparenz schaffen sowie einen durchgehenden Informationsfluss generieren kann (Hufnagl 2021).

Auf Basis der Zielstellung des Projekts Hospital 4.0 – Schlanke digital-unterstützende Logistikprozesse in Krankenhäusern stellt sich die Frage, welche der vielen Prozesse eines Krankenhauses genauer untersucht werden sollen. Letztendlich bietet insbesondere die Vernetzung des Belegungsmanagements und dem Bettgestell-Management großes Potenzial die Patientenversorgung zu optimieren, in dem Pflegepersonal entlastet wird und Betten zum richtigen Zeitpunkt in der richtigen Konfiguration zur Verfügung stehen (Hufnagl 2021). Um die Bettenlogistik ganzheitlich zu optimieren, sollten über das Projekt hinaus weitere Prozesse angepasst werden.

Hierbei ist die avisierte Zielstellung, mithilfe der dargestellten Referenzprozesse und dem entwickelten Funktionsdemonstrator, ein Konzept für die Bettenlogistik zu skizzieren, welches einen größtmöglichen Nutzen für Krankenhäuser generiert. Im Hinblick auf die in Kap. 1 genannten Herausforderungen liegt der Fokus auf der Entlastung des Pflegepersonals von nicht-wertschöpfenden Tätigkeiten sowie auf der Generierung von Informationstransparenz. Somit kann die Effizienz der Bettenlogistik sowie des Krankenhauses durch optimierte Laufwege und einer verbesserten Auslastung gesteigert werden.

Im Falle der Bettenlogistik wurden vor allem die Prozesse um die Bereitstellung, sowie das Abtransportieren und Aufbereiten der Bettgestelle als besonders essenziell bewertet. Dies ist begründet darin, dass eine erfolgreiche Patientenversorgung maßgeblich davon beeinflusst wird, dass ein Bettgestell zum richtigen Zeitpunkt, am richtigen Ort und im richtigen Zustand zur Verfügung steht.

Somit stehen für die weitere Betrachtung im Rahmen der Referenzmodelle die beiden Prozesse der Bereitstellung eines reinen Bettgestells in das Patientenzimmer sowie die Abholung und Aufbereitung eines unreinen Bettgestells im Fokus. Da die genannten Prozesse den Erfolg der Patientenversorgung indirekt, aber dennoch maßgeblich, beeinflussen, ist die genauere Betrachtung und Optimierung dieser Prozesse von großem Nutzen für das Krankenhaus (Hufnagl 2021).

Zur Erreichung ganzheitlich schlanker, digital-unterstützter Logistikprozesse im Krankenhaus ist es nach erfolgreicher Bearbeitung der beiden Referenzprozesse ebenfalls erforderlich, die verbleibenden Elemente der Bettenlogistik genauer zu betrachten, Verschwendungen aufzuzeigen und notwendige Optimierungen vorzunehmen. Beispielsweise kann in einem nachgelagerten Schritt der Prozess der Bettenkonfiguration optimiert werden.

6.3 Das Referenzmodell „Bettenlogistik"

Das Referenzmodell ist ein generischer Entwurf eines Referenzprozesses mit mehreren Teilprozessen, welcher eine Blaupause für einen Prozess in Krankenhäusern darstellt (vgl. Abschn. 3.1.2). Das Referenzmodell „Bettenlogistik" umfasst den Prozess „Bereitstellung Bettgestell" (Bringauftrag) und den Prozess „Abholung und Aufbereitung Bettgestell" (Abholauftrag). Das Modell beinhaltet Erkenntnisse aus dem Projekt „Hospital 4.0" und wurde in Anlehnung an das Vorgehen nach Fettke und Loos (2007) erstellt. Die Referenzprozesse basieren auf den Erkenntnissen der in Abschn. 6.2 beschriebenen Analyse bestehender Prozesse. Basierend darauf wurden folgende Ziele des Referenzmodells definiert (siehe Tab. 6.14).

Tab. 6.14 Ziele des Referenzmodells

Ziele des Referenzmodells	Entlastung der Pflegekräfte
	Vereinheitlichung der Prozesse
	Bedarf an Patienten gebunden
	Unnötige Laufwege entfallen durch auftragsgebundene Wege
	Verringerung von Puffern
	Priorisierung von Transportaufträgen
	Digitale Kennzeichnung infektiöser Bettgestelle
	Transparenz über digitales Tracking der Bettgestelle

Die Ergebnisse wurden mithilfe des Work System Framework (Alter 2013) strukturiert und mithilfe des Modellierungsansatzes VSMN (Heger et al. 2020a, b) dargestellt (Abschn. 3.2.3). Im Abschn. 6.4 wird anschließend die Akzeptanz und Anwendbarkeit des auf dem Referenzmodell der Bettenlogistik entwickelten Funktionsdemonstrators mit Hilfe von Interviews evaluiert.

6.3.1 Work System in der Bettenlogistik

Die Bettenlogistik kann als Work System interpretiert werden (Abschn. 1.2.2).

Abb. 6.15 stellt die Elemente des Frameworks bezogen auf die Bettenlogistik dar, welche unterhalb der Abbildung beschrieben werden. Kunden dieses Work Systems sind die Patienten, das Pflegepersonal sowie das Belegungsmanagement. Dienstleistungen der Referenzprozesse umfassen zum einen eine wertschöpfende Bereitstellung geeigneter Bettgestelle auf geeigneten Bettplätzen und zum anderen die zeitnahe Abholung und Aufbereitung der Bettgestelle für den Wiedereinsatz. Dem zugrunde liegen die Referenzprozesse „Bereitstellung Bettgestell" (Bringauftrag) und „Abholung und Aufbereitung Bettgestell" (Abholauftrag). Teilnehmer der Bettenlogistikprozesse sind das Reinigungspersonal, das Belegungsmanagement, der Hol- und Bringdienst und das Instandhaltungspersonal. In Ausnahmefällen ist auch das Pflegepersonal am Bettenlogistikprozess beteiligt. Typische Informationen innerhalb der Bettenlogistik sind die Lokalisations-[17] und Identifikationsdaten[18] der Bettgestelle und die ableitbaren Informationen über Bettenkapazitäten sowie Status der Bettgestelle und -plätze. Zu den Technologien gehören mobile Endgeräte, Tracking-Technologien, Analytik-Technologien und das Bettenmanagementmodul[19]. Veränderungen und Neuheiten im Referenzprozess im Vergleich zum IST-Prozess sind in Abb. 6.15 mit einem Stern markiert.

---

[17]Siehe Glossar Begriff „Lokalisationsdaten".
[18]Siehe Glossar Begriff „Identifikationsdaten".
[19]Siehe Glossar Begriff „Bettenmanagementmodul".

6 Referenzmodell schlanke, digital-unterstützte Bettenlogistik …

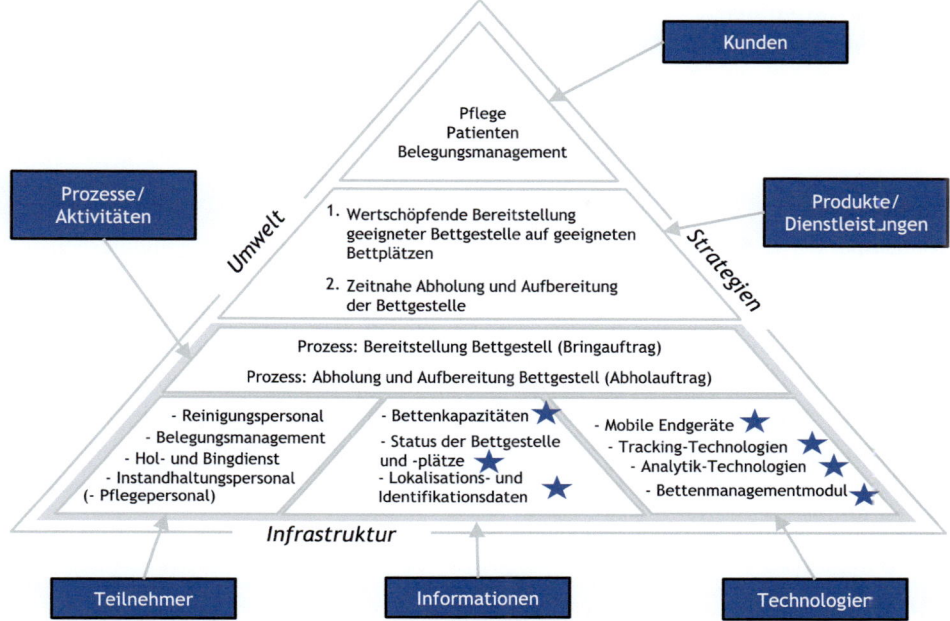

Abb. 6.15 Das Work System „Bettenlogistik" mit den beiden betrachteten Referenzprozessen im Überblick in Anlehnung an Alter (2013)

Kunden

Als Kunde der Bettenlogistik ist in erster Linie die Pflege anzusehen. Im Referenzmodell ist das Pflegepersonal in der Regel nicht in den Bettenlogistikprozess involviert. Vielmehr wird die Pflege im Referenzmodell bei Bedarf mit dem geeigneten Bettgestellen versorgt, sodass sie ihrer Kernaufgabe – die Versorgung der Patienten – nachgehen kann. Durch die Schaffung von Transparenz über bestehende Bettgestellkapazitäten sowie über die Lokalisation der Bettgestelle wird auch das Belegungsmanagement unterstützt. Aufgrund einer resultierenden optimierten Belegungsplanung profitiert auch der Patient und ist deshalb ebenfalls ein „Kunde" des Work Systems der Bettenlogistik.

Produkte/ Dienstleistung

Im Fokus der Bettenlogistik steht die wertschöpfende Bereitstellung geeigneter reiner Bettgestelle auf geeigneten Bettplätzen, sowie die zeitnahe Abholung und Aufbereitung unreiner Bettgestelle. Diese Prozesse zielen darauf ab, den medizinischen Kernprozess des Krankenhauses, die Behandlung und Pflege der Patienten, zu unterstützen.

Prozesse/Aktivitäten

Im Referenzmodell unterteilt sich die Bettenlogistik in die zwei Teilprozesse „Bereitstellung Bettgestell" (Bringauftrag) sowie „Abholung und Aufbereitung Bettgestell" (Abholauftrag). Die genannten Prozesse werden in den Abschn. 6.3.2 und 6.3.3 anhand zweier Referenzprozesse dargestellt und beschrieben.

Teilnehmer

Teilnehmer der Referenzprozesse sind der Hol- und Bringdienst, das Reinigungspersonal in der zentralen Bettenaufbereitung, das Instandhaltungspersonal sowie Mitarbeiter des Belegungsmanagements. In Ausnahmefällen können auch Pflegekräfte als Teilnehmer im Prozess „Bereitstellung Bettgestell" auftreten. Beispielsweise muss das Pflegepersonal außerhalb der Arbeitszeiten des Hol- und Bringdienstes bei Bedarf die Bettgestelle vom Puffer auf den Bettplatz verbringen. In erster Linie ist das Pflegepersonal jedoch Kunde der Bettenlogistik.

Informationen

Informationen des Work Systems sind Lokalisations- und Identifikationsdaten. Lokalisationsdaten geben Auskunft darüber, wo sich das Bettgestell gerade im Prozess und im Gebäude befindet. In Abhängigkeit der eingesetzten Technologie kann die Positionsbestimmung des Bettgestells unterschiedlich genau sein. Dabei kann die Genauigkeit zwischen wenigen Millimetern und mehreren Metern variieren. Das Sendeintervall der eingesetzten Technologie nimmt Einfluss auf die zeitliche Genauigkeit der Positionsbestimmung und somit auf die Aktualität der Lokalisationsdaten. Identifikationsdaten hingegen umfassen die Patientendaten, die Bettgestell-ID und die Informationen zum Bettplatz. Mit den Patientendaten werden für den Bettenlogistikprozess relevante Stammdaten wie die voraussichtliche Verweildauer, Gewicht und Größe des Patienten übermittelt. Zusätzlich enthalten die Identifikationsdaten Informationen über den Zustand des Bettgestelles, wie die Art der Konfiguration. Durch die Verknüpfung von Lokalisations- und Identifikationsdaten lässt sich ableiten, inwieweit ein Bettgestell X im Zustand Y am Ort Z zur Verwendung bereit steht. Lokalisations- und Identifikationsdaten werden immer gebündelt über die eingesetzte Technologie übertragen.

Technologien

Zu den im Referenzmodell eingesetzten Technologien gehören mobile Endgeräte, das Bettenmanagementmodul, Tracking-Technologien und Analytik-Technologien.

Bei mobilen Endgeräten handelt es sich bspw. um Handys oder Tablets, welche zur Kommunikation zwischen den an der Bettenlogistik beteiligten Mitarbeitern genutzt werden. Dazu gehört die Übermittlung von Transportaufträgen an den Hol- und Bringdienst. Generiert werden die Transportaufträge im Bettenmanagementmodul.

Das Bettenmanagementmodul ist eine Software, die an das KIS angebunden ist und von dort Belegungsdaten sowie Patientendaten inklusive Aufnahme- und Entlassdaten erhält. Basierend auf diesen Daten werden über das Bettenmanagementmodul automatisiert, in Ausnahmefällen manuell, Transportaufträge generiert. Das Bettenmanagementmodul sammelt diese Aufträge in einem Informationspuffer, bis ein Auftrag vom Hol- und Bringdienst bearbeitet wird. Der Informationspuffer ist ein Teil des Bettenmanagementmoduls, in welchem alle Informationen, die für das Realisieren eines Transportauftrages nötig sind, zusammenfließen. Dazu gehören Informationen über den Bettgestellbedarf sowie die Verfügbarkeit eines Bettgestells inklusive Konfigurationsstatus. Ein Überblick über die Verfügbarkeit von Bettgestellen wird über den Einsatz von Tracking-Technologien ermöglicht.

Tracking-Technologien können RFID, Bluetooth oder Barcodes sein. Über die Technologien werden die Lokalisationsdaten der Bettgestelle erfasst und bei Positionsveränderung stetig aktualisiert. Dadurch wird Transparenz darüber geschaffen, ob ausreichend viele Bettgestelle in der zentralen Bettenaufbereitung für anstehende Transportaufträge zur Verfügung stehen. Der Einsatz von RFID-Chips und Bluetooth Beacons bedarf zusätzlich Gateways, welche die Signale der am Bettgestell angebrachten Technologie empfangen. Hingegen ist beim Einsatz von Barcodes ein Barcode-Scanner zum Auslesen der Barcodes nötig.

Darüber hinaus können durch den Einsatz von Analytik-Technologien die gesammelten Daten, wie bspw. Informationen zu den Laufwegen des Hol- und Bringdienst, der Bettgestell-Belegung und den Durchlaufzeiten ausgewertet werden. Diese Analyse ist hilfreich bei der Entscheidungsfindung im Rahmen der Kapazitätsplanung oder der Auslegung von Schichtplänen, sowie der Optimierung der Transportprozesse.

Im Folgenden werden die beiden Referenzprozesse „Bereitstellung Bettgestell" und „Abholung und Aufbereitung Bettgestell" dargestellt und beschrieben. Dabei unterliegen die Prozesse folgenden Annahmen:

- Alle für die Bettenlogistik relevanten Patientendaten werden direkt vom KIS an das Bettenmanagementmodul übermittelt
- Aufnahme- und Entlassdaten werden gepflegt und bei ungeplanten Aufnahmen- und Entlassungen direkt aktualisiert
- Im KIS werden Patientendaten hinterlegt, welche zur Bettenkonfiguration relevant sind (Überdurchschnittliche Körpergröße, Dekubitusanfälligkeit, etc.)
- Im KIS werden Patientendaten hinterlegt, welche für den Hol- und Bringdienst und die zentrale Bettenaufbereitung relevant sind (Infektiosität des Patienten)

6.3.2 Referenzprozess „Bereitstellung Bettgestell" (Bringauftrag)

Im Folgenden wird der Referenzprozess „Bereitstellung Bettgestell" grafisch in Abb. 6.16 dargestellt und beschrieben. Initiiert wird dieser Prozess durch einen Bringauftrag.

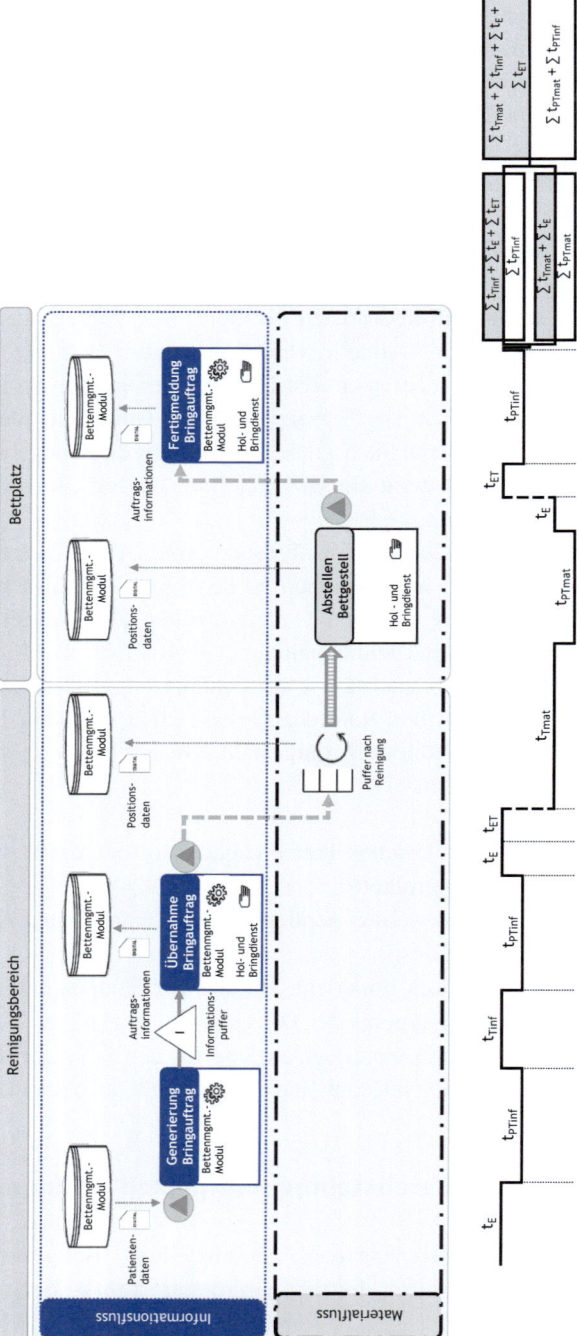

Abb. 6.16 Referenzprozess „Bereitstellung Bettgestell"

Der Prozess „Bereitstellung Bettgestell" beginnt im Informationsfluss mit der Aufnahme eines Patienten. Tritt der Aufnahmezeitpunkt eines Patienten ein, so wird vom Bettenmanagementmodul automatisch ein Bringauftrag für den Patienten ausgelöst (Generierung Bringauftrag). Basierend auf den Patientendaten werden Konfigurationsanforderungen für die jeweiligen Bettgestelle abgeleitet. Beispielsweise erhält ein überdurchschnittlich großer Patient ein Bettgestell mit Bettverlängerung. Dadurch wird das Bettgestell mit dem Patienten verknüpft. Neben den Konfigurationsanforderungen umfasst ein Bringauftrag Informationen über die zeitliche und örtliche Anforderung des Bettgestells. Sobald ein Auftrag generiert wurde wird dieser zusammen mit weiteren Bring- sowie Abholaufträgen im Informationspuffer des Bettenmanagementmoduls gesammelt.

Im nächsten Schritt erhält ein Mitarbeiter des Hol- und Bringdienstes einen dieser Aufträge über ein mobiles Endgerät, welches er mit sich trägt, zugewiesen. Die Zuweisung der Aufträge erfolgt dabei nach Eingangszeit des Auftrages sowie unter Berücksichtigung medizinischer Dringlichkeit, der Auslastung der einzelnen Mitarbeiter und optimierter Laufwege. Das bedeutet, dass der Hol- und Bringdienst nach Beendigung eines Bringauftrages einen Abholauftrag für ein Bettgestell der selben oder in der Nähe befindlichen Station erhält. Abhängig des Krankenhauses und der Ausgestaltung des Bettenmanagmentmoduls können sich die Mitarbeiter des Hol- und Bringdienstes Aufträge selbst auswählen.

Im Prozessschritt „Übernahme Bringauftrag" bestätigt der Hol- und Bringdienst über das mobile Endgerät die Übernahme des zugewiesenen Auftrages. Dadurch wird die Information, dass der Auftrag in Bearbeitung ist, an das Bettenmanagementmodul übermittelt. Daraufhin entnimmt sich der Mitarbeiter das im Auftrag geforderte Bettgestell aus dem Puffer nach der Reinigung und transportiert dieses auf den im Bringauftrag hinterlegten Bettplatz auf Station. Die Bettenentnahme aus dem Puffer erfolgt dabei nach dem Prinzip First-In-First-Out. Das bedeutet, dass das Bettgestell, dessen Konfiguration zeitlich am weitesten in der Vergangenheit liegt, zuerst entnommen wird. Hat das Bettgestell den Pufferbereich verlassen, werden die Lokalisationsdaten des Bettgestells, über die am Bettgestell angebrachte Technologie, automatisch aktualisiert. Dadurch wird die Information an das Bettenmanagementmodul übermittelt, dass sich die zur Verfügung stehende Bettenanzahl im Puffer nach der Reinigung um ein Bettgestell reduziert hat.

Mit dem Abstellen des Bettgestells auf dem vorgesehenen Bettplatz (Abstellen Bettgestell) werden die Lokalisationsdaten des Bettgestells über die angebrachte Technologie automatisch aktualisiert. Dadurch wird der Bettplatz mit dem Bettgestell und somit mit den Patienten verknüpft. Gleichzeitig bestätigt der Hol- und Bringdienst durch den Prozessschritt „Fertigmeldung Bringauftrag", dass der Auftrag abgeschlossen ist. Durch diesen Schritt erhält das Bettenmanagementmodul zusätzlich die Information, dass dieser Mitarbeiter wieder für weitere Transportaufträge zur Verfügung steht.

Die in der Abb. 6.16 dargestellte Zeitleiste zeigt die benötigte Durchlaufzeit der Generierung des Bringauftrags bis hin zu dessen Fertigmeldung. Dabei findet eine Unterteilung zwischen den einzelnen Bestandteilen statt, welche nach Prozessschritten und

Transport- bzw. Liegezeiten unterteilt sind. Weiter können durch die Trennung zwischen Material- und Informationsfluss diese beiden Bestandteile separat voneinander bewertet werden. Diese granulare Aufteilung benötigter Zeiten bietet die Möglichkeit, Schwachstellen im Prozess zügig zu identifizieren und Optimierungsmaßnahmen einzuleiten. Hierbei werden die Vorteile durch die Eindbindung digitaler Technologien deutlich: Zeiten der Informationsübertragung sowie manuelle Tätigkeiten werden im Vergleich zum bisherigen, in der IST-Analyse dargestellten Prozess stark reduziert.

Sonderfall: Füllen des Puffers
Ausnahmefälle bedingen die Notwendigkeit für das Vorhalten von Pufferbereichen für Bettgestelle auf oder in der Nähe der Stationen (siehe Abb. 6.17). Die Bettgestelle in diesen Bereichen stellen in Ausnahmefällen die kurzfristige Verfügbarkeit unabhängig vom Hol- und Bringdienst sicher. Gründe für diese Ausnahmefälle sind beispielsweise Patientenaufnahmen außerhalb der Arbeitszeiten des Hol- und Bringdienstes. Das Pflegepersonal kann sich in dieser Zeit bei Bedarf ein Bettgestell aus dem Puffer entnehmen. Die Aktualisierung der Lokalisationsdaten des Bettgestells, bedingt durch die Entnahme aus dem Puffer, erfolgt wie im oben beschriebenen Prozess. Sobald das Bettgestell aus dem Puffer entnommen und einem Bettplatz und Patienten zugeordnet wird, erfolgt auch hier die systemische Verknüpfung von Bettgestell, Patienten und Bettplatz. In Folge dieser Entnahme wird automatisch ein Bringauftrag für den Pufferbereich ausgelöst, um den Puffer wieder für Ausnahmefälle zu befüllen.

6.3.3 Referenzprozess „Abholung und Aufbereitung Bettgestell" (Abholauftrag)

Im Folgenden wird der Referenzprozess „Abholung und Aufbereitung Bettgestell" grafisch in Abb. 6.17 dargestellt. Initiiert wird der genannte Prozess durch einen Abholauftrag.

Der Prozess „Abholung und Aufbereitung Bettgestell" beginnt im Informationsfluss mit der Entlassung eines Patienten. Tritt der Zeitpunkt der Entlassung ein, so wird vom Bettenmanagementmodul automatisch ein Abholauftrag erzeugt (Generierung Abholauftrag). Ein Abholauftrag enthält die Informationen, wann welches Bettgestell von welchem Bettplatz in welchem Zustand abgeholt und in die zentrale Bettenaufbereitung gebracht werden muss. Dieser Auftrag wird zusammen mit weiteren Bring- sowie Abholaufträgen im Informationspuffer des Bettenmanagementmoduls gesammelt.

Wie bei Bringaufträgen bekommt ein Mitarbeiter des Hol- und Bringdienstes auch Abholaufträge zugewiesen. Die Zuweisung erfolgt nach den selben Kriterien wie beim Bringauftrag. Im Idealfall erhält ein Mitarbeiter einen Abholauftrag direkt im Anschluss an einen Bringauftrag für ein Bettgestell der selben oder in der Nähe befindlichen Station. Mit der Generierung eines Abholauftrages wird zeitgleich ein Reinigungsauftrag für den Bettplatz ausgelöst.

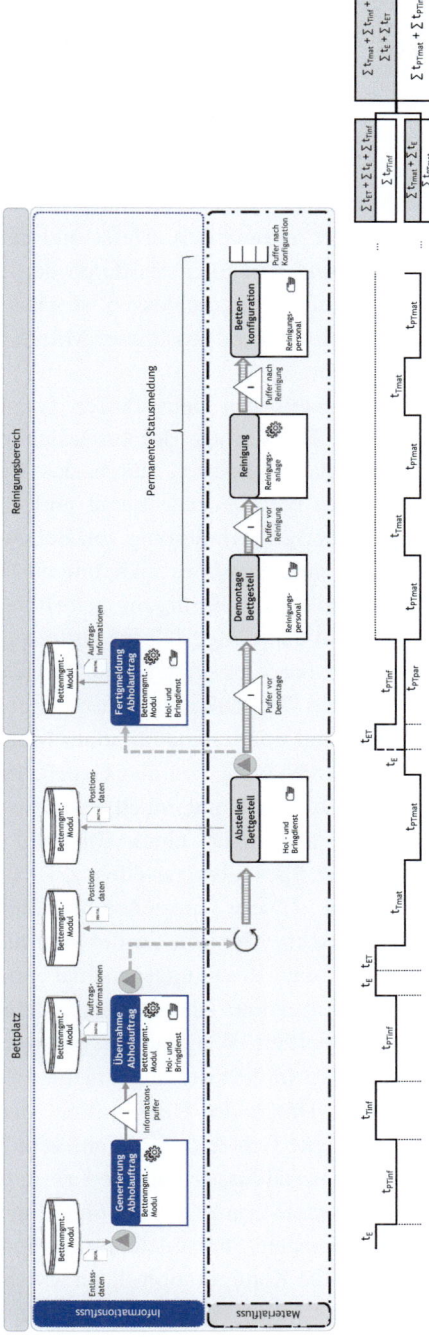

Abb. 6.17 Referenzprozess "Abholung und Aufbereitung Bettgestell"

Im Prozessschritt Übernahme Abholauftrag bestätigt der Hol- und Bringdienst über sein mobiles Endgerät die Übernahme des zugewiesenen Auftrages. Die Information, dass der Auftrag in Bearbeitung ist, wird dadurch an das Bettenmanagementmodul weitergeleitet. Sobald sich das Bettgestell nicht mehr im Patientenzimmer befindet, werden über die angebrachte Technologie die Lokalisationsdaten wieder automatisch aktualisiert. Zusätzlich erhält das Bettenmanagementmodul durch den Abtransport des Bettgestells die Information, dass der Bettplatz wieder belegbar ist. Nach dem Transport wird das Bettgestell in den Puffer vor Demontage verbracht und im Zuge dessen werden die neuen Lokalisationsdaten wieder automatisch erfasst und aktualisiert. Gleichzeitig bestätigt der Mitarbeiter des Hol- und Bringdienstes durch den Prozessschritt „Fertigmeldung Abholauftrag", dass der Auftrag abgeschlossen ist. Dadurch erhält das Bettenmanagementmodul zusätzlich die Information, dass dieser Mitarbeiter wieder für weitere Transportaufträge zur Verfügung steht.

Darauffolgend wird das Bettgestell aus dem Puffer vor der Demontage vom Reinigungspersonal entnommen und es erfolgt der Prozessschritt „Demontage Bettgestell". In diesem Schritt wird das Bettgestell durch das Reinigungspersonal der unreinen Seite von Matratze, Kissen und Decke getrennt und dann im Puffer vor der Reinigung verbracht. Durch die vorherige Verknüpfung von Bettgestell und Patient erhält das Reinigungspersonal Auskunft darüber, ob es sich um ein infektiöses Bettgestell handelt und besondere Vorkehrungen bei der Reinigung getroffen werden müssen. Nach dem Prozessschritt „Reinigung" wird das Bettgestell im Puffer nach der Reinigung verbracht, um dort vom Reinigungspersonal der reinen Seite, den Patientenanforderungen entsprechend, konfiguriert zu werden (Bettenkonfiguration). Bei diesem Schritt stattet das Reinigungspersonal das Bettgestell mindestens mit einer Matratze, einer Decke und einem Kissen inklusive Bezug aus. Abhängig von den Gegebenheiten des betrachteten Krankenhauses kann die Konfiguration des Standardbettgestells weitere Konfigurationen umfassen wie beispielsweise das Anbringen eines Galgens. Dieser Prozessschritt umfasst auch die Konfiguration von Spezialbettgestellen z. B. für Patienten mit einer überdurchschnittlichen Körpergröße. Diese speziellen Konfigurationsanforderungen werden beispielsweise über angebrachte Monitore in der zentralen Bettenaufbereitung vom Bettenmanagementmodul an das Reinigungspersonal übermittelt. Spezialbettgestelle werden anschließend gekennzeichnet und zu den Standardbettgestellen in den Puffer nach der Konfiguration transportiert. Während des gesamten Prozesses innerhalb der zentralen Bettenaufbereitung wird mittels der angebrachten Technologie der Status des Bettgestells permanent erfasst. Durch die Übermittlung dieser Informationen an das Bettenmanagementmodul wird eine Echtzeittransparenz ermöglicht. Durch die Verzahnung des Informations- und Materialflusses kann jederzeit festgestellt werden, in welchem Zustand X sich das Bettgestell Y am Ort Z befindet und wann es wieder einsatzbereit ist. Im Rahmen der permanenten Statusmeldung werden außerdem die Identifikationsdaten eines Bettgestells um die Konfigurationsdaten erweitert.

Auch für diesen Referenzprozess ist in der Modellierung anhand der VSMN die Visualisierung der Durchlaufzeit unterhalb der Prozessdarstellung enthalten. Sie visualisiert die Dauer der Generierung eines Transportauftrages für ein unreines Bettgestell im Patientenzimmer bis zur Abstellung des gereinigten Bettgestells im Puffer nach der Bettenkonfiguration. Hier garantiert die detaillierte Darstellung der Zeiten eine hohe Transparenz möglicher Fehler- bzw. Verzögerungsquellen. Im Vergleich zur aufgenommenen IST-Situation in Abschn. 6.2.2 werden in diesem Referenzprozess die Vorteile der Verzahnung des Informations- und Materialflusses deutlich. Durch den Einsatz digitaler Technologien wird die Geschwindigkeit der Informationsübertragung maßgeblich erhöht und manuelle Tätigkeiten eliminiert bzw. minimiert.

Sonderfall: Instandhaltung
Die Instandhaltung ist ebenfalls ein Bestandteil der Bettenlogistik. Jeder Bettgestelltyp unterliegt festen Reinigungszyklen, die entweder vom Krankenhaus selbst oder vom Hersteller vorgegeben sind. Diese Daten sind im KIS hinterlegt und werden nach den Reinigungsvorgängen der Bettgestelle geprüft. Muss ein Bettgestell gewartet oder repariert werden, wird das Bettgestell nach der Reinigung zur Instandhaltung gebracht. Nach der Instandhaltung wird das Bettgestell wieder in den Puffer nach der Reinigung verbracht und dem Standardprozess damit wieder zugeführt.

6.4 Evaluation des Referenzmodells

Um die technische Machbarkeit und Effektivität des Referenzmodells in Bezug auf die identifizierten Handlungsfelder zu evaluieren, entwickelten die Konsortialpartner im Projekt „Hospital 4.0" einen Funktionsdemonstrator[20]. Zur Evaluation wurde der Funktionsdemonstrator mit Hilfe von acht Experteninterviews untersucht. Zu den Interviewpartnern zählten verschiedene Stakeholder der Bettenlogistik: Das Belegungsmanagement, die Wirtschaftlichkeitsabteilung, der Hol- und Bringdienst, die zentrale Bettenaufbereitung sowie das Casemanagement und die Pflege. Eine Anbindung des Demonstrators an das KIS war aufgrund der COVID-19-Pandemie und der damit verbundenen Restriktionen nicht möglich. Für die Interviews wurden deshalb exemplarische Patientendaten in das System importiert. Die Daten umfassen Name, Alter und Geschlecht, die geplanten Aufnahme- und Entlasszeitpunkte, sowie Informationen über Aufnahmediagnose, Infektiosität und Notfallstatus des Patienten.

Zuerst wurden die Experten gebeten, ihre Tätigkeit kurz zu schildern und dabei auf derzeitige Probleme in der Bettenlogistik einzugehen. Anschließend wurden die Funktionen des Demonstrators präsentiert und von den Interviewpartnern bewertet. Im Fokus stand dabei die Frage, inwieweit der Funktionsdemonstrator – und somit die Idee

---

[20]Weitere Informationen und ein Video des Funktionsdemonstrators sind unter hospital40.net erhältlich.

des Referenzmodells – Potenzial hat, bestehende Probleme der Bettenlogistik (siehe Abschn. 6.2) zu adressieren und zu optimieren. Die Interviewpartner wurden ebenfalls zu wahrgenommenen Grenzen des Funktionsdemonstrators befragt. Wichtig bei der Bewertung der Software war, dass die Interviewpartner die selben Annahmen wie beim Referenzmodell berücksichtigen (siehe Abschn. 6.3.1).

Der Funktionsdemonstrator umfasst drei Nutzeroberflächen: Das Belegungsmanagement, den Transportdienst und die Bettenzentrale. Diese Funktionsbereiche sind miteinander verknüpft. Für eine möglichst anschauliche Demonstration der Software wurden die drei Nutzeroberflächen in den Interviews auf mehreren Mobile Devices präsentiert (Siehe Abb. 6.18).

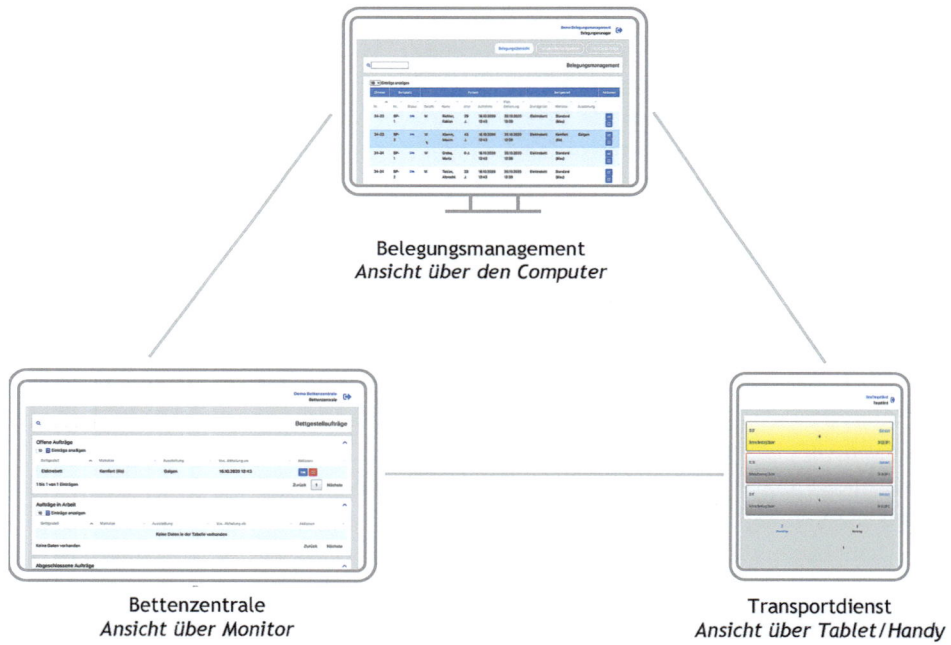

Abb. 6.18 Die drei Oberflächen des Funktionsdemonstrators

Der Funktionsdemonstrator adressiert die beiden Referenzprozesse „Bereitstellung Bettgestell" und „Abholung und Aufbereitung Bettgestell". Im Folgenden wird aufgezeigt, inwieweit der Demonstrator die identifizierten Handlungsfelder adressieren und optimieren kann (siehe Tab. 6.15).

Tab. 6.15 Zielerreichung des Funktionsdemonstrator

Typische Problemfelder	Ziele des Referenzmodells	Funktionsdemonstrator	Effektivität
Starke Einbeziehung der Pflegekräfte bei • der Konfiguration von Bettgestellen • dem Transport von Bettgestellen	Entlastung der Pflegekräfte	Entlastung der Pflegekräfte durch • Konfiguration der Bettgestelle vor Transport • direkten Transport der Bettgestelle auf Bettplatz	✓
Gesonderte Anfrage bei Spezialkonfiguration	Vereinheitlichung der Prozesse	Konfiguration von Sonderanfragen möglich	✓
Bedarfsabfrage per Sichtprüfung	Bedarf an Patienten gebunden	Transportauftrag an Patienten gebunden	✓
Unnötige Laufwege des Hol- und Bringdienst durch Sichtprüfung	Unnötige Laufwege entfallen durch auftragsgebundene Wege	Transportziel: Bestimmter Bettplatz	✓
Unklare Trennung von reinen und unreinen Bettgestellen im Puffer	Verringerung von Puffern	Transportziel: Bestimmter Bettplatz	✓
Fehlende Priorisierung von Transportaufträgen	Priorisierung von Transportaufträgen	Farbliche Kennzeichnung von Transportaufträgen für Notfallpatienten	✓
Keine eindeutige Kennzeichnung infektiöser Bettgestelle	Digitale Kennzeichnung infektiöser Bettgestelle	Farbliche Kennzeichnung von Transportaufträgen infektiöser Bettgestelle	✓
Keine Transparenz bei • Lokalisation • Bettenbestand • Wartungsbedarf	Transparenz über digitales Tracking der Bettgestelle	Transparenz über • Lokalisation • / • /	(✓)

Bereitstellung Bettgestell

Der Funktionsdemonstrator ermöglicht dem Belegungsmanagement einen Konfigurationsauftrag für ein Bettgestell bis zum Aufnahmezeitpunkt des Patienten auszulösen, d. h. bereits vor dem Transport auf Station. Die Informationen zum Konfigurationsbedarf leitet das Belegungsmanagement aus den übermittelten Patientendaten ab. Durch die Konfiguration der Bettgestelle vor dem Transport entfällt der Konfigurationsaufwand durch die Pflegekräfte auf Station. Das Pflegepersonal wird entlastet, wodurch ein übergeordnetes Ziel erfüllt wird. Ebenfalls werden durch die vorgelagerte Konfiguration der Bettgestelle die Prozesse standardisiert. Durch diese Funktion bedürfen Spezialbettgestellkonfigurationen keine gesonderte telefonische Anfrage mehr. Von den Interviewpartnern wurde diese Funktion ebenfalls als sehr sinnvoll erachtet, da bspw. Adipositaspatienten, die unter Umständen ein Schwerlastbettgestell benötigen, schneller mit dem richtigen Bettgestell versorgt werden. Ein

Interviewpartner aus der Pflege merkte an, dass bestimmte medizinische Konfigurationsbedarfe (z. B. besondere Matratzen bei Dekubituspatienten) nur durch eine Begutachtung durch medizinisches Personal ableitbar ist. Konfigurationsbedarfe z. B. über extra große Bettgestelle bei Patienten mit überdurchschnittlicher Körpergröße oder bei Adipositaspatienten, sind jedoch auch durch nicht-medizinisches Personal ersichtlich.

Hat das Belegungsmanagement im Funktionsdemonstrator ein Konfigurationsauftrag ausgelöst, wird dieser an die Bettenzentrale übermittelt. Ein Mitarbeiter der Bettenzentrale nimmt den Konfigurationsauftrag in der Software an, konfiguriert das Bettgestell und markiert den Auftrag in der Software als erledigt. Der Abschluss des Auftrags löst automatisch einen Transportauftrag für dieses Bettgestell aus. Benötigt ein Patient kein konfiguriertes Bettgestell, wird dem Patienten zum Eintritt des in der Software hinterlegten Aufnahmezeitpunkts automatisch ein Standardbettgestell zugewiesen und automatische ein Transportauftrag ausgelöst. Die Aufträge erscheinen anschließend auf der Nutzeroberfläche des Hol- und Bringdienstes.

Notfallpatienten und infektiöse Patienten werden im Funktionsdemonstrator farblich gekennzeichnet. Durch die Kennzeichnung kann der Hol- und Bringdienst Transportaufträge für Notfallpatienten priorisieren. Bei infektiös-gekennzeichneten Aufträgen muss der Hol- und Bringdienst ggf. Schutzausrüstung tragen. Für die Bettenzentrale ist diese Information für den Schutz von Mitarbeitern und für die adäquate Reinigung des Bettgestells ebenfalls von besonderer Wichtigkeit. In dieser Funktion des Demonstrators sehen die Interviewpartner einen hohen Nutzen für den klinischen Alltag. Sie empfehlen jedoch die Verwendung mehrere Farben bei der Kennzeichnung, da infizierte Bettgestelle, in Abhängigkeit vom Erreger, mit unterschiedlichen Mitteln gereinigt werden müssen. In diesem Zusammenhang wurde von den Experten angemerkt, dass eine einfach bedienbare und leicht verständliche Nutzeroberfläche wichtig für eine erfolgreiche Adaption der Software ist. Darüber hinaus sehen die Interviewpartner der Bettenaufbereitung einen großen Mehrwert darin, dass durch den Einsatz einer solchen Software, der Dokumentationsaufwand deutlich verringert wird. Die analoge Auflistung der täglichen Vorkommnisse und Reinigungsdurchläufe in der Bettenzentrale werden automatisch durch die Software aufgezeichnet.

Ein Transportauftrag umfasst Informationen über das genaue Transportziel, d. h. einen genauen Bettplatz auf Station. Durch die Bindung des Bettenbedarfs an einen bestimmten Patienten und dadurch an einen bestimmten Bettplatz können Pufferplätze vor den Stationen minimiert werden. Die Sichtprüfung und demnach unnötige Laufwege des Hol- und Bringdienstes entfallen. Die Minimierung der Pufferplätze führt dazu, dass der Brandschutz des Krankenhauses besser gewahrt werden kann, die reinen Bettgestelle nicht durch Besucherverkehr o.Ä. verunreinigt werden und unreine Bettgestelle Besucher o.Ä. nicht infizieren. Gänzlich sollten die Pufferplätze nach Ansicht der Interviewpartner allerdings nicht entfallen, um Bedarfe außerhalb der Arbeitszeiten des Hol- und Bringdienstes abdecken zu können. Auch entfällt durch die Verknüpfung von Bettgestell und Patient die Notwendigkeit, Bettgestelle in den Zimmern vorzuhalten. Dies hat laut den Interviewpartnern eine deutliche Umstellung für die Pflegekräfte zur

Folge. Der direkte Transport auf die Bettplätze führt dazu, dass die Laufwege des Hol- und Bringdienstes länger werden und gleichzeitig das Pflegepersonal entlastet wird. Die Pflegekräfte müssen die Bettgestelle im Normalfall nicht mehr vom Pufferbereich auf die Bettplätze verbringen und werden vom Bettenlogistikprozess entbunden. Das wurde auch von den Interviewteilnehmern als großes Potenzial des Funktionsdemonstrators und somit des Referenzmodells erkannt. Der Fokus der Pflegekräfte kann so auf die wesentlichen, wertschöpfenden Tätigkeiten gelegt werden – die Versorgung der Patienten. Die Interviewpartner aus der Pflege gaben jedoch an, dass eine Entlastung der Pflegekräfte nur eintritt, wenn Transportaufträge zur geforderten Zeit zügig und verlässlich abgearbeitet werden.

Wurde das Bettgestell vom Hol- und Bringdienst auf den Bettplatz verbracht, wird der Transportauftrag durch die Eingabe der Bettgestell-ID abgeschlossen. Das Bettgestell wird mit dem Patienten und Bettplatz im Funktionsdemonstrator verknüpft. Es wird Transparenz über die Lokalisation des Bettgestells geschaffen. So hat das Belegungsmanagement einen Überblick darüber, ob sich das Bettgestell auf dem Bettplatz, in der Bettenzentrale oder im Transport zum Bettplatz oder zur Bettenzentrale befindet. Dadurch entfallen telefonische Abfragen durch das Belegungsmanagement zum Bettenbedarf. Für die Pflegekräfte bedeutet diese Transparenz laut den Interviewpartnern eine Arbeitserleichterung. Die Überprüfung, ob ein Bettgestell zur Verfügung steht entfällt. Durch das Tracking der Bettgestelle und die Auswertung dieser Daten können zudem Arbeitszeiten des Hol- und Bringdienstes an den Bedarf angepasst werden. Ob das Referenzmodell Transparenz über den Bettenbestand und den Wartungsbedarf schaffen kann, war aufgrund der fehlenden Anbindungsmöglichkeit des Funktionsdemonstrators nicht möglich (siehe Tab. 6.15). Jedoch zeigen bestehende Lösungen der Krankenhausbettenlogistik (z. B. Simplinic), dass der Einsatz von Tracking-Technologien auch dieses Ziel erfüllen kann (Simplinic 2020; Stiegelmeyergruppe 2020; Umbach und Ohligschläger 2020).

Abholung und Aufbereitung Bettgestell
Wird ein Patient entlassen, so wird, wie im Referenzmodell beschrieben, für den eingetragenen Zeitpunkt der Entlassung automatisch ein Abholauftrag generiert, welcher auf der Nutzeroberfläche des Hol- und Bringdienstes erscheint. Bei Bedarf kann ein Abholauftrag im Funktionsdemonstrator auch manuell durch das Belegungsmanagement ausgelöst werden, z. B. wenn der Patient das Patientenzimmer zwar verlassen hat, aber noch nicht aus dem KIS ausgetragen werden konnte. Die Übernahme des Abholauftrages wird, wie bei einem Bringauftrag, durch den Hol- und Bringdienst bestätigt. Nachdem das Bettgestell auf die unreine Seite der Bettenaufbereitung gebracht wurde, schließt der Hol- und Bringdienst den Auftrag über die Eingabe der Bettgestell-ID ab. Die interviewten Pflegekräfte äußerten den Wunsch, an den Abholauftrag eine Benachrichtigung für die Reinigungskräfte des Bettplatzes zu koppeln. Diese müssen das Zimmer erst reinigen, bevor es erneut belegt werden kann. Im Anschluss der Reinigung sollte die Reinigungskraft den Auftrag als erledigt markieren können. Dadurch würden nicht nur

die telefonischen Anfragen zur Reinigung der Zimmer entfallen, sondern auch die Sichtprüfung durch die Pflegekräfte, ob die Zimmer wieder einsatzbereit sind.

Bei Verunreinigung oder Änderung des Konfigurationsbedarfs des Bettgestells kann das Belegungsmanagement im Funktionsdemonstrator einen Tauschauftrag einleiten. Bei diesem Auftrag wird zusätzlich zum Bringauftrag für das neue Bettgestell ein Abholauftrag für das benutzte Bettgestell generiert. Hier wurde von einem Interviewteilnehmer aus der Pflege angemerkt, dass das Umlagern des Patienten vom unreinen Bettgestell ins reine Bettgestell mehrere Minuten in Anspruch nehmen kann. Folglich entsteht dadurch für den Mitarbeiter des Hol- und Bringdienstes eine Wartezeit, welche sinnvoll genutzt werden sollte.

Mithilfe der Interviews und zusätzlicher Literatur konnte gezeigt werden, dass nahezu alle Ziele, die mit dem Referenzmodell angestrebt wurden, erreicht werden konnten. Voraussetzung dafür ist jedoch, dass die Mitarbeiter der beteiligten Funktionsbereiche ihre Aufgaben gewissenhaft und zeitnah erledigen. Z. B. ist eine Reduzierung der Pufferbestände vor Station und auf den Patientenzimmern nur möglich, wenn das Pflegepersonal sich darauf verlassen kann, dass die angeforderten Bettgestelle zeitnah geliefert werden.

Die Interviews lieferten hilfreiche und praxisnahe Einschätzungen über den jetzigen Stand des Funktionsdemonstrators sowie sinnvolle Verbesserungsvorschläge für eine Weiterentwicklung. In einem nächsten Schritt wäre eine Anbindung an das KIS und ein Langzeittest im Krankenhaus sinnvoll. Dadurch könnte Transparenz über den tatsächlichen Bettenbestand und Bedarf an Arbeitskräften geschaffen werden, mit dem Ziel den Ressourceneinsatz anzupassen und effizienter zu gestalten.

6.5 Zusammenfassung und Ausblick

Betten können in Krankenhäusern neben dem Personal und der Funktionsdiagnostik ein knappes Gut sein, weshalb reibungslose Prozesse in der Bettenlogistik von enormer Wichtigkeit sind. Um den derzeitigen IST-Stand der Bettenlogistik aufzuzeigen und mögliche Handlungsfelder zu identifizieren, wurden in der Bettenlogistik Interviews und Beobachtungen durchgeführt sowie Scandaten ausgewertet. Anhand der Ergebnisse konnten Gestaltungsmöglichkeiten entwickelt werden, die durch den Einsatz digitaler Technologien die Bettenlogistik deutlich vereinfachen und verschlanken können.

Das Referenzmodell „Bettenlogistik" beschreibt detailliert die Referenzprozesse zur Bereitstellung von Bettgestellen sowie zur Abholung und Aufbereitung von Bettgestellen im Krankenhaus. Die Referenzprozesse wurden auf Basis einer ganzheitlichen Analyse der Bettenlogistikprozesse eines Krankenhauses der Maximalversorgung entwickelt. Der Referenzprozess „Bereitstellung Bettgestell" stellt den Weg der Bettgestelle vom Zeitpunkt nach ihrer Reinigung bis hin zum Bettplatz im Patientenzimmer dar. Der Referenzprozess „Abholung und Aufbereitung Bettgestell" umfasst hingegen die Abholung der Bettgestelle vom jeweiligen Bettplatz sowie die Demontage und

Reinigung der Bettgestelle. Durch den Einsatz digitaler Technologien im Bettenlogistikprozess ist zu jedem Zeitpunkt bekannt, in welchem Zustand sich ein Bettgestell an welchem Ort im Krankenhaus befindet. Diese Transparenz ermöglicht es langfristig, den Bettenbestand des Krankenhauses auf das richtige Niveau zu optimieren. Durch Steigerung der Transparenz erwarten wir, dass in der Regel eine Reduktion der Anzahl Bettgestelle möglich ist und gleichzeitig die medizinisch-pflegerischen Kernprozesse besser unterstützt werden können als es derzeit oftmals der Fall ist. Darüber hinaus kann sichergestellt werden, dass das richtige Bettgestell zur richtigen Zeit am richtigen Ort zur Verfügung steht. Durch die Anwendung digitaler Lösungen können einige manuelle Tätigkeiten innerhalb des Bettenlogistikprozesses sogar vollständig automatisiert werden. Zusätzlich erfährt die Pflege durch den Einsatz digitaler Technologien eine große Entlastung, da sie weder in die Konfiguration der Bettgestelle noch den Bettentransport integriert wird.

Mit dem Ziel, theoretische Erkenntnisse in der Praxis zu testen, wurde zusätzlich anhand der Referenzprozesse ein Funktionsdemonstrator entwickelt. Dieser Demonstrator verknüpft das Belegungsmanagement, die zentrale Bettenaufbereitung und den Hol- und Bringdienst. Das System optimiert die Bettenlogistik durch die automatische Generierung von Transportaufträgen sowie die Schaffung von Transparenz. Evaluiert wurde der Demonstrator mit Hilfe von Interviews mit potenziellen Nutzern. Dabei wurden Mitarbeiter des Belegungsmanagements, des Hol- und Bringdienstes und der Bettenaufbereitung sowie Pflegekräfte zur Anwendbarkeit und Akzeptanz befragt.

Anhand des Referenzmodells und unter zu Hilfenahme der dargestellten Ergebnisse kann ein Krankenhaus lernen, wie Mitarbeiter zukünftig durch den Einsatz moderner Technologien entlastet und Prozesse kontinuierlich optimiert werden können. Hierbei steht eine ständige Analyse des „Ist" Prozesses, kombiniert mit dem theoretischen Wissen über Prozessoptimierung im Fokus.

Das Referenzmodell der Bettenlogistik sollte durch zukünftige Forschung weiterentwickelt und um zusätzliche Bausteine ergänzt werden. Ein hoher Effektivitätsgrad in der Bettenlogistik kann erst nach der Einbindung von Schnittstellen wie dem Betten- und Belegungsmanagement, der Bettenaufbereitung, des Hol- und Bringdienstes, des Einweiser-Managements oder des Entlassmanagements erzielt werden. Je mehr solcher Schnittstellen eingebunden werden, desto effektiver können die einzelnen Module arbeiten. Zudem lassen sich Bettgestell-Transporte durch den Hol- und Bringdienst z. B. mit anderen Transporttätigkeiten kombinieren und damit die Effizienz des Hol- und Bringdienstes steigern.

Ausblick

Verschiedenste Technologielösungen finden branchenübergreifend immer mehr Anwendungsgebiete. Aufgrund dessen werden sich in den nächsten Jahren die bisher hohen Anschaffungskosten durch die steigenden Produktionszahlen verringern. In der Bettenlogistik ist der vermehrte Einsatz von Sensorik denkbar. Beispielsweise kann Sensorik zur Messung des Verunreinigungsgrades eines Bettgestells direkt in das Bettgestell eingegliedert werden. Erkennt der Sensor, dass ein Bettgestell vom reinen in den unreinen Zustand übergetreten ist, erhält das Bettenmanagementmodul automatisch eine Meldung. Daraufhin wird die Belieferung eines neuen, reinen Bettgestells zum jeweiligen Stellplatz automatisch getriggert. Außerdem wird mit dem Eintreffen des reinen Bettgestells, das unreine Bettgestell abtransportiert und dem Prozess der Bettenaufbereitung zugeführt.

Darüber hinaus kann durch den Einsatz von Robotik ein immer höherer Grad an Automatisierung in der Bettenlogistik erzielt werden. In einem Krankenhaus der Zukunft sind demnach fahrerlose Transportsysteme (FTS) für den Transport der Bettgestelle denkbar. Der Einsatz reduziert den gesamten Personalaufwand für den Transport der Bettgestelle. Die eingesparten Ressourcen könnten dann z. B. in die Pflege investiert werden. Zum jetzigen Zeitpunkt sind Krankenhäuser in der Regel baulich noch nicht für den Einsatz von FTS ausgelegt und können die besonderen logistischen Erfordernisse nicht ohne weiteres erfüllen. Solche logistischen Erfordernisse können breite oder dem Personenverkehr nicht zugängliche Gänge oder Spezialaufzüge sein, die mit den Bettgestellen kommunizieren können und somit von den Bettgestellen steuerbar sind. Demzufolge müssen die Kriterien für den Einsatz von FTS in Krankenhäusern ermittelt und transparent messbar gemacht werden. Durch den Einsatz der Robotik kann menschliches Versagen vermieden, Personal an anderen Stellen effizient eingesetzt und Prozessschritte automatisiert und damit beschleunigt werden.

Im Zuge des technologischen Fortschritts wird sich im Rahmen der Bettenlogistik der Einsatz von IoT-Technologien verbreiten. So ist es z. B. nicht nur denkbar, Bettgestelle mit Sensoren auszustatten, sondern auch Nachttische oder die Ausstattung des Bettgestells (wie z. B. Galgen, Matratzen) so auszurüsten, dass diese miteinander kommunizieren können.

Zuletzt können durch den Einsatz von künstlicher Intelligenz und maschinellem Lernen Bedarfsprognosen optimiert werden. Genauere Vorhersagen über das Patientenaufkommen sind möglich, wodurch die Pufferbestände der Bettgestelle weiter reduzierbar sind. Zudem können somit Prozessfehler bzw. Prozessschritte mit Verbesserungspotenzial und mit hohem Anteil an Verschwendung aufgedeckt werden. Kontrolle über den korrekten, festgelegten Prozessablauf ist möglich. Im Falle eines nicht optimalen Ablaufs können Szenarien zur Prozessverbesserung durch die Nutzung von künstlicher Intelligenz herangezogen und evaluiert werden.

Der Einsatz digitaler Technologien im Bereich der Bettenlogistik führt zu einer Verbesserung der bestehenden Informationsflüsse und lässt neue entstehen. Durch die bessere Verfügbarkeit von Informationen können Verschwendungen in den Prozessen der Bettenlogistik im Krankenhaus reduziert oder ganz vermieden werden. In Zukunft wird die Informationsvernetzung weiter ausgebaut und die Automatisierung der Prozesse wird in der Bettenlogistik der Krankenhäuser weiter voranschreiten.

> **Fragen**
>
> Lernzielkontrolle:
>
> - Welche Teilbereiche umfasst die Bettenlogistik in einem Krankenhaus (Abgrenzung)? (Abschn. 6.1)
> - Welche potenziellen Handlungsfelder und Gestaltungsmöglichkeiten wurden im Rahmen der Untersuchung bestehender Prozesse erkannt? (Abschn. 6.2)
> - Auf welche Art und Weise können digitale Technologien in den Prozessen der Bettenlogistik eingesetzt werden, um eine Zeitersparnis zu generieren und das Klinikpersonal zu entlasten? (Abschn. 6.3)
> - Welche künftigen Entwicklungen können einen relevanten Einfluss auf die Bettenlogistik haben und sollten daher berücksichtigt werden? (Abschn. 6.5)
> - Welche Gestaltungsmöglichkeiten können sich aus der Entwicklung neuer Technologien für die Bettenlogistik zukünftig ergeben? (Abschn. 6.5)

Literatur

Alter S (2013) Work system theory: overview of core concepts, extensions, and challenges for the future. J Assoc Inf Syst 14:72–121

Bernhard M, Kaufmann T, Kumle B, Wilke P, Exadaktylos A, Gries A (2012) Notaufnahmestation in der Zentralen Notaufnahme. Notfall Rettungsmed 15:436–442. https://doi.org/10.1007/s10049-012-1574-9

Blanchard JC, Rudin RS (2015) Improving Hospital Efficiency Through Data-Driven Management: A Case Study of Health First. Florida, Rand Health Quarterly.

Fettke P, Loos P (2007) Perspectives on Reference Modeling. In: Fettke P, Loos P (Hrsg) Reference Modeling for Business Systems Analysis. IGI Global, S 1–21

Fleischer W (2015) Aufnahme- und Entlassmanagement: Wo sich noch Schätze heben lassen. Deutscher Ärzteverlag GmbH. https://www.aerzteblatt.de/archiv/167072/Aufnahme-und-Entlassmanagement-Wo-sich-noch-Schaetze-heben-lassen. Zugegriffen: 27. Febr. 2018

Göttmann KP, Holz HL (2017) Krankenhausbetten Aufbereitung; eine Risikoanalyse für Decken-Inletts. aseptica 23:7–10

Haubrock M (Hrsg) (2018) Betriebswirtschaft und Management in der Gesundheitswirtschaft. Hogrefe, Bern

Heger S, Kriner H, Schröder J, Gimpel H (2020a) Value Stream Modelling and Notation – A Domain-Specific Modelling Language for the Digital Transformation of Value Streams; Working Paper

Heger S, Kriner H, Valett L, Schröder J, Gimpel H (2020b) Value Stream Modelling and Notation – Digitale Transformation von Wertströmen. Proceedings der 15.Internationalen Tagung Wirtschaftsinformatik 2020 (WI2020)

Hufnagl C (2021) Ermittlung des Potentials der Wertschöpfungsoptimierung durch den Einsatz der Digitalisierung, Vernetzung und digitalen Transformation in Krankenhäusern entlang des Patientenpfades. Dissertation, Bayreuth

Kramer A, Ryll S (2011) Bettenaufbereitung. Urban & Fischer Verlag GmbH & Co, KG, Elsevier

Kucera M (2018) Bettenreinigung: Kooperation für optimale Hygiene. kma 23:10–13

Pfeiffer Mj (2017) Wenn man 8 Stunden in der Notaufnahme warten muss. https://www.maz-online.de/Lokales/Prignitz/Wenn-man-8-Stunden-in-der-Notaufnahme-warten-muss. Zugegriffen: 27. August 2020

Simplinic (Hrsg) (2020) Offenes Ökosystem für Ressourcen- und Prozessoptimierung im Krankenhaus. https://www.simplinic.de/bettenmanagement. Zugegriffen: 05. Nov. 2020

Statistisches Bundesamt (08.10.2020) Grunddaten der Krankenhäuser 2018

Stiegelmeyergruppe (2020) Das Bettenlogistik- und Controllsystem. https://www.stiegelmeyer.com/fileadmin/media/service/downloads/Stiegelmeyer-Bloc-Broschuere-DE-V01.pdf

Umbach S, Ohligschläger P (2020) ALLES IN ORTUNG!; Mit einer Echtzeit-Positionsbestimmung lassen sich medizinische Geräte und Zubehör in Kliniken lokalisieren. Ein Ortstermin an der Berliner Charité. https://www.draeger.com/Corporate/Content/draegerheft_407_alles_in_ortung.pdf

7 Krankenhauslogistik – Zusammenfassung und Ausblick

Henner Gimpel, Sebastian Heger, Jasmin Hennrich, Jürgen Schröder und Hildegard Kriner

> **Übersicht**
>
> In den vorgegangenen Kapiteln dieses Buches wird die Ausgangssituation und das Forschungsziel beschrieben (Kap. 1). Anschließend skizziert Kap. 2 das zugrunde

H. Gimpel (✉) · S. Heger
Projektgruppe Wirtschaftsinformatik des Fraunhofer FIT, Augsburg, Deutschland
E-Mail: henner.gimpel@fim-rc.de

S. Heger
E-Mail: sebastian.b.heger@gmail.com

J. Hennrich
Projektgruppe Wirtschaftsinformatik des Fraunhofer FIT, Bayreuth, Deutschland
E-Mail: Jasmin.hennrich@fim-rc.de

J. Schröder · H. Kriner
Zentrum für Angewandte Forschung der Technischen Hochschule Ingolstadt, Ingolstadt, Deutschland
E-Mail: Juergen.Schroeder@thi.de

H. Kriner
E-Mail: hildegard.kriner@thi.de

H. Gimpel · S. Heger
Kernkompetenzzentrum Finanz- und Informationsmanagement, Universität Augsburg, Augsburg, Deutschland

H. Gimpel
Lehrstuhl für Digitales Management, Universität Hohenheim, Stuttgart, Deutschland

liegende Lernkonzept. In (Kap. 3 werden die theoretischen Grundlagen und Methoden erklärt. Kap. 4 schildert die Vision der Krankenhauslogistik im Jahr 2030 und schildert dabei den Ansatz der Multi-User Service- und Dienstleistungszentren. In Kap. 5 wird das Referenzmodell „Materiallogistik" dargestellt sowie die Erkenntnisse aus der Ist- und Potenzialanalyse vermittelt. Anschließend wird das Referenzmodell „Bettenlogistik" und die entsprechenden Potenziale dargestellt (Kap. 6).

In diesem Kap. 7 werden die Ergebnisse zusammengefasst und abschließend ein Ausblick auf die strukturellen, prozessualen und technologischen Entwicklungen in der Krankenhauslogistik gegeben.

7.1 Zusammenfassung der Ergebnisse

Das deutsche Gesundheitswesen gehört zu den Besten weltweit. Dennoch stellen eine Vielzahl von Entwicklungen das Gesundheitssystem vor große Herausforderungen. Dazu zählen der Fachkräftemangel in der Pflege, der demografische Wandel der Bevölkerung und die damit einhergehende, steigende Inanspruchnahme medizinischer Leistungen sowie der anhaltende Kostendruck. Dem gegenüber stehen mannigfaltige Möglichkeiten durch die Digitalisierung[1] und der damit verbundenen zunehmenden Durchdringung unseres Lebens mit digitalen Technologien. Dies umfasst neuartige und disruptive Technologien[2] (z. B. Künstliche Intelligenz (KI)) aber auch die zunehmende Verfügbarkeit etablierter Technologien (z. B. RFID).

Durch den Einsatz digitaler Technologien lassen sich nicht nur Kosteneinsparpotenziale heben, sondern auch Versorgungsprozesse zeitlich effizienter und qualitativ hochwertiger gestalten. Die Krankenhauslogistik, welche ein wichtiger Unterstützer bei der Erbringung medizinischer Dienstleistungen ist, beinhaltet einen Teil dieser – durch den Einsatz digitaler Technologien optimierbaren – Prozesse. Mit sekundären Prozessen trägt die Krankenhauslogistik maßgeblich zur Versorgungsqualität und dem Behandlungserfolg bei, weshalb ein effizientes und reibungsloses Zusammenspiel mit den primären Wertschöpfungstätigkeiten von enormer Wichtigkeit ist. In diesem Zusammenhang kann durch ausreichende Informationsqualität und -verfügbarkeit eine hinreichende Transparenz ermöglicht werden. Durchgängige Prozessabläufe über Strukturgrenzen hinweg sind zudem entscheidend, um Doppelarbeiten zu eliminieren und Verschwendung[3] zu reduzieren. Somit werden durch die Fokussierung auf die eigentliche Wertschöpfung[4] letztlich Kosteneinsparungen erzielt.

---

[1]Siehe auch Glossar Begriff „Digitalisierung".
[2]Siehe Glossar Begriff „Disruptive Technologie".
[3]Siehe Glossar Begriff „Verschwendung".
[4]Siehe Glossar Begriff „Wertschöpfung".

7 Krankenhauslogistik – Zusammenfassung und Ausblick

Die Notwendigkeit, den zielgerichteten Einsatz digitaler Technologien in Krankenhauslogistikprozessen anzugehen, verdeutlichte auch die COVID-19-Pandemie. Unter anderem die akute Knappheit von Verbrauchsmaterialien, wie Gesichtsmasken, hat gezeigt, dass die fehlende Transparenz der Bestände und Bedarfe in der Materiallogistik[5] tief greifende Probleme aufwirft (z. B. fehlende Bestände, langwierige und teure Wiederbeschaffung). Darüber hinaus fehlte in der Bettenlogistik[6] die Transparenz über verfügbare Intensivbetten. Diese Übersicht auf nationalem Niveau zu erlangen, erforderte einen sehr hohen Aufwand mitten in einer kritischen Phase der COVID-19-Pandemie im Frühjahr 2020. Digitale Technologien und eine entsprechende Anpassung der Prozesse können diese Probleme adressieren und dabei helfen, eine qualitativ hochwertige Gesundheitsversorgung, nicht nur in Krisensituationen, sicherzustellen.

Das vorliegende Buch befasst sich insbesondere mit der Gestaltung von schlanken, digital-unterstützten Material- und Bettenlogistikprozessen. Dazu wurden die Logistikprozesse in zwei beteiligten Krankenhäusern erhoben und auf etwaige Verbesserungspotenziale untersucht. Basierend auf den Erkenntnissen wurden für die beiden betrachteten Prozesse entsprechende Referenzmodelle[7] erarbeitet, welche ein generisches Zielbild darstellen. Anschließend wurden die Referenzmodelle umgesetzt und Funktionsdemonstratoren entwickelt. Die Ergebnisse schließen sowohl eine konzeptionelle Lücke sowie eine methodische und instrumentale Lücke (Kap. 1).

Die konzeptionelle Lücke wird durch die Referenzmodelle (Kap. 5 und 6) und eine übergreifende Vision adressiert (Kap. 4). Zudem bietet das Buch eine Zusammenfassung der verwendeten Methodiken und stellt neue Ansätze – die „Value Stream Model and Notation[8]", die Digitalisierungslandkarte[9], sowie die Value Added Heatmap[10] – vor (Kap. 3), welche die methodische Lücke schließt. Abschließend ist das Buch Teil eines umfassenden Lernkonzepts (Kap. 2). Dieses verfolgt einen Blended-Learning Ansatz[11] mit dem Ziel, das notwendige Methoden- und Fachwissen für die Digitalisierung der Krankenhauslogistik zu vermitteln. Entsprechend adressiert das Lernkonzept die instrumentale Lücke.

Die Ergebnisse sind vor dem Hintergrund einiger zentraler Annahmen zum aktuellen Zeitpunkt und für die kommenden Jahre gültig (Abschn. 4.1). Dennoch kann der technologische Fortschritt zügig neue Möglichkeiten generieren, sodass die Ergebnisse jederzeit neu zu bewerten sind. Mithilfe des vorgestellten Methodenansatzes, lassen sich zudem Zielbilder für weitere logistische Bereiche in Krankenhäusern ableiten. Letztlich ist jedes Krankenhaus individuell zu betrachten und entsprechende Maßnahmen zur

---

[5]Siehe Glossar Begriff „Materiallogistik".
[6]Siehe Glossar Begriff „Bettenlogistik".
[7]Siehe Glossar Begriff „Referenzmodell".
[8]Siehe Glossar Begriff „Value Stream Model and Notation".
[9]Siehe Glossar Begriff „Digitalisierungslandkarte".
[10]Siehe Glossar Begriff „Value Added Heatmap".
[11]Siehe Glossar Begriff „Blended Learning Konzept".

Digitalisierung der Logistikprozesse unter Beachtung der lokalen Rahmenbedingungen zu treffen. Gerne stehen die Herausgeber dieses Buches für einen Austausch zur Verfügung und bieten an, die Verbesserungspotenziale der Logistikprozesse des eigenen Hauses zu identifizieren und gemeinsam Lösungsansätze zu besprechen[12].

7.2 Ausblick auf die strukturelle, prozessuale und technische Entwicklung

Bereits heute zeichnen sich strukturelle, prozessuale und technologische Entwicklungen ab, die Einfluss auf die Krankenhauslogistik haben werden. Im Folgenden werden mögliche Szenarien und Entwicklungen skizziert, welche im Rahmen der Diskussionen rund um die Erstellung dieses Buches als realistisch eingestuft wurden.

7.2.1 Strukturelle und prozessuale Entwicklungen

Insgesamt wird das Gesundheitssystem über das Jahr 2030 schrittweise zu einem interagierenden Gesundheitssystem reifen. Bisher traf man vornehmlich auf die Planung, Steuerung und Kontrolle isolierter Prozesse. Aus diesem Grund tragen die Ergebnisse dieses Buches dazu bei, die logistischen Prozesse und Prozessbeteiligten digital untereinander zu vernetzen und Prozessabläufe Ende-zu-Ende zu betrachten. So können beispielsweise im Wareneingangsprozess Daten erhoben werden, die im weiteren Verlauf bis zur dezentralen Vorhaltung und Entnahme der Materialien auf den Stationen genutzt werden können. Im Referenzmodell der Bettenlogistik werden die Bettenaufbereitung[13], der Hol- und Bringdienst[14], sowie das Belegungsmanagement miteinander verknüpft. Durch die enge Verzahnung von Belegungsmanagement, Bettentransportdienst und der zentralen Bettenaufbereitung, kann Transparenz geschaffen und Potenziale gehoben werden. Diese Einbeziehung von Prozessteilnehmern[15] muss und wird weiter ausgebaut werden und letztlich die Planung, Steuerung und Kontrolle aller primären und sekundären Prozesse in einem Krankenhaus und darüber hinaus ermöglichen. Mittel- bis langfristig muss es das Ziel sein, ein interagierendes Gesundheitssystem zu etablieren,

---

[12]Weitere Informationen finden Sie unter: hospital40.net.
[13]Siehe Glossar Begriff „Bettenaufbereitung".
[14]Siehe Glossar Begriff „Hol- und Bringdienst".
[15]Zur besseren Lesbarkeit werden in diesem Buch/Kapitel personenbezogene Bezeichnungen, die sich zugleich auf Frauen und Männer beziehen, generell nur in der im Deutschen üblichen männlichen Form angeführt, also z. B. „Ärzte" statt „Ärztinnen und Ärzte", „ÄrztInnen" oder „Ärzt*innen". Dies soll jedoch keinesfalls eine Geschlechterdiskriminierung oder eine Verletzung des Gleichheitsgrundsatzes zum Ausdruck bringen.

7 Krankenhauslogistik – Zusammenfassung und Ausblick

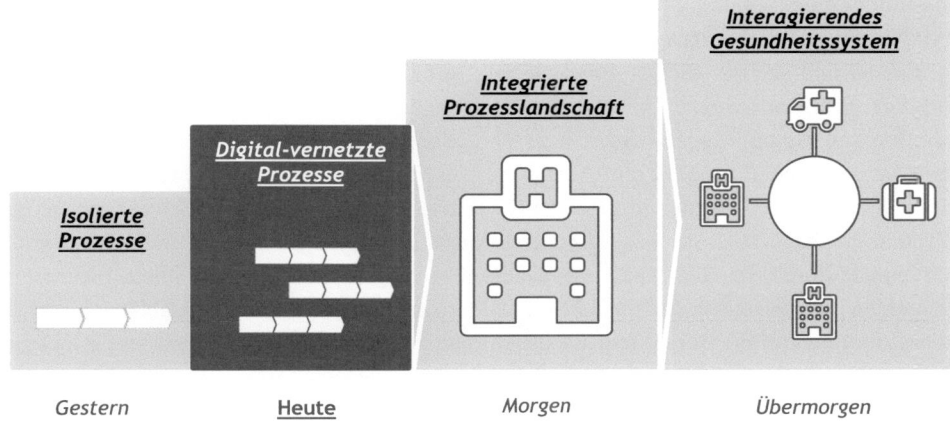

Abb. 7.1 Schrittweise Vernetzung

in dem alle beteiligten Akteure auch über die physischen Grenzen eines Krankenhauses hinweg miteinander vernetzt sind. Abb. 7.1 zeigt die schrittweise Vernetzung hin zu einem interagierenden Gesundheitssystem.

Zu Beginn der 2020er Jahre sind Pflegekräfte häufig in die Prozesse der Krankenhauslogistik involviert. Dabei kann es sich um vielfältige Aufgaben von der Entnahme reiner Betten aus einem Puffer[16], über die Anforderung[17] von Medizinprodukten[18], bis hin zur Koordination der Patiententransporte handeln. Bis zum Jahr 2030 ist mit einer vollständigen Entbindung der Pflege von den logistischen Aufgaben und Aktivitäten zu rechnen. Vielmehr werden die Patienten und die Pflege wieder in den Mittelpunkt rücken. Die Krankenhauslogistik übernimmt dann die Organisation und Abwicklung aller, sekundären Ende-zu-Ende Prozesse. Das bedeutet, dass die Logistikprozesse ohne Aufwand für die Pflege gestartet und abgewickelt werden. Bedarfe werden mithilfe entsprechender Sensorik und Prognosealgorithmen erfasst, sowie Materialanforderungen generiert, bevor der tatsächliche Bedarf entsteht. Bettgestelle[19] werden direkt bis an den Bettplatz[20] verbracht und von dort wieder abgeholt. Diese und viele weitere Entlastungen ermöglichen, dass eine Re-Fokussierung auf die Kernprozesse eines Krankenhauses geschehen kann. Materialflüsse werden in den kommenden zehn bis zwanzig Jahren weitestgehend automatisiert werden, sodass der erste manuelle Kontakt mit den Gütern durch das medizinische Personal im Rahmen der Entnahme und des Verbrauchs

---

[16]Siehe Glossar Begriff „Puffer".
[17]Siehe Glossar Begriff „Bedarfsanforderung".
[18]Siehe Glossar Begriff „Medizinprodukt".
[19]Siehe Glossar Begriff „Bettgestell".
[20]Siehe Glossar Begriff „Bettplatz".

stattfindet. Insbesondere der Transport von Gegenständen und Waren kann ohne die Einbindung menschlicher Akteure von statten gehen.

Die Grundlage für die Re-Fokussierung auf die wertschöpfenden Tätigkeiten sind digitale Prozesse, welche über das Jahr 2030 hinaus vollständig implementiert sein werden. In diesem Zuge werden sich papierlose Informationsflüsse in der gesamten Krankenhauslogistik etablieren. Heute müssen Lieferscheine, Aufträge und Bedarfsanforderungen fast immer ausgedruckt werden, um an anderer Stelle wieder in ein System eingegeben zu werden. Digitale Informationsflüsse sind die Grundlage für viele Potenziale durch die Digitalisierung. Dabei lösen digitale Informationsflüsse bereits ein grundlegendes Effizienzproblem: Häufige Medienbrüche in den Arbeitsabläufen und in der Kommunikation. Der Abbau dieser Hürden wird durch die Verfügbarkeit günstiger Informationstechnik verstärkt werden. Zudem werden Krankenhausinformationssysteme[21] (KIS) benutzerfreundlicher, leistungsfähiger und offener werden. Insbesondere die Öffnung der Systeme und Bereitstellung etwaiger Schnittstellen wird die digitale Vernetzung fördern und damit auch positive Auswirkungen auf die Logistik haben.

Durch die Vernetzung entsteht ein hoher Grad an Transparenz. Mithilfe dieser Transparenz können die Logistikprozesse über die physischen Grenzen des Krankenhauses hinweg geplant, gesteuert und kontrolliert werden. Infolgedessen beginnen die Materiallogistikprozesse beispielsweise nicht erst an der Warenannahme, sondern bereits bei den Herstellern und Lieferanten. Zudem ermöglicht die Transparenz eine Betrachtung der gesamten Supply Chain vom Lieferanten bis zum Ort der Wertschöpfung, dem Gebrauch bzw. Verbrauch der Güter, sowie darüber hinaus. Langfristig werden die logistischen Prozesse bereichsübergreifend aufeinander abgestimmt und integriert betrachtet werden, so wie in Kap. 4 beschrieben. Somit werden die logistischen Aktivitäten noch stärker an den medizinischen Kernprozessen ausgerichtet und können wertschöpfend gestaltet und ausgeführt werden.

Letztlich muss das gesamte Krankenhaus als ein effizientes Zusammenspiel vieler, digital-vernetzter Entitäten betrachtet werden. Dazu ist eine weitergehende Durchdringung des Gesundheitswesens und der Krankenhäuser mit digitalen Technologien notwendig. Die technologischen Entwicklungen deuten darauf hin, dass dies der Fall sein wird.

In einem interagierenden Gesundheitssystem werden überregionale Krankenhäuser mit einem hohen Grad an Spezialisierung entstehen. Die Aufnahme der Patienten erfolgt über kleinere, regionale Krankenhäuser, die die Patienten an die entsprechend spezialisierten Häuser überweisen. Dieser Ansatz führt zu einem erhöhten Transportaufkommen, welches langfristig ggf. sogar automatisiert abgebildet werden kann (Abschn. 7.2.2).

---

[21] Siehe Glossar Begriff „Krankenhausinformationssystem".

Es ist davon auszugehen, dass die Grenzen der Krankenhauslogistik als auch der Patientenversorgung zunehmend verschwimmen werden. Nicht nur Patienten, Personal und Gerätschaften werden über Krankenhäuser hinweg distribuiert werden. Zukünftig werden Krankenhäuser, Verbünde, Arztpraxen, Pflegeheime und -dienste in einem integrierten System mit Material versorgt werden. Durch die höheren Fallzahlen von Verbünden lassen sich somit Bestände wirtschaftlicher gestalten und verteilen. Materialien, die heute aus Sicherheitsgründen in jedem Krankenhaus vorgehalten werden müssen, aber nur in sehr seltenen Fällen benötigt werden (z. B. Medikamente gegen Schlangengift), können dann bei Bedarf aus dem Lager eines Verbundpartners entnommen werden. Es ist auch denkbar, dass bestimmte Materialen bei dringendem Bedarf per Drohne übermittelt werden, um eine zeitnahe Überbringung der benötigten Ware[22] sicherzustellen.

Darüber hinaus ist es auch denkbar, dass zukünftig seltener der Patient zur medizinischen Versorgung gebracht wird. Vielmehr erlauben digitale Technologien die Erfassung und Auswertung der Patientendaten, ohne eine physische Anwesenheit (z. B. durch die Nutzung von Wearables wie Smart Watches, etc.). In diesem Fall können medizinische Dienstleistungen zunehmend virtuell angeboten werden. Eine Entwicklung, die bereits heute in Form von Telekonsilen, Einzug in den Alltag der Ärzte und Krankenhäuser findet. Zudem wird sich auch die Anzahl der Transporte von medizinischem Personal zum Ort der Wertschöpfung erhöhen, etwa wenn die Pflege und Behandlung eines Patienten an dessen Wohnort erfolgt.

Zukünftige Forschung
Kap. 5 und Kap. 6 stellen beispielhaft einen konzeptionellen Lösungsvorschlag vor, welcher in den kommenden drei bis fünf Jahren realisierbar ist. Es ist davon auszugehen, dass bis zum Jahr 2030 in allen Krankenhäusern des deutschen Gesundheitssystems durchgängig digital-unterstützte Logistikprozesse implementiert sein können. Darüber hinaus ergeben sich für die kommenden Jahre diverse Forschungsfragen, welche durch Wissenschaftler, Krankenhäuser und Unternehmen, die sich der Digitalisierung des Gesundheitswesens verschrieben haben, angegangen werden müssen.

Das primäre Ziel künftiger Forschungsarbeit muss die weiterführende Entlastung des medizinischen Personals sein. Während das pflegerische Personal heutzutage oftmals stark in logistische Prozesse eingebunden ist, wird das ärztliche Personal kaum in logistische Aufgaben einbezogen. Eine Ausnahme stellt bspw. die Freigabe von Bedarfsanforderungen von Apothekenartikeln dar. Ärzte sind heute aber durchaus an vielen Stellen in Verwaltungsprozesse eingebunden. So muss laut „MB-Monitor 2019" jeder Arzt im Durchschnitt mehr als 2,5 h pro Arbeitstag aufbringen, um Verwaltungstätigkeiten, wie z. B. Datenerfassung und Dokumentation, oder OP-Voranmeldungen zu erledigen (Marburger Bund 2019). Die Folge ist weniger Zeit für wertschöpfende

---

[22]Siehe Glossar Begriff „Ware".

Tätigkeiten, was zumeist durch Überstunden kompensiert werden muss. Entsprechend gilt es, die administrativen Prozesse auf Verschwendungen und unnötige Einbindung des ärztlichen Personals hin zu analysieren. Aufbauend auf den Ergebnissen müssen Konzepte entwickelt werden, wie administrative Aufgaben effizient in den klinischen Alltag eingebettet werden können, um eine Entlastung des medizinischen Personals zu erreichen.

Kap. 4 stellt einen Zentralisierungsansatz für logistische Dienstleistungen vor. Die Vision eines Multi-User Service und Dienstleistungszentrums (MUZ) zielt auf die Entlastung der Krankenhäuser durch die Zentralisierung und regionale Bereitstellung logistischer Dienstleistungen ab und avisiert zeitgleich die Hebung ökonomischer Potenziale. Dabei muss die Frequenz an Belieferungen erhöht werden, um Krankenhäuser bedarfsgerecht in kleinen Gebindeeinheiten zu beliefern. Zudem entstehen hohe Anforderungen an die Prognosegüte der Bedarfe und Verbrauche. Die Materialflüsse müssen entsprechend auf Basis umfassender Transparenz geplant, gesteuert und kontrolliert werden. Priorisierungen und Eingriffe müssen in Echtzeit[23] möglich sein, um die Versorgungsqualität und -sicherheit zu gewährleisten.

Für die Realisierung müssen detaillierte Konzepte entwickelt werden, wie ein MUZ in das bestehende Gesundheitswesen integriert werden kann. Dabei müssen verschiedene Dimensionen beleuchtet werden. Insbesondere die rechtlichen Rahmenbedingungen und infrastrukturellen Gegebenheiten stellen eine Herausforderung dar. Zudem müssen Prozesslandkarten entwickelt und definiert werden, wie die Einrichtungen zentral beliefert und versorgt werden können. Die Prozesse basieren dabei auf einem effizienten Zusammenspiel aus Menschen und Technologien. Auch dieses Zusammenspiel muss konzeptionell entwickelt werden. Abschließend muss das Konzept eines MUZ in der Praxis implementiert und mithilfe wissenschaftlicher Methoden evaluiert und bewertet werden.

Das MUZ kann einen ersten Schritt hin zu Krankenhaus-übergreifendem Management sein. In diesem Zusammenhang müssen breit angelegte Studien durchgeführt werden, um das in Abschn. 7.2.1 skizzierte, interagierende Gesundheitssystem zu erreichen. Die digitale Vernetzung und Prozessbetrachtung über die physischen Grenzen eines Krankenhauses hinweg erlaubt eine ganzheitliche Optimierung. Beispielsweise lässt sich die Auslastung der Krankenhäuser überregional steuern, oder die Zusammenarbeit und der Informationsaustausch zwischen dem einweisenden Arzt und dem behandelnden Krankenhaus effizienter gestalten. Dazu müssen verschiedene primäre und sekundäre Bereiche des Gesundheitswesens analysiert und integriert betrachtet, sowie technologische Grundlagen erarbeitet werden. Anhand ausgewählter Prozesse können in Leuchtturmprojekten erste Piloten umgesetzt werden, um einen Wandel im Gesundheitswesen anzustoßen. Dieser Wandel erscheint in Anbetracht bestehender Technologien

---

[23]Siehe Glossar Begriff „Echtzeit".

bereits möglich. Dennoch muss die technologische Entwicklung beobachtet werden, um weitere Potenziale und Anwendungsszenarien hin zu einem interagierenden Gesundheitssystem identifizieren zu können.

7.2.2 Technologische Entwicklungen

Zu den viel diskutierten Technologien gehören unter anderem KI, Robotik, das Internet-der-Dinge (IoT), sowie digitale Plattformen.

7.2.2.1 Künstliche Intelligenz (KI)

Die Krankenhauslogistik bietet ein erfolgsversprechendes Einsatzgebiet für KI. KI bezeichnet die Fähigkeit von Computersystemen, menschliche kognitive Funktionen zu imitieren (Jakhar und Kaur 2020). Eine KI kann bspw. ihre Umgebung wahrnehmen, erkennt Muster und macht basierend darauf Handlungsvorschläge oder führt Handlungen aus.

Im Zusammenhang mit KI spricht man oftmals auch vom maschinellen Lernen. Als Untergruppe der KI umfasst maschinelles Lernen die Entwicklung von Algorithmen, die es Computern ermöglichen, ohne explizite Programmierung von Entscheidungsregeln aus vorhandenen Daten zu lernen und Vorhersagen zu treffen (Sogani et al. 2020). So lassen sich in der Materiallogistik, mithilfe intelligenter Datenauswertungen selbstlernender Systeme, zukünftige Bedarfs- und Transportaufkommen voraussagen und dadurch Ressourcen einsparen. Desweitern kann KI genutzt werden, um visuell Schäden an Bettgestellen aber auch an gelieferter Ware zu identifizieren. Damit wird vermieden, dass beschädigte Bettgestelle oder Ware unentdeckt bleiben.

Auch im Belegungsmanagement[24] als – Teil der Bettenlogistik – können intelligente Algorithmen helfen, Ressourcen effizienter einzusetzen. Durch die Analyse der Belegungsdaten vergangener Jahre können Prognosen über das Belegungsaufkommen – bspw. zu bestimmten Jahreszeiten – abgeleitet werden, sodass der Personal- und Materialeinsatz angepasst werden kann. Bereits heute können mit Hilfe von KI einfache Vorhersagen über aufkommende Pandemien oder Grippewellen getroffen werden. Diese Informationen können sich Krankenhäuser bspw. bei der Beschaffung von Materialien aber auch bei der Belegung in Zukunft zu Nutze machen. Darüber hinaus ist der Einsatz von KI in der Terminplanung diagnostischer Prozeduren (z. B. Labor und bildgebende Verfahren) und Operationen (OPs) im Krankenhaus sinnvoll. Oftmals werden Patienten in die Diagnostik gebracht und müssen dort lange Wartezeiten in Kauf nehmen, was sich auf viele weitere Prozesse auswirkt. Unter anderem auch auf die Logistikprozesse wie den Patiententransport. Durch intelligente Algorithmen können zukünftig Diagnostik- und OP-Termine besser geplant und Wartezeiten der Patienten und des

---

[24]Siehe Glossar Begriff „Betten- und Belegungsmanagement".

Patiententransportdienstes verringert werden. In Verknüpfung mit Robotik-Technologien, wie autonomem Fahren, verspicht KI die Routenplanung von Material- und Bettentransport zu optimieren.

Zukünftige Forschung
Neben der Beobachtung der technologischen Entwicklung gilt es auch technologische Forschungsfragen proaktiv in Angriff zu nehmen. Dazu gehört die Entwicklung und Evaluation KI-basierter Dienste zur Prognose und Steuerung von Bedarfen und Prozessen. Wie bereits beschrieben, können mit der zunehmenden Verfügbarkeit von Daten Algorithmen mit hoher Prognosegüte entwickelt werden.

Vielfältige Herausforderungen in der Krankenhauslogistik lassen sich durch ein effizientes Mensch-Maschine-Zusammenspiel lösen. Beispielsweise die Planung und Belegung der Bettplätze unter Berücksichtigung zahlreicher Parameter. Dazu müssen Wissenschaftler und Krankenhäuser solche KI-basierten Dienste praxisnah entwickeln und evaluieren, um die Mehrwerte der Technologie nutzen zu können. Ein besonderes Augenmerk sollte dabei auf die frühzeitige Integration der Mitarbeiter bei der Implementierung von KI-Technologien gelegt werden. Neben den Aspekten der Technologieakzeptanz (Change-Management), können nur durch die Einbeziehung der entsprechenden Mitarbeiter sozio-technische Systeme für die effiziente Zusammenarbeit entwickelt werden.

7.2.2.2 Automatisierung und Robotik

Zahlreiche Logistikprozesse – insbesondere in der Automobilbranche aber auch z. B. im Handel – profitieren bereits heute von dem Einsatz von Robotik-Technologien und dem damit verbundenen oft hohen Grad an **Automatisierung.** Naheliegende Beispiele sind etwa Kommissionier-Automaten, z. B. in der Apotheke eines Krankenhauses (Mensch. Medizin.Gesundheit 2015), oder fahrerlose Transportsysteme (FTS), welche sowohl die Lagerhaltung als auch den intralogistischen Transport effizient und reibungslos gestalten können (Kucera 2015).

Perspektivisch kann durch FTS der Bettentransport innerhalb der Krankenhäuser automatisiert werden, wodurch insbesondere das Personal entlastet werden kann. Durch entsprechende Sensorik können die Betten den Zustand des Patienten erfassen und bei Bedarf medizinisches Personal informieren. Eine entsprechende Unterstützung der Pflegekräfte ist zudem im direkten Kontext der wertschöpfenden Tätigkeit – der Pflege und Behandlung von Patienten – zu erwarten. Exoskelette können bspw. bei körperlich anstrengenden Tätigkeiten für Erleichterung sorgen.

In Bezug auf die Materialversorgung ist mit einem zunehmenden automatisierten Materialfluss zu rechnen. Zukünftig wird das Material vollautomatisiert im Krankenhaus transportiert und an den dezentralen Lagerorten eingelagert werden. Die Mitarbeiter des zukünftigen Krankenhauses werden erst in den primären Prozessen (z. B. Behandlung) mit dem Material in Kontakt kommen. In Neubauten kann der Materialfluss im Verborgenen stattfinden und beispielsweise in die Wände integriert werden.

In Krankenhäusern mit bestehender AWT-Anlage, ist dies heute bereits der Fall. In allen anderen Krankenhäusern können autonom fahrende Schrankeinheiten künftig die Materialversorgung revolutionieren. Beispielsweise könnten Schränke nachts automatisiert ausgetauscht werden. Der Vorteil ist die Entlastung der Aufzüge, welche häufig einen Flaschenhals in Krankenhäusern darstellen. Durch die Verlagerung des Materialtransports in die Nacht können die Aufzüge tagsüber für den Patienten- und Besuchertransport entlastet werden. Nachts fahren die leeren Schränke ins Lager, wo sie am Folgetag bestückt werden können. Im Doppelspiel erreicht ein identisch bestückter Schrank nachts die Station.

Für inter- und intralogistische Aufgaben – insbesondere bei Krankenhäusern mit hoher Flächenausdehnung (z. B. Campus-Krankenhäuser) – werden Drohnen zum Einsatz gebracht werden, um den Transport von Geräten und Materialien abzubilden. Der Transport über den Luftweg ermöglicht eine schnelle und flexible Bereitstellung. In der Konsequenz können Bestände reduziert und bei Bedarf flexibel umdisponiert werden. Langfristig ist auch der Transport von Menschen – sowohl Personal als auch Patienten – z. B. mit der Einführung und Verbreitung von Flugtaxis durchaus denkbar.

Zukünftige Forschung
Insbesondere der Einsatz von Robotik und Automatisierungsanlagen in der Materiallogistik stellt ein wichtiges Forschungsfeld dar. Durch die hohe Artikelvielzahl[25] und -variabilität hinsichtlich der Gebindegrößen und -formen erweisen sich Automatisierungsansätze als schwierig. Die damit verbundenen, hohen Investitionskosten verhindern eine flächendeckende Einführung bis heute. Zudem stellt sich die Frage, wie in den baulich komplexen Strukturen mancher, meist historisch gewachsener, Krankenhäuser der Transport automatisiert werden kann. Beispielsweise in Häusern, in denen keine Implementierung einer AWT-Anlage aus infrastrukturellen oder ökonomischen Gründen möglich ist.

Aus den Automatisierungspotenzialen der Krankenhauslogistik ergibt sich eine weitere Forschungsfrage. Beispielsweise können Prothesen oder Implantate mit Hilfe von additiver Fertigungstechniken am Ort der Wertschöpfung produziert werden. Es gilt zu erforschen, inwiefern durch 3D-Druck-Technologien Medizinprodukte passgenau für jeden Patienten individuell gefertigt werden können. Ein solcher Ansatz bietet nicht nur Potenziale in der Behandlung von Patienten, sondern ermöglicht auch einen hohe Termingenauigkeit aufgrund der entfallenden Beschaffungs- und Transportprozesse. Bestehende Forschungstätigkeiten in diesem Feld sollten entsprechend deutlich intensiviert werden.

---

[25]Siehe auch Glossar Begriff „Artikel".

7.2.2.3 Internet-der-Dinge (IoT)

Das IoT wird weiter Einzug in das Gesundheitswesen und damit die Krankenhäuser nehmen. In erster Linie werden Gegenstände wie Betten, medizinisches Gerät und Transporteinheiten digital vernetzt. Die Gegenstände können dann sowohl ihren Standort und potenziell ihre Umgebung als auch ihren Zustand erfassen und über das Netzwerk melden sowie agieren. Beispielsweise kann erkannt werden, in welchem Raum sich ein spezifisches Bettgestell befindet. Zudem kann identifiziert werden, ob das Bett sich in einem reinen oder unreinen Zustand befindet.

Über die kommenden Jahrzehnte wird sich dieser Trend auf viele Medizinprodukte ausweiten, sodass Artikel beispielsweise Feuchtigkeit und Umgebungstemperatur automatisch erfassen und melden können. Die Informationsverfügbarkeit und -qualität wird sukzessive zunehmen, mit deren Hilfe Prozesse transparent abgewickelt werden können. Meldet beispielsweise ein Schrank proaktiv die enthaltenen Bestände und deren Zustände, so können die Materialversorgungsprozesse effizient priorisiert und angestoßen werden. Letztlich ermöglicht IoT in erheblichen Maße Transparenz[26], um die Fragen beantworten zu können: was (Identifikation[27]), wo (Lokalisierung[28]) und wie (Zustand)?

Die zunehmende Verfügbarkeit von digital vernetzten Gegenständen erfordert den Ausbau und Betrieb hoch-performanter Netzwerkinfrastrukturen. Heute trifft man in vielen Häusern auf veraltete und nicht flächendeckende WLAN-Netze. Dieser Umstand wird sich über die kommenden Jahre verbessern. Insbesondere in alten Gebäudeinfrastrukturen stellt das eine große Herausforderung dar. Dennoch ist eine Aufrüstung sinnvoll. Mittelfristig wird das tägliche Volumen der Datenübertragung exponentiell zunehmen. Nicht zuletzt, weil die Vernetzung smarter Dinge kontinuierlich zunehmen und sukzessive weitere Entitäten umfassen wird. Die Folge ist einer Steigerung der Datenvolumina.

Zukünftig scheint es denkbar, dass auch Patienten und Mitarbeiter digital identifiziert und lokalisiert werden können. In manchen dänischen Krankhäusern ist heute bereits die aktuelle Position des medizinischen Personals bekannt. Entsprechend können im Notfall die Ärzte mit den kürzesten Wegen alarmiert werden. In Deutschland müssen dazu neben den infrastrukturellen Hürden noch datenschutzrechtliche Barrieren und Akzeptanz-Hürden überwunden werden.

7.2.2.4 Digitale Plattformen

In den nächsten zehn Jahren ist ebenfalls zu erwarten, dass sich digitale Plattformen zur Erbringung logistischer Dienstleistungen weiter etablieren werden. Bereits heute sind Plattformen etwa im Rahmen der Beschaffungsprozesse eines Krankenhauses

---

[26]Siehe Glossar Begriff „Transparenz".
[27]Siehe auch Glossar Begriff „Identifikationsdaten".
[28]Siehe auch Glossar Begriff „Lokalisationsdaten".

im Einsatz und ermöglichen Verbundeffekte. Die Plattform GHX bringt bspw. nach eigenen Angaben 1500 Anbieter und 350 Lieferanten in Europa mit den Krankenhäusern zusammen (GHX 2020). Solche Plattformen können sich auch in anderen Logistikbereichen etablieren und beispielsweise die Bereitstellung von Ressourcen (z. B. medizinische Großgeräte) krankenhausübergreifend ermöglichen. Dadurch entstehen digitale Ökosysteme, die eine effiziente Zusammenarbeit des Gesundheitswesens ermöglichen. Negative Beispiele, wie die Vernichtung von sechs Millionen Gesichtsmasken in Belgien (siehe Kap. 1), können vermieden werden, indem überregionale, dezentrale Sicherheitsbestände gewährleistet und gleichzeitig eine kontinuierliche Beschaffung sowie FIFO[29] Prozesse eingehalten werden.

Die Verfügbarkeit digitaler Plattformen wird die Grundlage für eine Vielzahl von digitalen Services sein. Dadurch können die Datenströme diverser IoT-Geräte auf solchen Plattformen zusammengeführt und für die Analyse, zur Planung, Steuerung und Kontrolle logistischer Prozesse nutzbar gemacht werden. Auch die Anbindung weiterer Datenquellen, wie der krankenhausinternen KIS-Systeme und krankenhausexterner Datenquellen, ist denkbar – beispielsweise Daten zur Verteilung und Häufung von Krankheitsbildern.

Die höhere Verfügbarkeit von Patienteninformationen kann Potenziale in der Krankenhauslogistik heben. Ein Best Practice dafür ist die national-verfügbare digitale Patientenakte in Dänemark, welche jeder Bürger besitzt. Die digitale Speicherung aller patientenrelevanten Daten ermöglicht etwa bereits im Rettungswagen den Zugriff auf relevante Informationen wie bisherige Krankheitsbilder und Diagnosen, welche für die Erstbehandlung maßgeblich relevant sind. Zudem sind mithilfe einer telemedizinischen Voranmeldung des Patienten – wie man sie bspw. von Schlaganfall-Netzen kennt – diese Informationen und Einschätzungen des Rettungsdienstes vor der Ankunft verfügbar, sodass sich Ärzte und Pflegepersonal[30] vorbereiten können. Zudem können die sekundären Prozesse frühzeitig reagieren und bspw. reine Betten bedarfsgerecht konfiguriert und bereitgestellt werden. Durch die Vermeidung von Latenzzeiten werden Potenziale in der gesamten Wertschöpfungskette gehoben. Einer zeitnahen Einführung und der barrierefreien Nutzung der digitalen Patientenakte in Deutschland standen und stehen immer wieder große Hürden insbesondere in Bezug auf IT-Sicherheit und datenschutzrechtliche Fragestellungen und Bedenken gegenüber. Es gibt jedoch auch in Deutschland erste Best Practices für elektronische Patientenakten (ePAs), auch wenn diese keine nationale Lösung darstellen. Beispielsweise die webbasierte ePA des Rhönklinikum Campus Bad Neustadt, die digitale Patientenakte der AOK, oder die ePA der

---

[29]Siehe Glossar Begriff „FIFO-Prinzip".
[30]Siehe Glossar Begriff „Pflegepersonal".

Universitätsmedizin Essen. Einen überregionalen Ansatz einer ePA bieten die Krankenkassen den gesetzlichen Versicherten. Der Service ist freiwillig und kostenfrei. Neben Befunden, Arztberichten oder Röntgenbildern können auch der Impfausweis, der Mutterpass, das gelbe U-Heft für Kinder und das Zahn-Bonusheft in der elektronischen Patientenakte gespeichert werden (gematik 2020). Die Entscheidung, wer Zugriff auf diese Daten hat, obliegt in diesem Ansatz dem Patienten. Die ePA soll das zentrale Element einer vernetzen Gesundheitsversorgung darstellen. Bis in Deutschland der Stand der ePA jedoch auf dem Stand wie in Dänemark ist, wird es noch einige Jahre dauern.

Darüber hinaus können über die Plattformen IT-Services und Dienste zur Verfügung gestellt werden. Mittelfristig ist es denkbar, dass Krankenhäuser keine eigenen Anwendungen betreiben, wie das KIS-System, sondern cloud-basierte Anwendungen zum Einsatz bringen. Solche Cloud-Dienste werden durch Drittanbieter zentral betrieben und betreut werden. Zudem können komplexe, bspw. KI-basierte, Anwendungen für die Analyse und Steuerung der Logistik bereitgestellt werden. Solche KI-basierten Dienste erfordern die hohe Verfügbarkeit großer Datenmengen, welche auf digitalen Plattformen zusammengeführt werden. Zudem können die Dienste kontinuierlich weiterentwickelt und den Krankenhäusern bereitgestellt werden, ohne dass diese eigene IT-Kompetenzen entwickeln müssen. Dies ist ein Vorteil, der vor allem vor dem Hintergrund des Mangels an IT-Fachkräften von großer Bedeutung ist.

Zukünftige Forschung
Es stellt sich die Frage, wie die Digitalisierung in der Krankenhauslogistik und dem Gesundheitswesen insgesamt gehandhabt werden kann. Bestehende IT-Abteilungen stoßen bereits heute an kapazitive Grenzen. Der Betrieb der bestehenden IT-Infrastrukturen nimmt viele Ressourcen in Anspruch, sodass häufig kein Raum für Innovation bleibt. Wissenschaftler, Krankenhäuser und IT-Unternehmen müssen deshalb an Konzepten arbeiten, wie „Krankenhaus-IT as a Service" gestaltet werden kann. Abb. 7.2 skizziert, wie eine solche Plattform aufgebaut werden könnte.

Zusammenfassend ist festzustellen, dass die technologische Entwicklung über die kommenden Jahrzehnte weiter an Bedeutung in der Krankenhauslogistik gewinnen wird. Dabei müssen die digitalen Technologien zielgerichtet zum Einsatz gebracht und aus einer Prozess- und Wertschöpfungsperspektive bewertet werden. Letztlich werden die Technologien bestehende Prozesse verändern oder gänzlich obsolet machen. Die Möglichkeiten der technologischen Entwicklung müssen zunehmend als „Enabler" schlanker Krankenhauslogistik verstanden werden.

7 Krankenhauslogistik – Zusammenfassung und Ausblick

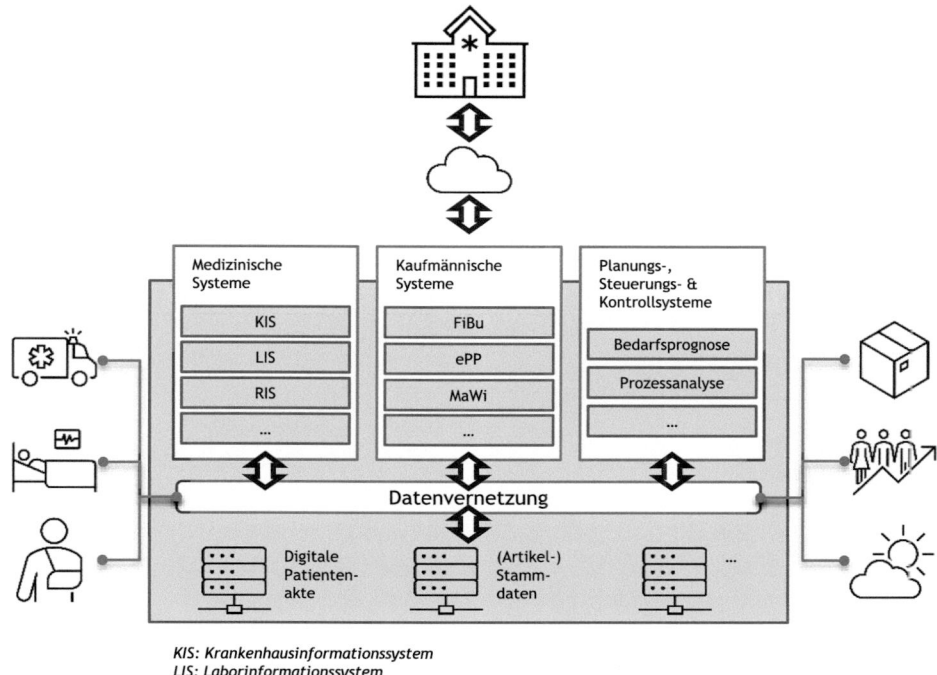

Abb. 7.2 Beispielhafte Darstellung cloud-basierter Anwendungssysteme in Krankenhäusern

Literatur

gematik (2020) ePA holt Patienten mit ins Team. https://www.gematik.de/anwendungen/e-patientenakte/. Zugegriffen: 28. Okt. 2020

GHX (2020) Uniting the Best of Healthcare. https://www.ghx.com/about/. Zugegriffen: 26. Okt. 2020

Jakhar D, Kaur I (2020) Artificial Intelligence, Machine Learning and Deep Learning: Definitions and Differences. Clin Exp Dermatol 45:131–132. https://doi.org/10.1111/ced.14029

Kucera M (2015) Fahrerlos zum Ziel. https://www.kma-online.de/aktuelles/detail/fahrerlos-zum-ziel-a-29949. Zugegriffen: 26. Okt. 2020

Marburger Bund (2019) MB-Monitor 2019. https://www.marburger-bund.de/mb-monitor-2019. Zugegriffen: 26. Okt. 2020

Mensch.Medizin.Gesundheit (2015) Leben retten kann so einfach sein. https://www.uk-augsburg.de/fileadmin/Daten/Gesundheitsmagazin/_archiv/2015/Klinikum_Augsburg__2015__Mensch._Medizin._Gesundheit._Nr._1_-_LEBEN_RETTEN_KANN_SO_EINFACH_SEIN.pdf. Zugegriffen: 26. Okt. 2020

Sogani J, Allen B, Dreyer K, McGinty G (2020) Artificial intelligence in radiology: the ecosystem essential to improving patient care. Clin Imaging 59:A3–A6. https://doi.org/10.1016/j.clinimag.2019.08.001

Glossar

Artikel (auch Ware) ein Gut, welches im Rahmen der Materiallogistik bewegt wird. (Kap. 5.1)

Aufnahmemanagement Das Aufnahmemanagement umfasst alle Aktivitäten, die der Aufnahme des Patienten in ein Krankenhaus dienen. Es schließt alle vorbereitenden Prozesse, wie z. B. die notwendige Vordiagnostik, ein. Kernbereich dieses Prozesses ist die physische Patientenaufnahme. Nach dieser Definition ist auch die Bereitstellung und Zuordnung eines Bettgestells sowie eines Bettplatzes zum Patienten Teil des Aufnahmemanagements. (Kap. 6)

Bedarfsanforderung (auch Anforderung, Materialanforderung) Geltendmachung eines Bedarfs durch eine Station/einen Funktionsbereich, welche eine Bestellung durch den Einkauf (siehe Durchlaufartikel) oder Kommissionierung im Zentrallager (siehe Lagerartikel) nach sich zieht. (Kap. 5)

Betten- und Belegungsmanagement Das Betten- und Belegungsmanagement beschreibt die Planung und Steuerung freier Kapazitäten (Station, Bettplatz und Bettgestell) zur Versorgung sämtlicher Patienten eines Krankenhauses. Sowohl für Elektiv- als auch für Notfallpatienten werden geeignete Bettgestelle identifiziert und freie Bettplätze nach bestimmten Kriterien verplant (z. B. Patientendaten etc.).

Die Belegung der Bettplätze erfolgt aufgrund der Eigenschaften der Patienten, sowie festgelegter Restriktionen für die Bettenbelegung, wie z. B. Geschlecht und Infektiosität. Zusätzlich wird aus den Eigenschaften und Diagnosen der Patienten die Ausstattung des Bettgestells festgelegt. Abweichend zum Standardbettgestell können z. B. spezielle Matratzen, eine Elektrifizierung, ein Galgen oder ein Schwerlastbettgestell vom Arzt angefordert werden. Die Steuerung kann zentral für das gesamte Krankenhaus oder je Station erfolgen. Die Entscheidung für den Einsatz der jeweiligen Variante entspringt meist einer historisch gewachsenen Organisationsstruktur. (Kap. 6)

Bestellung Als Bestellung wird der Vorgang bezeichnet, bei dem ein Auftrag zur Lieferung von Ware erteilt wird. Dabei tritt das Krankenhaus als Kunde gegenüber dem Auftragnehmer auf. (Kap. 5 und 1)

Bettenaufbereitung Die Bettenaufbereitung ist Teil des Bettgestell-Managements und umfasst alle Tätigkeiten, welche ein unreines Bettgestell in ein reines Bettgestell überführen. Dabei wird das schmutzige Bettgestell in die zu reinigenden Einzelteile zerlegt, das Gestell und die Matratze gereinigt, schmutzige Bettwäsche der Wäscherei zugeführt sowie das gereinigte Bettgestell mit einer gereinigten Matratze, Bettwäsche und ggf. Sonderausstattung ausgerüstet. Somit stehen die reinen Bettgestelle für den nächsten Patienten zur Verfügung. Grundsätzlich kann die Bettenaufbereitung eines Krankenhauses einer der drei Typen – zentrale, dezentrale oder hybride Bettenaufbereitung – zugeordnet werden. (Kap. 6)

Bettenmanagementmodul Das Bettenmanagementmodul ist ein eigens für die Bettenlogistik des Pilotklinikums entwickeltes Informationssystem, das Daten aus dem Betten- und Belegungsmanagement sowie aus dem Bettgestell-Management vereinigt. Auf Basis der übertragenen Belegungsdaten sowie der Aufnahme- und Entlassungsdaten der Patienten werden beispielsweise automatisch Transportaufträge der Bettgestelle für den Hol- und Bring-Dienst entwickelt. (Kap. 6)

Bettenlogistik Die Bettenlogistik umfasst alle strategischen und operativen Tätigkeiten, die mit der Planung und Steuerung von verfügbaren Bettgestellen und Bettplätzen verbunden sind. Somit lässt sich die Bettenlogistik in die beiden Teilbereiche Betten- und Belegungsmanagement sowie Bettgestell-Management untergliedern. (Kap. 1 und 6)

Bettgestell Ein Bettgestell besteht i. d. R. aus einem Grundgerüst (Standard- / Intensiv- / Kinder- / Schwerlast-Gestell etc.) sowie einer individuellen Ausstattung (Matratze / Bezüge / Verlängerung etc.). Sämtliche Komponenten können in unterschiedlichen Zuständen vorliegen (z. B. frei oder belegt / rein oder unrein / infektiös oder nicht-infektiös / funktionsfähig oder defekt etc.). Bettgestell-Typen und Formen der Ausstattung können je nach Krankenhaus variieren. (Kap. 6)

Bettgestell-Management Das Bettgestell-Management beinhaltet die Bausteine der Bettenaufbereitung, Konfiguration, Transport und Instandhaltung und beschreibt sämtliche Prozesse, die mit der physischen Bewegung der Bettgestelle verbunden sind. Auf Basis der Planung im Betten- und Belegungsmanagement wird die Nachfrage an reinen Bettgestellen nach hygienischen, technischen und patientenbezogenen Anforderungen am jeweiligen Verwendungsort bedient und gleichzeitig auch der Abtransport unreiner Bettgestelle gewährleistet. Der fortlaufende Kreislauf umfasst somit Transport, Aufbereitung, Reparatur und Instandhaltung aller Bettgestelle eines Krankenhauses sowie die Dokumentation dieser Arbeitsprozesse. Grundsätzlich kann das Bettgestell-Management als ein Prozess angesehen werden, bei dem die Nachfrage nach Bettgestellen mit dem Angebot an Bettgestellen in Einklang gebracht wird. (Kap. 6)

Bettplatz Ein Bettplatz bezeichnet einen fest vorgesehenen Platz (in einem Patientenzimmer), auf dem ein Bettgestell abgestellt werden kann. Damit dient der Bettplatz

u. a. der genauen Lokalisation der Bettgestelle im Krankenhaus (z. B. Station / Stockwerk / Zimmer / Stellplatz etc.). Die maximale Anzahl der Bettplätze definiert die Kapazitätsgrenze eines Krankenhauses. (Kap. 6)

Blended Learning Konzept Ein Blended Learning Konzept kombiniert verschiedene Unterrichtsformen und schafft eine interaktive Lernumgebung. Im Kontext des Blended Learnings werden Online- und Präsenzaktivitäten miteinander verbunden, um die Lernergebnisse durch personalisiertes Lernen zu verbessern und die zur Verfügung stehenden Ressourcen bestmöglich einzusetzen. (Kap. 1)

Business Process Model and Notation 2.0 (BPMN) Industriestandard zur grafischen Modellierung von Prozessen in der Version 2.0 wurde 2011 veröffentlicht und wurde 2013 von der Internationalen Organisation für Normung (ISO) unter der Nummer 19.510 als internationaler Standard festgelegt. BPMN dient der Visualisierung von Prozessen, sodass diese und deren Logik von allen Stakeholdern nachvollzogen werden können. (Kap. 3)

Dezentrale Bettenaufbereitung Bei der dezentralen Bettenaufbereitung wird das Bettgestell manuell im oder in der Nähe des Patientenzimmers gereinigt und desinfiziert. (Kap. 6)

Digitalisierung Digitalisierung beschreibt die vielfältigen soziotechnischen Phänomene und Prozesse der Übernahme und Nutzung digitaler Technologien in breiteren, individuellen, organisatorischen und gesellschaftlichen Kontexten. (Kap. 1 und 3)

Digitalisierungslandkarte Die Digitalisierungslandkarte ist eine Methode zur Visualisierung einzelner Prozessschritte mit Fokus auf deren Digitalisierungspotenzial. Dabei kommen zwei verschiedene Stufen der Visualisierung zum Einsatz, welche einen zusammenhängenden Prozess mit mehreren Schritten oder einen einzelnen Prozessschritt inkl. dessen vor- und nachgelagerten Elementen darstellen. (Kap. 3)

Digitale Transformation Die digitale Transformation ist ein Prozess, bei dem digitale Technologien eine zentrale Rolle sowohl bei der Entstehung als auch bei der Verstärkung von Disruptionen spielen, die auf gesellschaftlicher und industrieller Ebene stattfinden. Diese Disruptionen lösen strategische Reaktionen vonseiten der Organisationen aus. Organisationen nutzen digitale Technologien, um die Wertschöpfungspfade zu verändern, auf die sie bisher angewiesen waren, um wettbewerbsfähig zu bleiben. Zu diesem Zweck müssen sie strukturelle Veränderungen durchführen und Barrieren überwinden, die ihre Transformationsbemühungen behindern. Diese Veränderungen führen zu positiven Auswirkungen für Organisationen sowie in einigen Fällen auch für den Einzelnen und die Gesellschaft, obwohl sie auch mit unerwünschten Ergebnissen verbunden sein können. (Kap. 1 und 3)

Disruptive Technologie Disruptive Technologien sind Technologien, die etablierte Technologien verdrängen und damit neue, konkurrenzfähige Geschäftsmodelle ermöglichen. (Kap. 3)

Durchlaufartikel Artikel, der nicht im Zentrallager vorgehalten wird, sondern bei Bedarf bestellt, geliefert und direkt an die anfordernde Stelle weitergeleitet wird. (Kap. 5)

Durchlaufzeit In einem Wertstrom wird zwischen den Bearbeitungszeiten einzelner Produktionsschritte sowie Liege- und Transportzeiten unterschieden. Die Summe dieser Zeiten wird als Durchlaufzeit bezeichnet und stellt die Dauer dar, die ein Gut zum Durchlaufen aller relevanten Prozessschritte benötigt. Die Durchlaufzeit wird in der Wertstrommethode als Zeitachse unterhalb der Prozessdarstellung ausgewiesen. (Kap. 3)

Echtzeit Der Begriff Echtzeit bezeichnet in diesem Zusammenhang Echtzeit in Bezug auf die Verarbeitung von Daten durch einen Computer in Verbindung mit einem anderen Prozess außerhalb des Computers gemäß den Zeitanforderungen des externen Prozesses. (Kap. 4)

Entlassmanagement Dem Entlassmanagement (auch Entlassungsmanagement, Entlassungsplanung, Entlassungsvorbereitung, Überleitungsmanagement, Pflegeüberleitung) werden alle Prozesse zugeordnet, die die Entlassung eines stationären Patienten vorbereiten oder ausführen. Es stellt den Übergang eines Patienten von der stationären Krankenhausversorgung in eine nachfolgende ambulante oder anschließende stationäre Behandlung in einer anderen Einrichtung dar. (Kap. 6)

FIFO-Prinzip Das FIFO-Prinzip (first-in-first-out) ist eine der logistischen Ein- und Auslagerungsstrategien der Lagerhaltung und steht für die Auslagerung von zuerst eingelagerten Artikeln zur Vermeidung des Ablaufes von Haltbarkeitsdaten. (Kap. 5)

Hol- und Bringdienst Als Hol- und Bringdienst wird der Wirtschafts- und Versorgungsdienst eines Krankenhauses bezeichnet. Zu den Aufgaben des Hol- und Bringdienstes zählen der Bettgestell-Transport, die termingerechte Begleitung von Patienten zu den Therapie- und Diagnostikterminen, aber auch die Mithilfe bei der Essensverteilung, diverse Botengänge oder der Transport von Speisewägen. Die Aufgabenschwerpunkte des Hol- und Bringdienstes variieren je nach Krankenhaus. (Kap. 6)

Hybride Bettenaufbereitung Bei der hybriden Bettenaufbereitung wird die Standardreinigung auf Station vollzogen, besondere Reinigungsanforderungen (z. B. stark verunreinigte oder infektiöse Bettgestelle) werden hingegen in der zentralen Bettenaufbereitung durchgeführt. Auch Regeln, wie z. B. jeder zehnte Reinigungszyklus eines Bettgestells findet in der zentralen Bettenaufbereitung statt, werden angewendet. Ebenfalls existieren halbautomatische Zwischenformen, wie eine maschinelle Reinigung nur für Matratzen – dezentral und stationsnah. (Kap. 6)

Identifikationsdaten Daten über die Identität eines Gutes, welche dieses Gut eindeutig erkennbar/identifizierbar machen. (Kap. 5 und 6)

Informationssystem (IS) Ein Informationssystem beschreibt das Zusammenspiel von menschlichen und technologischen Akteuren zur Erstellung und Verarbeitung von Informationen. Informationssysteme sind somit sozio-technische Systeme und unterscheiden sich damit von Informationstechnologie (IT), welche die technische Komponente eines Informationssystems beschreiben kann. (Kap. 3)

Instandhaltung Ein essentieller Baustein des Bettgestell-Managements ist die Instandhaltung. Der Instandhaltungszyklus wird in der Regel vom Hersteller vorgegeben. Es werden davon abweichend meist eigene Regeln für das jeweilige Krankenhaus umgesetzt. Auch befinden sich häufig Bettgestelle verschiedener Bettgestell-Typen im Haus, bei denen der Instandhaltungszyklus unterschiedlich geregelt sein kann. Durch die Anwendung neuer Digitalisierungskonzepte ist eine transparente Abbildung des Prozesses möglich, sodass Bettgestelle systematisch, vorausschauend und vollständig den verschiedenen Instandhaltungszyklen zugeordnet werden. (Kap. 6)

IS Success Model Der Erfolg eines Informationssystems kann anhand sechs Konstrukte erfasst werden: Informationsqualität, Systemqualität, Servicequalität, Nutzen/Nutzungsintension, Nutzerzufriedenheit, und Netto-Nutzen. (Kap. 3)

Krankenhausinformationssystem (KIS) Ein KIS ist die Gesamtheit aller Informationssysteme, die der Erfassung, Bearbeitung und Weitergabe medizinischer und administrativer Daten im Krankenhaus dienen. Typische Eintragungen in das KIS sind Aufnahme und Entlassdaten der Patienten. Betten- und Belegungsmanagement: Das Betten- und Belegungsmanagement ist Teil des KIS und wird dazu genutzt alle Informationen, wie die Aufnahme und Entlassdaten der Patienten, zusammenzutragen, die der Organisation der Bettenbelegung dienen. Basierend auf diesen Informationen erstellt das Betten- und Belegungsmanagement einen Belegungsplan für das Krankenhaus. (Kap. 3, 5, 6)

Lagerartikel Artikel, der in einer definierten Menge im Zentrallager zur Versorgung der Stationen bzw. dezentralen Lagerorten vorgehalten wird. (Kap. 5)

Lokalisationsdaten Daten über die Position eines Gutes (z. B. der Bettplatz auf dem ein Bett steht). (Kap. 5 und 6)

Materiallogistik Die Materiallogistik umfasst alle Prozesse zur Erfüllung der Material- und Medizinprodukteversorgung in einem Krankenhaus. Die Materiallogistik umfasst alle Aktivitäten von der Bedarfsanforderung, Bestellung, Anlieferung, Warenannahme, Ein- und Umlagerung, Kommissionierung, interner Transport und Nachbestückung. (Kap. 1 und 5)

Medizinprodukte (auch Medikalprodukte) Medizinprodukte dienen einem medizinischen Zweck zur Anwendung am Patienten. Unter diese Produktkategorie fällt ein breites Sortiment an Artikeln, welches von medizinischen Geräten, über Verbrauchsartikel, wie Spritzen oder Pflaster, bis hin zu Implantaten reicht. (Kap. 5)

Puffer Ein Puffer oder auch ein Pufferlager bezeichnet einen vorübergehenden Ablageort von Gütern, bevor diese zum nächsten Produktionsschritt oder zur Abfertigung zugeführt werden. Somit stauen sich die Güter in permanenten Warteschlangen.

Im Falle von Informationen liegen ebenfalls Puffer vor, falls diese bis zu ihrem nächsten Gebrauch bzw. Abruf vorgehalten werden. (Kap. 3)

Pflegepersonal Personal, das in einem Krankenhaus in der Krankenpflege tätig ist. Zuständig für die Versorgung und Betreuung der Patienten des Krankenhauses. Hierunter fallen: examinierte Gesundheits- und Krankenpfleger, Gesundheits- und Krankenpfleger, Kinderkrankenpfleger, Krankenpflegehelfer etc. (Kap. 5 und 6)

Referenzmodell Ein Referenzmodell besteht aus einem oder mehreren generischen Referenzprozessen. Es muss dabei vier Anforderungen erfüllen: Verständlichkeit, Allgemeingültigeit, Modularität, Umsetzbarkeit. (Kap. 1 und 3)

Referenzprozess Ein Referenzprozess ist eine allgemeingültige und damit übertragbare Prozessbeschreibung (Blaupause), die Teil eines Referenzmodells ist.

Reichweite Die Kennzahl der (Bestands-) Reichweite gibt das Verhältnis des Ø-Bestandes sowie der Ø-Nachfrage in einer Zeitperiode an. (Kap. 5)

Schrankfachversorgung Die Schrankfachversorgung beinhaltet die Versorgung von Krankenhäusern bzw. deren OP-Bereichen, Stationen, Funktionsabteilungen und Ambulanzen mit Medizinprodukten. (Kap. 5)

Spezialbett(-gestell) (auch Sonderbett) Niederflurbett, Kinderbett, etc.

Transparenz Transparenz beschreibt die Verfügbarkeit von Informationen zu Personen, Objekten und Funktionen sowie die Kenntnis von externen Einflüssen und hierauf basierend schlanken Prozessen, Entscheidungen und Handlungen und macht eine digitale Vernetzung wertsteigernd. Transparenz kann in unterschiedlicher Hinsicht durch den Einsatz von digitalen Technologien erreicht werden. (Kap. 1 und 4)

Unique Device Identifier (UDI) Eindeutige Produktidentifizierungsnummer (UDI) zur Identifizierung und Rückverfolgbarkeit von Medizinprodukten, siehe Verordnung (EU) 2017/745 des Europäischen Parlaments und des Rates über Medizinprodukte, in Kraft seit 25. Mai 2017. Die UDI wird stufenweise und nach Risikoklasse absteigend bis spätestens 2027 umgesetzt. (Kap. 5)

Value Added HeatmapValue Added Heatmap Die Value Added Heatmap ist ein wertschöpfungsorientiertes Visualisierungstool, dass Flächen, Anlagen oder die Auslastung von eingesetztem Personal hinsichtlich der eingesetzten Wertigkeit abbildet. Dabei folgt die Methode dem Prinzip der Thermographie als bildgebendes Verfahren zur Anzeige von Oberflächentemperatur. (Kap. 3)

Value Stream Model and Notation (VSMN) Die Value Stream Model and Notation ist eine Modellierungssprache zur visuellen Analyse und Gestaltung von Wertströmen. Die Modellierungssprache basiert auf der Wertstrommethode und ermöglicht insbesondere die Betrachtung von Informations- und Materialflüssen sowie den Abhängigkeiten zwischen diesen unter Beachtung der Bearbeitungs- und Wartezeiten. (Kap. 3)

Verschwendung Der logistische Begriff der Verschwendung basiert auf dem japanischen Wort „Muda" aus dem Lean Management. Darunter fallen alle Tätigkeiten, welche nicht unmittelbar der Wertschöpfung dienen und somit Kosten verursachen, die keinem Mehrwert gegenüberstehen. (Kap. 1, 3 und 5)

Ware Siehe Artikel.

Wertschöpfung Die Wertschöpfung ist definiert als die Differenz der Transformation von Input zu Output bei Produktions- oder Dienstleistungsprozessen. Diese Differenz entspricht dem vom Kunden gewünschten Ergebnis bzw. dem Nutzen, für den das entstandene Gut oder die Dienstleistung bezahlt wird. (Kap. 1 und 3)

Wertschöpfungsunterstützung Als wertschöpfungsunterstützend werden Tätigkeiten bezeichnet, welche nicht direkt der Wertschöpfung dienlich, jedoch zur Ausführung von Wertschöpfungstätigkeiten zwingend erforderlich sind. (Kap. 3)

Wertstrom / Wertstrommethode Ein Wertstrom ist eine Aneinanderreihung verschiedener Aktivitäten, die Ausgangsstoffe hin zu dem vom Kunden gewünschten Produkt bzw. Endzustand transformieren. Zur Untersuchung dieses Wertstroms wurde die Wertstrommethode zur Visualisierung entwickelt. Hierbei wird der IST-Zustand (Material- und Informationsfluss, inkl. Prozesszeiten) des betrachteten Prozesses mithilfe einer Multimomentaufnahme erfasst. Nachdem Verschwendungen im Prozess visualisiert wurden, erfolgt die Entwicklung eines SOLL-Zustandes und die Ermittlung der Potenziale. (Kap. 3)

Work System Theorie (Work System Framework) Die Grundidee des Work System Theorie ist, dass Systeme in Organisationen standardmäßig als Work Systems betrachtet werden sollten. Ein Work System ist ein System, in dem menschliche Teilnehmer und/oder Maschinen Prozesse und Aktivitäten unter Verwendung von Information, Technologie und anderen Ressourcen ausführen, um Produkte/Dienstleistungen für interne oder externe Kunden zu produzieren. Informationssysteme, Projekte und Lieferketten sind allesamt Sonderfälle von Arbeitssystemen. (Kap. 3)

Zentrale Bettenaufbereitung Bei der zentralen Bettenaufbereitung wird das Bettgestell zur maschinellen Aufbereitung in eine zentrale Abteilung mit separaten Räumlichkeiten gebracht. (Kap. 6)

Stichwortverzeichnis

A
Anforderung, 107, 148
Anlieferung, 106
Automatisierung, 130

B
Barcode, 118
Bereitstellung, 131
Beschaffung, 111
　automatisierte, 114
Bestandswert, 122, 133
Bestellung, 111
Bett, infektiöses, 175
Betten- und Belegungsmanagement, 166, 168, 181
Bettenaufbereitung, 170, 173–175, 180, 189
　dezentrale, 171
　zentrale, 171, 172, 181, 186, 198, 199, 202, 211
Bettenkonfiguration, 183, 195, 204
Bettenlogistik, 12, 164, 168, 191, 194
Bettenmanagementmodul, 196, 198, 201, 202, 212
Bettgestell
　Abholung und Aufbereitung, 195, 202, 210
　Bereitstellung, 195, 198, 199, 207, 210
　defektes, 183
　elektrisches, 189
　Management, 169, 173, 174, 182, 185, 190
　unreines
　　Abholung, 175, 180
　　abziehen, 178
Blended-Learning, 23, 67
Business Process Model and Notation, 38

C
COVID-19, 9, 73, 101, 166, 172

D
Datenqualität, 152
Digitalisierung, 3, 33
Digitalisierungslandkarte, 51, 112
Durchlaufzeit, 82

E
Einlagerung, 120, 131
Einsparpotenzial, 3

F
Fachkräftemangel, 2
Fertigmeldung Bringauftrag, 201
Funktionsdemonstrator, 195, 205, 207, 209, 211

G
Gesundheitswesen, 77

H
Hol- und Bringdienst, 167, 175, 186, 196, 209, 211
Homepage, 25
Hospital 4.0, 14, 61, 194, 195, 205

© Springer Fachmedien Wiesbaden GmbH, ein Teil von Springer Nature 2021
H. Gimpel und J. Schröder (Hrsg.), *Hospital 4.0*,
https://doi.org/10.1007/978-3-658-33064-4

I
Informationsfluss, 93
Informationsqualität, 6
Informationsverfügbarkeit, 102
Innovationskultur, 7
Internet of Things (IoT), 160, 212
Ist-Erhebung, 61

K
KIS (Krankenhausinformationssystem), 177, 182, 198, 205, 209
Kommissionierung, 124, 125
Konsortialforschung, 15
Kostendruck, 2
Kosteneinsparung, 7
Künstliche Intelligenz, 212

L
Lagerorganisation, 120
Lean Production, 81
Lernkonzept, 21
Logistik, 3, 31

M
Materiallogistik, 5, 12, 104
Medikamentenlogistik, 5
Medizinprodukt, 100
Multi-User Dienstleistungs- und Servicezentrum, 88

P
Patient, elektiver, 166, 168
Patientenlogistik, 5
Pilotierung, 64, 148
Potenzialanalyse, 61
Primärprozess, 168
Prognosegüte, 159

R
Radiofrequenz-Identifikation (RFID), 110, 128, 150
Referenzmodell, 14, 37, 66, 137, 195
    Bettenlogistik, 198
    Materiallogistik, 103, 158
Referenzmodellierung, 37
Referenzprozess, 195
    Bettenlogistik, 195, 196, 199, 206, 210
    Stationslager, 136, 145, 150
    Warenannahme, 136, 140, 148
Reichweite, 134
Reinigung, zentrale, 176, 192
Reinigungsprozess, 174
Risikoklasse, 103
Robotik, 159, 212

S
Schrankfachversorgung, 107
Spezialbettgestell, 173
Stammdatenqualität, 114
Success Model (IS), 44

T
Technologie, digitale, 33
Tracking-Technologie, 8, 196, 198, 209
Transformation, digitale, 35, 78
Transparenz, 6, 11, 102, 111, 132
Transport, interner, 129

U
UDI (Produktidentifizierungsnummer), 103, 119, 132, 149

V
Value Added Heat Map, 50, 127
Value Stream Model and Notation, 55
Vernetzung, 11
Verschwendung, 7, 101, 117
Versorgungsassistent, 108, 131, 145, 150

Versorgungsqualität, 8
Vision der Krankenhauslogistik, 73, 91, 94

W
Wandel, demografischer, 2
Warenannahme, 114
Wareneingang, 141
Warenübernahme, 145
Wertschöpfung, 4
Wertschöpfungskonzentration, 82

Wertschöpfungsverständnis, 7
Wertstromanalyse, 48, 117
Wertstromdesign, 49
Wertstrommethode, 48
Workshop, 26
Work System, 42, 138
    Framework, 42
    Leitlinien, 44
    Theory, 42

If you have any concerns about our products,
you can contact us on
ProductSafety@springernature.com

In case Publisher is established outside the EU,
the EU authorized representative is:
Springer Nature Customer Service Center GmbH
Europaplatz 3, 69115 Heidelberg, Germany

Printed by Libri Plureos GmbH
in Hamburg, Germany